CNNC SUFA

中核科技

中核苏阀科技实业股份有限公司成立于 1997 年，是一家集工业阀门研发、设计、制造及销售为一体的科技型制造企业，也是中国阀门行业和中国核工业集团所属的企业中率先上市的企业。

公司产品广泛应用于国内外石油、天然气、炼油、核电、电力、冶金、化工、造船、造纸和医药等十几个行业及国家有关科研部门，所使用的“H”及“SUFA”商标是阀门行业的知名品牌，在国际阀门市场享有良好的声誉，具有一定的影响力。公司的“H”品牌是苏州市知名商标、江苏省著名商标，并在 2006 年“第 14 届世界生产力大会”上获得“2006 世界市场中国(阀门)十大年度品牌”称号。

中核苏阀科技实业股份有限公司

地址：江苏省苏州市新区珠江路 501 号　邮编：215129

电话：0512-67533655 66672570　传真：0512-67532587 67511301

http:// www.chinasufa.com　E-mail:sales2@chinasufa.com

SNJ®

48" Class 900
大口径高压全焊接球阀

又一台48" Class 900全焊接球阀出厂，发运到西三线(西段)输气管道现场

SNJ研制成功的“天然气长输管道关键装备国产化项目”—大口径高压全焊接球阀

陆续完成为西三线（西段）制造的48"高压截断球阀

数控球体车磨加工中心加工48"球体

自动焊接机正在焊接48"阀体主焊缝

为西三线（西段）制造的高压截断球阀进行出厂前包装

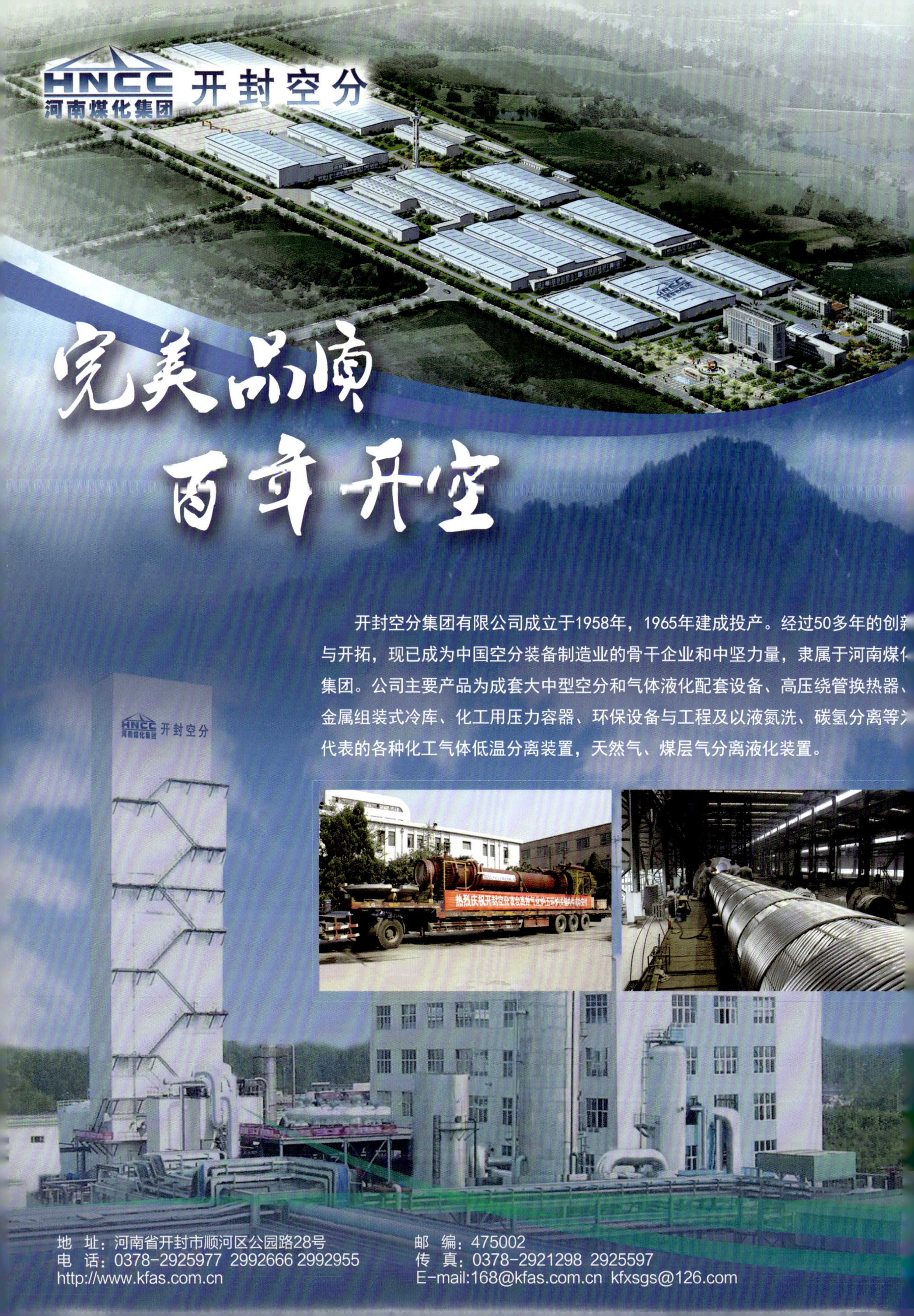
HNCC
河南煤化集团
开封空分
完美品质
百年开空
开封空分集团有限公司成立于1958年，1965年建成投产。经过50多年的创
与开拓，现已成为中国空分装备制造业的骨干企业和中坚力量，隶属于河南煤
集团。公司主要产品为成套大中型空分和气体液化配套设备、高压绕管换热器、
金属组装式冷库、化工用压力容器、环保设备与工程及以液氮洗、碳氢分离等
代表的各种化工气体低温分离装置，天然气、煤层气分离液化装置。
HNCC 河南煤化集团 开封空分
地　址：河南省开封市顺河区公园路28号
电　话：0378-2925977 2992666 2992955
http://www.kfas.com.cn
邮　编：475002
传　真：0378-2921298 2925597
E-mail:168@kfas.com.cn kfxsgs@126.com

海江集团
HAIJIANG GROUP
海纳百川

海鸥荣誉摘要：

- ★ 获中国冷却塔行业国家质量管理银质奖
- ★ 通过ISO9001：2008质量管理体系认证
- ★ 通过ISO14001：2004环境管理体系认证
- ★ 通过“高新技术企业”认证
- ★ 海水冷却塔通过“高新技术产品”认证
- ★ 海水冷却塔通过国家电力公司电力规划设计总院科技成果技术评审
- ★ 中国石化总公司网络成员单位
- ★ 中油天然气集团公司一级供应网络
- ★ 国家电力公司火电机组主要辅助设备推荐厂商

地址：江苏省常州市武进经济开发区祥云路6号
邮编：213149
电话：0519-83665102 83665103
传真：0519-83661268
http://www.seagull-ct.com

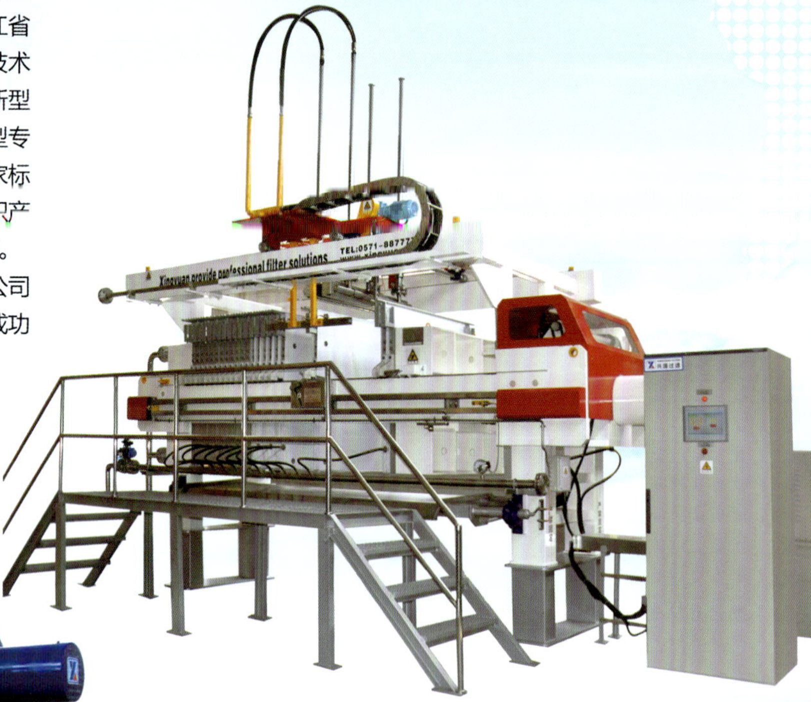

中国机械工业年鉴系列

中国通用机械工业年鉴

2013

中国机械工业年鉴编辑委员会
中国通用机械工业协会
编

《中国通用机械工业年鉴》2013年刊设置综述、专文、行业概况、企业概况、统计资料、产品与项目、大事记和附录等栏目，集中反映2012年通用机械行业的发展情况，详细记载了泵、风机、阀门、压缩机、真空设备、干燥设备、减变速机、气体分离设备、能量回收装备及冷却设备等分行业的发展情况，全面系统地提供了通用机械行业企业的经济指标。

《中国通用机械工业年鉴》主要发行对象为政府决策机构、机械工业相关企业决策者和从事市场分析、企业规划的中高层管理人员以及国内外投资机构、贸易公司、银行、证券、咨询服务部门和科研单位的机电项目管理人员等。

图书在版编目（CIP）数据

中国通用机械工业年鉴.2013/中国机械工业年鉴编辑委员会，中国通用机械工业协会编.—北京：机械工业出版社，2014.1

（中国机械工业年鉴系列）

ISBN 978-7-111-45412-0

Ⅰ.①中… Ⅱ.①中… ②中… Ⅲ.①机械工业—中国—2013—年鉴 Ⅳ.①F426.4-54

中国版本图书馆CIP数据核字（2014）第005990号

机械工业出版社（北京市西城区百万庄大街22号　邮政编码 100037）

责任编辑：魏素芳

北京宝昌彩色印刷有限公司印制

2014年1月第1版第1次印刷

210mm×285mm•15.5印张•28插页•643千字

定价：260.00元

凡购买此书，如有缺页、倒页、脱页，由本社发行部调换

购书热线电话（010）68326643、88379829

中国机械工业年鉴系列

作为『工业发展报告』

记录企业成长的每一阶段

中国机械工业年鉴

编辑委员会

中国通用机械工业年鉴

优化产品结构

发展自主品牌

中国通用机械工业年鉴特约顾问单位特约顾问

特约顾问单位	特约顾问
沈阳鼓风机集团股份有限公司	苏永强
陕西鼓风机（集团）有限公司	印建安
杭州制氧机集团有限公司	蒋　明
大连海密梯克泵业有限公司	殷　平
上海阀门厂有限公司	王建克
大连大高阀门股份有限公司	于传奇
中核苏阀科技实业股份有限公司	张宗列
苏州纽威阀门股份有限公司	王保庆
江苏海鸥冷却塔股份有限公司	吴祝平
南京大洋冷却塔股份有限公司	李晔昉
中国联合工程公司	郭伟华
开封空分集团有限公司	张潇君
石家庄强大泵业集团有限责任公司	郭庆白
西安超滤净化工程有限公司	李大明
哈电集团哈尔滨电站阀门有限公司	邹世浩
北京市阀门总厂（集团）有限公司	辜文实
上海鼓风机厂有限公司	蔡精毅
上海大隆机器厂有限公司	吴永辉
上海耐莱斯·詹姆斯伯雷阀门有限公司	李仲光
上海电力修造总厂有限公司	梁卫兵
杭州兴源过滤科技股份有限公司	徐孝雅
上海开维喜阀门集团有限公司	卓育成
上海凯士比泵有限公司	钱　俊
上海科科阀门集团有限公司	杨忠义
日立泵制造（无锡）有限公司	刘　鑫
长沙鼓风机厂有限责任公司	刘润山
浙江真空设备集团有限公司	王西龙
衡水海江压滤机集团有限公司	秦　猛
湖南耐普泵业有限公司	黄　靖
北阀集团北京阀门有限公司	洪奕祥
广州览讯科技开发有限公司	贺颂钧
洛阳隆华传热节能股份有限公司	李占明

中国通用机械工业年鉴

优化产品结构
发展自主品牌

中国通用机械工业年鉴
特约顾问单位特约编辑

特约顾问单位	特约编辑
大连海密梯克泵业有限公司	宋依漪
上海阀门厂有限公司	金雪婷
大连大高阀门股份有限公司	李佳诺
中核苏阀科技实业股份有限公司	罗　杰
苏州纽威阀门股份有限公司	程章文
江苏海鸥冷却塔股份有限公司	蒋　辉
南京大洋冷却塔股份有限公司	马　俊
中国联合工程公司	顾　全
开封空分集团有限公司	樊　凯
石家庄强大泵业集团有限责任公司	唐　龙
西安超滤净化工程有限公司	罗艳丽
哈电集团哈尔滨电站阀门有限公司	孙　研
北京市阀门总厂（集团）有限公司	李　婷
上海鼓风机厂有限公司	吕群力
上海大隆机器厂有限公司	马易韵
上海耐莱斯·詹姆斯伯雷阀门有限公司	周玉虹
上海电力修造总厂有限公司	邱晓蕴
杭州兴源过滤科技股份有限公司	李详琴
上海开维喜阀门集团有限公司	向艳梅
上海凯士比泵有限公司	潘再兵
上海科科阀门集团有限公司	翟亚新
日立泵制造（无锡）有限公司	杜敏伟
长沙鼓风机厂有限责任公司	周　谦
浙江真空设备集团有限公司	杨华飞
衡水海江压滤机集团有限公司	刘国峰
湖南耐普泵业有限公司	黄　哲
北阀集团北京阀门有限公司	康月明
广州览讯科技开发有限公司	林群峰
洛阳隆华传热节能股份有限公司	李占强

前　言

2012年，通用机械行业面对复杂多变的国际形势和国内经济增速放缓的影响，经受了外需不足、内需不旺、成本上升、资源配置优化等多方面的挑战，仍保持了较好的发展态势。

2012年，通用机械行业规模以上企业达4801家，资产总额6012.26亿元，从业人员人数近92.45万人。完成工业总产值7843.96亿元，同比增长15.46%；完成出口交货值868.67亿元，同比增长7.06%；实现主营业务收入7654.55亿元，同比增长13.95%；实现利润总额548.09亿元，同比增长11.86%。

2012年，通用机械行业依托天然气长输管道、大型LNG、超（超）临界火电等重大工程建设项目，在装备国产化方面又取得重大进展：20MW级天然气长输管道电驱压缩机组研制成功并顺利投入工业运行，整机性能达到国际先进水平；出口项目12万m^3/h大型空分设备已顺利交货；LNG装置冷剂压缩机、冷箱、BOG压缩机、低温泵阀等关键设备陆续研发成功；百万千瓦超（超）临界火电高端阀门经过三个阶段的攻关，国产化率已由10%提高到70%。

中国通用机械工业协会与中国机械工业年鉴编辑委员会希望通过《中国通用机械工业年鉴》，系统、广泛地宣传通用机械行业在转型升级、高端制造、“两化融合”以及推进重大技术装备国产化等方面取得的成就，展望行业由大到强的发展前景，进一步促进行业的技术进步和经济可持续发展。

在《中国通用机械工业年鉴》2013年版的编撰过程中，得到了通用机械行业各有关企事业单位和相关用户的大力支持，中国通用机械工业协会与中国机械工业年鉴编辑委员会在此表示衷心的感谢，并将一如既往地为各界朋友和广大用户提供真诚的服务。

中国通用机械工业协会主席团主席：隋永滨

2013年12月

广告索引

优化产品结构
发展自主品牌

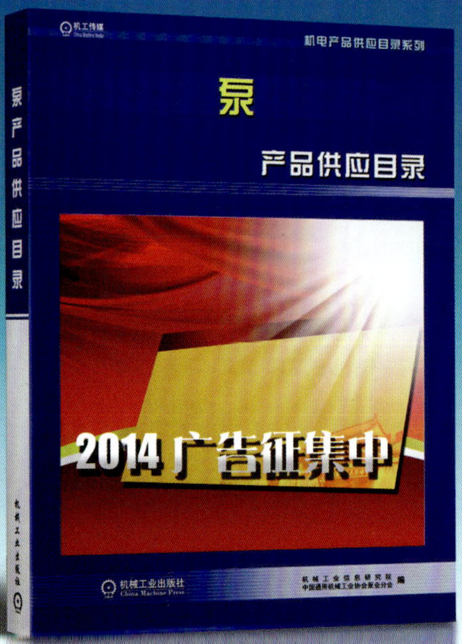

《泵产品供应目录》由中国通用机械工业协会泵业分会和机械工业信息研究院共同编纂，机械工业出版社出版。该书自2000年以来，已连续出版了6次。

内容简介：收录国内外主要泵生产企业的 各类泵产品信息、泵生产企业名录及用户名录，突出展示新型、特种、优质泵产品。

主要栏目：行业概况、产品特区、产品信息、企业名录、用户名录等。

发行方式：全国新华书店发行，年鉴网数据库查询，定向精确赠送。

目标读者：石油化工、冶金矿山、电力、水利、环保、市政建设、食品船舶、冷暖空调、消防、轻工、国防等行业企业的设备采购人员，科研院所的研究设计人员。

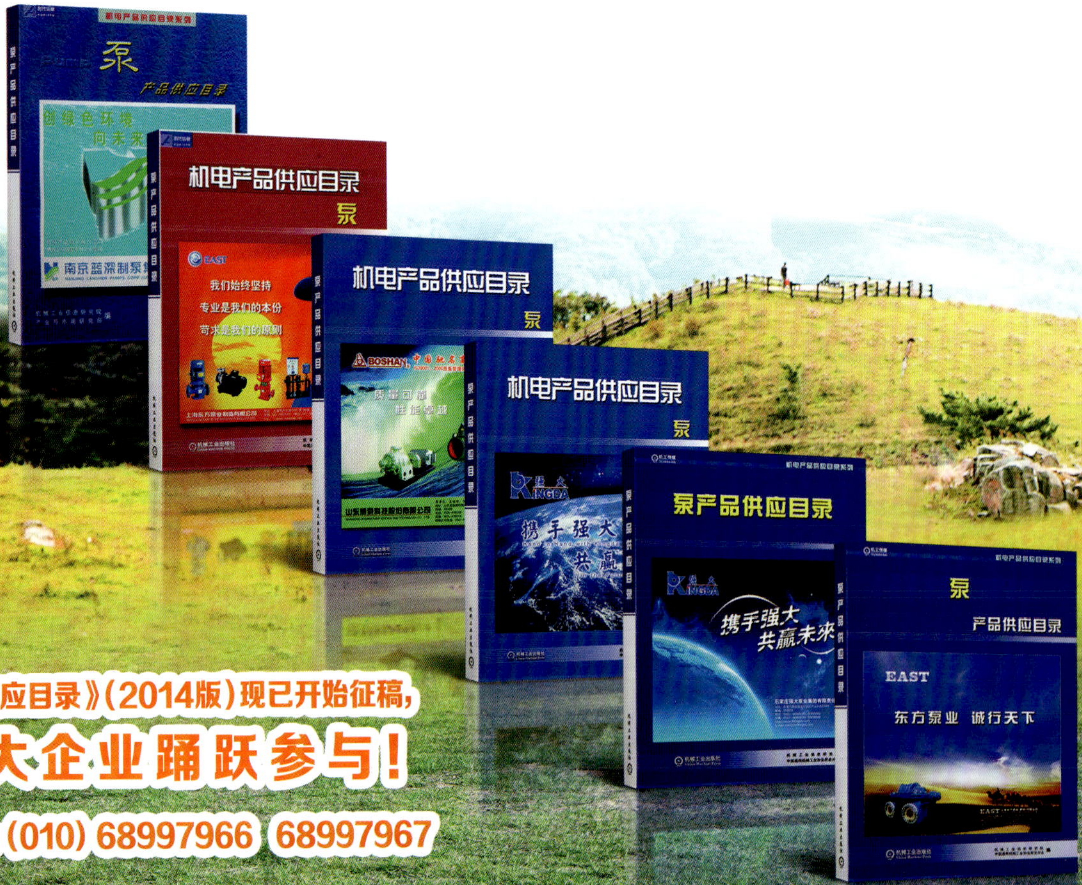

《泵产品供应目录》(2014版)现已开始征稿，

望广大企业踊跃参与！

联系电话：(010) 68997966 68997967

大连大高阀门股份有限公司

DALIAN DV VALVE CO.,LTD.

大连大高阀门股份有限公司（前身是大连高压阀门厂）是中国通用机械工业协会阀门分会理事长单位。公司始建于 1956 年，于 2002 年 7 月 5 日转制为大连大高阀门有限公司，2011 年 7 月 5 日更名为大连大高阀门股份有限公司，成为研发、设计、制造和销售阀门产品的股份制企业。注册商标“DV”已被评为中国驰名商标。公司固定资产 10 400 万元，占地面积 13.5 万 m^2，建筑面积 38 700m^2，其中核电军工阀门专用生产车间 9 600m^2。公司现有正式职工 407 人，其中工程技术人员 77 人。公司拥有制造及检测设备 300 余台，具有年产各类锻钢阀门 80 万套、铸钢阀门 10 万套的生产能力，年产值 3 亿元。公司具有核一级、核二级、核三级阀门设计和制造许可证，是国家武器装备科研生产的特定许可制造企业，是国家指定的重点装备关键阀门国产化的依托单位，是国家高新技术企业和省级科研中心。公司目前已成为全国综合能力强的专业阀门厂之一。

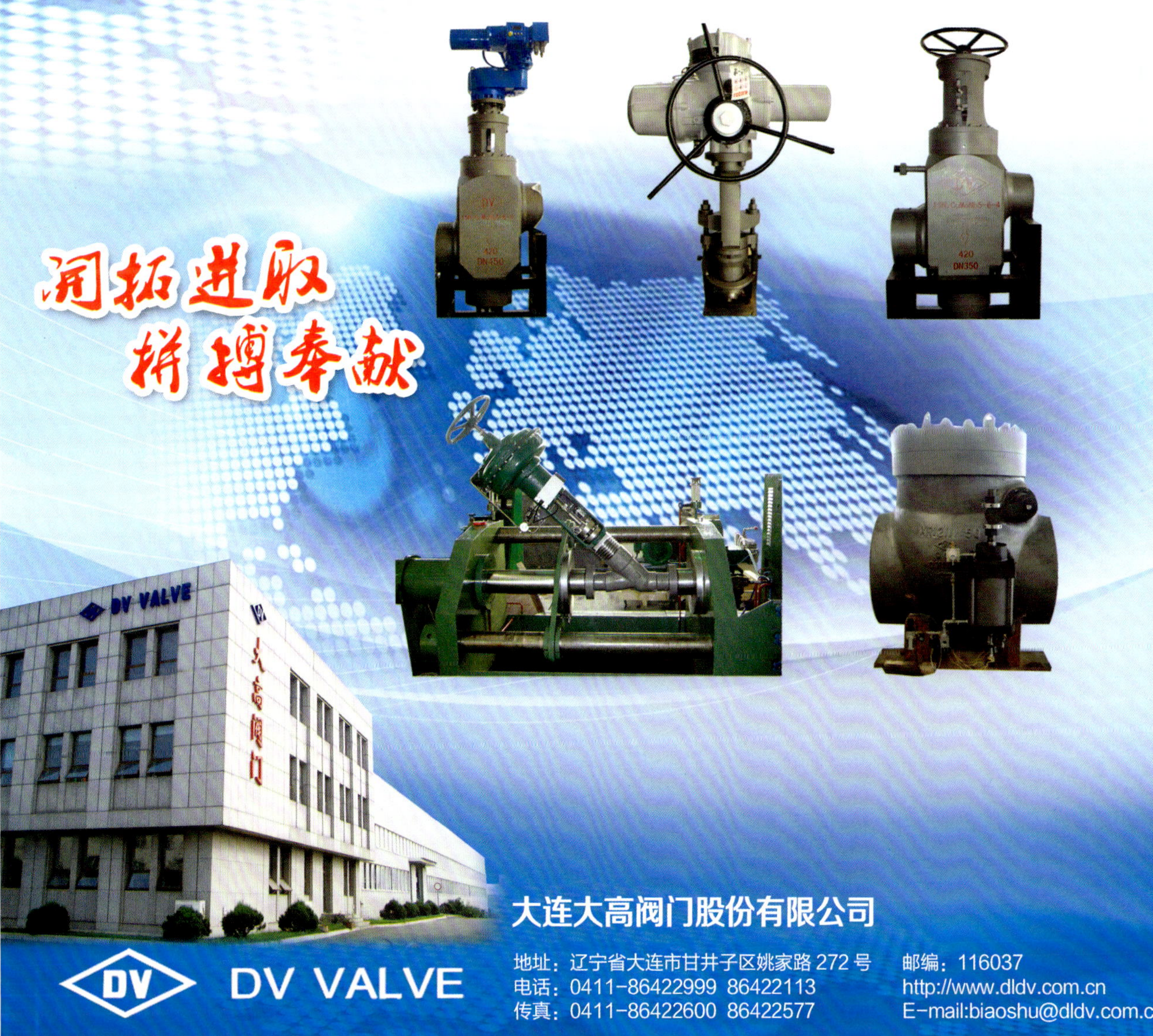

上海电力修造总厂有限公司
SHANGHAI POWER EQUIPMENT MANUFACTURE CO.,LTD.

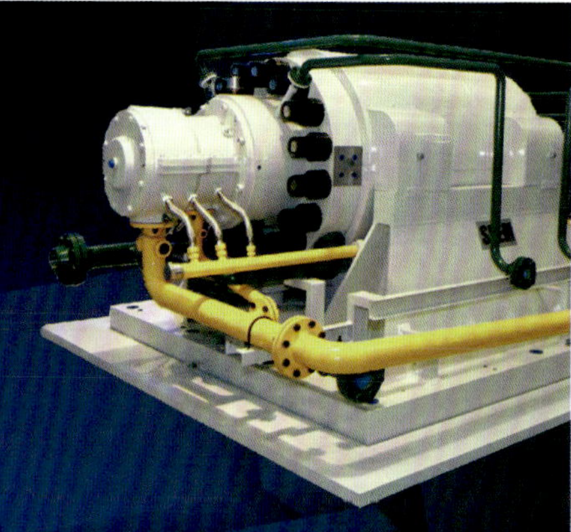

致力于清洁能源发展
Boosting Clean Energy

上海电力修造总厂有限公司是世界500强企业中国电力建设集团旗下集研究设计、制造成套、服务咨询于一体的电力装备专业制造企业，是全球规模较大的电站调速给水泵组生产基地。

公司产品立足电力市场，辐射冶金、石化、市政等多个国民经济支柱产业。主要生产大容量、高参数锅炉调速给水泵，大功率、高转速液力偶合器，高温高压阀门,以及焊接材料等产品。产品畅销全国各地，并远销26个国家和地区，先后获得国家质量金奖、新产品发明奖等殊荣。

公司拥有各类先进的制造、检测、试验设备500余台；建有目前国内先进的产品试验台；建立了完善的质量管理、安全生产和环境保护体系。

公司以领先的技术、诚信的理念、个性化的解决方案、国际性的战略发展视野，为全球客户提供优质产品和满意服务。

Shanghai Power Equipment Manufacture Co., Ltd., subordinated to Power Construction Corporation of China——one of the top 500 ranking groups in the world, is a specialized power equipment manufacture enterprise. Integrating the functions of research and design, manufacture and engineering, service and consultation, SPEM has become a global leading manufacturing base of variable speed BFP sets.

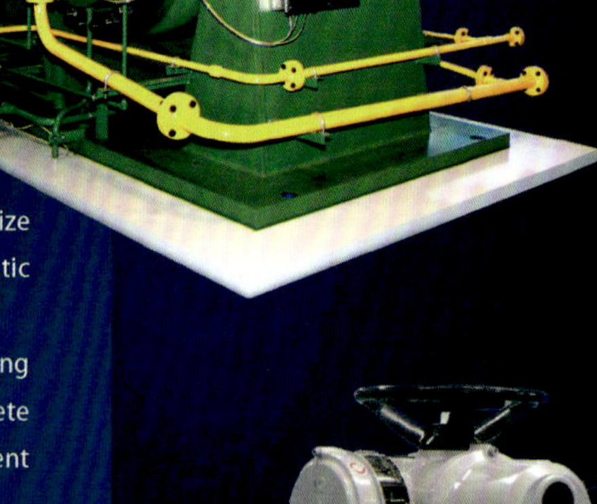

Variable speed BFP set, hydraulic coupling, HT/HP valves and "PP" welding electrode, four major products of SPEM, are widely applied not only in power market, but also to pillar industries as metallurgy, petrochemical and infrastructure construction. SPEM has been granted successively Quality Award and Product Invention Prize by the national authorities. Products of SPEM have enjoyed a large domestic market share and been exported to over 26 countries and areas overseas.

Owning more than 500 sets of advanced manufacturing, inspection and testing facilities, SPEM also possesses a first-class test bed and establishes a complete control system for quality management, safety production and environment protection.

With leading technology, good faith, customized solution, and international market eyeshot, SPEM will dedicate itself to providing global clients with superior product and satisfactory service.

品臻致远

Superior Craftsmanship　Lasting Reputation

地址：中国·上海航都路80号　邮编：201316　传真：0086-21-33758818
电话：0086-21-33758800　http://www.spem.com.cn　E-mail：spem@spem.com.cn

日立泵制造（无锡）有限公司是株式会社日立工业设备技术、日立（中国）有限公司和无锡市锡泵制造有限公司三方投资日立控股 70% 的合资企业，公司注册资本为 1.95 亿元。主要从事火力发电机组辅泵—循环水泵、锅炉给水泵，核电站循环水泵，大型水利工程、引水调水、城市防洪、化工、楼宇用轴流泵、混流泵、各种规格的离心泵及其附属设备的研制和销售。公司的经营方针是：把安全、质量、信誉作为经营基础，为员工创造能实现自我价值的工作环境，以先进的技术和优异的质量建立世界领先的水泵制造企业，为社会作出贡献。

中国聯合工程公司
CHINA UNITED ENGINEERING CORPORATION

中国联合设计的沈阳鼓风机（集团）有限公司战略重组异地改造项目，荣获全国优秀工程设计金奖

中国联合设计并工程总承包的杭州制氧机集团有限公司迁建改

中国联合工程公司（简称中国联合）是以原机械工业第二设计研究院（二院）为核心组建的一家大型科技型企业，现隶属于中央大型企业集团、世界 500 强企业——中国机械工业集团有限公司，公司总部设在杭州。

中国联合现有在职员工 5 000 多人，专业技术人员占总人数的 95% 以上，其中，中国工程院院士 1 人、全国勘察设计大师 7 人、"新世纪百千万人才工程"国家人选 1 人、享受政府特殊津贴专家 96 人、高级技术职称专家 820 名（含教授级高工 156 名）。拥有各类国家一级注册工程技术人员 1 100 人。公司具有工程设计综合甲级资质、工程总承包资格、房屋建筑施工总承包一级资质；具有多个行业的工程咨询甲级资质、城市规划编制甲级资质和多个专项设计甲级资质；具有直接对外经营权。能为国内外业主提供各类工程的规划、咨询、勘察、设计、采购、设备成套、安装、试车、非标设备研制、建筑施工、工程总承包、项目管理、项目代建及建设监理等工程建设全方位、全过程服务。

中国联合设计的陕西鼓风机（集团）有限公司总装车间

60 多年来，中国联合承担了全国各类机械工厂的设计与技术改造任务。根据 1958 年国家行业分工，中国联合（二院）归口全国通用设备（风机、压缩机、泵、阀门、制冷机、空分设备、真空设备、分离设备、塑料机械等）制造业的行业发展规划、基本建设和技术改造工程设计，同时承担了相关的生产自动线专用设备、试验装置等设计任务，为我国通用机械行业的发展作出了应有的贡献。

近年来，中国联合以"国内一流、国际知名的国际型工程公司"为发展目标，完成了一系列工业工程成套、设备总包、特色技术业务 EPC、国际工业工程等项目，为工业工程业务的全面、健康、可持续发展打下了坚实基础。

中国联合将一如既往地竭诚为全国通用机械行业提供一流的工程技术服务。

中国联合设计的湖南湘电长沙水泵有限公司建设工程

中国联合设计的大连冷冻机厂总装车间

中国联合设计的大连橡胶塑料机
股份有限公司新厂区

中国联合设计的开封空分集团有限公司大型空分及化工设备制造基地

中国联合设计的沈鼓集团核主泵试验站

联合设计的石家庄泵业
公司新建项目

中国联合工程公司

地址：浙江省杭州市石桥路 338 号　　邮编：310022
电话：0571-88151842　　传真：0571-88137083
http://www.chinacuc.com

鼓风外加热零（微）排放吸附式干燥器
——节能 50% 以上

：029-88320027　E-mail:unionfilter@china.com　http://www.unionfilter.com

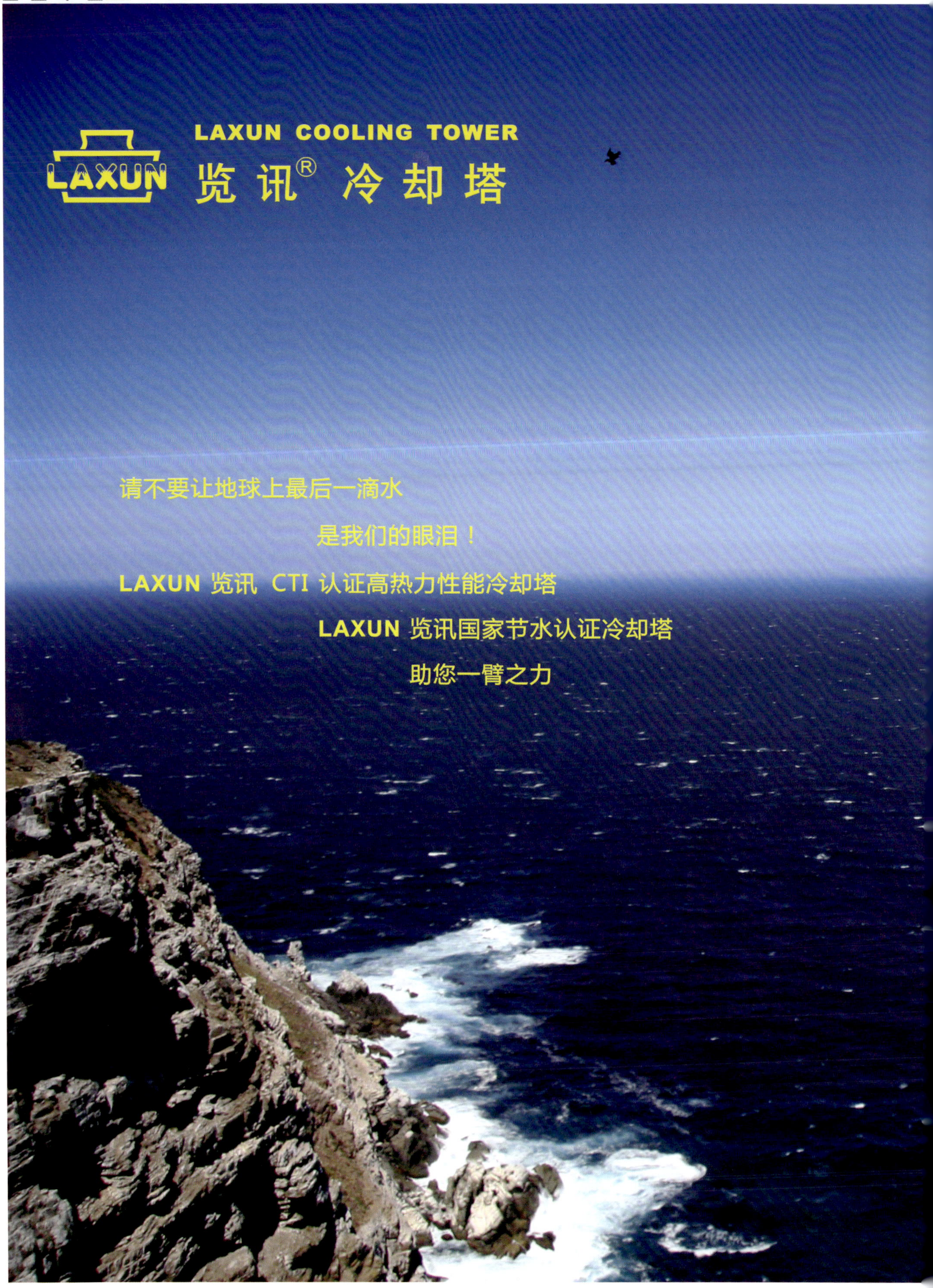
LAXUN
LAXUN COOLING TOWER
览讯® 冷却塔
请不要让地球上最后一滴水
是我们的眼泪！
LAXUN 览讯 CTI 认证高热力性能冷却塔
LAXUN 览讯国家节水认证冷却塔
助您一臂之力

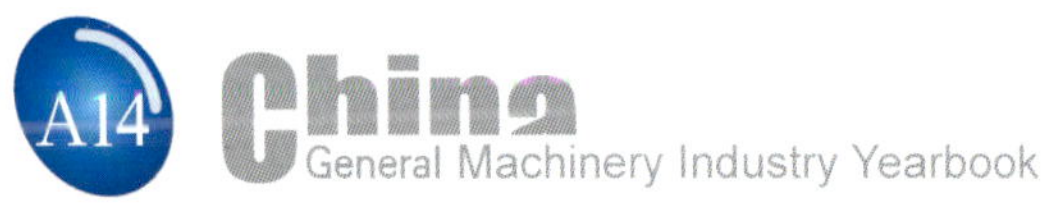

CTI
CERTIFIED

COOLING TECHNOLOGY
CTI
EST. 1950
INSTITUTE

新华节水认证
XHJS Water Saving Certification

Yearbook
China General Machinery Industry
A15

无泄漏屏蔽泵 磁力泵

大连海密梯克泵业有限公司成立于1997年，是德国海密梯克公司和大连大耐泵业有限公司的合资企业，德方持股54.38%，其主要产品是无泄漏的屏蔽泵和磁力泵。德国海密梯克泵业公司创建于1866年，是全球领先的无泄漏泵制造商。海密梯克公司的产品代表着化工、石油化工、制冷和核工业中优良的质量以及更高的安全。大连海密梯克同步引进德国先进的设计、制造技术，拥有完善的质量保证和优质的客户服务体系，为用户提供安全、高效、环保和节能的流体输送方案。大连海密梯克产品已广泛应用于化工、石油化工、医药、纺织、核电和制冷等领域，是国内知名化工、石油化工企业，如中石化、中石油、中国化工集团、巴斯夫、拜耳、赢创德固赛、杜邦和陶氏化学等的长期合作伙伴。

大连海密梯克泵业有限公司
Dalian HERMETIC Pump Co.,Ltd.

传真：0086-411-87581198
电话：0086-411-87581186
www.hermetic.com.cn

4006387775

综合索引

优化产品结构
发展自主品牌

编辑说明

一、《中国机械工业年鉴》是由中国机械工业联合会主管、机械工业信息研究院主办、机械工业出版社出版的大型资料性、工具性年刊，创刊于 1984 年。

二、根据行业需要，中国机械工业年鉴编辑委员会于 1998 年开始出版分行业年鉴，逐步形成了中国机械工业年鉴系列。该系列现已出版了《中国电器工业年鉴》《中国工程机械工业年鉴》《中国机床工具工业年鉴》《中国通用机械工业年鉴》《中国机械通用零部件工业年鉴》《中国模具工业年鉴》《中国液压气动密封工业年鉴》《中国重型机械工业年鉴》《中国农业机械工业年鉴》《中国石油石化设备工业年鉴》《中国塑料机械工业年鉴》《中国齿轮工业年鉴》《中国磨料磨具工业年鉴》《中国机电产品市场年鉴》和《中国热处理行业年鉴》。

三、《中国通用机械工业年鉴》由中国通用机械工业协会和中国机械工业年鉴编辑委员会共同编撰，自 2002 年开始出版以来，已经出版了 2004 版、2006 版、2007 版、2008 版、2009 版、2010 版、2011 版和 2012 版。2013 版设置综述、专文、行业概况、企业概况、统计资料、产品与项目、大事记和附录等栏目，集中反映 2012 年通用机械行业的发展情况，详细记载了泵、风机、阀门、压缩机、真空设备、干燥设备、减变速机、气体分离设备、能量回收装备及冷却设备等分行业的发展情况，全面系统地提供了通用机械行业企业的经济指标。

四、统计资料中的数据由中国通用机械工业协会及其分会提供，数据截至 2012 年 12 月 30 日。

五、《中国通用机械工业年鉴》主要发行对象为政府决策机构、机械工业相关企业决策者和从事市场分析、企业规划的中高层管理人员以及国内外投资机构、贸易公司、银行、证券、咨询服务部门和科研单位的机电项目管理人员等。

六、在年鉴编撰过程中得到了中国通用机械工业协会及各分会、行业专家和企业的大力支持和帮助，在此深表感谢。

八、由于水平有限，难免出现错误及疏漏，敬请批评指正。

中国机械工业年鉴编辑部
2013 年 12 月

目录

优化产品结构
发展自主品牌

综　述

专　文

行业概况

企业概况

目录

优化产品结构

发展自主品牌

统计资料

目录

优化产品结构
发展自主品牌

产品与项目

大事记

附录

国工业年鉴出版基地

目

录

Overview

Feature

A Survey of Industry

A Survey of Enterprises

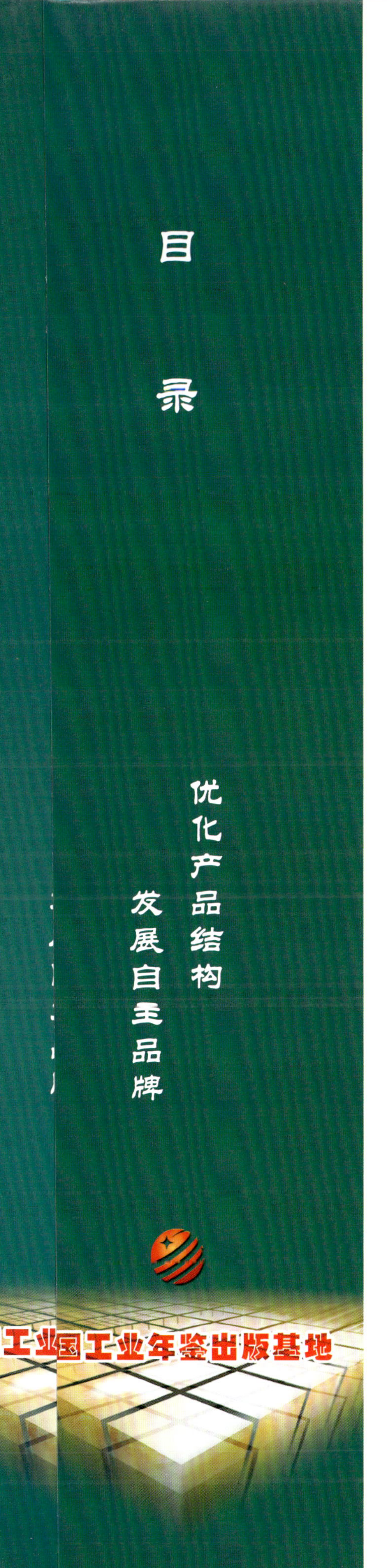

Statistical Data

综述

阐述我国通用机械行业做大做强的发展思路，介绍2012年通用机械行业经济运行情况及进出口情况

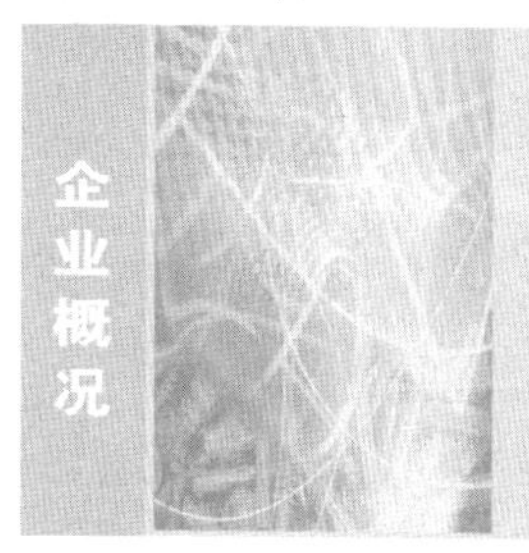

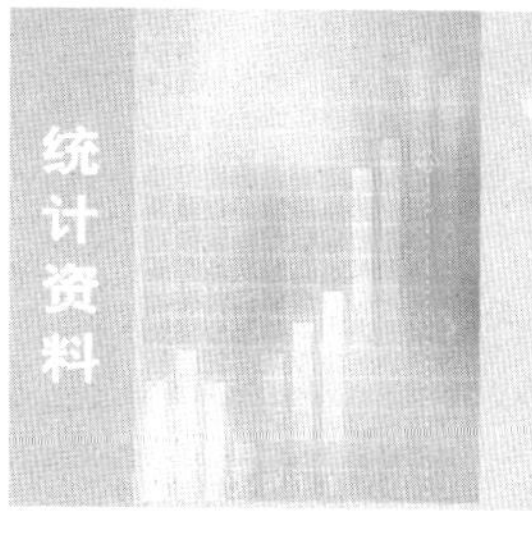

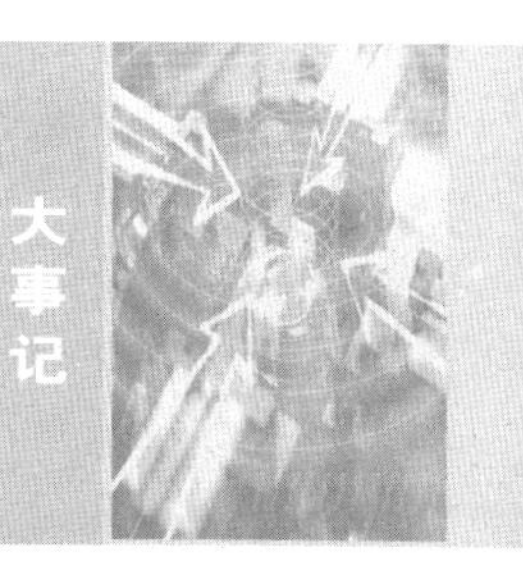

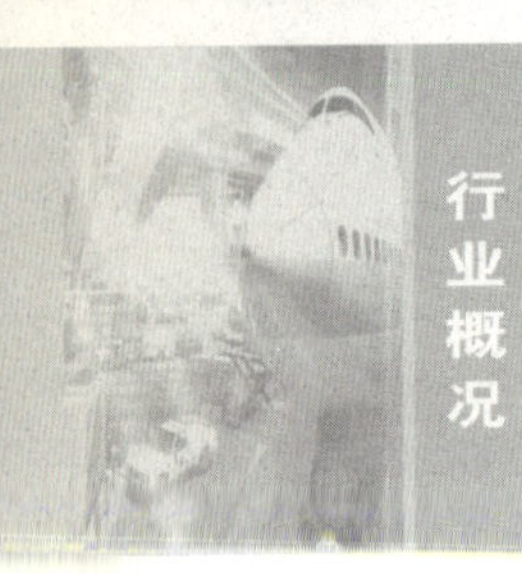

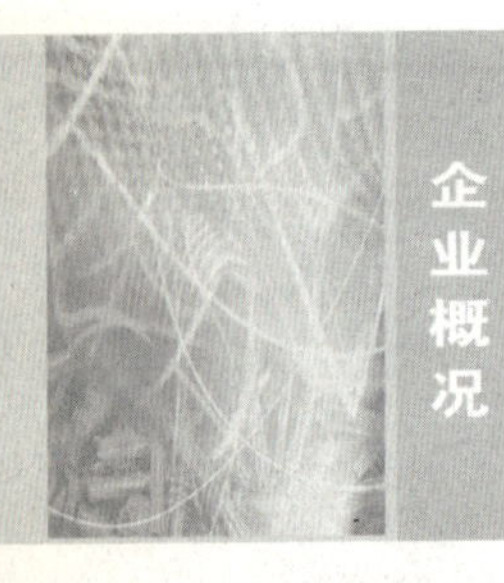

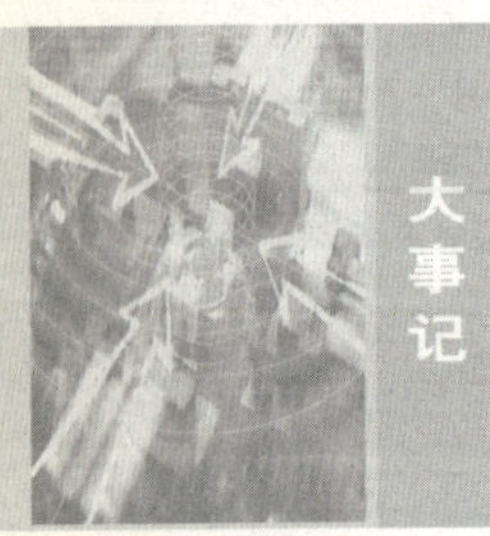

综述

我国通用机械制造业由大到强发展思路

通用机械制造业是装备制造业的重要组成部分，在国民经济中占据十分重要的地位，担负着为石油、化工、石化以及电力、冶金、船舶、军工、轻工、纺织和医药等行业提供成套技术装备和辅机的艰巨任务。通用机械涉及泵、风机、压缩机、阀门、分离机械、干燥设备、空分设备、气体净化设备、真空设备、减变速机、能量回收装备、冷却设备以及各种专用设备，其产品技术水平决定着各应用领域生产装备的运行水平。

一、通用机械制造业基本情况

截至2012年年底，我国通用机械制造业规模以上企业4 801家，完成工业总产值7 843.96亿元，实现利润548.09亿元，拥有资产总额6 012.26亿元，从业人员人数近92.45万人。2012年通用机械制造业主要经济指标完成情况见表1。2012年通用机械制造业产品产量见表2。

表1　2012年通用机械制造业主要经济指标完成情况

行业名称	工业总产值（亿元）	主营业务收入（亿元）	利润总额（亿元）	出口交货值（亿元）
全行业合计	7 843.96	7 654.55	548.09	868.67
泵及真空设备	1 806.53	1 750.77	132.42	206.29
风机	811.54	743.17	54.71	49.45
压缩机	1 397.36	1 440.51	77.38	187.30
阀门	2 116.49	2 081.04	150.96	316.09
气体分离及液化设备	708.05	681.36	60.16	60.73
其他通用设备	1 003.99	957.70	72.46	48.81

表2　2012年通用机械制造业产品产量

产品名称	单位	产量
泵	万台	8 502.03
其中：真空泵	万台	255.18
风机	万台	2 162.35
其中：鼓风机	万台	17.56
气体压缩机	万台	25 777.03
其中：制冷设备用压缩机	万台	22 919.03
阀门	万t	721.30
气体分离及液化设备	万台	5.05
减速机	万台	540.59

为了适应我国石化、电力、冶金等行业的发展，通用机械装备制造企业以市场需求为导向，以重大技术装备为目标，通过自主创新和引进消化吸收、集成创新等取得了一系列重大技术装备研究成果，基本满足了国民经济各部门对通用机械产品的需求。如大型空分装置、乙烯“三机”、化工流程泵、电站泵、工艺气体压缩机、干燥设备、真空设备、分离机械、各种阀门及减变速机等，有力地促进了我国石化、电力、冶金等领域重大装备国产化。同时，也推动了通用机械装备制造业自身发展和产品结构调整，提升了行业的整体水平。在重大技术装备国产化工作的推动下，已形成了一批开发能力强、加工手段齐全、制造技术水平较高的大型通用机械装备制造企业，如沈阳鼓风机集团股份有限公司、陕西鼓风机（集团）有限公司、上海鼓风机厂有限公司、杭州制氧机集团有限公司、四川空分设备（集团）有限责任公司、开封空分集团有限公司、无锡压缩机股份有限公司等。我国通用机械制造骨干企业的生产规模、加工设备、设计能力等处于国际先进水平。同时，一些民营企业、合资企业及外资企业，如上海凯泉泵业（集团）有限公司、上海凯士比泵有限公司、嘉利特荏原泵业有限公司、大连苏尔寿泵及压缩机有限公司、成都乘风阀门控股集团有限公司、上海佳力士机械有限公司、上海飞和实业集团有限公司、浙江开山压缩机股份有限公司等，凭借其先进的理念、机制和技术，在促进我国通用机械装备自主创新和国产化方面也发挥了重要作用。

在用户部门的大力支持与配合下，我国通用机械制造业承担国家重大技术装备的能力不断增强，装备国产化的比例不断提高，部分重大装备的设计制造能力已达到国际先进水平：年产1 000万t炼油装备的国产化率已达到85%以上，45万~70万t/a乙烯改扩建装置的设备国产化率已达60%以上，30万t/a合成氨、52万t/a尿素装置设备国产率已达90%以上，4万~6万m^3/h空分装置成套设备等国产化率已达90%以上，60万kW超临界发电机组中的通用机械辅机的国产化率达70%以上，冶金、环保等重点工程中的通用机械国产化率均达到90%。另外，100万kW超超临界机组、100万kW核电机组配套的通用机械辅机、煤制油装置中的通用机械成套设备国产化工作已经起步。这在很大程度上减少了我国对国外装备的依存度，改变了我国长期成套技术装备引进的局面。

乙烯“三机”（裂解气压缩机、乙烯压缩机、丙烯压缩机）是百万吨乙烯装置的关键设备，长期依靠进口。自20世纪90年代以来，沈阳鼓风机集团股份有限公司通过自主攻关和与国外合作制造，先后成功地为大庆、金山、扬子、茂名等大型乙烯改扩建工程提供了乙烯“三机”，在设计、制造和机组成套方面积累了经验，为研制百万吨乙烯“三机”打下了基础。“十一五”期间完成了百万吨乙烯“三机”的设计制造，先后用于镇海石化、天津石化和抚顺石化等公司的乙烯装置中。

大型空分设备是石油化工、煤化工和冶金行业的重要配套设备。我国空分设备制造企业完全依靠自己的力量，在空分工艺和填料塔、板式换热器等关键设备设计制造和成套技术开发方面取得重大进展。20世纪90年代，我国只能生产3万m^3/h以下的空分设备。当前已具备设计制造10万~12万m^3/h空分设备的能力。

多股流低温冷箱是乙烯流程中的又一关键设备。杭州制氧机集团有限公司在消化吸收引进技术的基础上，通过改进和创新，先后为燕山石化、扬子石化、金山石化、齐鲁石化和茂名石化乙烯改扩建工程提供了设备，做到十几股介质同时换热，最低温度可达-190℃，最高压力达8.7MPa，其设计、制造技术达到了国外同类产品先进水平。“十一五”期间成功为国内百万吨乙烯装置提供了大型冷箱。

沈阳鼓风机集团股份有限公司和上海大隆机器厂有限公司在研制成功800kN、1 000kN活塞推力往复压缩机的基础上，又正在为千万吨炼油和煤化工装置研制1 250kN和1 500kN超大活塞推力的往复式压缩机。这种压缩机世界上只有少数厂家能够制造，我国的研制成功将打破国外公司的垄断。

隔膜泵是煤化工成套装置中的核心设备之一，也是氧化铝溶出系统、长距离管道输送固液两相介质的关键设备。中国有色（沈阳）冶金机械有限公司已开发出具有自主知识产权、达到当今国际先进水平的第三代双缸双作用、三缸单作用系列隔膜泵。该泵首次在代表国际同行业最高水平的煤气化系统上实现工业运行，完全满足“德士古”气化装置（最高运行压力8.5MPa，最高日耗煤1 500t）的运行要求。各项性能指标与代表国际水平的GEHO泵相当，部分性能指标优于GEHO泵，填补了国内空白。

西安陕鼓动力股份有限公司结合自身技术优势，借鉴其他行业同轴机组的成熟技术，研制出煤气透平与电机同轴驱动的高炉鼓风机组（BPRT机组）。通过高炉鼓风机和TRT原有的庞大系统简化合并，取消发电机及发配电系统，合并自控系统、润滑油系统等，并将回收的能量直接作为旋转机械能补充在轴系上，避免能量转换的损失。BPRT机组具有回收效率高、节约投资、节能环保、结构紧凑、占地面积小、布置方便、机械损失小、控制系统简捷、配套和控制集中等特点。国外钢铁领域中无该机组配置的任何记录，与其他领域中采用过的类似同轴双驱动压缩机组进行对比，比日本压缩机效率高、调节范围广、噪声低。与德国DEMAG公司压缩机组主要技术指标相当，达到世界先进水平。

无锡压缩机股份有限公司在成功开发10万t/a高密度聚乙烯（HDPE）装置用三列迷宫密封压缩机的基础上，为中石化天津分公司100万t/a乙烯配套的30万t/a HDPE装置研发了四列迷宫密封工艺压缩机。沈阳远大压缩机股份有限公司为石化装置开发了六列大型迷宫压缩机，并将迷宫压缩机应用到天然气液化装置中。大型迷宫密封压缩机是往复压缩机的高端产品，技术难度大、附加值高，可压缩烯烃类等气体及混合气体，在国际上只有少数厂家掌握其关键技术。产品不仅在石化行业有着广阔的应用前景，而且可广泛应用于食品、医药、水泥、仪表等工业领域。

乙烯、炼油和煤化工装置中的急冷油泵、急冷水泵、小流量化工流程泵、高精度计量泵、屏蔽泵、加氢进料泵、低温泵以及安全阀、调节阀、高温阀、低温阀等产品，不但技术难度大，而且要求产品耐腐蚀、抗磨损和耐高温高压等，过去长期依靠进口。近年来，我国通用机械生产企业通过产学研相结合的方式，已研制出一批产品，可以满足百万吨乙烯、千万吨炼油、煤化工等装置的部分需求。

核电装置中的核级泵、阀，超超临界火电机组中配套的关键泵、阀、风机等，国内也开展了研制开发，并有部分产品已投入使用。

我国通用机械产品中的泵、风机、压缩机、阀门等产量居世界第一位。从产能上看，我国属于通用机械制造大国，但离制造强国还有较大距离。通用机械产品中的中高档产品仅占25%，还有相当部分高端产品一直依赖进口，我国通用机械制造业由大到强还有漫长的道路要走。

二、制约我国通用机械制造业发展的因素

改革开放以来，我国通用机械制造业通过引进、消化、吸收、创新等举措，取得了较快发展，产品开发和制造能力与国际先进水平的差距在逐步缩小，一批重大技术装备实现了国产化。但是，我国通用机械制造业的技术创新能力仍不能适应国民经济发展的要求，产业的结构性矛盾始终没有得到根本解决，与发达国家相比还有相当大的差距。我国通用机械制造业由大到强还存在以下主要制约因素：

1.创新意识不强

（1）技术创新投入低。自主创新需要的投入高、周期长、风险大。日本等发达国家研发经费支出占销售收入的5%以上，而我国通用机械制造业大中型企业的研发经费大多只占销售收入的1.2%。科研投入超过3%的仅有沈阳鼓风机集团股份有限公司、陕西鼓风机（集团）有限公司、杭州制氧机集团有限公司少数骨干企业。技术创新是连续的积累过程，一项自主研发从启动到成功至少需要三到五年的时间，没有集中的连续投入，很难实现从“中高端切入”的技术突破。当前通用机械制造企业自我积累不足，很难在技术创新上投入更多的财力，保证创新工作的连续投入。

（2）创新动力不足。企业是自主创新的主体，虽然当前部分通用机械制造企业开始重视研发经费的投入，但从功能上看，企业并没有成为自主创新的真正主体，究其原因，主要是创新意识差。在许多地方政府追求速度、扩大投资、追求外延式扩大规模的偏好导向下，使得企业宁愿低水平扩大生产能力，却吝啬于对技术和人力资源进行投入；宁愿在同类档次产品上进行低水平恶性竞争，也不愿意采取差异化战略、通过自主创新提高效益。

（3）共性技术研究缺位。产业部门科研院所改制后，失去了行业技术归口所的作用，削弱了科研院所对行业共性和基础技术的研究，造成产业共性技术研究开发缺位。对于那些需要多个组织、许多科技人员合作完成的创新项目，已很难结成创新战略联盟，形不成密切合作的创新体制。

2.设备开发与用户工艺相脱节

通用机械是化工、石油化工等领域中的关键设备，是为实现化工工艺的需要而设计制造的设备。由于体制的原因，长期以来，我国通用机械制造企业的产品开发与用户的工艺研究相互脱节，制造企业缺乏与用户沟通，对相关设备在用户装置中的配置规律和使用要求缺乏研究。如石油化工工艺的开发周期比较长，装备制造企业不能了解用户部门的工艺研究时间表，对用户的工艺开发研究难以跟踪，不能开展有针对性的设备制造研究。另外，这种跟踪需要大量前期投入，投入后是否能得到产出难以预期，所以，一般制造企业也不愿意跟踪或无能力跟踪。一旦工艺研究成熟，需要设备为之配套时，制造企业感到时间紧，很多技术上的问题还未解决，而处于被动的局面，造成国外产品大批涌入国内。以煤液化工艺技术为例，我国煤炭研究院在30多年前就开展了煤的液化工艺技术研究，并从美国、日本引进两套小型试验装置，而国内制造企业无人问津，更没有一个企业跟踪研究开发其产品。如果制造企业当时能及时跟踪其工艺并开展设备的研究与开发，那么我国新上的大型煤液化装置所需的压缩机、风机、泵、阀门等就可以派上用场，不必再从头开始研制或大量进口。工艺与装备相脱节，阻碍了通用机械制造业的产品销售一代、研制一代、储备一代的技术发展，使制造企业一直处于被动的产品开发模式。

3.成套能力弱

我国通用机械制造业产业结构是割裂的，鼓风机厂只造鼓风机，水泵厂只造水泵，而忽略了成套技术的发展，尤其是系统的可靠性研究不够。我国通用机械制造业缺乏像GE、ABB、西门子这样的具有系统设计、系统成套和工程总承包能力的工程公司，这些国际大公司在系统设计与工程成套方面一直处于垄断地位。

工程成套是从纯制造业向制造服务业转变的重要环节，当前是通用机械制造行业的薄弱环节。工程成套是根据工艺参数要求为关键设备选配主机、辅机以及控制和其他相关附属部件组成的技术先进、功能完整、运行可靠、参数匹配的主机系统，合理配置辅助系统，直至提供的所有设备相互协调工作，构成能够实现工艺流程要求的工艺装置。但是由于通用机械制造业缺乏工程设计、成套设备配套、供货等综合性的大企业（工程公司）和整体服务的意识，长期以来工艺和设备、主机和辅机的发展不同步。在发展主机的同时，往往忽视辅机的发展，使工艺和设备、主机与辅机不能协调发展，系统集成能力差，难以满足用户的需要。这也是通用机械制造企业难以在国内重大工程中中标，仅能在国外企业中标后分包部分硬件产品的主要原因。

4.产业集中度低，专业化程度低

我国通用机械制造业集中度低，大型骨干企业少，围绕大型骨干企业的中小企业群体也未形成。由于历史原因，形成地区同构化和大而全、小而全的生产方式，我国通用机械制造业形成的低水平重复建设的局面严重，缺乏规模经济和专业化协作。横向面临严重的同业竞争，国内同行不能一致对外；纵向面临产业链不健全，上下游企业不能协同“作战”，难以形成产业规模，行业恶性竞争相当严重。

尽管近年来不同地区都出现了联合重组的成功案例，但是绝大多数发生在同一省份的企业之间，跨地区、跨行业的产业整合发展不快，困难重重。适应当前阶段我国市场环境的产业技术资源整合，必须依靠强有力的宏观调控和市场中介手段，但原来的产业管理部门撤消后出现了管理“真空”。地方政府虽然在许多方面可以发挥作用，但在企业跨地区并购时，往往固守本地利益，强调以我为主，很多谈判都因地区利益不一致而无法深入。

东北和江、浙、沪地区集中了一批通用机械制造企业，但总体来说产业集中度不够，即使沈阳鼓风机集团股份有限公司、陕西鼓风机（集团）有限公司、杭州制氧机集团有限公司这样的企业，从其企业规模、融资能力、研发能力、工程成套能力等方面都无法与美国GE、德国西门子、日本三菱等国际大公司相抗衡。我国通用机械制造业还没有进入世界工业500强的企业，在规模和技术水平方面都具有国际竞争力的大型企业太少。

5.产品质量有待提高

产品质量事关企业的生存和行业的发展。当前，我国通用机械产品质量供给结构无法适应需求结构的矛盾愈发严重，产品质量问题已成为制约我国通用机械制造业由大到强的一个重要因素。

通用机械制造企业虽然经过几个五年计划的技术改造，引进和添置了部分国内外先进设备，工艺装备水平得到了较大提高。但从总体上来看，工艺制造水平不高，通用型设备多，专用设备少，缺乏高、精、尖关键设备，试验检测手段不完善，致使产品的加工精度和质量在硬件上难以保证。在软件建设方面得不到重视，企业管理水平相对较低，质量保证体系不完善，缺乏全员质量意识，造成产品质量在软件上难以保证。从而致使产品的性能不稳定，可靠性差，故障率高，寿命期短，满足不了工况复杂、高参数、连续化生产和追求高效益的使用要求，缺乏令用户满意的名牌产品，影响了通用机械制造企业在用户中的信誉。

当前，有相当一批企业的质量管理体系不健全，大量中小企业质量保证能力不足，质量监管不到位，企业产品质量责任不落实，造成通用机械产品普遍存在使用寿命偏短的问题。在行业中，以牺牲产品质量为代价的低价恶性竞争的现象屡见不鲜，长期忽视质量使企业的产品逐渐在市场上失去了竞争力，使用户对产品的质量失去信任。

6.企业的自我积累能力弱

我国通用机械制造企业利润普遍偏低，企业自我积累能力弱。制约效益的主要因素有：多数产品仍处于中低端，附加值偏低；购买高附加值的关键部件、引进专利技术付费；自有资本不足；高额金融负债；大而全的生产模式尚未改变，导致生产成本较高；管理水平不到位，财务成本高；行业和企业之间的竞争加剧，竞相杀价，难以优质优价；人民币升值，人工成本提高，材料价格的波动等抬升了制造成本；销售方式落后且缺乏租赁支持，资金周转慢；成套和工程总承包能力不足，难以满足高层次市场需求等。这不但使企业无法依靠自我积累实现调整，而且限制了其从传统渠道获得资金的能力。

而国外大公司与我国装备制造企业形成鲜明对比，外国跨国公司一般具有较强的资本运作能力。如GE、西门子、日立这样的跨国集团凭借强大的资金实力，可以轻易调动巨额资金，控股、收购其他企业，然后对资产进行整合、包装，再拿到国外或国内的资本市场进行套现，赚取高额利润。

7.信息化在通用机械制造业中应用率低

信息技术已经成为提升工业产业生产效率和附加值不可缺少的手段，包括产品升级、工业生产管理以及市场销售的各个环节，越来越离不开信息技术的应用。当前我国通用机械制造业信息技术的应用还不普遍，一些大中型企业开展了计算机辅助设计和计算机辅助制造，但计算机辅助工艺开展得不多。从总体上来说，整个行业基本实现了甩图板，但全面应用信息化的企业太少。当前，推进信息化与通用机械制造业融合是促进全行业发展的重要基础。促进信息技术在通用机械制造业的广泛应用，将有力推动整个行业的高技术化，为企业生存和发展注入新的活力，将加速实现通用机械制造业由大变强和通用机械制造业技术的整体提升。

三、世界通用机械制造业做强的特征

经过多年的发展，世界通用机械制造业经历了机械化、机电一体化、信息化的发展阶段，产业的宽度和深度不断加大，产业竞争力和生产率也不断提高。通用机械制造业做强呈以下趋势：世界通用机械制造业的增长方式从资源资本要素投入型逐步向知识技术创新型和环境生态型方向转变；工业发达国家科技创新成果向产业转移空前加快；先进通用机械制造业与服务业互动融合发展带动着产业结构的调整；传统生产方式正在逐步向先进制造模式、循环经济的制造模式过渡。

1.科技创新推动通用机械制造业做强

科技创新是实现产业结构调整和升级的关键。以信息技术为代表的高新技术与通用机械制造技术相融合，通过通用机械制造业信息化能力的提高和采用先进制造技术，催生了一大批高技术含量的通用机械产品和崭新的制造技术。先进的机械工业是高新技术的重要组成部分，是促进相关产业技术升级和发展的重要依托，随着信息技术、工业自动化技术、数控加工技术、机器人技术、先进的发电和输配电技术、电力电子技术、新型材料技术和新型生物、环保装备技术等当代高新技术成果的应用，通用机械产品不断高技术化，其高新技术含量已成为市场竞争取胜的关键。

2.通用机械制造业信息化

通用机械制造业正向信息化方向迈进，新趋势主要表现为柔性制造系统、计算机集成制造系统的开发与推广应用，并向制造智能化方向发展，特别是网络技术的应用，进一步加速了通用机械制造业全球化的进程，并正在改变通用机械制造业的生产和流通方式。

制造业信息化。通用机械制造业信息化是将信息技术、自动化技术、现代管理技术与制造技术相结合，带动产品设计方法和工具的创新、企业管理模式的创新和企业间协作关系的创新。

先进制造技术。先进制造技术是吸收其他行业成果，实现优质、高效、低耗、清洁、灵活生产等功能的制造技术。伴随先进制造技术的发展应用与渗透，通用机械制造业制造模式将发生革命性变化。典型先进制造模式有：柔性生产模式、智能制造模式、精益生产模式、敏捷制造模式、高效快速重组生产系统模式、虚拟制造模式、极端制造模式和绿色制造模式。

通用机械制造业信息化与先进制造技术的结合，表现出如下趋势：产品的信息化数字化，制造过程的数字化、高效与智能化，制造装备的高精度、高效与智能化，制造的网络化与柔性化，以及制造管理的信息化。

3.循环经济推动通用机械制造业可持续发展

近年来，一些国家提出了循环经济发展战略，要在大幅提高经济增长和社会发展的同时，促进资源循环利用和高效利用，以减少资源消耗和污染排放，实现物质化的经济增长。通用机械绿色制造、再制造、节能技术和节能产品的应用等已在许多国家兴起。

4.通用机械制造业与服务业的融合逐步加深

随着“制造业服务化，服务业高技术化”的趋势日益明显，国家制造业的竞争力不仅体现在产品研发设计和制造的水平和能力上，还包括从市场调研到售后服务乃至产品报废回收的全过程，以及提高为客户和供应链提供全方位服务的水平和能力方面。同时，制造部门也在走向服务化，表现在：制造部门的产品是为了提供某种服务而生产的；伴随产品一起出售的有知识和技术服务；服务业引导通用机械制造部门的技术变革和产品创新。未来的通用机械制造服务业将成为同时对物质、信息和知识进行处理的制造与服务相融合的产业，制造业与服务业的融合程度将会逐步加深。

为适应市场需求的不确定性和个性化的客户需求，先进的通用机械制造企业不断吸收各种高新技术和现代管理技术等，并将其综合应用于产品设计、生产、管理、销售、使用、服务乃至回收的全过程，以实现为优质、高效、低耗、清洁、灵敏及柔性化的生产服务。

5.通用机械制造业国际化

20世纪末，以“现代信息技术为核心的新技术广泛采用”为特征，制造业的生产、营销、资本运作、售后服务及研究开发均突破国界，推向全球化；制造商利用全球资源和国际产业分工新格局，参与全球竞争与合作，推陈出新促进全球产业链的形成。

通用机械制造业产业分工根据同一产业内部产业链的不同环节来进行。发达国家逐渐着力于研发和品牌营销，控制核心技术和经营技巧，而把加工制造环节转移出去，生产结构呈现出典型的“哑铃形”；而发展中国家则在全球产业链和价值链中寻求自己的发展空间，明确自己的发展定位，承接某种产业环节转移，着力于加工制造环节。发达国家与发展中国家的产业分工体系正经历着以形成全球产业链和价值链为目标的变革，加快了全球产业链的形成。

全球化战略已成为通用机械制造业跨国公司抢占世界市场的首选战略，跨国公司为克服全球性生产能力过剩和产品生产成本不断上升的困难，加快了通用机械制造业结构调整的步伐，纷纷将重心转向国外，掀起了新的兼并浪潮，规模越来越大。规模化生产使得垄断性跨国公司的技术创新和市场主导作用日益增强，例如：在电力设备领域，世界前三大公司控制了全球大型电力设备市场的70%；各大跨国公司在不断联合重组，扩张竞争实力的同时，纷纷收缩战线，剥离非主营业务，以精干主业，提高系统成套能力和个性化、多样化市场适应能力；作为规模化生产的前提和条件，生产高水平零部件和配套产品的“中场产业”快速发展，社会化生产服务体系不断完善，产业的国际化步伐不断加快。

四、通用机械制造业由大到强的发展路径

1.指导思想

坚持科学发展观，走新型工业化道路。紧紧围绕清洁能源、城市基础设施建设等国民经济发展的重点任务，提高行业整体创新能力，加快推进通用机械制造业的发展。全面提高职工素质和企业国际竞争力，为国民经济各部门提供高水平的、节能环保的通用机械产品。

2.指导方针

以国家产业政策为导向，瞄准国际国内两个市场；加强企业管理，提升产品开发、制造水平，提高产品可靠性，重点突破工艺性强，高温、高压、低温、强腐性环境下的通用机械产品的设计与开发；发挥合肥通用机械研究院、西安交通大学、江苏大学、甘肃工业大学等院校的力量，加强通用机械产品的基础和标准研究；大型骨干企业逐步向单元成套和制造服务业转化，在全国形成若干个区域性的通用机械产业集群。

3.目标

(1)加强共性关键技术的研究。当前，行业基础、共性技术的缺位已成为制约通用机械制造业整体技术水平提高的重要因素。通用机械制造业90%以上是中小企业，创新能力弱，大多数企业以制造普通的通用机械产品为主，技术门槛不高，20世纪七八十年代的产品还在大量生产。在“十二五”期间，全行业要加强通用机械产品基础理论、产品开发、设计方法、产品试验、标准等方面的关键基础共性技术研究，推动全行业技术进步。

(2)加强国家重点项目所需装备攻关。围绕石化、电力、能源、原材料等工业对通用机械装备的需求，贯彻落实“国家中长期科技发展规划纲要”和“国务院关于加快振兴装备制造业的若干意见”对装备制造业提出的目标要求，加强通用机械装备关键技术攻关，实现大型乙烯、大型核电、大型煤化工、石油天然气集输等通用机械设备国产化，满足我国国民经济各部门发展的需求。

(3)开展先进节能环保通用机械关键技术研究与设备开发。加大节能通用机械产品研发力度，逐步淘汰能耗高的通用机械产品，推动企业产品升级换代。

(4)加快高端通用机械产品开发。为改变高端通用机械产品长期依赖进口的局面，适应市场对通用机械产品的可靠性、高效、集约化的发展要求，缩短与国外的差距，提升通用机械产品的国际竞争力。

五、重点任务与攻关内容

1.以重大技术装备为契机，突破首台(套)国产化，掌握核心技术，形成自主知识产权，掌握技术发展的主动权

重大技术装备是指那些技术先进、成套性强、产业关联度大的成套设备产品。这些产品研制难度大、技术附加值高，在工程中具有举足轻重的作用。通用机械制造业与能源领域的重大技术装备关系密切，在由大到强的发展过程中要以重大技术装备为契机，实现重点突破，进而带动通用机械制造业实现由大到强发展。

2.发展高端制造，服务能源领域

能源是一个国家经济发展的命脉，通用机械产品是能源装置中的核心设备。能源装置涉及石化、核电、超超临界火电、天然气液化、煤化工和天然气集输等领域。能源装置的特点是：装置规模大、流程化生产、高压、高温、低温、介质易燃易爆、腐蚀、有毒等，对设备的材料、密封、可靠性等方面有特殊要求。

(1)研发满足三代核电装置多工况及高汽蚀性能要求的余热排出泵、主给水泵机组、主循环泵、海水循环泵、常规岛凝结水泵，以及研发满足性能曲线约束的带多工况点运行要求的高效超低比转速、高压小流量的水力化容(化学成分与容积调剂)补水泵等，使其具备耐辐射、抗地震、耐杂质磨损及抗冷热交变冲击等各种特定功能。

(2)研发满足百万千瓦超超临界火电机组可靠运行要求的泵，包括高压锅炉给水泵、主循环泵和凝结水泵。研发满足百万千瓦超超临界火电机组可靠运行要求的阀门，包括主蒸汽闸阀、抽汽止回阀、气动疏水阀、高加三通阀、WB36电动闸阀及大口径三偏心金属硬密封蝶阀。

(3)研发乙烯裂解装置的急冷油/水泵、低温乙烯泵以及千万吨级常减压装置中的高温油泵、油气混输泵；研发满足长距离输油管线的需求，降低原油输送能耗，具有完备可靠的就地与远程监控系统的长输管线油泵；研发50万t/a合成氨高压甲铵泵、液氨泵；研发满足煤化工要求，适于输

送颗粒浓度大、易沉淀、磨砺性强、腐蚀性强介质的隔膜泵（流量600m^3/h，压力25MPa）等。

（4）研发天然气长输管线全焊接球阀与抗高硫天然气集输工程用高压阀门，乙烯、天然气液化装置用低温球阀，煤化工用镍基合金耐磨蚀阀门、氧气阀等。

（5）研发1 500万t/a炼油、120万t/a乙烯、大型煤化工等石油化工装置需求的乙烯压缩机、丙烯压缩机、裂解气压缩机、大推力（1 500kN及以上活塞推力）往复压缩机、300MPa超高压乙烯压缩机、大型多列（6列及以上）迷宫压缩机、螺杆压缩机（螺杆直径630mm以上）；长输管线3万kW以上燃气轮机驱动的压缩机组、2万kW以上电动机驱动的压缩机组；50万t/a以上合成氨四大压缩机组（合成气压缩机组、CO_2压缩机组、氨压缩机组、低温甲醇洗用氨冰机组）以及36万~45万t/a大型硝酸“四合一”透平机组（空气压缩机、氧化氮压缩机、尾气透平机组、汽轮机）等。

（6）研发煤化工装置用特大型（10万m^3/h及以上）空分设备。主要涉及空分流程的设计和计算以及空分装置的工艺系统成套集成、新型高效空分精馏塔的研制、特大型多层主冷凝蒸发器的研制、分馏塔系统超低温态下安全可靠性设计、计算机自动化控制技术深化应用，以及8万m^3/h及以上的大型中高压氧气压缩机、低温泵、低温阀等的设计制造技术的研制。

3.开发节能减排产品，服务国民经济各部门

通用机械产品中的泵、风机、压缩机、空分设备、干燥设备等是量大面广的耗能产品，其年耗电量约为全国用电量的40%以上。因此，大力发展高效节能的通用机械产品，不断提高产品技术水平，对节能降耗、提高能源利用率，为国民经济各部门实现节能减排目标都具有非常重要的现实和长远意义。

在煤化工、石化、化肥、电力等行业中，泵、风机、压缩机耗电约占60%以上，如氮氢压缩机耗电量占合成氨装置耗电量的70%；乙烯“三机”（裂解气压缩机、乙烯压缩机和丙烯压缩机）耗电量占乙烯装置耗电量的30%以上；电站自耗电约占发电量的10%，而这10%的耗电量主要用在与发电机组配套的引风机、排粉机、凝结泵、循环泵、锅炉给水泵等上，占厂用耗电量的80%。冶金企业是能耗大户，其送风机、除尘风机、加热炉鼓风机、烧结引风机、熔炼铅锌冷却泵、制氧机、冷却泵、清水泵、降温排风机等耗电量占60%以上。因此，加大通用机械产品的节能技术开发与应用是通用机械制造业由大到强的重点任务之一。具体产品与技术开发情况如下：

（1）冶金行业工业过程烧结余热、高炉煤气余热余压回收与热能的综合利用技术与装备，高炉、转炉、焦炉等煤气发电以及利用蒸汽轮机驱动技术与装备。

（2）大型高炉用离心鼓风机、高炉顶压与烧结余热能量回收联合发电技术与装备。

（3）石油、石化、煤炭等行业生产中排放的废气回收再利用的高性能大型压缩机成套设备。

（4）工业过程余热、余压回收与热能的综合利用的螺杆膨胀机、蒸汽透平和水力透平机组开发。

（5）煤层气、页岩气的回收利用的成套机组的开发。

（6）燃煤电站烟气脱硝技术与装备的开发。

（7）钢铁烧结机烟气脱硫技术与装备的开发。

（8）高效环保节能污泥脱水技术与装备的开发。

4.建立共性技术研发体系

我国科研体制改革后，原为行业提供共性技术研究成果的研究单位都已企业化，行业共性技术研究缺位。通用机械制造业由大到强的发展主要是技术问题。技术分为两类：一类是竞争性技术，由企业去研究，而且它是商业秘密；另一类是共性技术，它是竞争前技术，里面有各个企业都要用的基本数据、基本工艺。单个企业是不会去研究共性技术的，因此一定要有专门的国家级研究机构来做这些事。当前，我国广大中小型企业无力自主开发，绝大多数企业无力支持共性、基础性及竞争前技术的研发。提高自主研发能力，一个重要方面就是重组产业共性技术研究体系及建立产业共性技术研究开发平台。

合肥通用机械研究院是原机械工业部的直属研究所，长期承担着通用机械制造业的新产品开发、材料、工艺、标准、产品检测、可靠性研究等，为我国通用机械制造业的发展发挥了重要作用。改制后，合肥通用机械研究院仍然坚持科研工作放在第一位，承担了国家多项“863”计划项目课题和各类科研课题，与中石化、中石油等用户长期进行合作研究，为用户解决了许多工程中的实际问题。当前，该院是国家压力容器与管道安全工程研究中心和国家压缩机重点试验室，拥有一支实力雄厚的科研技术队伍。通用机械制造业由大到强要充分发挥合肥通用机械研究院的作用，以该院为主建立通用机械制造业共性技术研究体系和共性技术研究开发平台，重点承担通用机械制造业原创性技术、共性技术及战略性关键技术的研究开发，并请国家有关部门支持在该院建立我国流体机械国家工程技术研究中心和流体机械国家重点实验室等，发挥该院为我国通用机械制造业由大到强的积极作用。

5.提高全行业质量意识，把产品质量放在突出位置

我国通用机械产品质量的总体水平与世界发达国家相比，还有较大的差距，要想在国际市场中占据一定的地位，就要从最基本的产品质量的提高做起。在全行业提高质量意识，促进企业建立健全技术创新、产品研发、生产制造、储运销售、技术服务等全员、全过程、全方位的质量管理体系，同时，加强售后服务、质量追溯和质量诚信管理，加强对重点、重大产品质量的跟踪监测预警，在中国通用机械工业协会网站建立行业产品质量评价报告发布专栏，及时宣传报道。

坚持全面质量管理，利用先进的质量理论对产品质量采取事前、事中、事后管理相结合，奖罚管理相结合，经验管理与教训管理相结合等多种形式的管理。实行分环节的质量管理，即分别对产品从设计、生产、采购、销售、使用、维

修、改良等各个环节进行严格的质量管理。实行多层次的质量管理，就是从企业的高层领导、各部门经理、主管到生产者等各个层次的人都要努力配合质量管理。实行多要素的质量管理，劳动者、劳动对象、劳动手段都是完成一件合格产品必不可少的要素，又因生产对象的不同，每个因素包含着的内容也不尽相同，为提高产品质量，就要对其中每一个要素进行严格的质量管理。实施多角度的质量管理，即设计者、生产者、检验者、监督者、销售者、报废者都要从不同的角度对产品质量进行管理。与此同时，要积极提倡“高标严检”。注重产品质量成本的管理，在保证产品质量合格的情况下，最大限度地提高经济效益。同时，国家要尽快完善相关的规章制度，加强监督。将质量工作与行业准入条件紧密联系起来，形成人人关心质量、人人重视质量的行业氛围。

6.加强工艺研究

工艺技术是制造业企业核心竞争力之一，是影响企业产品质量的重要因素。企业领导要重视工艺工作，建立完善的工艺工作体系，推行先进的工艺技术标准，加强科学性的工艺试验，并加强工艺技术及管理人员队伍建设。要特别重视铸造、锻造、焊接、热处理工艺研究，使通用机械产品的铸件、锻件质量有明显提高，保证整机产品的质量。

7.积极推进产业组织结构调整，逐渐形成专业化合理分工，相互促进、相互协调，由大到强的产业发展格局

走以龙头企业带动产业规模发展的道路。培育一批有国际竞争力的大型企业集团，按照行业特点和市场规划实现行业的联合，推动通用机械制造业的产业结构调整和资源整合，增强竞争力。如在辽宁、陕西、四川、江苏、浙江、上海等地区可根据大型企业集团上下游配套关系，结合本地区通用机械装备制造业门类齐全的特点，形成若干个产业集群。

鼓励有条件的企业通过改制、改组，分离从事零部件、元器件和中间材料的生产单位，使之成为既为母体企业服务也面向国内外市场、独立核算的专业化企业。形成一批“专、精、特”的专业化企业和“小巨人”企业，激发中小企业的发展活力。

通过产业集聚强化专业化分工，优化生产要素配置，降低创新成本，提高产业竞争力。积极推动形成以产业链为纽带、提升集约化水平、增强产业自主创新能力、引领带动通用机械制造业由大到强发展的中坚力量。

以沈阳鼓风机集团股份有限公司、陕西鼓风机（集团）有限公司、杭州制氧机集团有限公司等重点骨干企业的科技创新优势，引领并促进全行业自主创新和技术进步，使企业真正成为研究开发投入的主体、技术创新的主体、创新成果应用的主体。到2020年，通用机械关键产品的进口量比当前减少80%，最终目标实现国家经济建设所需的通用机械重大技术装备90%以上由国内提供，使我国成为通用机械制造业强国。

8.加快标准和信息化建设，夯实通用机械制造业由大到强的基础

通用机械制造业要根据产品发展的需要和技术发展及其水平来制订通用机械产品的标准，使这些产品能反映产品的生产技术水平。建立与国际接轨的标准化指标体系，完善行业准入体系，规范行业发展。

通用机械制造业是传统产业，必须用信息化来促进其发展，使企业走出一条科技含量高、经济效益好、资源消耗低、环境污染少、人力资源优势得到充分发挥的发展道路。借助信息化对通用机械制造业进行技术改造与优化升级，推动产业结构调整和优化，促进企业管理的现代化，大幅度提高通用机械制造业的技术和经营管理水平。

9.推广计算机辅助设计（CAD）、辅助制造（CAM）和辅助工艺（CAPP）

利用信息化手段提高企业生产、经营、管理水平。在生产控制层面，以数控设备为基础，围绕创新研究和开发设计、工艺管理和加工制造、过程协同和质量控制、物料配送和产品管理等生产制造的关键环节推进信息化，以提高生产制造全过程工作效能。在资源配置层面，以成本分析为基础，围绕外部协作、内部计划、及时响应等关键环节推进信息化，以提高企业市场响应效率。在管理决策层面，以信息管理为基础，围绕产品市场与客户关系、人力资源与资本运作、发展战略与风险管理等关键环节推进信息化。

六、通用机械制造业由大到强的发展目标

（1）到2020年，在石化、核电、超超临界火电、天然气集输、天然气液化、煤化工等重点领域的通用机械设备国产化率达90%以上。

（2）加大高端和节能产品研发力度。到2020年，开发100个高端和节能新产品并形成系列，完成重大技术攻关100项，使大型空分装置、离心压缩机、轴流压缩机、容积式压缩机、化工流程泵、石化和电力各种阀门等高端产品的设计、制造关键单元技术达到国际先进水平，部分产品处于国际领先水平。行业的产业结构和产品结构发生明显变化，中高端产品的占比由当前的25%提高到70%以上。

（3）到2020年，全行业产值达到1.6万亿元以上，形成产值过100亿元的企业5～8家，产值50亿～100亿元的企业10～20家，产值10亿～50亿元的企业80～100家。

（4）以合肥通用机械研究院为主体，在泵、风机、压缩机、阀门、空分设备5个重点行业分别建立工程研究中心和若干个企业战略同盟，组织高校、企业共同参加产品联合攻关。

（5）重点培育沈阳鼓风机集团股份有限公司、陕西鼓风机（集团）有限公司、杭州制氧机集团有限公司、四川空分设备（集团）有限责任公司、开封空分集团有限公司等大型骨干企业由纯制造业向工程成套和现代服务业转变。

〔撰稿人：中国通用机械工业协会钱家祥〕

2012年通用机械行业经济运行分析

2012年，通用机械行业面对复杂多变的国际形势和国内经济增速放缓的影响，经受了外需不足、内需不旺、成本上升、资源配置优化等多方面的挑战。从通用机械行业经济运行情况来看，国家积极的宏观调控政策发挥了预期的作用。同时，行业企业积极应对，利用稳增长这一机遇，加快调结构、转变增长方式的步伐，2012年通用机械行业保持了较快发展态势。

一、行业概况

据统计，2012年，通用机械行业规模以上企业达4 801家，其中，泵及真空设备行业企业1 181家、风机行业企业418家、压缩机行业企业427家、阀门行业企业1 543家、气体分离及液化设备行业企业399家、其他通用机械行业企业833家。通用机械行业资产总额6 012.26亿元，同比增长13.49%。其中：泵及真空设备行业资产总额1 298.97亿元，同比增长14.15%；风机行业资产总额800.46亿元，同比增长12.1%；压缩机行业资产总额1 031.51亿元，同比增长9.11%；阀门行业资产总额1 444.68亿元，同比增长16.08%；气体分离及液化设备行业资产总额629.74亿元，同比增长12.21%；其他通用机械行业资产总额806.9亿元，同比增长16.19%。全行业从业人员近92.45万人，同比增长1.54%。其中：泵及真空设备行业从业人员23.16万人，同比增长2.92%；风机行业从业人员9.37万人，同比下降1.88%；压缩机行业从业人员13.62万人，同比增长3.39%；阀门行业从业人员27.29万人，同比下降1.01%；气体分离及液化设备行业从业人员7.07万人，同比增长2.01%；其他通用机械行业从业人员11.94万人，同比增长5.4%。

2012年，通用机械行业完成工业总产值7 843.96亿元，同比增长15.46%。其中：泵及真空设备行业完成工业总产值1 806.53亿元，同比增长15.6%；风机行业完成工业总产值811.54亿元，同比增长9.27%；压缩机行业完成工业总产值1 397.36亿元；同比增长15.58%；阀门行业完成工业总产值2 116.49亿元，同比增长18.71%；气体分离及液化设备行业完成工业总产值708.05亿元，同比增长12.79%；其他通用机械行业完成工业总产值1 003.99亿元，同比增长15.6%。

2012年，通用机械行业实现主营业务收入7 654.55亿元，同比增长13.95%。其中：泵及真空设备行业实现主营业务收入1 750.77亿元，同比增长13.63%；风机行业实现主营业务收入743.17亿元，同比增长7.49%；压缩机行业实现主营业务收入1 440.51亿元，同比增长15.12%；阀门行业实现主营业务收入2 081.04亿元，同比增长16.53%；气体分离及液化设备行业实现主营业务收入681.36亿元，同比增长14.26%；其他通用机械行业实现主营业务收入957.70亿元，同比增长12.39%。

2012年，通用机械行业实现利润总额548.09亿元，同比增长11.86%。其中：泵及真空设备行业实现利润总额132.42亿元，同比增长10.03%；风机行业实现利润总额54.71亿元，同比增长14.53%；压缩机行业实现利润总额77.38亿元，同比增长3.89%；阀门行业实现利润总额150.96亿元，同比增长13.56%；气体分离及液化设备行业实现利润总额60.16亿元，同比增长12.99%；其他通用机械行业实现利润总额72.46亿元，同比增长18.39%。

2012年，通用机械行业2 112家企业主要产品产量：泵8 502.03万台，同比下降4.15%（其中真空泵255.18万台，同比下降10.18%）；风机2 162.35万台，同比增长1.39%（其中鼓风机17.56万台，同比下降4.07%）；压缩机25 777.03万台，同比增长20.86%（其中制冷设备用压缩机22 919.03万台，同比增长26.32%）；阀门721.3万t，同比增长11.23%；气体分离及液化设备50 535台，同比下降19.48%；减速机540.59万台，同比下降0.32%。

2012年通用机械行业主要经济指标完成情况见表1。

表1　2012年通用机械行业主要经济指标完成情况

行业名称	工业总产值		工业销售产值		出口交货值	
	实际完成（亿元）	同比增长（%）	实际完成（亿元）	同比增长（%）	实际完成（亿元）	同比增长（%）
全行业	7 843.96	15.46	7 624.52	15.22	868.67	7.06
泵及真空设备	1 806.53	15.60	1 754.34	15.05	206.29	4.19
风机	811.54	9.27	773.80	7.83	49.45	-1.11
压缩机	1 397.36	15.58	1 364.22	15.05	187.30	-0.53
阀门	2 116.49	18.71	2 068.01	18.52	316.09	14.29
气体分离及液化设备	708.05	12.79	691.71	14.46	60.73	15.34
其他通用设备	1 003.99	15.60	972.44	15.78	48.81	6.49

二、行业经济运行特点

1.生产销售保持两位数增长，增速下降

2012年，通用机械行业完成工业总产值7 843.96亿元，同比增长15.46%，较上年同期回落11.71个百分点。完成工业销售产值7 624.52亿元，同比增长15.22%，增速较上年同期回落12.81个百分点。完成出口交货值868.67亿元，同比增长7.06%，较上年同期回落10.02个百分点。产品销售率97.2%，较上年减少0.2个百分点。从2012年行业运行态势看，1—6月行业工业总产值同比增速大幅度回落，自7月份见底后，呈平稳运行态势。从分行业看，阀门行业好于其他分行业，其工业总产值同比增速高于通用机械行业。

2012年，各分行业工业总产值增幅同比回落情况如下：泵及真空设备行业工业总产值增幅同比回落12.15个百分点，风机行业工业总产值增幅同比回落10.78个百分点，压缩机行业工业总产值增幅同比回落11.4个百分点，阀门行业工业总产值增幅同比回落9.05个百分点，气体分离及液化设备行业工业总产值增幅同比回落15.04个百分点，其他通用设备行业工业总产值增幅同比回落15.16个百分点。

2010—2012年通用机械行业工业总产值同比增长情况见图1。

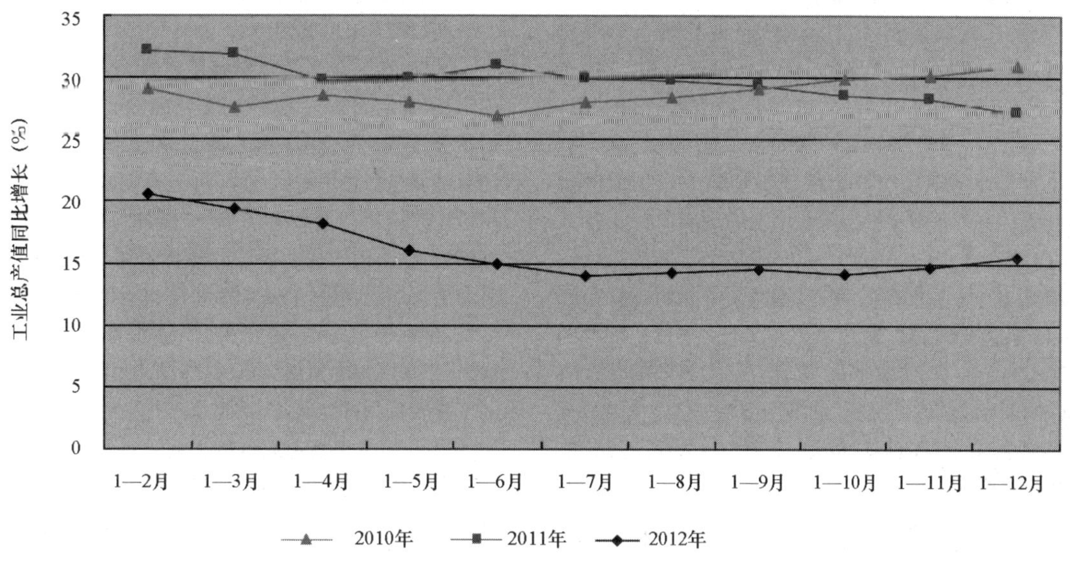

图1 2010—2012年通用机械行业工业总产值同比增长情况

2.出口增速放缓，进口增速大幅下降

据对海关62个税号的通用机械产品的统计，2012年通用机械行业累计进出口总额325.65亿美元，同比下降0.5%，增幅比上年下降18.2个百分点。其中，出口额188.07亿美元，同比增长10%，增幅比上年下降11.79个百分点；进口额137.58亿美元，同比下降12.%，增幅比上年回落26.68个百分点。进出口顺差50.49亿美元，比上年增加35.74亿美元，进出口顺差创历史纪录。

3.主要产品产量同比增幅下降，市场形势不容乐观

在通用机械行业统计的6类产品中，除了气体压缩机外，只有阀门的产量实现了两位数增长（同比增长11.23%），风机产量略有增长（同比增长1.39%），其他产品产量较上年同期下降。从行业产品完成情况看，行业形势不容乐观。2012年通用机械行业主要产品产量见表2。

表2 2012年通用机械行业主要产品产量

产品名称	产量单位	企业数（家）	产量	同比增长（%）
泵	台	688	85 020 267	-4.15
其中：真空泵	台	85	2 551 841	-10.18

（续）

产品名称	产量单位	企业数（家）	产量	同比增长（%）
风机	台	195	21 623 492	1.39
其中：鼓风机	台	27	175 601	-4.07
气体压缩机	台	194	257 770 326	20.86
其中：制冷设备用压缩机	台	55	229 190 270	26.32
非制冷压缩机	台	139	28 580 056	-10.24
阀门	t	826	7 213 025	11.23
气体分离及液化设备	台	43	50 535	-19.48
减速机	台	166	5 405 915	-0.32

4.利润总额与生产销售保持同步增长，利润增幅低于工业总产值增幅

2012年，通用机械实现利润总额548.09亿元，同比增长11.86%，增幅比上年下降17.67个百分点。利润总额增速比工业总产值增速低3.6个百分点。

5.行业亏损面和亏损额增加

2012年，通用机械行业亏损企业数396家，占全行业企业总数的8.3%，比上年增加2.3个百分点。累计亏损额达

20.47亿元,同比增长64.09%,累计亏损额比上年同期净增近8亿元。

6.行业重点企业增速明显放缓,市场需求不足突显

2012年,据对行业128家重点企业统计:完成工业总产值691.36亿元,同比增长3.94%,增幅比上年下降12.33个百分点;完成工业增加值171.46亿元,同比增长4.41%,增幅比上年下降5.05个百分点;实现主营业务收入662.98亿元,同比增长4.8%,增幅比上年下降12.56个百分点;实现利润总额47.66亿元,同比下降1.72%,增幅比上年下降24.38个百分点;累计订货量897.9亿元,同比下降0.25%,增幅比上年下降26.66个百分点。

在统计的128家企业中,工业总产值同比增长20%的企业有14家,工业总产值下降的企业有56家,其中17家企业工业总产值下降20%以上。主营业务收入同比增长20%的企业有13家,主营业务收入下降的企业有59家,其中有20家企业主营业务收入下降20%以上。工业增加值同比增长20%以上的企业有23家,工业增加值下降的企业有58家,其中17家企业工业增加值下降20%以上。利润总额同比增长20%以上的企业有23家,利润总额下降的企业有66家,其中42家企业利润总额下降20%以上。累计订货量同比增长20%的企业有23家企业,累计订货量下降的企业有50家,其中24家企业累计订货量下降20%以上。水泥、钢铁、电力行业需求下降,地铁、隧道、天然气市场较好,核电领域订货近期有所增加。

当前,产品生产周期较短的企业生产处于维持状况,大型设备生产企业生产正常运行,通用类产品产能普遍过剩,行业面临经济发展增速放缓带来的严峻考验。

三、行业发展中存在的问题

(1)传统产品生产任务不足。个别企业由于生产任务不足,出现减少工作时间或部分停工现象。

(2)经济增速放缓,产能过剩问题突显,行业恶性竞争加剧,泵、阀门、压缩机出厂价格指数逐月下滑。

(3)企业资金困难。累计应收账款逐月增加,至2012年年末同比增长19.83%;流动资产周转率较上年同期下降0.2个百分点。项目的拖期和延期交货,造成企业流动资金紧张,加大了生产组织难度。

四、2013年发展预测

2013年,国内形势依然错综复杂,经济运行所面临的不稳定、不确定因素较多,通用类产品的产能过剩状况在短期内不会改变。尽管国内经济环境复杂严峻,但我国经济发展的总基调是稳中求进,工业经济运行朝着企稳方向发展。通用机械产品具有量大面广、服务领域广泛的特点,有诸多利好因素:石油化工行业受国际原油价格高位运行的影响,将表现出长期的利好趋势;常规油气和炼化装备总量仍有巨大需求,特别是中石油、中石化、中海油的海外油气产量的拓展,将带来巨大的发展商机;另外,战略性新兴产业中涵盖海油工程装备和智能装备,新能源产业中的页岩气装备异军突起。预计2013年行业运行将呈现出前低后高的走势,工业总产值增速将达12%左右,出口增速可达10%。

〔撰稿人:中国通用机械工业协会李多英〕

2012年通用机械行业进出口分析及2013年进出口展望

一、2012年通用机械行业进出口情况

据海关统计,2012年通用机械产品进出口总额826.48亿美元,同比增长3.92%。其中,出口额555.73亿美元,同比增长9.65%;进口额270.75亿美元,同比下降6.14%。进出口顺差284.98亿美元(以上均按中国机械工业联合会统计范围,下同)。

1.出口全面增长,制冷空调机械和液体泵出口额多、增长快

全行业8种主要产品出口全面增长。出口额最多的是制冷空调机械,出口额49.29亿美元,同比增长9.04%;其次是液体泵,出口额36.77亿美元,同比增长12.41%;再次是制冷设备用压缩机,出口额26.87亿美元,同比增长11.34%。

出口额较大的还有气体压缩机和塑料机械,其中,气体压缩机出口额21.34亿美元,同比增长9.04%;塑料机械出口额16.61亿美元,同比增长10.48%。

出口额在5亿美元以下的有:工业用除尘器出口额4.4亿美元,同比增长23.24%;气体分离设备出口额2.24亿美元,同比增长10.87%;真空泵出口额1.44亿美元,同比增长4.27%。

2.6种产品进口额下降,2种产品进口额快速增长

全行业8种主要产品中,进口额同比下降的有6种,进口额同比增长的有2种。

进口额下降幅度最大的是真空泵,进口额3.49亿美元,同比下降23.37%;其次是工业用除尘器,进口额7.64亿美元,同比下降17.62%;再次是液体泵,进口额28.65亿美元,同比下降15.88%。此外,制冷设备用压缩机进口额同比下降7.34%,气体压缩机进口额同比下降4.42%,塑料机械进口额同比下降3.57%。

制冷空调机械进口增长较快,进口额2.34亿美元,同比

增长 24.14%。此外，进口增长较快的还有气体分离设备，进口额 4 263 万美元，同比增长 10.78%。

总体来看，全行业进出口增速虽与上年同期相比有较大幅度回落，但出口仍保持全面增长，尤其是各种液体泵和工业用除尘器出口增长都较快，是拉动相关行业发展的重要因素。

二、需要关注的几个问题

1.调整和优化产品结构，加快转型升级

通用机械行业的发展，一靠投资拉动，二靠出口推动，部分产品还靠消费带动。近几年我国固定资产投资快速增长，据有关资料显示：2010 年固定资产投资同比增长 24.5%，2011 年同比增长 23.8%，2012 年同比增长 21.2%。因此，从国内投资对通用机械需求来说，仍是较快增长的趋势，关键是国内市场对通用机械需求结构升级，国外市场需求相对疲软，再由于国内部分产品产能过度扩张，造成当前一些中低档产品订货不足，销售不畅，库存增加，相关企业面临众多困难。根据上述情况，需要从实际出发，认真调整和优化产品结构，加快转型升级。

首先，从进口产品中选择进口量大的产品研制攻关，加快发展。

前两年，通用机械进口连续快速增长，2012 年虽然增速有所下降，但进口规模仍然较大。这一方面是适应了国内用户的需求，另一方面也给国内相关产业带来巨大的压力。

进口产品是用户实实在在的需求，也反映了国产与进口产品存在的差距。据海关统计，2011 年进口额大的通用机械主要有：液压往复式泵、专用型离心泵、制冷空调用压缩机、热交换装置、非家用型过滤净化设备、四色及以上平张纸胶印机、注塑机、减压阀及电磁式换向阀等。

要对进口产品进行仔细分析，从中选择进口量大、技术含量较高的产品，根据本企业的条件进行研制开发，尽快形成生产能力，争取替代进口。这是通用机械行业发展的必由之路，也是扩大出口的物质技术基础。

其次，要适应国际市场需求变化，调整出口产品结构。

国际金融危机尤其是欧洲主权债务危机发生后，各国采取了一系列的应对措施，国际市场需求结构发生了一些变化，有关出口企业要及时适应这一变化，根据用户需求，及时调整产品结构，做好服务。

再次，逐步减少"两高一资"产品的出口，如铸件、锻件和钢结构件等。

2.重视技术创新和人才培养，大力提高创新能力

要大力突破技术创新的障碍，既要重视引进技术消化、吸收、再创新和集成创新，更要重视创造条件实现原始创新，大力提高创新能力。特别是要能够设计制造适应用户需求的专用设备以及个性化用途的产品。要提高设备性能测试和检验能力，关注和收集用户在新设备投产后发生故障的信息反馈，研究设备在使用过程中故障发生的规律，有针对性地采取改进措施，不断提高设备的性能和可靠性。

提高创新能力的关键是人才。要培养一批高素质的技术人才，需采用多种方式并积极实施。一是通过高等院校培养，尤其是结合实际培养研究生；二是在实践中提高现有技术人员素质，跟踪用户对产品的使用情况，不断总结提高，积累经验和知识；三是引进境外具有先进制造技术的人才，冲破各种条条框框和传统障碍，给予优惠待遇。

3.多元化地开拓市场，扩大向发展中国家出口

一方面要十分重视美国、欧盟、日本等传统市场，针对其市场需求变化，及时提供适销对路的产品；另一方面更要重视开拓发展中国家市场，尤其是东盟各国、沙特阿拉伯、墨西哥、印度、巴西、俄罗斯、土耳其、阿拉伯联合酋长国、秘鲁、加拿大和南非等。

对印度尼西亚市场的开拓要引起重视。印度尼西亚经济总量居东南亚诸国之首，发展势头很好。2011 年，我国机械产品出口印度尼西亚 70.4 亿美元，同比增长 33%；2012 年出口该国 83.38 亿美元，同比增长 18.39%。按照该国发展规划，大规模的基础设施、发电站、机场、港口以及与之相关的机械制造等项目要相继开工建设，对通用机械需求较大，如各种液体泵特别是一些专用性强的液体泵，与石油化工装置等配套用的压缩机、空气分离设备、热交换装置以及专用性强的阀门等。

4.把握俄罗斯入世机遇，努力扩大出口

俄罗斯于 2012 年 8 月 22 日正式成为世界贸易组织第 156 个成员。按照加入世界贸易组织的协议，俄罗斯承诺总体关税水平将从 2011 年的 10%降至7.8%。其中，机电产品关税从当前的 8.4%降至 6.2%，而汽车从当前的 15.5%历经 7 年保护期后降到 12%。在非关税措施方面，俄罗斯将取消所有工业品的出口补贴。

2012 年 9 月上旬在俄罗斯符拉迪沃斯托克举行的亚太经济合作组织第二十次领导人非正式会议期间，俄罗斯宣布今后将以东部地区为开发重点。会议期间，中俄两国元首商定，到 2015 年双边贸易额将从当前的 800 亿美元达到 1 000 亿美元，到 2020 年达到 2 000 亿美元。2013 年 3 月，中俄两国领导人在莫斯科会晤，再次重申上述两国双边贸易发展目标。俄罗斯东部地区与我国相邻，为我国提供了很好的商机。

2011 年，我国向俄罗斯出口机械产品 92.3 亿美元，比上年增长 66.58%；2012 年出口机械产品 107.22 亿美元，同比增长 16.15%。出口势头很好，应抓住这一有利机遇向俄罗斯扩大出口。

5.两种通用机械进口关键零部件实行免税

为进一步鼓励我国重大技术装备的自主创新，2013 年 3 月 25 日，财政部、工业和信息化部、海关总署、国家税务总局发出通知，对重大技术装备关键零部件进口税收政策再次予以调整。自 2013 年 4 月 1 日起，对符合规定条件的国内企业为生产国家支持发展的本通知所附生产设备需要进口的关键零部件、原材料，免征关税和进口环节增值税。

新公布的目录中有关通用机械的有两种：

(1)大型石化设备中，年产量≥80万t的对苯二甲酸(PTA)工艺空气压缩机组，其中免税进口的零部件是：齿轮箱3套，推力轴承2套，支撑轴承2套，膜盘联轴器2套，膜片联轴器2套，控制系统1套，机组监控系统1套，测振轴位移装置1套。

(2)大型煤化工设备中，氧产量≥40 000m^3/h的大型空分设备，其中免税进口的零部件是：低温调节阀30个/台，高压板式换热器4~12台，透平膨胀机的浮环密封2套、可倾瓦组合轴2套，切换阀8~12个，高压氧气阀4~12个，高压液空节流阀2~4个，离心低温液体泵2~12台，分馏塔系统的钢铝接头30个、合金铝管5 000m、钎焊片6t。

6.实施走出去战略，促进跨国公司的成长和发展

近几年来，机械行业一些有条件的企业开展国际化经营取得了实效，有的已经或正在逐步建立全球销售服务网点和区域营销中心，为进一步扩大出口创造了很好的条件。有的企业在国外建立研发中心，一些有实力的企业并购境外技术先进的知名企业并取得了成果。要鼓励更多有条件的企业走出去投资办厂，或与当地企业合资、合作，或有选择地并购境外具有先进制造技术的企业，逐步实现在全球范围内的市场、资本、人才、技术、战略资源的整合和有效利用，进一步扩展发展空间。

俄罗斯加入世界贸易组织后，给中资企业扩大对俄投资提供了机遇。俄罗斯将开放投资领域，减少外来投资限制。据俄方统计，到2011年年底，中国对俄投资276.2亿美元，为俄第五大投资伙伴国。

从当前情况看，如果并购企业与国内企业生产同类产品且技术水平接近，可以合理调整零部件生产分工，形成产业链，加大零部件生产批量，以降低成本，提高竞争力；或实行强强联合，优势互补，提升研发创新能力。如果并购企业产品制造技术先进，要针对不同国家的有关规定，采取灵活有效措施，逐步将先进技术移植到国内企业生产的产品中，以此促进我国企业产品结构的调整，加快转型升级。

7.努力规避汇率风险

中国人民银行宣布从2012年4月16日起，银行间即期外汇市场人民币兑美元交易价浮动幅度由0.5%扩大至1%，人民币步入双向浮动时代。这就需要特别重视如何规避汇率风险。

当前主要采取锁定汇率和人民币结算等方式。在锁定汇率方面，远期结售汇成为企业普遍采用的方法，客户与银行约定未来结汇或售汇的外汇币种、金额、期限及汇率，到期时按照该协议办理结售汇业务。

人民币结算已普遍推广，但当前的问题是推广不易，客户认为这是将风险转嫁到客户身上。重要的是让买卖双方各承担一部分汇率变动带来的损失。因此，在汇率波动增大的背景下，建议政府有关部门进一步完善配套措施，增加避险工具，放宽企业的避险条件，让企业避险的需求得到真正满足。

三、2013年进出口展望

据国际货币基金组织2013年1月23日发布的《2013年世界经济形势与展望》报告称，2013年全球经济复苏依然疲弱并面对诸多不确定因素。全球经济增长将因为欧元区经济衰退、美国的短期财政过度紧缩和日本经济疲弱而放缓。预计全球经济平均增长3.5%，其中，美国增长2%，欧元区下降0.2%，日本增长1.2%。报告说，新兴经济体和发展中国家2013年将取得5.5%的增长，仍会是推动全球经济的动力。

我国对外贸易发展面临的外部环境虽稍有好转，但形势依然严峻，制约外贸增长的阻力仍然很大。随着各国宏观政策力度的加大，欧债危机略有缓和，美国经济复苏态势趋于稳定，市场信心和发展预期有所提振。但世界经济已经进入到深度转型调整期，发达国家主权债务问题削弱经济增长潜力，美国、日本等实行货币量化宽松政策措施的副作用日益凸显，新兴经济体面临的困难较多，加上各国反倾销、反补贴等贸易保护主义频繁发生，对外来投资保护主义加剧，世界经济低增长、高风险的态势不会明显改观。

我国经济将继续保持平稳较快增长，对我国外贸发展形成有力支撑。我国通用机械产品比较优势依然存在，新的竞争优势逐步形成，企业抵御风险、拓展市场和创新发展能力明显增强。随着我国政府采取一系列扩内需、稳外需政策措施的逐步落实到位并发挥成效，我国企业的国际竞争力将有所提高。但是，国内经济企稳的基础还不稳固，国内需求增长受到一些体制机制因素的制约，部分产品产能过剩较为突出，企业生产经营仍然面临较多困难。同时，由于人民币汇率升值预期和我国劳动力成本上升、一些原材料进口价格上涨等因素，造成出口成本增加，为进一步扩大出口带来诸多困难。

根据上述情况预测，2013年我国通用机械行业进出口将略好于2012年，仍可能维持个位数增长，其中出口将平稳回升，有可能回升到两位数的增长。

〔撰稿人：郑国伟〕

介绍冷却设备行业发展情况、煤化工用大型空分设备发展情况，分析我国工业余能利用技术及市场应用状况

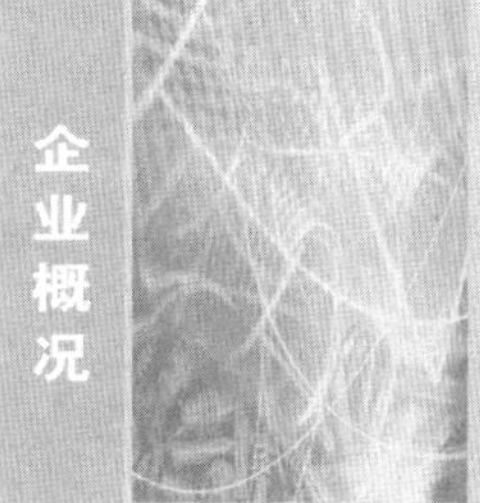

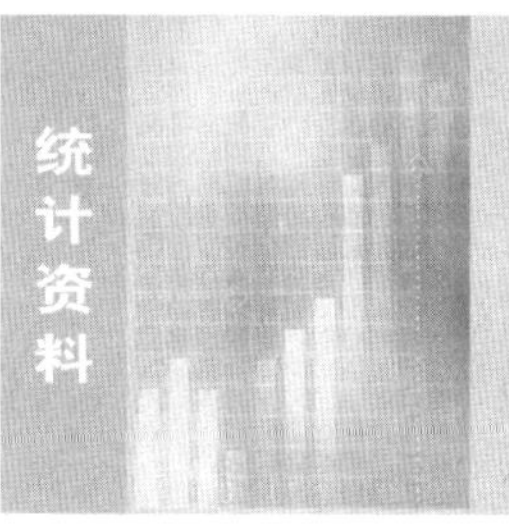

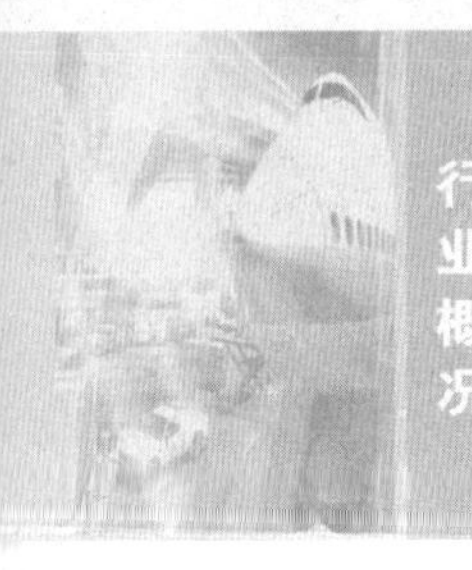
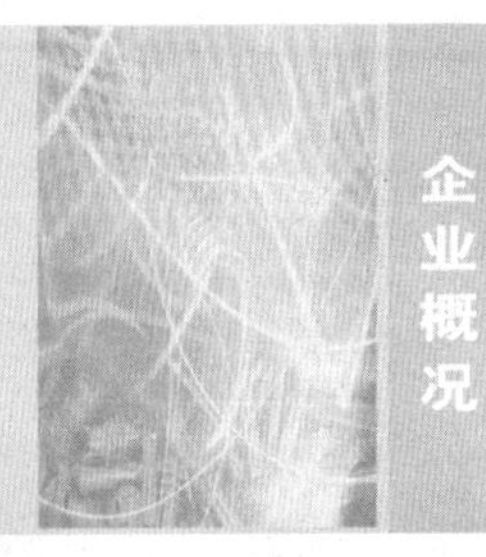
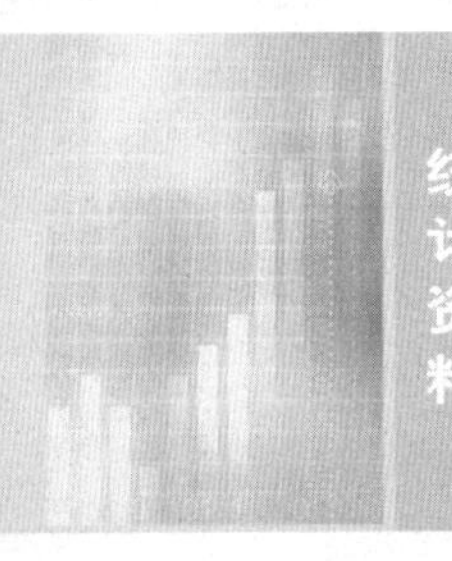

专文

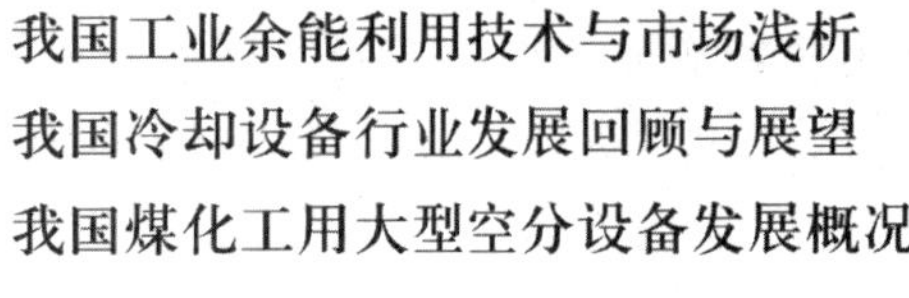

我国工业余能利用技术与市场浅析

我国工业生产过程中产生大量的工业余能，如果这部分伴生能量得到有效的回收利用，不仅可以提高能量消耗企业的经济效益，还能促进我国工业节能减排的进程，有利于生态环境的改善。自"十五"以来，随着我国加大对大气环境的治理力度，在工业领域大力提倡发展循环经济，推进十大节能工程，工业余能的回收利用已经成为我国工业节能减排工作的重要组成部分。

一、工业余能的定义与分类

工业余能是指冶金、电力、建材、石化等高耗能行业生产流程中产生的可以再次利用的能量，表现形式主要有载热性余能、可燃性余能和载压性余能。

（1）载热性余能。即工业余热，是指工业生产过程中产生的烟气、废料以及工质等所具有的热量。如汽轮机做功后的排汽、锅炉烟道烟气、燃气轮机做功后的排气及高温炉渣等带有的热量，以及化学工业生产过程中产生的化学反应热等。

（2）可燃性余能。即工业生产过程中产生的可燃性物质，包括可燃气体、液体及固体废料。如高炉煤气、焦炉煤气、煤矿瓦斯（煤层气）、废油、生物质（甘蔗渣、木屑）及可燃垃圾等。

（3）载压性余能。即工业生产过程中产生的气体、液体所载有的压力能。如高炉炉顶煤气具有一定压力，且流量较大，具有较高的利用价值。

二、工业余能利用技术的发展

工业余能利用技术是指通过对生产流程中原有工艺结构进行改造，增加节能装置（包括控制软件），回收利用生产过程中产生的工业余能，以提升生产企业能源综合利用效率的技术。工业余能利用技术使用的设备被称为能量回收装备，主要包括透平膨胀机、工业汽轮机、燃气轮机、燃气发电机（内燃机）、螺杆膨胀机、发电机、工业热泵、非电空调、余热锅炉、换热设备等及其智能控制软件与设备。

我国三种形态工业余能利用技术的研究均起步于20世纪七八十年代。由于能量回收装备设计制造水平、系统能源综合效率及市场需求等多种因素制约，我国工业余能利用技术在2000年以后才得到大规模推广。在早期的工业余热发电系统中，由于余能利用技术自身存在的不足，有的需要对流程中的工业余热进行补偿能量，即燃烧一部分新燃料（煤、油或天然气）补燃后才能进行发电。这在减少余热排放的同时，也会因燃烧新能源产生新的污染。

近十几年来，随着工业余能利用技术的不断进步，我国工业余热利用早已实现纯低温余热发电。即整个热力系统中不需要燃烧新的能源，完全依靠流程中的余热（余能）实现发电，不会再对环境造成新的污染。纯低温余热发电技术符合国家环保政策，有利于工业节能降耗，深受市场欢迎。与纯低温余热发电技术一样，当前我国载压性余能与可燃性余能均已实现纯余能回收利用。即仅靠余能自身具有的能量而不需要补偿新的能源，就可以实现余能利用。高炉炉顶能量回收技术是典型的纯载压性余能利用技术。

三、主要余能利用技术

1.低温余热发电技术

低温余热发电技术广泛应用于建材、冶金、化工等流程工业，技术成熟，经济效益好，市场需求巨大。按应用行业不同，低温余热发电又分为水泥窑余热发电、干熄焦余热发电、烧结余热发电、转炉余热发电、有色金属（铜、铅、锌、铝等）冶炼余热发电、浮法玻璃熔窑余热发电、铁合金余热发电等不同工艺。也有多个工艺联合发电的技术，比如烧结-转炉余热发电工艺。下面以水泥窑余热发电及干熄焦余热发电为例进行说明。

（1）水泥窑余热发电技术。水泥窑余热发电技术是新型干法水泥窑利用窑头和窑尾三四百摄氏度的废气余热进行发电，当前多为不带补燃系统的纯低温余热发电技术。水泥窑余热发电系统配置两套余热锅炉，窑头AQC锅炉和窑尾SP锅炉。30℃左右的软化水经过除氧器除氧后，经水泵加压进入窑头AQC锅炉省煤器，利用窑头烟气余热加热成190℃左右的饱和水，再分成两部分，一部分进入窑头AQC锅炉汽包，另一部分进入窑尾SP锅炉汽包。然后，依次经过各自锅炉的蒸发器、过热器产生1.2MPa、310℃左右的过热蒸汽，汇合后进入汽轮机做功发电，做功后的乏汽进入冷凝器，冷凝后的水和补充软化水经除氧器除氧再进行下一个热力循环。窑尾SP锅炉出口废气温度220℃左右，用于烘干生料。

当前我国火电主机制造企业、电力设计院主要研究方向是高温、高压、超临界参数的发电技术。而纯低温水泥窑余热发电则不同，发电能源是水泥生产过程中所产生的窑头与窑尾烟气余热，是较低品位热源，且不需要补燃，具有如下特点：①烟气品位较低，工况波动大。通常窑头烟气温度为250~350℃，窑尾烟气温度为320~400℃。窑头烟气参数波动较为明显。②烟气含尘浓度大，磨蚀性强。③系统可利用余热通常由窑头、窑尾两个点提供。④系统流程复杂，设备配置要求高。

可靠的国产主机设备是实现国产化纯低温余热发电技术的前提，系统的设计也是基于可靠的主机设备作保障。1998年我国通过引进日本川崎技术建成了第一个纯低温余热发电项目——海螺宁国水泥厂4 000t/d发电项目。我国相关设计院、设备制造企业通过消化吸收、不断创新，当前在工程设计、设备制造方面均已达到世界领先水平。我国已成为世界最大的余热发电设备生产基地。

(2)干熄焦余热发电技术。干熄焦装备(CDQ)可以有效地回收红焦显热，用于余热锅炉产生蒸汽并用于发电。据相关统计，每回收 1t 焦炭显热可以产生 0.42～0.5t 4.6MPa、450℃左右的蒸汽，约折合 46kg 的标准煤，可以发电 20～30kW。

在干熄焦过程中，红焦从干熄炉顶部装入，低温惰性气体从循环风机鼓入干熄炉冷却段红焦层内，吸收红焦显热(温度约 1 000℃)，冷却后的焦炭(温度降到 200℃以下)从干熄炉底部排出。从干熄炉环形烟道出来的高温惰性气体(吸收了红焦显热的惰性循环气体温度上升到 800～900℃，经过一次除尘器后温度上升到 900～1 000℃)，流经干熄焦锅炉进行热交换，锅炉产生蒸汽，用于发电或外送用户利用。由余热锅炉出来的较冷循环气体，再经二次除尘器除去粒度较小的粉尘后，由循环风机送入干熄炉内循环使用。干熄焦余热发电流程图见图 1。

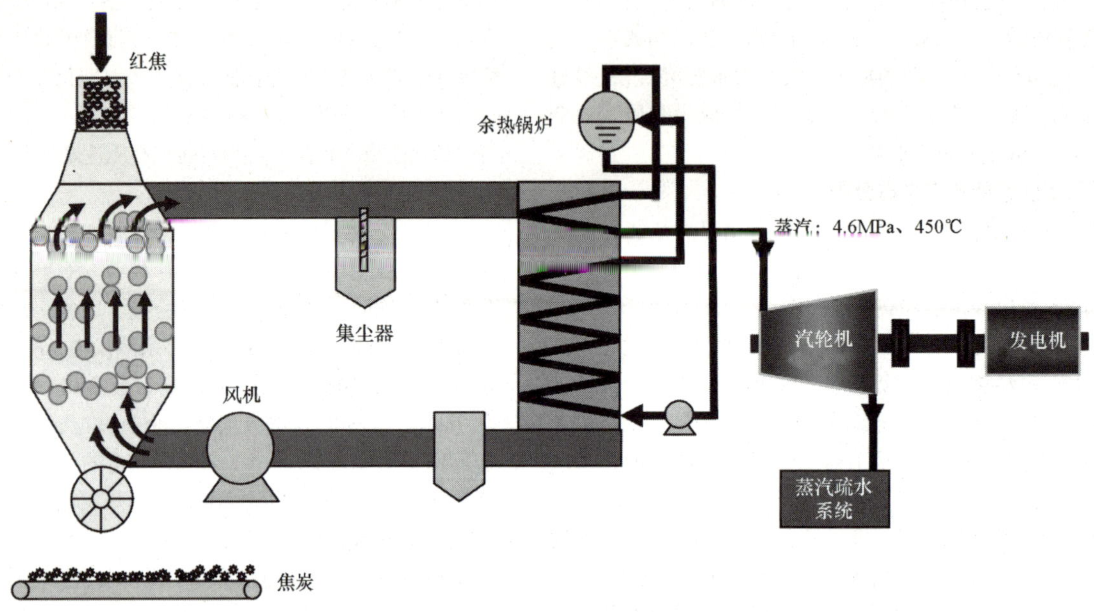

图 1　干熄焦余热发电流程图

2.工业余热的热利用技术

在我国北方需要供暖的地区，或者是工厂自身或厂区附近有热负荷需求的生产企业，可将生产流程中产生的余热通过系统装置转换成所需热量，或者通过生产流程中物料换热及装置预热等方式吸收余热，这是工业余热的热利用方式。有些工业余热由于载体不同及周边工况影响，当前也以热利用方式为主。下面介绍三种工业余热的热利用技术。

(1)锅炉烟气复合相变换热器技术。我国燃煤锅炉在标准状态下排烟温度一般为 200℃左右。一旦排烟温度低于烟气的酸露点，受热面开始结露而形成强烈的低温腐蚀。一般来说，燃煤锅炉的烟气酸露点在 80～120℃之间，渣油的烟气酸露点则在 130～150℃之间。

与传统的空气预热器相比，复合相变换热器技术可以将锅炉排烟温度降低 10～60℃。当进口空气温度为 20℃时，复合式相变换热器与传统空气预热器在最低壁温 t_w要求下的排烟温度会有明显的差异。不同换热器排烟温度要求(进口空气温度为 20℃)见表 1。

表 1　不同换热器排烟温度要求(进口空气温度为 20℃)

受热面形式	t_w = 80℃	t_w = 100℃	t_w = 120℃	t_w = 140℃
卧式管式空气预热器	120℃	150℃	180℃	220℃
热管式空气预热器	120℃	150℃	180℃	220℃
回转式空气预热器	110℃	140℃	170℃	200℃
复合式相变换热器	100℃	120℃	140℃	160℃

复合式相变换热器由不同的换热部件组成。其中，相变工作段是其核心部件之一。相变段通过使置于相互连通空间中的合适媒质处于“相变”状态，从而保证相变段全部容器壁面的温度处于大致相同状态，为整个相变段金属壁面温度处于较高温度水平，并为可控、可调提供了可能。另一方面，“复合”则意味着对不同强化换热技术不同优势的综合利用，并根据不同的使用要求，借助于设置冷热流体的不同分流和不同配比，以实现现代高效换热器不同形式的优化组合，构造成不同具体形式的复合相变换热器。当前，我国复合式换热器已在一些小容量发电锅炉成功应用，并

处于推广阶段。

(2)烧结余热利用技术。我国烧结生产过程中产生的余热回收主要是回收冷却机余热。由于我国烧结机普遍规格偏小,利用余热发电技术效率不高,因此,烧结余热的利用主要是热利用。

1)预热混合料和热风烧结。主要是利用鼓风冷却机、抽风烧结机的压力差,设置自流式热风管道和热风罩,以降低燃料消耗,改善烧结矿质量。余热利用主要途径是点火炉前预热混合料和点火炉后进行热风烧结。

2)生产蒸汽。回收冷却机一冷段热废气,采用热管或翅片管蒸汽发生装备生产蒸汽,这种方式为当前我国大多数烧结机采用。

(3)冶金炉渣显热回收技术。冶金炉渣主要包括高炉炉渣、转炉炉渣和电炉炉渣。这些炉渣出渣温度高达1 500℃以上,属高温固体显热,当前在回收技术上还存在难度。现在除了高炉炉渣采用水淬法回收余热水外,其他的风淬法、化学法等尚处于实验研究阶段。

水淬法是用过量的水冷却炉渣,以炉渣作为水泥原料,同时可以获得50~100℃的余热水,可供供暖或生活用。水淬法虽然能回收部分炉渣显热,但该技术将炉渣中所蕴含的高品质的热转化成低品质的热水,熔融炉渣的物理热几乎全部散失,造成了余热与水资源的极大浪费。随着其他效率更高的炉渣显热回收技术的不断成熟,水淬法将会逐步退出市场。

3.化学反应热利用技术

硝酸四合一机组是典型的已成功推广的化学反应热利用技术。双加压法是当前硝酸生产的主流工艺,是国家大力推广的节能环保类技术。硝酸四合一机组是双加压法制酸工艺的核心设备,是典型的能量自给自足型机组。

硝酸四合一机组由空气压缩机、氧化氮压缩机、汽轮机与尾气透平四大机组及齿轮箱和联轴器组成,并配套有辅机,包括润滑调节油站、消声器、阀门等。当前硝酸四合一机组已实现国产化,10万~60万t/a硝酸装置四合一机组设备配置基本相同,空气压缩机采用轴流压缩机。

硝酸四合一机组的工作原理如下:空气压缩机将空气压缩到0.2~0.5MPa,与氨气混合进入氧化炉燃烧反应生成氧化氮,经过换热冷却后进入氧化氮压缩机,压缩至0.7~1.5MPa,进入吸收塔生产出硝酸。从塔顶排出的气体经过预热与过热后进入尾气膨胀机做功。在机组运行中,原动机汽轮机利用氧化炉中的氨气燃烧反应所产生的过热蒸汽进行做功,补充机组中压缩功与尾气透平回收功之间的亏损。如果工艺系统与装置配备合理,机组效率又高,反应热在满足硝酸自生产需求的基础上,还可以实现蒸汽外供,增加生产企业的经济效益。

1998年,西安陕鼓动力股份有限公司为云南云峰化学工业有限公司制造首台(套)国产化硝酸四合一机组(10万t/a),打破了国外公司在硝酸装置这一重要装备上的垄断局面。从第一套硝酸四合一机组开始,经过十几年持续的技术创新,西安陕鼓动力股份有限公司制造的“四合一”机组技术水平已接近或达到国际先进水平,成为用户新上项目的首选。

当前,西安陕鼓动力股份有限公司在设计上已形成完整的(10万~60万t/a)硝酸装置的系列产品。2011年年底,四合一机组累计市场订单突破50台(套),单套装置最大达到36万t。设备成品酸浓度、尾气排放浓度、氨耗、氧化率、吸收率等核心指标均达到国家标准。

4.工业可燃气体利用技术

在高炉炼铁、焦炭生产、石油与煤炭开采或农产品深加工等过程中,产生大量的可燃气体,如煤气、煤层气(瓦斯)及生物质气(沼气)等。这些可燃气体是优质的能源或工业原料,不仅可以作为民用燃料,还可以用于工业发电,生产化工原料、汽车燃气等。下面介绍两种工业可燃气体利用技术。

(1)工业可燃气体发电技术。当前已工业推广的可燃气体发电技术主要有:煤气-蒸汽联合循环发电(简称CCPP)、燃气发电机(内燃机)发电、燃气锅炉-汽轮机发电(蒸汽发电)三种工艺。

CCPP是利用高炉炼铁产生的高炉煤气进行煤气与蒸汽两级联合循环发电,具有梯级合理利用资源、节能环保、综合热效率高等优点。CCPP流程由高炉煤气供给系统、燃气发电系统、余热蒸汽发电系统组成。主要设备包括空气压缩机、高炉煤气压缩机、空气预热器、煤气预热器、燃气轮机、汽轮机、余热锅炉、发电机和励磁机。CCPP分为单轴和多轴两种布置形式。

CCPP工艺流程大致为:经过除尘加压的高炉煤气与加压的空气混合后进入燃烧室燃烧,所产生的高温、高压燃气进入燃气透平机组膨胀做功发电;燃气轮机做功后的排气进入余热锅炉,产生的蒸汽进入汽轮机做功发电。CCPP工艺流程图见图2。

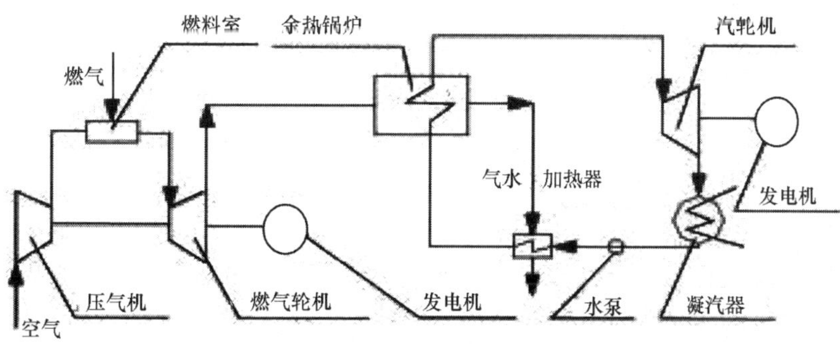

图2 CCPP工艺流程图

CCPP发电效率高，但系统复杂，投资大，尤其是燃气轮机当前还以进口为主，耐热备件价格昂贵，设备维修费用远远超过单纯的锅炉-汽轮机发电投资，从而影响了CCPP技术的推广。

燃气内燃机发电是以煤矿瓦斯、焦炉煤气、高炉煤气、生物质气（沼气）等为原料进行发电。具有投资省、规模小、应用燃气品种多、系统简单、建设周期短、场地灵活等优点。燃气内燃发电机单机功率一般为100~3 000kW，当前每千瓦投资已降至2 000元左右，深受市场欢迎。

燃气锅炉-汽轮机发电是以工业伴生燃气为能源，通过燃气锅炉燃烧产生蒸汽驱动汽轮发电机发电，是传统工艺，技术较为成熟。系统核心设备燃气锅炉与汽轮发电机组均已实现国产化，制造企业较多。发电效率虽然不如CCPP技术，但工程投资低，备件价格低，综合维修费用较CCPP低很多，当前市场需求高于CCPP。

（2）焦炉煤气制甲醇。焦炉煤气中含有50%以上的氢气，只需将焦炉煤气中的甲烷转化成一定比例的CO和H_2，即可满足合成甲醇的合成气比例要求。焦炉煤气制甲醇工艺，主要有催化部分氧化法和无催化部分氧化法两大类。

当前比较普遍应用的焦炉煤气制甲醇工艺，是以化学工业第二设计院为代表的催化部分氧化法。当前，世界上只有中国拥有这一生产技术（20世纪70年代苏联解体前曾有过焦炉煤气制甲醇生产装置，早已停产），该工艺生产规模从年产8万t甲醇到30万t甲醇。经过多年发展，化学工业第二设计院已经拥有“焦炉煤气纯氧部分氧化制取甲醇技术”自主知识产权。

除发电与制甲醇外，工业生产中产生的可燃气体还可以用于民用燃气、汽车燃料及制造化肥等其他用途。

5.工业余压利用技术

高炉煤气余压回收透平装置是典型的工业余压利用技术。该技术是利用高炉炼铁排放的具有一定压力能的炉顶煤气，通过透平膨胀机做功，将煤气压力能转化成机械能，驱动发电机发电或补偿高炉主风机机械功。用于发电的高炉煤气余压回收透平装置简称为TRT，用于补偿主风机机械功的装置简称为BPRT。高炉煤气余压回收透平装备按除尘方式可分为湿式与干式两种。

当前高炉煤气余压回收透平装备已成为高炉炼铁流程中必不可少的重要设备。西安陕鼓动力股份有限公司研制的TRT、BPRT以及两炉共用型TRT，在实现一级静叶可调基础上，能够实现一级静叶全关闭，零转速起动。西安陕鼓动力股份有限公司制造的3HTRT，具有稳定提升高炉顶压、降低焦比、强化冶炼强度、降噪等优点，深受用户欢迎并远销国外，当前已为5 000m^3以上高炉配置TRT装置。

6.工业低品位余热利用技术

当前大部分工业余热回收技术所回收的余热是200℃以上的高中品位余热，180℃以下的低品位余热回收尚处于起步阶段。下面介绍两种相对成熟的低温余热利用技术：有机朗肯循环发电（ORC）与吸收式中央空调。

（1）有机朗肯循环发电技术。有机朗肯循环发电技术简称ORC，是用低沸点的有机工质在低温热源加热下产生较高压力的蒸汽进入透平膨胀机（或螺杆膨胀机）做功，驱动发电机发电。简单工艺流程为：从生产工艺排出的余热介质在有机工质余热锅炉（HRSG）中将有机工质加热成蒸汽状态，有机工质蒸汽进入透平膨胀机（或螺杆膨胀机）做功，带动发电机发电。膨胀做功后的有机工质蒸汽进入凝汽器被冷却成液态，再由有机工质加压泵输送到HRSG进入下一个循环。

有机工质余热锅炉又称为热回收蒸汽发生器（Heat recovery steam generator，简称HRSG），起着将生产流程中排出的余热介质所携带的热量转化为到膨胀机中做功的有机工质蒸汽热量的作用，是有机朗肯循环发电系统的关键设备。HRSG锅炉的传热主要以对流换热方式为主，其辐射换热量可以忽略不计，传热环节的热阻主要在烟气侧。与普通蒸汽锅炉相比，HRSG所需烟气流量较大，烟气具有温度与流速不均匀的特点。

HRSG锅炉按结构布置可分为立式和卧式两种，按工质循环方式可分为自然循环、强制循环和直流式三种。有机工质有两种分类方法：人工工质和天然工质，纯工质和混合工质。纯工质可分为卤代烃（氟利昂族）、碳氢化合物制冷剂及有机氧化物和环状有机化合物；混合工质可分为非共沸混合工质、近共沸混合工质及共沸混合工质。有机工质的选择要从工质的环保性、化学稳定性、安全性、临界参数、正常沸点及凝固温度、工质的流动及换热性能、经济性（价格）等多方面综合考虑。

（2）吸收式中央空调。吸收式中央空调可以利用工业余热所具有的余能进行制冷或供热，可以利用40~150℃的不同载体的余热。成熟的吸收式中央空调产品有：吸收式热泵、热水型冷水机、蒸汽型吸收式冷水机和余热水并用型吸收式冷温水机等。

四、工业余能的利用原则

工业余能的回收利用应遵守以下几个原则：

（1）余能的回收利用要有利于提高原有主流程工艺生产效率。余能回收毕竟是辅助生产流程，不能因为余能回收利用而影响主流程生产效率。

（2）直接驱动优于发电原则。回收的余能应优先用于驱动生产现场旋转机械，可以减少能量再次转换损失及发电上网与用电差价。

（3）就近利用原则。余能的回收利用应优先考虑在余能产生的工序和设备附近，减少运输成本。

（4）综合梯级利用原则。能够实现多级利用的余能尽量多级利用，以提升能源的综合利用效率。比如经过TRT压差发电后的高炉煤气，可再利用CCPP装置进行燃气-蒸汽联合循环发电。

（5）经济效益原则。余能回收利用不仅具有社会效益，投资余能利用装置的企业还要有经济效益。

五、国家相关政策

1996年，国家经贸委等部门发布《关于进一步开展资源综合利用的意见》。该文件明确提出：凡利用余热、余压、城市垃圾和煤矸石、煤泥等低热值燃料及煤层气生产电力、热力的企业，其单机容量在500kW以上，符合并网调度条件的，电力部门都应允许并网，签订并网协议，对并网的机组免交小火电上网配套费，并在核定的上网电量内优先购买。

2004年11月，国家发改委下发《节能中长期专项规划》，将余热余压利用工程列入节能重点工程。“十一五”期间在钢铁联合企业实施干法熄焦、高炉炉顶压差发电、全高炉煤气发电改造以及转炉煤气回收利用，形成年节能266万t标准煤；在日产2 000t以上水泥生产线建设中低温余热发电装置每年30套，形成年节能300万t标准煤；通过地面煤层气开发及地面采空区、废弃矿井和井下瓦斯抽放，瓦斯气年利用量达到10亿m^3，相当于年节约135万t标准煤。

2006年4月，国家发改委等8部委发布《关于加快水泥工业结构调整的若干意见》。该意见明确指出：到2010年新型干法水泥比重提高到70%。新型干法水泥吨熟料热耗由130kg下降到110kg标准煤，采用余热发电生产线达40%，水泥单位产品综合能耗下降25%。

2006年7月，国家发改委下发《“十一五”十大重点节能工程实施意见》。明确我国“十一五”期间重点发展工业余热余压利用工程：在钢铁、建材、化工等高耗能行业，改造和建设纯低温余热发电、压差发电、副产可燃气体和低热值气体回收利用等余热、余压、余能利用装置和设备。

六、市场现状与前景展望

“十五”以来，我国大力推广工业余能回收利用技术，降低单位产品能耗，工业节能减排取得较大进展。但我国高耗能工业总规模大，装置平均产量偏小，能耗利用效率与发达国家相比还存在较大差距，工业余能回收市场仍存在巨大的市场空间。

1.我国单位国内生产总值能耗仍远高于国外发达国家

据有关机构研究，2000年按现行汇率计算的每百万美元国内生产总值能耗，我国为1 274t标准煤，比世界平均水平高2.4倍，比美国、欧盟、日本、印度分别高2.5倍、4.9倍、8.7倍和0.43倍。

“十一五”期间，我国单位国内生产总值能耗虽然比“十五”期间有较大幅度下降，但仍远高于国外发达国家。2010年我国单位国内生产总值能耗水平是世界平均水平的2.2倍。我国工业生产能源消耗仍然偏高，环境污染仍很严重。“十二五”期间，我国将在工业领域继续推广工业余能回收技术。推进工业节能减排工程是降低单位国内生产总值能耗水平的重要方式。

2.中日钢铁、水泥工业余能利用情况对比

国外先进钢铁企业的余热、余能（包括副产品煤气在内）等余热资源的回收率一般在90%以上。如日本新日铁公司达到92%，企业的购能源费用占产品成本的14%。我国技术装备水平最高的宝山钢铁股份公司的余热资源回收率仅在73%左右，大多数钢铁企业余热余能回收率在50%以下，其能源费用占产品成本的30%以上。20世纪80年代末日本全国拥有高炉40座左右，二十年来没有大的变化，平均炉容在4 000m^3左右。而当前我国拥有高炉1 400座左右，半数以上是450m^3及以下小高炉，钢铁行业余能回收市场仍然较大。

日本水泥窑余热发电技术居世界领先地位，水泥工业已普遍采用余热发电技术。日本有80%以上的水泥厂配置了纯低温余热发电系统，平均吨熟料发电量为30～40kW·h，没有配套余热发电装置的水泥厂也将余热用于生产或生活供热。1998年我国从日本川崎引进第一套水泥窑余热发电装置，2006年以后我国水泥窑余热发电市场方才进入快速发展时期。按照2006年国家发改委下发的《关于加快水泥工业结构调整的若干意见》，到2010年新型干法水泥窑采用余热发电生产线达40%。

截至2010年年底，我国实际运营的新型干法熟料生产线达到1 300余条，建设余热电站的水泥生产线总计690余条，余热电站总装机容量4 638MW，仍有600余条水泥生产线没有配备余热发电装备。“十二五”期间我国还将新增500条以上新型干法水泥窑生产线，余热发电装置需求仍然旺盛。

3.煤层气将迎来黄金发展时期

煤层气俗称瓦斯，与常规天然气成分相近。开发利用煤层气资源不仅可以缓解我国天然气资源不足与需求快速增长的矛盾，同时还可以减少煤炭生产过程中因瓦斯造成的安全事故，减轻环境污染。

我国煤层气储量非常丰富，与常规天然气相当，居世界第二。但当前煤层气抽采及利用率还较低。2005年全国井下瓦斯抽采量23亿m^3，利用量6亿m^3；地面抽采量仅0.3亿m^3，基本没有利用。近年来煤层气开采与利用量均有所提高。2005年、2009年我国煤层气开采与利用情况见表2。

表2　2005年、2009年我国煤层气开采与利用情况

年份	井下		地面		合计		
	抽采量（亿m^3）	利用量（亿m^3）	抽采量（亿m^3）	利用量（亿m^3）	抽采量（亿m^3）	利用量（亿m^3）	利用率（%）
2005	23	6	0.3	0	23.3	6	25.75
2009	64.5	19.3	10.1	5.8	74.6	25.1	33.65

煤层气用途较多,可以用于发电、汽车燃料、民用燃气、化工原料等,并且技术成熟,在很多方面可以作为天然气的替代品。“十二五”期间,我国煤层气将进入大规模开发阶段。

4.低品位余热市场

当前我国拥有成千上万套电站锅炉及50万套左右工业锅炉,这些锅炉运行中产生大量的90~220℃烟气余热,其中大部分还没有被很好地利用。同时,在我国各工业流程中还存在大量的40~150℃排汽或排水所具有的余热没有被很好地利用。这对有机朗肯循环发电及吸收式中央空调技术来讲是巨大的市场。

我国工业余能种类众多,由于篇幅所限,不再一一列举。不论是哪种形态的工业余能,只要有开发利用价值和社会环保效益,对投资者有足够的经济效益,就会拥有回收利用的价值。

〔撰稿人:陕西鼓风机(集团)有限公司尹凤亭、田丽华〕

我国冷却设备行业发展回顾与展望

冷却设备主要包括冷却塔、空冷器、冷凝器等成套产品及其配套设施,是水循环系统中的关键设备,被广泛应用于电力、石化、冶金、机械及空调制冷行业,在节约用水方面发挥了巨大的作用。本文重点讲述冷却设备行业中具有代表性的冷却塔产业的发展历程和发展趋势。

一、行业起源与发展阶段

1931年6月,我国第一台冷却塔建于辽宁抚顺发电厂,该塔是自然通风冷却塔,于1976年海城地震时震垮,整整服役40年。

20世纪50年代,随着从苏联引进的一些项目,冷却设备行业得到了初步发展,直至20世纪70年代,随着大氮肥装置的引进,我国冷却设备行业才得以迅速发展。

1975年,建设部标准所组织召开了全国冷却塔第一次研究会,国内水利、电力、石油、化工、建筑、冶金等行业知名院所的专家参加了会议。与会人员在会上交流引进冷却塔的情况,讨论中小型冷却塔实验装置设计方案。经会议研究决定,由上海工业建筑设计院周光亮牵头在上海胶鞋二厂筹建冷却塔实验装置,并尽快开展冷却塔实验研究工作。由西安冶金建筑学院王大哲教授主编冷却塔测试方法,以统一冷却塔测试验收标准。

继此次会议后,分别于1977年在广州、1978年在北京召开了两次冷却塔技术交流会。会上,中小型冷却塔实验研究小组审查了工业冷却塔测试方法,汇报了研究成果,积极推动了冷却塔产业的发展。

基础研究工作的开展以及测试方法的编制,标志着我国冷却设备工业研究开发组织体系正式成立。

我国冷却设备工业发展历程大致可分为以下三个阶段:

第一阶段(1931—1978年):致力于电力、石化、冶金领域,从无到有,为我国冷却设备工业发展打下了坚实的基础。

第二阶段(1978—1995年):十一届三中全会以后,我国从计划经济转型为市场需求导向,冷却设备工业厚积薄发,在国民经济各个领域全面开花。初步建立了完整的研发生产测试体系。

第三阶段(1995—2012年):冷却设备工业高速发展,产品迅速上升,新材料、新工艺、新技术的应用提高了设备的效能,我国冷却设备工业经过几十年的发展开始走向世界,并在世界上争得一席之位。

通观行业80多年的发展历程,冷却设备工业从无到有,并一直处于由小变大、由弱变强的迅猛发展之中。据不完全统计,当前全国冷却设备生产企业1 000多家,企业资本来源主要以民营、中外合资及外商独资为主,企业规模大小不等,直接与间接从业人员近100万人,其上游(原材料生产)、下游(施工、安装、运行、维修、管理)产业从业人员约四五百万人。

二、工艺技术与产品发展历程

1.艰苦创业、自力更生、成绩斐然的47年(1931—1978年)

我国冷却设备工业自1931年开始就涉足电力、石油、冶金等领域,为我国工业现代化配套建设作出了重大贡献。在这一阶段,我国冷却设备工业处于启蒙、探索、积累阶段。

(1)设计水平有所提升,淋水填料取得重大突破。64m^{2}逆流机械抽风点滴式冷却塔与16m^2、60m^{2}机械鼓风逆流点滴式冷却塔通用图已完成;出现了塑料点波填料、聚乙烯塑料网格板及酚醛纸蜂窝淋水填料;研发出适应当时国情、取材本土,完全中国化的淋水填料——水泥网格板,并在唐山发电厂得到成功应用,成为20世纪70年代冷却塔主打淋水填料。此外,国产塑料淋水填料崭露头角,35×15-60°塑料斜波首先在北京第二热电厂应用,塑料菱形花纹、折波、高密度聚乙烯格网相继问世。

(2)进口冷却塔有效地推动了我国冷却设备行业的发展,横流冷却塔落户我国。20世纪70年代初,为了解决农用化肥问题,中央批准建设13套大化肥装置(合成氨装置规模为30万t/a),分别从美国、日本、法国引进,在引进化肥工艺的同时,也引进了冷却塔技术。从美国马利公司引进的Marley-600型木结构点滴横流式冷却塔,其淋水填料分为M型塑料和木制板条两种，风机为ϕ8.53m，处理水量为3 000m^3/h；从日本东洋公司引进的钢结构薄膜式冷却塔，淋水填料为塑料多波型，风机为ϕ8.53m与ϕ7.7m，处理水量分别为3 000m^3/h和2 000m^3/h；从法国赫尔提公司引进的是钢筋混凝土结构逆流点滴式冷却塔，淋水填料为100×50塑料网格，风机为ϕ9.14m，塔体高大，处理水量为4 000m^3/h。之后，武汉钢铁公司2.7m轧机又引进了德国的冷却塔。20世纪70年代末，镇海石化与宁夏化工厂又同时引进了日本神钢法都拉的横流冷却塔。在此阶段，横流冷却塔被引进到我国，并形成了一股热潮。

（3）基础研究已有所建树。为研究国外冷却塔技术，当时石化部组织对13套化肥装置的冷却塔进行了详细测试。与此同时，冷却塔基础工作也在抓紧进行，石化部要求给排水中心站组织编制的冷却塔通用设计规范于1977年基本完成，炼油循环水场设计规范开始编制，工业循环水设计规范与工业循环水冷却设计规范的编制工作也已起步。

（4）民用小型冷却塔开始萌芽。随着国外技术的引进和基础研究工作的有序进行，国产填料、风机的逐步研发，民用小型冷却塔开始萌芽。值得一提的是，上海交通大学任世瑶开发的、由上虞风机厂生产的冷却轴流风机，使得多年的仿苏1#~12#风机退出了我国冷却塔舞台。

2.厚积薄发、发展壮大、成果涌现的17年（1978—1995年）

改革开放后，通过自主创新与吸收国际先进技术，我国冷却设备工业获得了长驱的进步，进入蓬勃发展期。科研成果层出不穷，科研成果转化为产品的进程大大提速，冷却设备投资、耗能、占地、防冻化冰等综合性能进一步提高，冷却设备生产企业纷纷建立，规范标准日益齐全。

（1）科研成果不断涌现，著述层出不穷。中国水利水电科学研究院冷却水所和西安热工研究院不断推出新型冷却塔淋水填料及其测试报告（如T25、S型、折波、T33等），同时，又不断推出新型除水器及其除水效率与气动性能的报告，对冷却塔热力性能影响因素、逆流冷却塔的塔型优化、列车电站冷却塔（风筒高度与线型）、反射型配水喷头、三盘式配水喷头、多层流配水喷头等性能进行了研究，取得了一定的成就。同时，著述层出不穷。1965年，有色冶金设计总院编辑出版《中小型冷却塔设计与计算》；1978年，胡贤章翻译，电力工业出版社出版《冷却塔》；1981年，施建中等译，化学工业出版社出版《机械通风冷却塔》；1984年，黄定生译，石油工业出版社出版《凉水塔》；1981年李德兴所著的《冷却塔》出版，1994年赵振国所著的《冷却塔》出版发行；1984年《工业水》杂志为王敬出版《石油化工冷却塔设计与计算》专辑，1990年烃加工出版社出版了由王良均、吴孟周及王敬等编写的《石油化工用水与管理》一书，重点阐述了冷却塔的设计问题。

（2）冷却塔风机应运而生，技术一跃跨进了当时世界先进水平，实现了国产化。20世纪80年代初，上海化机二厂率先推出了ϕ4.7m玻璃钢轴流风机，采用锥齿轮传动、飞溅润滑。接着，当时亚洲最大的螺旋桨制造厂航空工业部保定螺旋桨制造厂也加入了冷却塔风机的制造行列。20世纪80年代末，民营风机生产企业莱州风机厂也开始生产冷却塔风机。到20世纪90年代初，我国冷却设备市场上已经形成风机的系列产品和完善的售后服务。此后20年来，风机叶片与减速机经过了多次改进，风机安全运行监测系统也应运而生。

（3）冷却塔产品百花齐放、争相斗艳，小型冷却设备竞争激烈，大中型冷却设备在摸索中前进，民营冷却设备生产企业急剧增多。在江浙一带，上海工业建筑设计院研发设计的供空调用的小型冷却塔——NB型冷却塔被多家制造厂生产；在北方，河南洛阳机械部四院研发设计的BNL型、BNL_2型、BNL_3型、GBNL型及DBNL型冷却塔陆续通过鉴定并被广泛推广。大中型冷却设备的研制与生产始于横流冷却塔，由周光亮设计、江苏海门冷却塔厂制造的钢结构冷却塔被率先用于北京化工实验厂与北京焦化厂，其处理水量为1 500m^3/h。1983—1984年，周光亮又推出了处理水量为3 000m^3/h的钢结构横流冷却塔。1985年，中国石化洛阳设计院开发出逆流机械抽风冷却塔（SNL-10-700型），采用了塔的收缩段与风筒集气段相结合、除水器以配水管为支梁、金属构件采用镀锌后涂两层耐水防腐涂料进行防腐等技术，大大降低了冷却塔的高度，减少了塔的阻力，提高了风机在冷却塔中的工作风量。该塔高度降低了1/3，水量提高了70%，能耗与投资都分别降低了80%。此后，天津石化设计院结合国产风机开发了800~4 500m^3/h的TSNL-10系列冷却塔。该系列冷却塔使用部门广泛，当前仍有1 000余台正在运行。同时，该系列冷却塔曾两次获中国石化集团公司科技进步奖，并获得国家知识产权局批准的“全流道流线型逆流机械抽风冷却塔”发明专利。1990年开始，机械部四院与江苏海鸥冷却塔股份有限公司（前常州冷却塔厂、四达冷却塔厂）都相继投入研发与国产风机配套的逆流冷却塔系列。江苏海鸥冷却塔股份有限公司依靠20世纪80年代初建成的冷却塔实验装置与雄厚的技术开发实力，研制了许多淋水填料与配水喷头，极大地促进了国内冷却塔技术的发展。机械部四院凭借其齐全的设计专业与雄厚的设计力量，在玻璃纤维增强塑料冷却塔标准的建立、节能降噪以及大中小型冷却塔的开发上都卓有成效，特别是其设计开发的小型冷却塔，被全国各地的制造厂批量生产。

（4）冷却设备相关规范和标准逐步建立。技术和产品的进步，推动了规范、标准制定工作的展开。制定形成了工业循环水处理设计规范、工业循环水冷却设计规范、玻璃纤维增强塑料冷却塔规范、石油化工循环水场设计规范、冷却塔塑料淋水填料设计技术条件以及工业冷却塔验收测试规程等。1987年，在全国各地研究所、制造厂的大力支持下，制定了第一个冷却塔国家标准（GB7190—87）；1989年，在国家技术监督局的支持下，由北京玻璃钢研究设计院牵头成立了全国权威的冷却塔测试中心——国家玻璃钢制品质量监督检验中心，对冷却设备相关产品性能进行检测。

(5)再次引进国外先进技术，性能优越的逆流冷却塔进入我国。为进一步了解国外冷却设备工业，特别是冷却塔产品的发展现状，陕西渭河化肥厂、茂名30万t/a乙烯装置、辽化20万t/a聚酯装置及燕化炼油厂六循扩建等项目，都从美国马利公司引进了冷却塔。此次逆流冷却塔的引进给国内冷却设备行业带来了新鲜的技术路线，使国内冷却塔厂商对横流冷却塔一些固有的缺点有了新的认识，推动了国内冷却设备技术的发展。

3.自主创新、突飞猛进、创造辉煌的17年(1995—2012年)

20世纪90年代中末期，我国冷却设备工业开始腾飞，新产品、新工艺与世界发展同步，设计技术优化，产品种类齐全，产量迅速上升，标准化工作进一步推进。我国已经形成了冷却设备及配套产品的科研、设计、制造、销售及售后服务的庞大产业链。

(1)专利技术、专利产品不断开发，国产化水平不断提高。中国化学工程集团公司沧州冷却塔分公司成功研发了“薄膜点滴填料混装”专利技术；成功研制“框架垂直波薄膜填料”专利产品以及该专利的更新换代产品“垂直波Ⅱ型粘接薄膜填料”，“拱形板点滴填料”专利产品以及“多波双功能收水器”“导水盘”专利产品。利用该5项专利技术，对国内近300座冷却塔进行了彻底改造，使之投入正常运行。此外，该公司还对20世纪70年代引进的几十座马利公司600型木结构点滴横流式原塔实施了国产化。该项工作大大促进了大型工业横流冷却塔成套设备国产化，得到了国家经贸委技术进步与装备司的充分肯定。

(2)设计技术不断优化，整体设计水平不断提升。随着薄膜填料的出现和逆流塔气动技术的完善，集气动技术、热工技术和新材料技术为一体的“全流道流线型冷却塔技术”系统地对冷却塔进行设计优化，通过在进风口梁和柱设流线型导流装置、采用流线型淋水填料支梁、除水器以配水管为支架、塔的气流收缩段与风筒的集气段设计为统一的气流收缩装置、风筒扩散段设计成动能回收型风筒，降低了塔的阻力，提高了风量，增加了气流分配的均匀性。

(3)产品种类齐全，产量迅速上升。除传统的机械通风冷却塔外，双曲线冷却塔、闭式冷却塔、水轮机冷却塔、空冷塔及各种喷雾/喷射式冷却塔、冷凝器等冷却设备产品可满足用户的不同需求。此外，随着经济的发展，石油、化工、冶金、电力、空调等产业获得了较大发展，对冷却设备需求不断增加，推动了产量的迅速增长。

(4)标准制修订工作稳步展开，初步建立了标准化体系。近年来，随着行业的飞速发展，冷却塔品种规格已远远超过之前的水准。原有国家标准已存在许多局限和不足，先后于1997年和2008年对冷却塔标准进行了修订，现行的玻璃纤维增强塑料冷却塔标准是2008年修订的，分为两部分：第1部分为中小型玻璃纤维增强塑料冷却塔，标准编号为GB/T 7190.1—2008，该标准规定了中小型冷却塔的产品分类、技术要求、试验方法、检验规则、标志、包装、运输、贮存及其他等，适用于单塔冷却水流量小于1 000m^3/h、机力通风、装有淋水填料的混合结构开式冷却塔；第2部分为大型玻璃纤维增强塑料冷却塔，标准编号为GB/T 7190.2—2008，该标准规定了大型冷却塔的产品分类、技术要求、试验方法、检验规则、标志、包装、运输、贮存及其他等，适用于冷却水流量不小于1 000m^3/h的机力通风工业型冷却塔。该标准将冷却能力的计算方法由水温降对比法改为冷却水量对比法，增加了热力性能评价实例。

此外，还编制了冷却塔验收测试规程，中小型冷却塔选用及安装，冷却塔能效限定值，能源效率等级及节能评价值，节能、低噪声型冷却塔技术性能要求，冷却塔循环水系统富余能量回收利用的评价方法等26项标准，初步建立了行业标准化体系。

三、行业面临的问题

冷却设备工业经过80多年的发展，产品技术、材料、性能等有了很大提升，但与国外先进水平相比，仍有一定差距，行业发展面临诸多问题，主要表现在以下几个方面：

1.产业结构不合理，自主创新能力薄弱

冷却设备产业集成度仍然很低，中小企业所占比重过大；企业创新意识不够，面向产业的集成技术创新发展不足，新产品与新技术开发力度不够，原创的技术和装备不多；技术水平有待提高。

2.产品同质化严重，中低档制品居多，恶性竞争已成痼疾

冷却设备行业进入门槛较低，属于劳动密集型产业；低水平重复建设使得产品同质化现象严重；行业内低价恶性竞争已成痼疾，企业盈利能力较差；关系与低价成了中标的先提条件，质量与性能得不到足够的重视。

3.企业管理水平相对落后，产品精细化程度不够

由于冷却设备行业中小企业居多，许多企业是“家族制”，生产管理、财务管理、资金管理等许多制度过于简单。这使得许多企业生产效率、产品质量，尤其在产品的精细化程度方面和国际先进水平有较大的差距。

4.冷却设备专业人才缺乏

冷却设备理论基础涉及流体力学、传热学、传质学、空气动力学、结构力学、材料学等学科，对专业人才要求较高。改革开放后，我国冷却设备行业发展迅速，但人才培养相对滞后，大学没有开设冷却设备专业，使得中小企业技术人员缺乏，设计人员紧缺，近年来熟练操作工人有所不足。

5.知识产权意识淡薄，资本与知识的矛盾日益突出

许多企业产权意识、信息资源意识、自我保护意识淡薄。未能从无形财富的角度去认识专利、商标、版权、商业秘密等知识产权，将其看成可有可无的“附属品”。此外，知识产权得不到应有的保护，资本与知识的矛盾日益突出。

四、行业发展趋势

1.面临的形势

众所周知，全球淡水资源日益短缺，很多国家与地区由

于缺水导致生态环境恶化，影响和限制了工农业的发展，甚至威胁到当地人畜的生命安全。我国是淡水资源匮乏的国家，淡水资源总量约为28 000亿 m^3，人均淡水资源量约为2 000m^3，仅相当于世界人均占有量的1/4，且水资源分布极不均匀。随着人口的不断增长和工业的蓬勃发展，生活用水和工业用水量都急剧增加。当前，全国工业年用水量已达3 000亿 m^3。据统计，全国600多个城市中有400多个城市缺水，其中49个城市水资源严重短缺，还有2 000多万农村人口饮水困难。如何更加有效地缓解用水紧缺问题成为国家建设、社会安定的重要课题。

对此，国家中长期科技发展规划纲要中强调，坚持水资源节约优先原则，节约用水，特别是工业用水，是我国的长期国策。有数据显示，一般循环用水占工业用水的80%，担此重任的冷却设备行业已受到了普遍关注，国家发展和改革委员会已将冷却塔纳入节水产品目录，鼓励冷却设备产业的发展。

另根据财政部、国家税务总局、国家发展和改革委员会三部委财税〔2008〕115号"关于公布节能节水专用设备企业所得税优惠目录(2008年版)和环境保护专用设备企业所得税优惠目录(2008年版)的通知"，可见冷却设备行业符合国家产业发展政策。

长期以来，我国在经济建设领域中，万元国内生产总值水耗是日本的10.6倍，是美国的2.8倍。这表明，我国冷却设备产业市场前景广阔。

2.行业发展趋势

(1)冷却设备系统工程优化设计将得到提升。随着热工、气动及配水等工艺计算方法的改进，对冷却设备内件如淋水填料、除水器、配水喷头、风筒、配水管以及风机等研究的深入，高强度、耐腐蚀、长寿命、价格低及易加工的新材料的研究与应用，以及优化节能方法、防冻方法的开发，将使得冷却设备系统工程优化，总体性能将大大提高。

(2)低碳环保的新型冷却设备将是行业发展方向。随着可持续发展战略的实施，冷却设备作为循环供水系统的关键设备，也将朝着智慧型、科创型、低碳型的方向发展，不断开发防雾型冷却塔、干湿式冷却塔、浊水冷却塔、海水冷却塔以及其他低碳环保冷却设备。

(3)市场前景广阔，国际市场不断开发。冷却设备行业的成长与国家发展的进程密不可分，随着国家经济的进一步发展，以及国家产业政策的支持，冷却设备行业前景可期。与此同时，我国冷却设备行业经过几十年的发展开始走向世界，许多企业积极开发海外市场，将我国的冷却设备产品推向世界。

〔撰稿人：中国通用机械工业协会冷却设备分会张文玲
审稿人：中国通用机械工业协会冷却设备分会尹证〕

我国煤化工用大型空分设备发展概况

煤化工包括煤的加工、煤的气化、煤的液化等，在煤气化、煤液化、煤制油及煤基醇醚燃料的工艺过程中，需要大量的氧气进行反应，同时需要大量的氮气，我国以煤为主的能源战略给大型空分设备在煤化工领域的应用带来了广阔的市场。特别是进入2000年以来，我国大力发展的以煤制油、煤制天然气、煤制烯烃、煤制二甲醚、煤制乙二烯为代表的新型煤化工发展迅猛，使得我国空分设备制造业产品技术水平、产品规模、产品产量都得到了飞速的发展。

一、煤化工用大型空分设备的特点及要求

随着煤化工产业的发展，对空分设备的制氧容量需求增大，对煤化工用空分设备设计、制造提出了新的挑战。

由于煤化工装置的大型化，对空分设备的制氧能力提出了大型化的要求，从原来的20 000m^3/h提高到了50 000m^3/h、60 000m^3/h，近几年又提出80 000m^3/h、100 000m^3/h的要求，最大达到120 000m^3/h，单机规模之大已超过冶金、石油化工任何一个行业。

当前的煤化工装置要求氧气的压力通常为4.0~9.0MPa，所以煤化工型空分设备均采用内压缩流程。由于采用煤气化技术的不同，对氧气、氮气的数量、压力就会有所不同，从而形成空分流程的多样化，因此，必须针对性地进行设计、开发。

煤化工装置中的空分设备通常要求提供高压氧气、高压氮气、中压氮气、低压氮气、仪表空气、全化工厂用空气、液氧及液氮等，尤其是对氮气产品的需求规格较多。而且，用气量也在大范围内变化，甚至当后续工艺停机时，短时间内用氮量增加几倍，这些要求对成套空分装置的设计及运行都是一种挑战。

大型空分装置配套的空气压缩机，特别是80 000m^3/h以上装置所配套的空气压缩机，已不能采用单一的离心式，一般采用轴流式+离心式的空气压缩机。并且无法采用电动机拖动，需要采用汽轮机拖动，加之内压缩流程还需要增压机，为节能及简化流程，减少投资，通常采用一台汽轮机拖动，即一拖二。这样的配置对配套空气压缩机的要求有较大的变化，需要特别关注。

在塔器等静设备制造方面，要求限制直径，并且塔高度不能太高，这就必须加强单元截面上的传热和传质，例如上下塔采用新型的规整填料、筛板塔加大开孔率等。此外，还有高效的气、液分配问题，急需新型的塔内件开发应用，高压绕管和板翅式换热器的研制以及塔内配管问题等。

特大型空分设备动设备核心机组的配置，对于一套空分设备的正常运行至关重要，在一定程度上也是国产空分设备可靠性的保障。用户如何合理选择机组配置，对于一套空分设备的投资来说至关重要。当前，高效率中压膨胀机、液体膨胀机、大型空气压缩机、增压机、大型离心式液体泵基本上都选择国外进口。若想减少投资，唯一途径是尽量国产化，如何尽快提高国产化核心部机的效率、降低能耗，缩小与进口机组的差距，是摆在业内人士面前的一个重大课题。

由于大型煤化工装置的投入巨大，配套的特大型空分设备投入也较大，对空分设备可靠性及后备系统的要求增加，需要达到煤化工全流程的“安、稳、长、满、优”的运行。这就要求每个机组、每个部件均要可靠、长时间稳定运行，在有一点故障的情况下，后备系统必须迅速反应，这就要求后备系统有足够的容量，且能快速反应，确保煤化工全流程的安全。

随着空分设备的大型化，由于道路的限制，一些特大型的部件、容器必须考虑在现场制造、分段制造和现场组装。由此，需要考虑现场制造装备、现场施工队伍素质、现场检验标准与规范等一系列问题。

二、我国空分设备制造业发展概况

面对市场的压力和空分设备大型化的要求，以杭州杭氧股份有限公司（以下简称杭氧）为代表的国内空分设备制造企业，紧跟国际一流技术，依靠自主创新，提高装备制造能力，在已经实现了6万 m^3/h 等级空分装备的国产化的基础上，8万~12万 m^3/h 等级空分设备已取得了重大突破。

1.行业规模不断发展壮大

近十多年来，我国气体分离设备行业得到了长足的发展。全行业工业总产值从2000年的10.6亿元增长到2012年的201亿元。行业成套制造单位从原来的9家发展到20多家，行业总资产接近300亿元。

全行业空分设备制氧总量从2000年的15万 m^3/h 增长到2012年的387万 m^3/h。国内主要大型空分设备制造厂商生产规模见表1。

表1　国内主要大型空分设备制造厂商生产规模

序号	企业名称	2012年工业总产值（万元）	制造过最大的空分设备（m^3/h）
1	杭州制氧机集团有限公司	812 627	120 000
2	液化空气（杭州）有限公司	176 993	110 000
3	林德工程（杭州）有限公司	183 600	90 000
4	四川空分设备（集团）有限责任公司	285 518	50 000
5	开封空分集团有限公司	150 812	60 000
6	河南开元空分集团有限公司	78 589	45 000
7	开封黄河空分集团有限公司	55 812	35 000
8	开封东京空分集团有限公司	57 780	35 000

2.空分设备实现了大型化、特大型化

以杭氧、四川空分设备（集团）有限责任公司（以下简称川空）、开封空分集团有限公司（以下简称开封空分）等为代表的一大批空分设备制造企业占据了主要市场，另外，法液空、林德、美国AP也占有一定的市场份额。随着冶金、石化、煤化工等产业对空分设备大型化需求的日益增加，空分设备规格朝着大型、特大型方向发展，国产化的大型空分设备得到了快速发展，迅速占领国内大型空分设备市场的制高点。2002年12月，杭氧自主研发的首套国产30 000m^3/h 空分设备顺利开车，其主要技术指标达到同类型空分设备的国际先进水平，首次实现了我国从“七五”就开始攻关的“3万m^3/h”等级大型空分设备的国产化。在之后的几年中，40 000m^3/h、50 000m^3/h、60 000m^3/h 等级的空分设备也逐步通过自主开发投产成功，标志性产品有：杭氧提供给大唐国际多伦煤化工项目的3套58 000m^3/h 内压缩空分设备于2009年7月一次开车成功；2010年10月21日，由杭氧研制的6万 m^3/h 等级内压缩空分装置在北京顺利通过中国机械工业联合会组织的鉴定。这标志着杭氧已全面掌握了6万 m^3/h等级煤化工大型空分装置的设计、制造和成套技术，使我国大型空分装置的国产化又跨上一个新台阶。特别是杭氧60 000m^3/h 等级的外压缩、内压缩型大型空分设备相继实现大批量国产化，并迅速地占领了国内市场，总量超过了进口空分设备在国内市场的占有率，使这些国产大型空分设备获得了用户的信任。

2011—2012年，杭氧先后取得了杭氧盛隆80 000m^3/h 和伊朗12万 m^3/h 成套空分设备的合同订单，其中伊朗12万 m^3/h 等级空分设备空气处理量达到61万 m^3/h，这是杭氧承接的最大等级空分设备订单，也是当前世界上最大等级空分设备订单之一。当前杭氧盛隆80 000m^3/h 空分设备设计、制造、安装已完成，近期可望试车投入运行；伊朗12万 m^3/h 成套空分设备项目已经通过可行性分析、初步设计、阶段性评审、详细设计评审等阶段，正处于生产制造阶段，下一步的工作重点将转移到设备的现场安装以及运行检验上。这些标志着杭氧已进入了国际特大型空分设备生产制造商的行列。

开封空分、川空等多个厂家也相继开发了20 000m^3/h、30 000m^3/h、40 000m^3/h、50 000m^3/h 等级的成套空分设备，当前除杭氧外，已有开封空分、川空、河南开元空分集团有限公司（以下简称河南开元）、开封东京空分集团有限公司、开封黄河空分集团有限公司、开封迪尔空分实业有限公司等企业生产制造30 000m^3/h 等级空分设备的业绩，其中开封空分、川空、河南开元有生产制造40 000m^3/h、50 000m^3/h 等级的成套空分设备的业绩，开封空分、杭州福斯达实业有限公司（以下简称福斯达）也已承接60 000m^3/h 空分设备的订单，正在生产制造中。2012年11月，西安陕鼓动力股份有限公司研制成功60 000m^3/h 空分装置配套用的空气压缩机组和增压机组。至此，国内60 000m^3/h 等级以下空分设备已完全实现国产化。

3. 自主创新、产品技术水平有了很大提高

在空分设备容量迅速增大的同时，国产空分设备技术水平、成套能力也有了很大的提高，实现了产品的自主开发和自主创新。

产品流程从大部分为带氧压机的外压缩流程转变为空分设备产品以液体泵内部压缩直接输出用户所需产品压力等级的内压缩流程，内压缩流程的流程设计组织、机器配套、提取率、调节性能、能耗等都有了很大的改进和提高。当前，行业中多家成套设备制造厂家已广泛采用了内压缩流程设计制造的大型、特大型空分设备。

十多年来，杭氧生产的大型空分设备已远销国际市场，其中，3 万 m^3/h、4 万 m^3/h、5 万 m^3/h 空分设备已销往欧洲、北美洲等，并已经投入运行。另外，梅塞尔、林德、法液空、AP、普莱克斯等外资企业在中国境内投资工业气体项目时，也大量选用了杭氧、福斯达等企业的国产空分设备，充分证明了国产空分设备的技术性能指标达到了国外先进水平。

当前，杭氧已取得国内煤化工某用户 6 套内压缩流程的 10 万 m^3/h 空分设备的订单，这是当前国内最大的空分设备订单。这充分说明杭氧在特大型空分设备实现国产化方面已经得到了国家和用户的认可。

杭氧的规整填料水冷塔开发、节能型主冷凝蒸发器、3 万～4 万 m^3/h 等级径向流吸附器的研制、关键技术研究试验平台建设、12 万 m^3/h 等级化工型大型空分设备研制、LNG 冷能利用空分设备研发、8 万 m^3/h 等级化工型大型空分设备的研制、为大型煤化工配套高纯度氮气空分设备研制、MR 混合制冷流程天然气液化冷箱等多个科研项目，均获得了重要科研成果。

2010 年，开封空分投资 1 500 万元与西安交通大学联合攻关最新一代 8 万～10 万 m^3/h 的超大型空分技术，2012 年已研制出 4 万 m^3/h 空分装置的全液体透平膨胀机。

川空围绕着特大型空分设备的开发，进行 8 万 m^3/h 以上空分设备的技术研究与技术储备。川空还在大型、高压板翅式换热器（工作压力 8.0MPa）研制、低温液体超大型贮存设备（30 000m^3）研制等方面取得了较好的业绩。

2011 年，杭氧、上海启元空分技术发展股份有限公司通过技术创新，先后开发了在大型空分设备中提取高纯度稀有气体氪、氙的装置，打破了几十年来稀有气体提取设备为国外垄断、氪氙气体大部分依赖进口的局面。

以杭氧为代表的我国空分设备制造业，在大型、特大型空分装备国产化的道路上，依靠自主创新、自主开发，已完全掌握了大型、特大型空分设备的设计技术、制造技术，具备了制造能力。由于大型空分设备的配套机组多，要实现空分设备所配套的大型空气压缩机、增压机、高效率中压膨胀机、液体膨胀机、大型离心式液体泵、高压板翅式换热器及填料等的国产化，并达到国际一流的性能和可靠性，空分设备制造业还有较长的路要走。

“十二五”期间，新型煤化工产业蓬勃发展的强劲需求将给国内空分设备制造业带来新的发展机遇。国家相关政策的陆续出台，将推动我国特大型空分设备国产化的进程。通过国内空分设备制造业及相关产业的共同努力，一定能实现特大型空分设备完全国产化，更好地为我国国民经济发展服务。

〔撰稿人：中国通用机械工业协会气体分离设备分会 徐建平〕

行业概况

从生产发展情况、市场及销售、科技成果及新产品、基本建设及技术改造、企业结构调整等方面报道我国通用机械行业各分行业的发展情况

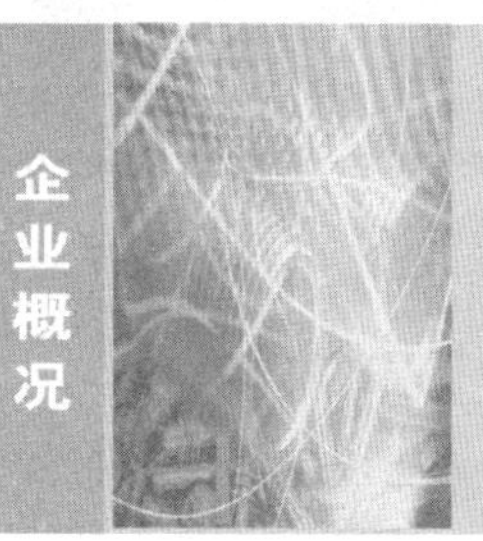

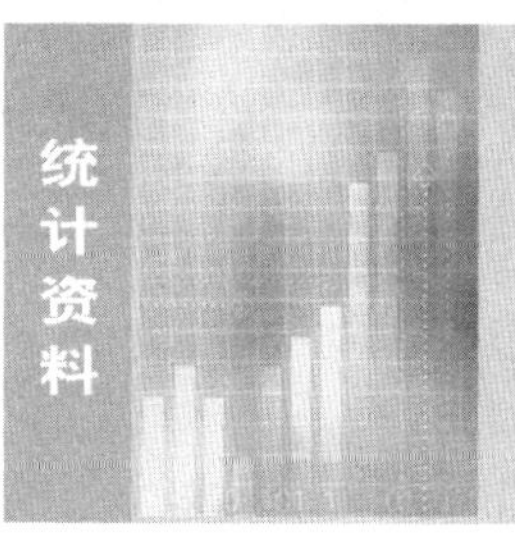

综述

专文
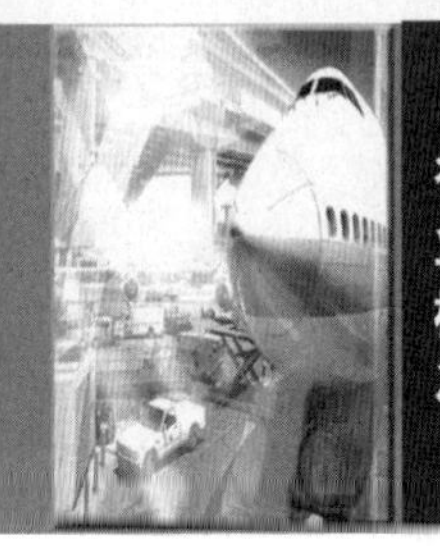
行业概况

企业概况

统计资料

产品与项目

大事记
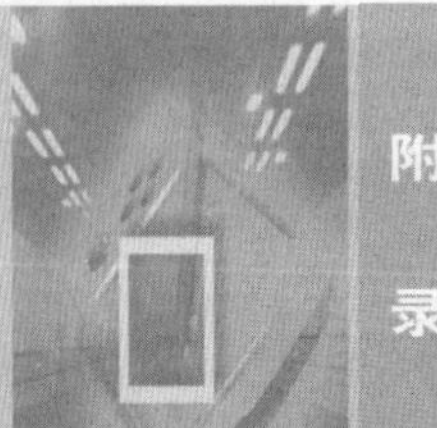
附录

行业概况

2012 年泵行业概况

一、生产发展情况

2012 年，中国通用机械工业协会泵业分会有 461 家会员单位，其中，企业会员 437 家（含团体会员 3 家：永嘉县泵阀工业协会、博山泵业商会、天津螺杆泵专业委员会）、科研院所和大专院校 24 家。泵行业企业积极应对多变的经济形势，全年主要经济指标仍实现了小幅增长。

2012 年，泵业分会上报统计资料的 166 家会员企业完成工业总产值 456.9 亿元，同比增长 4.4%，增幅同比回落 18.9 个百分点；工业销售产值 444.7 亿元，同比增长 4.5%，增幅同比回落 6.1 个百分点；工业增加值 129.3 亿元，同比增长 11.4%，增幅同比回落 8.7 个百分点。

各地区产业结构不同及企业间发展水平的不均衡使得各地区产值的增长幅度相差较大。除华北地区产值下降外，其他地区都有所增长，但增幅除西南地区提高外，其他地区都呈现明显回落态势。其中，东北地区产值增长 10%，增幅同比回落 30.7 个百分点；华北地区产值下降 20.3%；西北地区产值增长 9.3%，增幅同比回落 25.7 个百分点；华东地区产值增长 4.8%，增幅同比回落 20.4 个百分点；中南地区产值增长 4.7%，增幅同比回落 8 个百分点；西南地区产值增长 15.9%，增幅同比提高 10.6 个百分点。

2012 年，泵行业 47 家重点骨干企业完成工业总产值 281.9 亿元，同比增长 4%，增幅同比回落 8.8 个百分点，占泵行业（166 家上报企业，下同）工业总产值的 61.7%。在统计的 166 家会员企业中，工业总产值超过亿元的企业有 88 家，合计完成工业总产值 423.2 亿元，占泵行业工业总产值的 92.6%。2012 年泵行业工业总产值前 20 名企业见表 1。

表 1　2012 年泵行业工业总产值前 20 名企业

序号	企业名称	工业总产值（万元）	同比增长（%）	序号	企业名称	工业总产值（万元）	同比增长（%）
1	上海凯泉泵业（集团）有限公司	290 350	1.2	11	新界泵业集团股份有限公司	90 261	16.4
2	上海东方泵业（集团）有限公司	231 982	10.2	12	山东硕博泵业有限公司	87 964	-15.0
3	上海连成（集团）有限公司	189 761	3.2	13	广东省佛山水泵厂有限公司	87 840	-7.3
4	上海熊猫机械（集团）有限公司	180 064	19.0	14	山东华成集团有限公司	80 933	0.1
5	丰球集团有限公司	141 247	8.4	15	沈鼓集团核电泵业有限公司	72 199	21.2
6	浙江利欧股份有限公司	119 402	0.1	16	大耐泵业有限公司	71 882	13.3
7	上海电力修造总厂有限公司	107 528	9.7	17	湖南湘电长沙水泵有限公司	70 328	-12.1
8	上海凯士比泵有限公司	106 196	13.2	18	广东凌霄泵业股份有限公司	68 680	17.3
9	南方泵业股份有限公司	104 045	20.2	19	广州白云泵业集团有限公司	63 771	3.7
10	安徽三联泵业股份有限公司	102 375	2.8	20	山东长志泵业有限公司	62 111	1.1

2012 年，沈鼓集团核电泵业有限公司生产系统进入独立运行阶段。公司克服了生产能力弱、人员配备不完善、逐步提升过程中制约当期任务组织形成等困难，完成了 2012 年的生产任务。公司重点生产任务 AP1000 核主泵国产化工作取得了阶段性成果，所有国产化零件进度均满足 EMD 的主泵装配和现场安装进度要求。突破了困扰公司两年多的主螺栓和主螺母磷化质量瓶颈，解决了压力边界部件主螺栓、主螺母制造问题，主螺栓和主螺母零件质量得到 EMD 和西屋公司的高度评价。2012 年，完成了车间级、班组级计划体系的搭建工作。车间级计划以结构件、定子件、转子件为核心明确成套时间节点；班组级计划包括重点机台计划、关键零部件进度计划、班组成套零部件计划等内容，通过计划逐级展开，明晰班组承担任务，促进成套组织生产。对现场管理特别是设备搬迁作业区的调整、移动及安全指标控制的有效性全面展开，强化各部门对管理规定、管理制度的执行，对各部门采取阶段性考核记录，对现场进行定期检查，严格贯彻集团安全生产各项工作规程。强化对外协作管控的有效性，对民品零部件的外委能力扩散进行计划管控，为各项生产任务能按时完成起到了重要的作用。

石家庄强大泵业集团有限责任公司生产部门认真执行《计划调度管理办法》《大项目管理办法》《新产品管理办法》等规定，严格计划评审和综合平衡，按调度管理流程和项目评审时间组织生产，生产组织水平得到较大的提高。公司积极开展生产组织整顿工作，各子公司进行自查自纠，并将大项目管理作为重中之重，大大提高了工作效率，使生产组织水平上了一个新台阶。

大耐泵业有限公司面对复杂多变的市场形势，克服价格宽幅震荡、原料与辅材成本上涨、利润空间缩小等不利情况，以质量成本为主线，进一步加大了各项工作力度，确保了生产经营稳中有升。全年实现销售收入 71 871 万元，同比增长 16%；订货额 99 215 万元，同比增长 26%；利税 12 583万元，同比增长 53%。2012 年，公司“三六”牌商标荣膺“中国驰名商标”认证，公司再次被认定为中国机械工业 500 强、大连市 100 强企业和全国机械行业文明单位。

湖南湘电长沙水泵有限公司围绕“调结构、转方式、提质量、强管理、防风险、保效益”这一工作主线，科学调度，合理分布生产任务，通过释放成品库存，形成回款资源，多头并举进行货款催收，改善了回款环境。2012 年，公司完成工业总产值 7.03 亿元，同比下降[illegible]；实现营业收入 6.84 亿元，同比下降 17.48%；实现货款回收 9.11 亿元，同比增长 9.56%；实现新增订货 7.7 亿元，同比下降 0.35%。

上海凯泉泵业（集团）有限公司生产制造的用于南水北调工程的 4.5m 轴流泵顺利交货并一次调试成功，该产品为当前亚洲最大的轴流泵。国投集团北部湾电厂 30 万 kW 机组的主循环泵改造产品也顺利交付使用，受到了客户的好评。中缅原油管道云南瑞丽泵站倒灌泵和给油泵、大唐黄岛电厂海水淡化高压泵等项目顺利签订，公司新产品的销售实现了突破。尤其值得一提的是，2012 年底，公司还参与了中国科学院上海应用物理研究所 MSR 高温熔盐工程样泵——四代核电主泵研发项目的投标，顺利以 690 万元的研发费用拿下了该项目。

2012 年，上海电力修造总厂有限公司围绕“市场年”战略目标和营销订单目标，共计完成给水泵 162 台、前置泵 172 台、液力偶合器 28 台、给水泵芯包 21 套，完成阀门2 284台（套）。完成了海阳 AP1000 核电站 2 号机的产品生产和交付；巴基斯坦 C3、C4 核电项目给水泵和 AP1000 核电站常规岛给水泵新产品试制项目也按原定计划稳步展开。

2012 年，赣州水泵制造有限公司坚持做“特”、做“大”的经营理念，把多级泵、双吸泵等常规产品做优、做出特色，向高效方向发展；把轴流泵、斜流泵等产品向中、大型方向发展，在立足江西市场的同时向周边省份扩散。2012 年，公司完成工业总产值 2 904 万元，实现利税 157 万元。

丹东克隆集团有限责任公司在磁力泵生产加工方面有一定的优势。2012 年，公司在供货周期短、订单任务重的情况下如期完成了所有生产任务，工期合格率达到 100%，满足了用户工期短、任务急的苛刻要求。如邯郸鑫宝煤化工有限公司 78 台泵、介休昌盛煤气化有限公司 92 台泵、中国石油天然气股份有限公司吉林石化分公司炼油厂 50 台泵、陕西煤业化工集团神木天元化工有限公司 32 台泵等工程项目用泵，得到了用户的好评。

2012 年，武安市宏泰机械泵业有限公司完成主导产品 RY 热油泵 5 000 台，其中 RY150－125－250 以上大泵 431 台，并根据用户要求采用了机械密封。开发的渣浆泵第一台样泵已经完成，2013 年将推向市场。

2012 年，嘉利特荏原泵业有限公司将注册资本增资到 1 100 万美元，主要对产品结构进行了调整。在引进消化吸收的基础上，通过不断自主研制和开发新产品，逐步加强公司的技术实力，当前已形成以 API 泵和工业汽轮机为核心的两大技术平台。公司在 API 泵、工业汽轮机的设计和制造工艺方面，与日本荏原制作所、美国 ELLIOTT 公司、浙江大学、浙江工业大学等多家单位进行合作，采用世界上先进的技术和工艺，开发出与世界技术同步的 API 泵，并实现资源共享，增强了企业的科研实力。公司根据企业实际，区分管理部门和生产现场，分别查找出经营管理过程中的“七大浪费”。公司以最终用户的需求为生产起点，以制造编号为整个生产流程的关键词。采用年、季度、月、周、日的精细化计划，采用大日程、中日程、小日程的形式，强调物流平衡，追求零库存，要求上一道工序加工完的零件立即可以进入下一道工序。积极推行 ERP 和价值链的管理方法，按照企业经营的流程，以两头要强、中间要精为原则，即营销、技术要做强，生产制造和质量要做精的原则，对企业经营管理的流程进行梳理和优化。现已形成数百个详细作业流程和作业标准，并不断根据实际情况进行优化。

山东华成集团有限公司设计制造的特大型水环真空泵已成功应用于四川绵阳军事基地飞机风洞试验、西南交通大学高速列车穿越隧道模拟试验、中国石化金陵分公司穿越长江输送富氢气体工程等国家重点项目。其中，四川绵阳军事基地的三期风洞试验是由公司独家承揽设计制造的。当前公司正在研制国防高超风洞试验项目用的特大型真空设备，单台设备重量由原来的 70t 提高到 300t，试验由 2 万 m 高空上升到 4 万 m 高空、时速达到 8 000km/h 的航空器，同时正在研制中国运载火箭项目用的超大真空装置。

山东星源矿山设备集团有限公司紧紧围绕煤矿开采井下排水需要，根据客户不同需求制定 2012 年生产任务，实际超额完成 1 200 台，特别是 315～4 000kW 大功率矿用潜水抢险排沙泵销售 368 台，为矿区抢险救灾发挥了重要作用。

2012 年，石家庄工业泵厂有限公司受全球经济低迷及国内宏观调控影响，生产任务呈现出短线合同量多、但总量少的特点。面对新形势，公司科学分析市场形势，及早谋划，统筹兼顾，合理调整生产计划，确保了合同的完成和按时兑现。同时充分利用信息化管理技术指导生产，利用 ERP 优化生产计划安排，有效指导库存，利用 PLM 工作流功能，合理组织安排合同转化，适时监控转化进度，充分发挥了承接销售、生产的纽带作用。公司将铸造分厂北树脂砂线由原来的气体输送改造为带输送，大大提高了砂处理能力；针对 1000WN 船用挖泥泵叶轮重量大、铸造难度高等问题，细化工序，分类总结问题原因，为大型船用泵顺利生产打好了第一战；合理调派大型设备人员，适时调整班次，加快了部件的加工和周转速度，确保了1000WN、800WN、B01挖泥泵备件及800DT-90等脱硫循环泵等重点项目加工任务按时完成；泵托架部分装配按流水线组织，装配速度和质量大大提高，7月份装泵633台，创单月装泵历史新高；利用新工艺消失模、V法铸造的生产试制和消失模白模的试生产工作，取得实质性进展。

二、重大装备及关键设备完成情况

大耐泵业有限公司完成的重大装备及关键设备情况：①成功研制API610 BB3型14段泵，是相同流量下国内首台级数最多的水平中开多级泵，产品型号ASD80-260/14M，流量65m³/h，扬程1 000m，功率350kW。该泵成功应用于中国石油塔里木油田公司英买力潜山油藏地面工程油气集输工程中凝析油的输送，运行效果良好。总长2.7m的泵，运行振动值仅在1.2mm/s之内，性能也完全达到用户要求。②大型供水泵试制成功，创下了在相同流量下，国内同类产品最高扬程、最高转速、最高效率的记录。该泵是与加拿大TOP公司合作设计、大耐泵业有限公司自主生产的。该ASD700-940水平中开双吸泵流量9 375m³/h，扬程102m，功率3 550kW，汽蚀余量11.2m。该泵效率与汽蚀余量均达到相同参数下的最好水平，效率达到91%，充分体现了高效节能的效果，技术达到国际先进水平。该产品成功应用于大连供水公司的二期引水工程。③自行研制大流量高温高压BB2型泵。典型的应用案例为大连福佳大化70万t/a芳烃项目，最大口径400mm，流量达到2 700m³/h，扬程282m，适用温度最高到304℃；新疆克拉玛依石化的沥青蒸馏装置中的关键渣油泵，最高适用温度为367℃；上海核研究院试验室加压泵，最高压力为7.5MPa。④LH GG-2型两级蜗壳式液下泵研制成功，扩大了液下泵的应用范围，典型的VS4结构，创新性地做成了紧凑型两段蜗壳两级叶轮，将原液下泵的扬程放大了一倍，满足了顾客的使用要求。该产品为国内首创，当前成功应用于己内酰胺装置中的关键泵位，用于环己酮肟的输送。

上海电力修造总厂有限公司自主研发的配套巴基斯坦恰希玛核电二期工程340MW机组常规岛主给水泵组交付投运；研制的首台国产AP1000核电站常规岛给水泵组前置泵顺利交付，完成了主给水泵的设计研发并投入样机试制；完成了1 000兆瓦级(50%容量)超超临界火电机组FK6A40型锅炉给水泵的国产化，并通过由国家能源局和中国通用机械工业协会组织的产品鉴定，填补了国内空白；完成1 000兆瓦级超超临界机组HZB303-720前置泵系列化的设计和生产，并已发运至用户单位。

山东长志泵业有限公司研制的双吸两级抗汽蚀离心油泵为径向剖分式蜗壳泵，是针对石油化工行业现代化发展的要求而设计开发的一种大流量油泵。与传统的离心油泵相比，具有效率高、抗汽蚀性能好、使用寿命长等优点，可广泛应用于石化、化工、轻工、石油等领域输送各种油品或其他高温高压危险液体。该泵首级叶轮采用双吸结构，并对叶轮吸入口的叶片线型和角度进行了优化设计，从而大大降低了必需汽蚀余量，有效地提高了抗汽蚀性能。因此，在相同外形参数下，该泵可以采用更高的转速，提高了泵的水力效率，降低了能耗。公司研制的低比转速多级离心油泵是在传统多级离心油泵基础上新开发的一种改进型产品，弥补了多级离心油泵在这一工作区域的空白。该泵为径向剖分节段式单吸多级离心泵，与传统的多级离心油泵相比，具有工作范围宽广、结构紧凑、维修方便、性能优良、质量稳定等特点，是传统多级离心油泵理想的换代产品，可广泛应用于石化、化工、轻工、石油、钢铁等领域输送各种易燃易爆或有毒的高温、高压液体。公司研制的长输管线泵产品在设计和制造方面严格执行美国石油学会API610标准要求，产品为水平中开式单级双吸结构。该型泵配套了一系列辅助运行装置，可以对润滑油的温度和黏度、泵轴承和泵壳的温度、机械密封泄漏情况、泵体振动情况等重要运行参数进行自动监测，适应了自动化操作和全天候工作环境的要求。该泵具有结构合理、装拆方便、零部件互换性好、泵效率高、耐蚀、耐磨、使用寿命长、运行经济、安全可靠等特点。填补了国内空白并在较大程度上满足国内市场需求，促进了长输管线泵国产化，降低了石油运输成本。

山东星源矿山设备集团有限公司立足矿用泵主导产品，特别是大功率、高扬程、智能化矿用抢险排水泵的研发生产。自2011年6月开始立项研发到2012年12月23日完工，已完成BQS系列、BQ系列矿用隔爆型大功率(450~1 000kW、1 000~4 000kW)潜水排沙泵新产品并投放市场，深受用户的好评。该产品于2013年4月10日通过了山东省科技成果鉴定，产品技术国内领先，4 000kW大功率矿用泵为全国同行业首创，推动了矿用泵产品的技术创新。

三、市场及销售

2012年，泵行业主营业务收入、利润总额、利税总额继续保持小幅增长，但增幅出现较大回落。166家会员企业实现主营业务收入425亿元，同比增长1.3%，增幅同比回落20.5个百分点。47家重点骨干企业完成主营业务收入266.1亿元，占泵行业主营业务收入的62.6%。2012年泵行业主营业务收入前20名企业见表2。

表2 2012年泵行业主营业务收入前20名企业

序号	企业名称	主营业务收入(万元)	同比增长(%)
1	上海凯泉泵业(集团)有限公司	285 729	7.9
2	上海东方泵业(集团)有限公司	216 056	13.0
3	上海熊猫机械(集团)有限公司	194 728	23.1
4	上海连成集团有限公司	180 391	2.8
5	丰球集团有限公司	140 740	0.2
6	上海凯士比泵有限公司	110 573	23.8
7	浙江利欧股份有限公司	109 118	-5.4
8	上海电力修造总厂有限公司	107 464	12.5

（续）

序号	企业名称	主营业务收入（万元）	同比增长（%）
9	安徽三联泵业股份有限公司	99 313	1.7
10	南方泵业股份有限公司	96 985	12.7
11	新界泵业集团股份有限公司	93 613	22.4
12	广东省佛山水泵厂有限公司	89 657	-2.2
13	山东硕博泵业有限公司	88 003	-17.0
14	大耐泵业有限公司	71 030	13.7
15	沈鼓集团核电泵业有限公司	68 207	10.3
16	湖南湘电长沙水泵有限公司	68 043	-11.9
17	山东华成集团有限公司	65 922	-11.0
18	广东凌霄泵业股份有限公司	61 438	12.0
19	山东长志泵业有限公司	61 374	11.0
20	广州白云泵业集团有限公司	56 095	7.1

2012 年，泵行业实现出口交货值 41.6 亿元，同比下降 4.9%，与上年同期高速增长形成较大的反差。出口交货值下降幅度较大的企业有：山东长志泵业有限公司出口交货值 5 244 万元，同比下降 71.3%；浙江山河实业有限公司出口交货值 9 043 万元，同比下降 46.8%；湖南湘电长沙水泵有限公司出口交货值 14 844 万元，同比下降 45.1%；君禾泵业股份有限公司出口交货值 294 69 万元，同比下降 26.9%。2012 年泵行业出口交货值前 20 名企业见表 3。

表 3　2012 年泵行业出口交货值前 20 名企业

序号	企业名称	出口交货值（万元）	同比增长（%）
1	浙江利欧股份有限公司	100 973	-3.2
2	丰球集团有限公司	42 022	-3.7
3	新界泵业集团股份有限公司	37 787	28.2
4	君禾泵业股份有限公司	29 469	-26.9
5	广东凌霄泵业股份有限公司	21 635	17.7
6	湖南湘电长沙水泵有限公司	14 844	-45.1
7	山东硕博泵业有限公司	14 108	-15.0
8	安徽莱恩电泵有限公司	12 254	4.7
9	南方泵业股份有限公司	10 746	-0.8
10	赛莱默水处理系统（沈阳）有限公司	9 441	12.3
11	浙江山河实业有限公司	9 043	-46.8
12	安徽三联泵业股份有限公司	8 629	8.1
13	上海凯泉泵业（集团）有限公司	8 571	14.6
14	上海凯士比泵有限公司	8 482	51.1
15	沈鼓集团核电泵业有限公司	8 036	
16	大连深蓝泵业有限公司	7 328	40.4
17	广东省佛山水泵厂有限公司	6 499	16.4
18	沈阳启源工业泵制造有限公司	5 889	30.0
19	山东长志泵业有限公司	5 244	-71.3
20	上海连成（集团）有限公司	4 321	27.4

2012 年，泵行业会员企业产品销售率 97.32%，同比增加 0.12 个百分点。其中，东北地区产品销售率 97.52%，同比增加 1.07 个百分点；华北地区产品销售率 96.60%，同比减少 8.5 个百分点；西北地区产品销售率 99.46%，同比增加 1.4 个百分点；华东地区产品销售率 97.61%，同比增加 0.38 个百分点；中南地区产品销售率 95.55%，同比增加 1.03 个百分点；西南地区产品销售率 97.54%，同比增加 1.31 个百分点。

2012 年，泵行业会员企业实现利润总额 33.3 亿元，同比增长 6.4%，增幅同比回落 13.2 个百分点，盈利能力降低。实现利税总额 51.5 亿元，同比增长 3.8%，增幅同比回落 17.5个百分点。在 166 家会员企业中，盈利企业有 152 家，亏损企业有 14 家。47 家重点骨干企业实现利润总额 21.2 亿元，占泵行业利润总额的 63.7%。2012 年泵行业利润总额前 20 名企业见表 4。

表 4　2012 年泵行业利润总额前 20 名企业

序号	企业名称	利润总额（万元）	同比增长（%）
1	上海凯泉泵业（集团）有限公司	23 549	3.3
2	上海熊猫机械（集团）有限公司	23 214	86.2
3	上海东方泵业（集团）有限公司	16 272	12.0
4	南方泵业股份有限公司	15 730	47.0
5	丰球集团有限公司	15 461	5.5
6	上海连成（集团）有限公司	14 812	0.8
7	安徽三联泵业股份有限公司	12 058	1.7
8	新界泵业集团股份有限公司	10 820	55.3
9	山东长志泵业有限公司	9 589	90.9
10	浙江利欧股份有限公司	8 439	-43.5
11	广东省佛山水泵厂有限公司	7 596	-2.7
12	大耐泵业有限公司	7 313	14.1
13	襄樊五二五泵业有限公司	7 286	18.5
14	广东凌霄泵业股份有限公司	6 879	26.2
15	合肥恒大江海泵业股份有限公司	6 520	
16	桂林市广汇泵业有限责任公司	6 512	
17	嘉利特荏原泵业有限公司	5 503	14.6
18	大连深蓝泵业有限公司	5 375	-20.2
19	山东硕博泵业有限公司	5 354	-14.7
20	广州白云泵业集团有限公司	4 338	9.0

2012 年，泵行业经济效益综合指数为 203.05%，同比增加 7.72 个百分点。在评价和考核企业盈利能力的核心指标中，总资产贡献率为 11.50%，同比减少 0.84 个百分点，高于国家标准值（10.7%）0.8 个百分点；反映企业的资本完整性和保全性及增值情况的资本保值增值率为 115.84%，同比增加 6.28 个百分点，低于国家标准值（120%）4.16 个百分点；反映企业经营风险的资产负债率为 54.26%，同比减少 2.33 个百分点，低于国家标准值（60%）5.74 个百分点；反映企业经营状况、资金利用效果，衡量企业流动资产周转快慢，即再生产速度的流动资产周转率为 1.29 次，同比减少

0.1次，低于国家标准值（1.52次）0.23次；反映企业投入的生产成本及费用的经济效益的成本费用利润率为8.22%，同比增加0.15个百分点，高于国家标准值（4.51%）3.71个百分点；反映企业生产效率和劳动投入的全员劳动生产率为160 976元/人，同比增加15 241元/人；反映企业产品产、销衔接状况的产品销售率为97.32%，同比增加0.13个百分点，高于国家标准值（96%）1.32个百分点。2012年泵行业经济效益综合指数前20名企业见表5。

表5　2012年泵行业经济效益综合指数前20名企业

序号	企业名称	经济效益综合指数（%）
1	沈阳工业泵制造有限公司	479.22
2	合肥恒大江海泵业股份有限公司	478.73
3	中国有色（沈阳）泵业有限公司	431.49
4	安徽三联泵业股份有限公司	396.75
5	沈阳启源工业泵制造有限公司	383.77
6	丰球集团有限公司	373.36
7	上海电力修造总厂有限公司	352.11
8	嘉利特荏原泵业有限公司	348.04
9	江苏振华泵业制造有限公司	337.03
10	龙岩市九龙水泵制造有限公司	328.56
11	赛莱默水处理系统（沈阳）有限公司	328.46
12	昆明嘉和科技股份有限公司	327.93
13	重庆明珠机电有限公司	322.09
14	上海阿波罗机械股份有限公司	321.14
15	上海华联泵业有限公司	319.11
16	广东省佛山水泵厂有限公司	318.70
17	上海上泵（集团）有限公司	309.98
18	上海熊猫机械（集团）有限公司	308.62
19	湖北三峡泵业有限公司	305.51
20	湖北同方高科泵业有限公司	303.96

沈鼓集团核电泵业有限公司不断完善营销机制，加大市场开发力度，以市场需求为导向，依托核电、火电用泵设计、制造的优势大力开发、发展新领域用泵。着重于城市供水、海水淡化、煤炭、环保、污水处理、消防等领域用泵，提升公司产品在这些领域的市场占有率。2012年，公司完成出口交货值8 036万元，产品出口土耳其、印度、柬埔寨、越南和印度尼西亚等国家。

2012年，石家庄强大泵业集团有限责任公司全年签约订货14 626万元，完成年计划的166%；回款9 487万元，完成年计划的130%，全面超额完成了公司制定的各项任务指标。进出口分公司市场工作推进扎实有效，2012年产品订货成绩突出，创造了大量有效回款资源，为公司各项工作的开展奠定了良好的基础。为扭转公司资金紧张的不利局面，销售分公司将货款回收作为重中之重，狠抓“十项措施”的落实，采取各种办法促进回款。公司加强了对《合同评审管理办法》等执行情况的检查，对相关管理流程和制度进行完善，确保营销系统各项工作的有序进行。公司坚持“用户满意是衡量服务的唯一标准”的服务理念，大力拓展维修和改造业务，取得了明显的成效。

2012年，大耐泵业有限公司实现订货额99 215万元，完成计划的141%。许多具有广阔前景的优质项目得以开发，如煤化工领域的宁夏宝丰集团60万t/a甲醇制烯烃（MTO）装置，陕西未来能源兖矿榆林100万t/a煤间接液化示范项目，长庆油田分公司脱硫脱碳装置中的胺液循环泵、贫胺液增压泵，广西广维化工有限责任公司输送-104℃乙烯用乙烯应急泵，扬子石化公司200万t/a催化裂化项目，湖北三宁化工股份有限公司20万t/a己内酰胺工程等。2012年，出口订货额为5 000余万元，其中俄罗斯市场订货额为600余万元。俄罗斯输油管线用泵市场潜力巨大，公司顺利完成该产品的研制和生产，其市场前景非常可观。对伊朗、哈萨克斯坦、东南亚等市场的开拓也取得了一定的进展，当前已形成了以俄罗斯和伊朗市场为重点、广泛开发其他国际市场的格局。

湖南湘电长沙水泵有限公司针对国内火电行业竞争加剧、投标中标率与市场占有率急剧下降等情况，年初对所有办事处负责人实行先下岗后竞聘上岗，将市场压力向一线传递。加强驻外办合同评审工作的考核，提高合同质量，降低差错率，市场部将常见的问题进行汇总后发到各办事处，并对合同差错率进行统计，对差错率高的办事处进行考核。公司继续实行中小泵投标的标书费由公司承担的政策。2012年订货情况比上年同期有一定增长，全年共参与30万kW以上火电机组投标74次，中标31次，待定5次。其中专项、配件和新市场等领域订货有较大幅度增长。外贸与上年持平，在一定程度上缓解了年度排产资源不足的问题。

上海凯泉泵业（集团）有限公司根据市场需求及时调整应对策略，出台了一系列有针对性的销售策略，通过不断加强市场拓展力度，继续加强公司专业销售队伍建设，进一步强化了销售人员的专业素质。作为综合性的泵生产厂商，公司丰富的产品线在各目标市场不明朗的情况下发挥了互补的作用，有效平衡了因其他下游市场不景气所导致的业绩缺口。2012年，各分厂根据公司提升产品竞争力的目标和方向，加大了产品的技术开发力度，加快了产品性能、工艺和质量方面的改进速度，提高了售后服务的及时性，全面提升了现有产品的竞争力。

上海电力修造总厂有限公司生产制造的前置泵、给水泵、液力偶合器及其配套产品广泛应用于50~1 000MW等级的亚临界、超临界和超超临界火电、核电机组；调节阀、闸阀、截止阀和止回阀四大类阀门产品广泛应用于1 000MW及以下的核电、火电、冶金、化工等行业；焊接材料主要应用于电站建设、石油化工、海洋船舶、机场桥梁、机械制造、核电工业等领域。公司依托集团高层领导和五大发电集团签订的战略联盟协议，通过高端营销拓展公司的营销渠道，充分挖掘上层资源争取订单。坚持内联外合、国内外市场并重的市场策略，加快营销渠道创新，实现区域化管理。在乌鲁木齐、郑州分别建立了商务中心，通过优势互补，资源整合，实现业务突破。2012 年，新疆商务中心实现销售收入 945 万元，超额完成年度经营目标。河南商务服务中心也已进入起步阶段。2012 年，公司先后签订了赞比亚、印度哈迪亚、菲律宾普丁巴图、印度纳佳、伊拉克华事德二期 5 项出口项目，合同金额为 10 905.6 万元。公司自行研制的锅炉调速给水泵组远销菲律宾、沙特阿拉伯、印度、印度尼西亚、土耳其、伊拉克、越南、老挝、斯里兰卡、伊朗、巴基斯坦、赞比亚等 14 个国家。

广东省佛山水泵厂有限公司针对国内销售受需求不足困扰、项目信息明显减少、竞争十分激烈的状况，以“满足顾客要求并争取超越顾客期望”为目标，以技术服务为抓手，强化客户服务，高度重视售前服务沟通的“充分”及售后服务的“及时”。认真积极地对待配套客户及零散用户的要求；加大与有较大需求潜力的直接用户和大中型工程承包公司的日常接触频率，高度重视每一个项目、每一个机会，寻找商机，力求获得尽量多的订单；新增售后服务人员，加强售后服务力度。公司销售取得了较好的成绩：石油化工、煤化工等领域新增订单占国内销售新增订单的 49.8%，保持了增长；煤炭行业新增订单同比增加 13%。2012 年由行业经理协调促成的订单超过 6 000 万元，并开拓了多家非常有发展前景的客户，为公司产品获得了在聚丙烯项目、合成气制乙二醇项目、焦化除废装置新工艺项目等领域中的第一个业绩；参与新产品 KPP 流程泵的推广工作，获得在大化肥装置液氨泵的首个应用业绩。顾客满意度总评价为 83.06 分，比上年增加 8.06 分。公司针对国际市场需求继续下滑的现状，调整了营销策略和创新思路，以“变”求发展。以市场需求为导向、以竞争力为依托，重新策划和配置资源，在抓住传统业务的前提下，加快向自主品牌和高端化、高附加值方向发展，强化自主品牌宣传推广和销售网络建设。公司克服了国际市场低迷的影响，在国内企业出口普遍下滑的状况下，取得比以往更好的销售业绩：出口收汇同比增长 12.82%，出口创汇同比增长 16.45%，新增订单同比增长 34%。其中，真空泵、中开泵、化工泵等高端领域的工程类产品出口订单大幅增长，约占出口订单总额的 52%，有效地抵消了通用产品出口下降带来的冲击，巩固了公司在高端产品国际市场的地位。公司形成了以单级离心泵、多级泵、真空泵、中开泵、化工泵为主打产品的多品种、多应用领域、多种配置的出口模式。

上海水泵制造有限公司以电站市场为龙头，全力发展电站凝结水泵和循环水泵，产品不但进入了国内诸如大唐七台河发电有限责任公司、大唐长山电厂、华能北方联合电力和林电厂等 600MW 电厂机组，而且在 2008 年与山东电建三公司合作一举拿下印度阿达尼公司 APL 项目 5×660MW 超超临界发电机组 15 台抽芯式 ϕ1 800mm 口径混流泵的订单。至 2010 年交付，一次安装完毕，并投入使用。当前公司的电站凝结水泵、循环水泵被国内电站项目广泛选用，而且已走出国门，远销尼日利亚、土耳其、印度、孟加拉国、赞比亚、越南等国家。公司在发展电站用泵的同时，还努力发展国家重大工程急需的配套用泵。2011 年，国家下达对西北部缺水地区的甘肃省景泰灌区实施泵站改扩建工程任务，需要高效节能的大型水泵。公司在泵行业“高手”林立的情况下勇于迎接挑战，在上海 KSB、广东安德里茨等知名泵厂同时入围试制模型泵，并经沈阳国家工业泵检测中心进行“比武”性质的性能测试后，与另一家企业同时取得了样机试制的任务，在样机同时经第三方测试后，公司经过投标取得了工程第一批 9 台 ϕ1 200mm 口径中开泵的订单，至 2013 年 3 月全部交付使用。该泵效率达到 90%，经测算，两年将可收回全部投资。

襄阳五二五泵业有限公司在传统市场继续保持领先地位。2012 年，烟气脱硫市场签订合同近 3 亿元，继续保持行业领先地位；磷复肥市场签订合同超过 1 亿元，继续保持行业 70%的市场占有率；铸件合同首次突破 1 000 万元大关。公司与国际巨头赛莱默公司签署了渣浆泵项目“合作谅解备忘录”，成为三菱重工国内唯一烟气脱硫循环泵供应商；与瑞典力矿签订了首台泵试用合同，实现了公司的产品首次直接出口欧洲市场的跨越。

安徽三联泵业股份有限公司在全国建立了 60 多个销售和售后服务网点，完善的网络体系为顾客提供了方便、快捷的服务。产品广泛应用于冶金、矿山、电力、化工、石油、市政建设、消防、环保等领域，并先后被南水北调工程、秦山核电站、上海宝钢、北京首钢、华能电力、扬子石化、金山石化、大庆油田、兖州煤业、可口可乐等重点工程和世界 500 强企业所采用。产品还远销东南亚、北美、欧洲、中东、南非等国际市场，出口份额位居国内泵行业前列。2012 年，公司与水利部合作，获得 8 000 万元的融资，致力于水利行业的市场开发，先后在甘肃省景泰二期大型泵站更新改造项目、安徽省和县农村集体泵站更新改造项目等工程项目中中标，水利市场开发前景广阔。

山东双轮股份有限公司在全国大中城市设有 120 余个办事处及 200 多家联销机构，形成了覆盖全国的销售和服务网络。公司有独立的国际营销部门，下设欧洲、北美、中东、东南亚、拉美、大洋洲等业务组，在北美地区设有国外办事处。公司产品广泛应用于城市市政、核电、火电、水利、冶金矿山、管线输油和石油化工、环境保护及治理、消防供水及自动化控制等领域，先后应用于中石油和中石化各大油田和炼化厂，首钢、莱钢、鞍钢等各大钢厂，富士康科技，万科，中国铝业各分公司，国家体育馆，北京首都机场，上海浦东机场，以及北京、杭州等地铁重点工程。产品远销北美、欧洲、非洲、东南亚等几十个国家和地区。

丹东克隆集团有限责任公司在原有的磁力泵产品已远远满足不了市场需求的情况下，于 2010 年推出了大功率磁力泵产品。通过两年的不断努力和试验，2012 年完成了大功率磁力泵产品的研发。公司的产品销量又扩宽了一大步，满足市场对大流量、高扬程磁力泵的发展要求。2012 年，公司针对大功率磁力泵产品，主要是针对一些装置的参数要求比较高的核心装置用泵进行了市场推广。吉林石化分公司炼油厂、扬子石油化工有限公司、中国石化集团洛阳石油化工工程公司等企业都在使用公司的大功率磁力泵产品，当前设备运转情况良好，装置性能稳定。

赣州水泵制造有限公司利用赣发集团技术优势、设备优势和产品成套优势，积极开发排涝站、泵站、电排站等系列成套水利设备。2012年，公司研制的大口径轴流泵机组产品在福建漳州龙文区东墩排涝站、广东顺德龙江万安电排站、江西新余江仔口排涝站等工程项目中先后投入运行，机组运行情况良好。公司研制的节能高效环保双吸泵在景德镇自来水公司、赣州水务集团、吉安庐陵文化园等市政水利企业投入运行，机组性能稳定，安全高效，得到用户好评。

浙江水泵总厂有限公司坚持"技术领先、质量领先、市场领先"的经营宗旨，设立营销管理中心，下设各网点，并在国内主要城市设立办事处(外省省会一级城市)及产品代理合作伙伴。与此同时，充分利用成熟的营销网络平台，以合作共赢的方式快速建立起自身的营销网络体系。根据多年的市场营销经验和市场需求的变化，公司推出了"差异化定制服务"的市场策划方式，具体做法如下：①个性化服务。满足高端客户的需求，并通过个性化服务，加强客户与公司的合作关系，提高客户的忠诚度，挖掘大客户的潜在需求。②标准化服务。建立标准化服务的目的是以有限的经济成本取得超过客户期望的服务效果。标准化服务的对象是占公司现有业务总量40%的中小普通客户，其特征是客户数量多、合同金额小。公司能够投入的每一个客户的服务资源是有限的，为此，要让有限的资源投入取得令客户满意的服务效果，必须充分地研究服务的每一个细节，使之标准化、规范化、制度化，服务内容可以准确计量和检查、控制，服务效果可以比较准确地预期。

武安市宏泰机械泵业有限公司秉承"既有好产品，又有好人品，更有好朋友"的经营理念，建立了从公司到用户、从用户到配套厂家、从公司到经销商三位一体的营销模式，市场覆盖包括台湾地区在内的全国各省(市)、自治区，并有部分产品配套出口欧洲、美国、日本、韩国及东南亚地区。2012年，主导产品RY型热油泵的市场占有率和产品应用领域不断扩大。当前，公司与中纺院、焦耐院、化一院、化六院、中建总公司、中铁十局等设计院建立了合作关系，与常州能源设备总厂、锡能锅炉、太湖锅炉、艺能锅炉、东方热油炉等国内知名锅炉生产厂家建立了长期合作关系。公司在焦油深加工领域取得进展，先后在河南、山东、邯郸等地投产项目中中标，实现销售收入400万元。产品的应用领域涉及煤化工、石化、纺织印染化纤、木材加工、食品、医药、涂料、筑养路，近年又发展到原油远距离输送等，如在国家西气东输项目，中俄、中哈、中塔的原油输送，东海油气田海上平台项目，太阳能利用项目中均有应用。主导产品RY热油泵以其良好的信誉和质量在项目用泵、配套泵、船用泵上又有所提高。

山东同泰集团股份有限公司继续加大市场开发力度，在确保产品在省内传统市场占有率的同时，努力拓展了周边市场，扩大市场份额，使产品市场占有率有较大提升。与此同时，努力适应国家西部开发、中部崛起的战略调整，借助省区间对口支援和内陆企业及传统产业的西部转移，逐步开发了西部市场，特别是新疆、内蒙古、西藏、甘肃等资源丰富的省区。加大高温高压锅炉给水泵的市场推广力度，先后与莱钢集团、同煤广发化工、招远玲珑热电、河北盛华化工等单位签订了锅炉给水泵成套机组项目供货合同，其中同煤广发化工项目一次签约给水泵成套机组15台(套)。公司加大大型循环供水泵的市场推广力度，先后签订了德州实华化工整体搬迁项目、山东洪鼎化工煤制油项目、新疆梅花氨基酸项目等循环供水泵的供货合同。

山东星源矿山设备集团有限公司研发生产的矿用隔爆型排沙排污泵，主要针对煤矿、冶金、电力、建材等行业或含有瓦斯和易燃易爆气体的场所，输送含有泥沙、煤渣、纤维等悬浮固体颗粒的混合污水或者有一定腐蚀性的液体。该产品销往全国各大矿区，如中国神华集团、兖矿、枣矿、淄矿、安徽两淮矿区、河南平煤、山西大同、西山煤电等诸多用户。公司现有100余人的销售团队，按照区域分片组成销售网络，年销售收入超过2亿元。

石家庄工业泵厂有限公司研发制造渣浆泵20多年来，产品领域遍及煤炭、脱硫、电力、航道疏浚等多个行业。先后为约翰芬雷工程有限公司、唐山国华科技有限公司、北京国电龙源环保工程有限公司等国内大型工程项目生产配套产品。公司主导产品为渣浆泵、脱硫泵及船用泵备件，出口至老挝、马来西亚、韩国、印度尼西亚等国家。面对2012年错综复杂的市场形势，公司通过改革营销制度、创新营销机制、开展竞赛活动、加强营销队伍建设等一系列政策措施，实现了促销政策的进一步优化和有效。公司营销渠道以业务员直销为主，委托代理销售为辅。2012年，产品实现销售收入55 787万元。

四、科研成果及新产品

2012年，泵行业完成新产品产值184亿元，同比增长14%。2012年泵行业新产品产值前20名企业见表6。

表6　2012年泵行业新产品产值前20名企业

序号	企业名称	新产品产值(万元)	同比增长(%)
1	上海连成(集团)有限公司	120 524	4.0
2	丰球集团有限公司	85 773	0.9
3	上海熊猫机械(集团)有限公司	82 829	-15.8
4	上海凯士比泵有限公司	74 175	30.5
5	浙江利欧股份有限公司	71 665	0.1
6	南方泵业股份有限公司	71 003	8.5
7	山东华成集团有限公司	64 743	-1.1
8	上海凯泉泵业(集团)有限公司	60 003	2.9
9	上海东方泵业(集团)有限公司	58 317	31.7
10	广东省佛山水泵厂有限公司	56 400	6.1

（续）

序号	企业名称	新产品产值（万元）	同比增长（%）
11	沈鼓集团核电泵业有限公司	51 345	8.2
12	新界泵业集团股份有限公司	40 620	57.3
13	嘉利特荏原泵业有限公司	32 597	43.9
14	大耐泵业有限公司	31 868	21.5
15	重庆水泵厂有限责任公司	30 753	-7.8
16	湖南湘电长沙水泵有限公司	30 204	-24.0
17	山东双轮股份有限公司	29 971	-17.5
18	南京蓝深制泵集团股份有限公司	29 522	5.5
19	湖北三峡泵业有限公司	29 260	93.9
20	山东长志泵业有限公司	28 261	13.0

沈鼓集团核电泵业有限公司“1 000MW 核电机组核二级泵组研制”项目获得中国机械工业科学技术奖和辽宁省科学技术进步奖三等奖；“CAP1400 屏蔽电机主泵研制”获得国家重大专项课题立项，并获得 2012 年人才专项基金支持；“沈阳市核泵工程技术中心建设”列入沈阳市科技计划；“蜗壳泵的水力设计”列入 2012 年国家引进国家技术人才计划；“300MW 核二级安全壳喷淋泵”和“300MW 核二级余热排出泵”2 个新产品通过了沈阳市经信委组织的新产品鉴定。开展了 CAP1400 主泵水力模型设计与优化、叶轮整体铣制方法研究及轴向力精确测试研究，以及联合循环电站给水泵开发、水泵扬程陡降和扬程平坦研究、主给水泵热冲击试验台建设、核级泵部件等离子自动堆焊试验研究和超临界内壳体流道再加工工艺研究等新产品、新工艺和新技术的研发。

石家庄强大泵业集团有限责任公司新产品开发工作坚持“生产一代、开发一代、储备一代”的原则，全年新产品开发计划安排 72 项，实际完成 77 项。其中，泵类产品 69 项、机械密封 6 项、电气控制 2 项。公司完成了 36 项新型渣浆泵和 8 项新型液下泵的换代开发工作，实现了优化结构、提升性能、降低成本。对于新型渣浆泵和新型液下泵，公司拥有完全的自主知识产权，现已进入全面推广阶段。此外，公司技术部门进行了《潜水电泵》标准的修订及在省质检局备案的准备工作，完成了《碳素钢手工电弧焊工艺规程》等 6 项工艺标准的制修订工作。

大耐泵业有限公司不断尝试应用新的设计理念和新的设计手段，如 CFD 流场模拟分析，大大提高了公司的设计水平，为企业提升高技术附加值产品的市场占有率提供了强有力的支撑。公司 2012 年新产品研发情况如下：①国内首台 BB1 型大型输油管线单级泵研制成功。该泵型号 ASD400－470H，流量 3 600m^3/h，扬程 250m，转速 2 980 r/min，效率 90%，电动机功率 3 150kW。该产品为国内首创，尤其效率值达到国际先进水平，产品受到了国外用户的好评。②完善了 BB2 型重工位石油化工流程泵系列产品。该 ASD R 系列泵流量 2 700m^3/h，扬程 282m，适用温度 370℃，压力 7.5MPa，为国内最大规格的 BB2 泵。应用于大型芳烃装置中，可替代进口产品，产品达到国际先进水平。③BB3 型水平中开多级泵逐步成熟，在装置中替代进口。该 ASD M 系列泵流量 200m^3/h，扬程 1 000m，级数 14 级。④国内最大规格 BB5 型卧式多级筒袋泵研制成功。泵型号 HB400-500/9，流量 1 000m^3/h，扬程 600m，口径 400mm，级数 9 级，汽蚀余量 4m，转速 980r/min。⑤VS7 型双壳体蜗壳式立式悬吊泵研制成功。泵型号 YW300－640C，流量 2 000m^3/h，扬程 130m，功率 1 250kW，效率 89%。该泵采用双层壳体，解决了低汽蚀余量的问题，运行平稳，高效可靠，受到国外客户的好评。产品达到国际先进水平。⑥完成小流量泵的 API610 升级改造。泵型号 PC L 系列，流量 0.2~1.8m^3/h，符合 API610 标准，效益显著。产品达到国内先进水平。公司研制的重大石化装置高温塔底泵和 ASD M 系列水平中开多级泵通过了辽宁省新产品鉴定；ASD R 系列重工位石油化工流程泵和 HB 系列卧式多级筒袋泵分别获得辽宁省优秀新产品二等奖、三等奖。公司被大连开发区管委会评为 2012 年度科技创新先进单位。2012 年，公司申请并获得受理的发明专利为 30 项。

上海凯泉泵业（集团）有限公司 2012 年实现新产品产值 60 003 万元，同比增长 2.9%。公司与上海核工程研究设计院联合研制的 AP1000 压水堆核电站余热排出泵（核三级）样机顺利通过鉴定。AP1000 压水堆核电站余热排出泵在充分消化吸收国内外先进技术的基础上，通过自主研发掌握了拥有自主知识产权的余热排出泵设计开发关键技术，并实现了产品的技术升级；公司开发研制的 1 000 兆瓦级核电机组重要厂用水泵、消防水泵、凝结水泵和水环真空泵等产品样机顺利通过鉴定。其中 HKVA80D 型水环真空泵机组是公司独立研发的产品，样机各项技术性能指标均达到国际先进水平，打破了国内核电用水环真空泵被国外公司垄断的局面，填补了国内空白。公司与黄岛国家石油储备库共同研发的地下水封洞库石油输送泵顺利通过了样机鉴定。该产品的试制成功，填补了国内空白，打破了国内此类产品长期依赖国外进口的局面，为国产化批量生产夯实了基础，该项目成为公司重大产品依托工程项目研发的示范工程。

2012 年，上海电力修造总厂有限公司完成了 1 250MW 核电机组 AP1000 常规岛主给水泵、600MW 超临界机组 30%容量启动给水泵、1 000MW 超超临界机组 HZB303-720 前置泵系列化设计、1 000MW 超超临界机组 100%容量给水泵可行性调研、350MW 超临界机组 30%容量给水泵等项目的研制。公司研制的 AP1000 核电机组常规岛主给水泵，样机性能达到进口给水泵水平，国产给水泵综合效率设计为 84%，可完全满足 AP1000 核电站设备 60 年运行寿命要求。该产品获得实用新型专利授权（ZL201120086738.6）。公司与上海交通大学合作，对核电用 Inconel690 镍基合金焊条配方等进行了开发性研究，共同完成了 Inconel690 镍基合金焊条成分优化设计；药皮配方的优化设计、实验筛选、精确优化改进。公司与美国Flowserve公司、英国克莱德公司、瑞士苏尔寿公司、日本三菱公司等跨国企业围绕百万千瓦等级火电机组、核电机组给水泵项目开展技术合作，结合公司多年积累的配套600～1 000MW火电机组技术和经验，经转化设计，完成了常规岛主给水泵组的国产化目标，产品性能达到国际先进水平，并具备明显的低成本优势。公司还与印度尼西亚国家电力公司旗下的PT Pembangkitan Jawa-Bali公司开展战略合作，拟为印度尼西亚国家电力公司所有的电厂提供关键辅机备品和售后服务的技术支持。2012年，公司的"电力"牌焊接材料荣获"上海名牌产品"称号。公司研制的FK6A40型1 000MW超超临界火电机组锅炉给水泵获得2012第六届中国(上海)国际流体机械展览会参展产品金奖。

重庆水泵厂有限责任公司自主研发的高压自平衡多级离心泵已形成节段式、涡壳式双壳体、全抽芯式双壳体和水平剖分单壳体四大结构系列，涵盖核电上充泵和大化肥高压甲铵泵等行业高端泵，实现了1 000MW核电上充泵等首批核二级泵产品的国产化供货。高压多级离心泵产品从用于钢厂除磷向海洋石油、核电、煤化工和大化肥等领域迅速拓展。通过对高压往复泵、大型液压隔膜矿浆泵以及特种计量泵的持续自主开发，公司的容积泵已从常规通用产品发展到当前国产最大规格的产品，广泛应用于湿法冶金、矿浆输送、重型锻压以及核电和国防工业等领域，并远销巴西等国际市场。公司在不断提升国产高压除磷泵运行可靠性和耐久性的同时，通过开发和采用设备集中联锁控制、液力调速、变频调速、泵组运行状态远程监测与故障诊断等先进控制技术，拥有从泵系统设计到施工设计，从设备制造到安装调试直至技术培训等钢厂除磷工艺全过程集成式"交钥匙"解决方案和领先技术。公司高压除磷系统覆盖国内90%以上钢铁企业，成为各大钢铁设计院和承担钢厂热轧新建或改扩建总包的一重、二重等大型制造企业的首选产品，并被韩国浦项制铁等国际一流钢铁企业选用。

广东省佛山水泵厂有限公司与中石化镇海炼化共同开发的项目"大流量、高真空、特殊介质真空系统研制"通过了中国石化科技开发部组织的产品鉴定，经鉴定，系统性能达到国际先进水平。2012年，公司针对"两类产品、三个领域"(离心泵、真空泵及机组；工业领域、商用领域、民用领域)大力研发具有核心竞争力、高附加值、满足客户需求的成套化、大型化、个性化的高端产品和机组，公司从"流体设备的提供者"向"流体设备与技术整体解决方案的提供者"的转变迈出坚实的一步。公司的KPS泵再添新型号，并保持着20%的增长。针对烟台某聚氨酯项目合同设计了45～1 000型大流量、中低扬程的泵，当前已完成样机制造。至此，KPS全系列已达53个规格，其型谱覆盖范围更广，现已成为行业节能改造项目的主导产品。

2012年，丰球集团有限公司共申报各类项目22项，其中，切割式潜水搅拌机被国家科技部认定为国家重点新产品，小型潜水排污泵关键技术开发及推广应用获浙江省科技成果三等奖。全年获得授权实用新型专利14项。公司开发完成的XBDL30-140-75筒式多级消防给水泵，主要用于建筑物生活给水及消防用水，也可用于工艺循环系统的增压，特别适用于气压罐式、变频式、无负压式恒压供水设备系统。该产品轴向力平衡采用新型平衡装置，结构简单，尺寸小，便于装拆，回水管置于泵内部，不外露，不易损坏。该泵技术处于国内领先水平。STX2×3-6卧式离心泵应用于食品、制药、造纸、炼化等多个行业。该产品的结构合理，制造工艺先进、材料设计选择得当，具有过流能力强、效率高、耐蚀等特点，能够满足使用要求。该泵技术处于国内先进水平。HS15-12-1.1潜水泥沙泵适用于土木建设工程排水、挖掘的坑道、钢板桩所筑围堰、临时蓄水池塘、河川及运河工程、地铁工程、隧道工程以及藕塘农田等。该产品的材料设计选择合理，材料硬度能够满足要求，具有耐磨蚀的特点，其技术处于国内先进水平。另外，公司研发的DW4-50-1.1卧式不锈钢多级泵，适用于家庭生活用水的供给，如自来水增压、家庭园林灌溉等；太阳能泵是利用太阳能供电驱动潜水电泵，可为无电力供给的区域泵送地下水，用于日常生活和灌溉。上述产品制造工艺成熟，产品性能稳定，已畅销国内，行销世界多个国家和地区，深得用户的好评。

襄阳五二五泵业有限公司2012年新开发产品20种，主要有CLB型磁力泵、LCPG型流程泵、LCP型流程泵、LC型循环泵、LSD硫酸泵及LSDH硫磺泵等。公司申报14项国家专利，其中，发明专利4项、实用新型专利10项；获得发明专利2项、实用新型专利5项。公司的"百万千瓦火电机组超大型浆液循环泵的研制"被列为军用技术推广专项项目。

赣州水泵制造有限公司自主研发的SD系列双吸多级离心泵获得国家实用新型专利，该泵采用两边进水、中间出水的方式，叶轮采用对称分布形式，取消了平衡装置，简化了结构，提高了泵效率。公司自主研发的风力水泵获国家实用新型专利，自主研发的SJS600-1650大口径、高扬程双吸离心泵，出水口径600mm，设计流量4 000m^3/h，设计扬程115m。

2012年，丹东克隆集团有限责任公司在磁力泵技术方面不断进行创新，针对磁力泵的轴向力进行自主研发，使得转子系内部形成自动平衡轴向力的形式，大大减少了磁力泵的损坏几率。在工艺方面，成功研制出热装结构零部件加工、装配方法。公司的CHPM系列大功率磁力泵流量180～800m^3/h，最大扬程220m，适合输送清洁或含有固体颗粒、低温或高温、中性或有腐蚀性的介质，尤其适用于输送各种温度的液态石油化工产品，各种温度和浓度的酸、碱、盐溶液和其他腐蚀性或非腐蚀性介质。该系列泵适用于石油炼制、石油化工产品精制、化学工业工程、输油工程及制药等行业。大功率磁力泵的研制成功为公司开辟了新的市场空间，2012年大功率磁力泵产品销售产值约为泵产品总产值的12%，经济效益非常可观。

嘉利特荏原泵业有限公司2012年开发研制的"2 000

千瓦级石油化工流程泵机组关键技术研究及开发应用”项目列入浙江省科技重大专项项目，该泵流量 700～4 200m³/h，扬程 1 500～2 000m，功率≥2 000kW，适用温度≤450℃。公司与温州大学合作完成的“激光制造离心泵关键运行组件技术研发”对泵用口环、平衡鼓（套）等耐磨部件进行激光工艺处理，从而提高了这些部件的耐磨性和耐蚀性，并延长了这些部件的使用寿命。

宝鸡航天动力泵业有限公司产品研发立足高起点、系统化、智能化，利用在油田压裂泵方面的经验和技术，研制开发了国内首台智能化全自动煤层压裂泵组，并取得了良好的市场效应。近年来，公司的产品曾获得中国机械工业科学技术奖、省级（市级）科学技术奖、国家重点新产品、国家（省）火炬计划、省重点新产品开发项目；申请专利 18 项，其中发明专利 2 项。2012 年，公司被认定为陕西省企业技术中心。

浙江水泵总厂有限公司与清华大学、浙江工业大学合作，以原 R 型热水循环泵为基础，研制开发了 RH 型高温高压热水循环泵。该泵流量 450m³/h，扬程 62m，转速 1 480 r/min，具有效率高、密封可靠、使用寿命长等优点，已获得 2 项发明专利。其主要技术创新点：新型的组合密封装置使得泵在使用工况（进口水压 6.4MPa，温度 280℃）条件下，无热水泄漏，使用寿命长；由膨胀石墨、纯铜垫片圈和高碳纤维合理匹配的组合密封，不仅增强了密封的可靠性，而且能借助密封材料本身的自润性能，减少与轴套的摩擦，从而延长密封的使用寿命；密封装置创新设计了内外冷却系统，冷却效果显著提高，保证密封及轴承部件的长期稳定运行；采用先进的 CFX-BladeGen 设计技术和 CFD 数值流场分析对水力模型进行优化设计，效率提高 3%～6%，汽蚀性能提高了 1.5m 以上。该产品已通过国家工业泵质量检测中心的检测，经莱钢集团公司等不同行业用户使用，产品性能可靠，可以满足用户需要。经浙江省科技厅专家鉴定，产品技术水平处于国际先进水平，填补了国内空白。该产品是冶金、电站、化工等行业高温高压工况条件下的强制循环系统的核心部件，多年来国内此类泵产品一直被国外同类产品所垄断，该产品的成功开发对打破国外产品垄断、提升民族工业装备水平具有重要意义。2012 年，公司的高温高汽蚀性能流程泵关键技术及产业化项目荣获浙江省科学技术奖一等奖。

2012 年，山东长志泵业有限公司共有 4 个新产品立项，当前已有 2 项完成了项目鉴定验收。其中，HPRT80-960 型液力回收透平装置为公司的主导项目。产品流量 80m³/h，扬程 960m，转速 2 950r/min，效率 55%。经统计，公司研发的液力回收透平装置平均每台可回收功率 300kW，以年运转 300 天计算，则每台透平装置每年可节电 216 万 kW·h，节约电费 151 万元。2012 年 12 月，由山东省经信委主持召开了该项目的鉴定会。鉴定委员会认为，该产品结构设计合理，达到了节能设计水平，具有安全性高、可靠性好、价格低、高效节能、维修方便等特点，主要性能指标达到国内同类产品领先水平，完全可以替代进口产品。公司研发的长输管线泵获得 2012 年度中国机械工业科学技术奖。2012 年，公司共有 4 项专利获得授权，其中，发明专利 1 项（稠油泵型专用密封），实用新型专利 3 项（立式高速多级泵、立式双密封旋转喷射泵、立式塑料管道泵）。

山东同泰集团股份有限公司研制开发了 OS600-540、OS600-830、OS700-820 等大型双吸中开泵。该系列泵结构紧凑，运行平稳，适用于自来水厂、灌溉、排水泵站、电站、工业供水系统等领域的液体输送。公司针对电站泵市场，开发了 DG80-120、DG150-130、DG200-150、DG270-150 等高温高压锅炉给水泵。2012 年，公司取得 4 项产品实用新型专利，3 种新产品通过了省级鉴定验收。

重庆明珠机电有限公司研制生产的双头单螺杆泵结构简单，功能强大，振动噪声小，节能效果显著。CS 系列陈氏螺杆泵是国内工作压力高、排量大、规格型号全、适应范围宽、定子寿命长、节能效果显著的产品，并入选工信部《节能机电设备（产品）推荐目录》（第三批）。产品广泛应用于石油化工、医药酿造和环保处理等行业。该产品的特点：在定子外径相同的前提下，流量可增大 42%以上；在定子外径相同的前提下，与流量、排出压力相同的泵相比，其转子绕定子作行星回转的偏心距减少近 50%，转子回转所产生的偏心振动力减少近 40%，明显改善了万向节的传动工况，提高了泵的使用寿命和可靠性；由于转子回转速度加快，泵输送流量更均匀、脉动更小；由于定子、转子副密封腔的密封线增长，使泵单级承压能力更高，泵容积效率提高 3～5 个百分点。智能式油气集输橇是公司根据油田标准化设计和数字化管理要求，适应油田现场生产需求和工艺工况条件而自主研发的高新技术产品。该装置充分考虑了原油采集过程中不同的气液比、油水比、温度差等多种因素，将进口来油的过滤、加热、增压、分离、排污等功能集于一体，配合远程智能终端控制系统，可以实现油气集输、增压输送、加热管输等多种工艺流程，并且可以在不同工艺流程之间进行自动转换，为油田地面工程工艺流程的进一步优化提供了新的操作方式。该产品的特点：将原油混合物的过滤、加热、增压、分离、排污等多种功能集于一身，可满足多种工艺流程要求，适应性强；采取结构化橇装的形式，可以在工厂进行整体定制，现场进行模块化安装，实现了标准化设计和生产，有效缩短了建设周期，提高了工程建设质量；通过远程智能终端控制系统，整合数字化管理模块，便于实时监测和日常运行管理，可以实现无人值守；采用高效节能燃烧器等，实现伴生气就地利用，节约能源，减少排放，降低能耗；减少了站场、泵房等固定设施的投资建设，不但有效减少了占地面积，而且可以实现整个橇装装置的搬迁移动，可重复使用，大大降低了工程投资，适用于快速滚动开发的油田产能建设。

沈阳工业泵制造有限公司与中石化洛阳工程有限公司（LPEC）联合开发研制的柴油液相循环加氢装置用柴油液相循环油泵获得成功。该产品顺利通过了由 LPEC 组织的出厂试验验收并投入运营。当前，液相循环油泵已经在国内3套装置运行，分别是中国石油化工股份有限公司九江分公司150万t/a柴油加氢装置、中国石油化工股份有限公司湛江东兴石油化工有限公司200万t/a柴油加氢装置、中国石化胜利油田分公司石油化工总厂柴油质量升级项目100万t/a柴油加氢装置。其中，RYS1200-95型液相循环油泵流量958m^3/h，扬程81m，转速1 485r/min，效率71%，必需汽蚀余量3.5m，吸入压力9.9MPa，操作温度392～410℃。RYS850-85型液相循环油泵流量835m^3/h，扬程79m，转速1480r/min，效率67.5%，吸入压力10.9MPa，必需汽蚀余量3.5m，温度397～410℃。RYS400-95型液相循环油泵流量389m^3/h，扬程83m，转速1 485r/min，效率72%，介质温度396～410℃，必需汽蚀余量5m。三套装置分别于2012年1月、2013年5月和2013年6月均一次性开车成功，产品技术性能全部达到设计要求。经实际运行验证，液相循环油泵技术已经成熟，完全可以替代进口屏蔽泵。

2012年，合肥华升泵阀有限责任公司的"液力透平能量回收装置产业化关键技术开发"项目通过了安徽省经信委、合肥市科技局2012年项目成果验收，推动了该产品核心部件产业化进程；"高温高压大功率液力透平能量回收系统的研制"项目新产品，即180万t/a原料加氢装置反应进料泵及液力透平整机已交付用户投入使用，产品填补了国内空白；"炼油装置用大型高温化工流程泵"获得安徽省科技计划项目(第一批技术转移类)课题支持，将推动重载化工泵深入产学研结合开发工作；"船艇用串并联泵成果产业化项目"得到安徽省自主创新专项支持，与合肥工业大学共同展开针对海水用泵的专项技术研究；安徽省技术创新专项"大型化工反应釜底搅拌系统研制及产业化"，已经开发出带有核心专利技术的新产品，填补国内空白；"高温高汽蚀重载化工流程泵产业化"列入2012年国家火炬计划产业化示范项目。2012年，公司旋转下料阀、多级悬臂式小流量化工泵、高压入口式羰化循环泵等被列为省级以上新产品，公司获批国家火炬计划重点高新技术企业。

桂林市广汇泵业有限责任公司与中科院上海物理研究所联合开发的应用于第四代核能和集热式太阳能发电的700℃超高温熔盐循环泵，填补了国内空白。应用于太阳能聚光热发电(CSP)储放热系统的长轴熔盐泵，其液下深度达15m，该产品填补了国内空白，市场前景广阔。

湖北三峡泵业有限公司自主研发成功MDS系列双吸多级离心泵，有效地解决了煤矿用大流量、高扬程泵的吸程技术难题。

昆明水泵厂研制开发的D150-100型、D280-100型次高压多级单吸离心式清水泵已完成产品设计和工艺设计工作；KBF系列耐腐蚀泵6个基本型号性能攻关达到出厂要求；KBS系列单级双吸离心式清水泵4个基本型号实物性能攻关已完成，性能达到行业水平；ZJ系列两相流渣浆泵完成6个基本型号、12个品种、24个规格的开发，并已出样机，性能及各项技术指标均达到行业水平，可以组织正常生产和销售。这些新产品的开发对企业调整产品结构、适应市场要求起到了一定的推动作用。

山东华成集团有限公司通过科技创新，自主研制了8种规格的特大型水环真空泵，产品最大抽气量由600m^3/min提高到1 700m^3/min，并且节电20%以上。该产品各项技术指标处于国际领先水平，填补了国内空白。公司已成功开发了M、HB、KPL三大系列、上千种规格的减速机，产品均通过了山东省科技厅专家鉴定，达到国际先进水平，可完全替代进口。

四川省自贡工业泵有限责任公司研制生产的"ZZ型系列渣浆泵"项目通过了自贡市科技局组织的成果鉴定；"新型ZWX(1000～1800)化工轴流式强制蒸发循环泵"项目通过四川省科学技术厅组织的成果鉴定。上述系列产品已成为公司当前主导产品，其年销售额占总销售额的70%左右。公司研发的ZWX系列大型蒸发循环泵，其综合技术性能处于国内领先水平，泵效率比同类产品高3%～5%。在国内大型蒸发装置上率先使用了悬挂式循环泵的热补偿技术，取消了蒸发器上昂贵的波形膨胀节，热补偿技术先进，使用效果良好，为用户节约了大量成本；采用可调式叶片结构，扩大了高效区范围，能更好地适应蒸发负荷的波动，有利于蒸发系统的节能与增产。该产品已于2012年申报工信部节能产品，并被省、市推荐列入《国家鼓励发展的环保产业目录》。

四川新达泵业有限责任公司研制生产的XDS型泵是在借鉴国内外双吸泵的先进结构和水力模型的基础上，自行开发的高效低脉冲新产品。XDS型泵是单级、双吸、泵壳水平中开式离心泵，流量60～7 200m^3/h、扬程8～159m，适于输送各种清洁或含有微量颗粒的中性或弱腐蚀性液体，输送介质温度不高于130℃。该泵用于工厂、矿山、城市、电站给水、农田灌溉、空调系统、集中供热系统、消防系统，也适合炼油工业中一般性用途。2012年12月，公司研制生产的XDS400-350-340泵通过了四川省科技成果鉴定。"巨流"牌商标荣获四川省著名商标称号。

上海第一水泵厂有限公司针对矿井规模和产量不断扩大，矿井深度和出水量不断增加，亟需高扬程、大流量泵的市场需求，开发了吸程高、能够避免汽蚀发生的高吸程矿用卧式多级泵。并在原MD系列泵的基础上，对原泵的吸入结构进行了改进，在首级叶轮前加设特殊的螺旋形诱导轮，这样不易汽蚀，但能产生一定的扬程。MD(Y)系列高抗汽蚀性能矿用泵比原有MD泵的吸程高度大，抗汽蚀性能好，大大减少了矿井的投资，深受用户的欢迎。公司还先后完成了钛泵、MY煤浆泵(结构和材料改进)等产品的开发工作。

湖北同方高科泵业有限公司的百万千瓦级火电及核电汽轮机凝汽器抽真空成套装置、一种耐腐蚀水环真空泵获得国家发明专利，一种改进的上置式耐腐蚀气水分离器、一种水环真空泵等十余项创新技术获得国家实用新型专利。公司二期扩建项目"超超临界火电机组关键辅机液环真空泵成套装置扩产项目”获得2011年度国家发改委、工信部重点产业振兴和技改中央财政专项资金支持。

山东星源矿山设备集团有限公司的高压大功率(400kW)矿用潜水排沙泵2011年通过市级科技成果鉴定。2012年，公司采用覆膜砂、消失模精密铸造工艺，既节约了原材料又保证了产品质量。2013年，BQS系列矿用隔爆型大功率(450~1 000kW)潜水排沙泵、BQ系列矿用隔爆型大功率(1 000~4 000kW)潜水排沙泵通过山东省科技成果鉴定。公司长期与江苏大学、中国矿业大学、山东科技大学建立了长期的产学研技术合作关系，为企业规模发展、科技创新搭建了强有力的技术平台。2012年，公司“星矿”牌商标同时荣获山东省著名商标和中国驰名商标称号。380~10 000V矿用潜水泵性能自动测试系统荣获中国煤炭工业科学技术奖三等奖，大功率数字化耐磨矿用泵荣获山东省中小企业科技进步奖一等奖，高压大功率(400kW)矿用潜水排沙泵荣获济宁市科学技术奖三等奖。

湖南耐普泵业有限公司LNG接收站立式海水泵国产化项目通过技术鉴定。2012年12月，在北京召开了由湖南耐普泵业有限公司和中石油唐山LNG项目经理部联合研制的1600LK4.58-30型、1200LK2.22-30型LNG接收站立式长轴海水泵新产品鉴定会。来自国家水泵及系统工程技术研究中心、中国寰球工程公司、华东电力设计院、中国水利水电科学研究院等机构的专家对产品进行了鉴定。经专家鉴定，LNG接收站立式长轴海水泵新产品符合相关标准和规范要求，产品主要技术指标达到国际先进水平，可以在新建LNG接收站项目中推广应用。

石家庄工业泵厂有限公司紧密结合市场需求，努力打造新领域产品，探索新工艺技术，研制多元化材料，为后续产品研发奠定了技术基础。2012年，完成了四大类、17个品种的研发，13项、25个规格品种的工艺改进以及三大类、8种新材料的研制。公司充分利用耐磨材料的优势，对潜水排污泵进行了市场和技术调研，实现了在矿用泵领域的新突破。主要研发了DNM280-43×10等6种型号的DNM系列矿用主排水多级泵、300SN-37等5种型号的耐磨双吸泵和200ZLN100-5等4种型号的氧化铝厂用轴流泵，部分泵型已经制作成样机发往用户现场进行工艺性试验，效果良好。公司针对新产品DNM280-65多级泵和200ZLN100-5轴流泵等产品的零件壁薄且结构复杂的特点，采取绘制三维实体砂型，与河北科技大学合作制作快速成型模样，并成功应用到多级泵、轴流泵的叶轮、导叶、吸入段、导流器等零件生产制造上；与华中科大、北方恒利科技公司等软件开发公司联合探讨铸造模拟软件应用，预防铸件铸造过程产生缩孔、缩松等铸造缺陷，为提高产品质量、降低废品率、减少消耗打下基础。继公司商标“SGB”被评为河北省著名商标后，2012年“石工泵”商标被评为河北省著名商标。

长沙市精工特种工业泵有限公司的“高效节能型NG系列单级单吸冷凝泵”项目于2012年12月30日通过了长沙市科技计划项目验收，并获得证书。

重庆新明和耐德机械设备有限公司研制生产的CNX系列无堵塞型污水污物潜水电泵在保证全系列可满足通过直径3in异物要求的同时，提高了流体部分和驱动部分的性能。公司根据不同用户的使用要求开发出三种不同的叶轮，实现了大范围内潜污泵的高效率(80%左右)运转。在同样的使用条件下，CNX系列实现了高效率运转，可以在潜污泵选型时使用比旧型号小一个功率级别的CNX产品来满足客户的需求，达到节能减排的目标。产品应用于灌溉、农业用水取水、农业排涝、工业用水取水、工厂内积水排水、潮水倒灌排水、雨水排涝、市政工程及污水管网送水等领域。

辽宁通达泵业集团有限公司秉持产学研结合的创新理念，重金聘用高科技人才，拥有一支技术过硬的人才队伍，坚持自主研发、自行设计，应用新工艺、新技术和新材料生产了一批矿山急需的耐磨泵和超大型水泵。2012年，公司承接制造的2 500kW双入口大功率大流量低转速多级离心泵，填补了国内空白。

安徽莱恩电泵有限公司研制开发的核三级泵模拟样机——设备冷却水泵，在成都核动力研究设计院核级设备鉴定中心顺利通过模拟件抗震试验。

北京航天动力研究所研制生产的高压耐磨泵采用导叶扩压器结构，具有性能可靠、耐冲刷及维护方便等优点，更适用于输送高入口压力(最高9MPa)、高温(最高300℃)、带颗粒的介质。系列产品在化工行业中应用广泛，尤其在煤化工领域中有较高的知名度，市场占有率可达80%。典型应用有水煤浆工艺装置中的锁斗循环泵和灰水循环泵、壳牌工艺中的渣池循环泵和排水增压泵、GSP煤气化工艺中的文丘里洗涤泵和渣水循环泵等。公司研制开发的更大功率的GSB-W9型高速泵(设计功率为1 000kW)当前已进入生产加工阶段，2014年即可批量生产投放市场。

辽源泵业有限责任公司开发了MDS1100-86、MDS800-60、MD420-93等一系列高扬程、大流量多级离心泵；开发了伸缩式、吊挂式、固定式、大倾角等多种带式输送机。采用新技术、新工艺改造传统水泵的结构和性能，利用激光熔覆技术，提高过流部件的耐磨性能；增设温度监测、平衡盘磨损监测、振动监测等多种运行状况监测装置，提高水泵自动化监控水平。

天津水利电力机电研究所按水利部科技重点项目“轴流泵水力模型开发研究”的要求，先后开发了比转速为1 500、1 200、850、700、600、500的系列轴流泵(泵段)水力模型，均通过水利部鉴定，获国家科学技术进步奖1项、国家科技成果奖1项、水利部科学技术进步奖2项。在国内率先开发移动式液压驱动轴流泵装置，通过天津市科委组织的成果鉴定，处于国际先进水平，获中国水科院科学技术进步奖一等奖，并取得国家实用新型专利。

五、质量及质量管理

截至2012年年底，泵业分会会员企业中已有200多家企业通过了国际质量管理体系认证。

沈鼓集团核电泵业有限公司于2012年1月通过美国机械工程师学会ASME认证，取得N、NS、NA、NPT钢印和MO资质，证书有效期为2012年1月30日至2015年1月30日。2012年，公司通过了华信技术检验有限公司管理体系的审核，符合ISO9001：2008标准的要求，认证范围为离心泵、斜流泵、屏蔽泵系列产品的设计、制造、销售和服务。

石家庄强大泵业集团有限责任公司质量管理体系经过不断地调整与强化，已逐步成熟和规范。2012年，公司结合重点项目的立项和实施，不断完善其质量检验计划和质量控制文件，编制细化了各种规范，填补了质量控制中存在的空白点。同时，严格执行相关规定，实施全过程、全工序质量要素控制。公司质管部门在严格执行新采购管理办法的同时，重点加强了对供应商的审查。在合同评审方面，加强了对客户质量要求及验收标准的识别。公司完成了国军标质量管理体系的换版审核工作，通过了华信公司对Q/E/O管理体系的监督审核。此外，公司还开展了“全员参与，以工作质量保证产品质量”为主题的质量月活动，促进了员工产品质量意识的进一步提升。全年组织工艺纪律检查1 800余项次，总体工艺纪律贯彻率98.3%，与往年相比有较大提升；全年周期内检定计量器具周检率100%，周检合格率99.63%，均超过了公司制定的计划指标。

大耐泵业有限公司质量管理持续采取改进措施，顺利通过了质量体系认证监督审核。2012年，公司质量控制也改进了方式方法，如外协件回厂检查、检查数据统计均取得了良好效果；计调处在库房管理、库存消耗和项目管理上进行了创新，取得了显著的成效；采购中心克服了资金紧张、生产任务量大等困难，有效地保证了外购外协产品的按时交货，并会同财务部门不断加强采购成本的控制；机械车间本着提高设备利用率、减少外协加工这一目标，机加工工时比上年提高6.5%；组装车间在强化车间管理制度、工艺改进、工装改进方面取得了进展，提高了质量和效率。2012年8月，公司接受了华信检验有限公司的复审，完成了ISO14001：2004环境管理体系和OHSAS18001：1999职业健康安全管理体系的换证工作。

上海电力修造总厂有限公司按照ISO9001：2008质量管理体系、ISO14001：2004环境管理体系、OHSAS18001：2007职业健康安全管理体系的相关要求，定期对公司的标准执行情况进行审核，2012年共开展二次内部审核、一次管理评审会议和摩迪认证公司的一次外审。公司质量管理体系证书于2011年8月30日进行转版，有效期至2014年8月29日；环境管理体系证书有效期至2013年12月7日；职业健康安全管理体系证书有效期至2013年12月16日。公司主导产品锅炉给水泵、阀门、焊接材料等12个系列产品于2012年开展CE认证，于2013年1月获得CE认证证书。

广东省佛山水泵厂有限公司对管理体系认证工作进行了总体的策划与组织实施，使质量管理体系（ISO9001）、职业健康安全管理体系（OHSAS18001）和环境管理体系（ISO14001）三个管理体系同时通过了通标标准技术服务有限公司的体系认证。公司积极推进精密铸造工艺在KCC、KPP、KPS、KHP离心泵产品上的应用。精密铸造工艺相比常规的砂铸工艺，其铸件的内在质量和表面质量都提高了一个档次，特别是精密铸造叶轮配件，是KENFLO产品的高品位体现。同时，公司重视过程质量控制，针对铸造和焊接的缺陷处理、材质检验、承压和检漏试验、产品装配、性能测试、过程文件要求、装箱检查等过程，制定了满足可追溯的过程检验记录，明确了相关的质量要求，设计相应的制造工艺和检验手段。严格的过程检验，保证了诸如出口到沙特石油公司的泵产品得以顺利交付。

丰球集团有限公司严把产品质量关，在原材料控制、金加工质量控制、外协加工质量控制、装配质量控制方面都比往年有较大的进步：装配的一次交验合格率为99.42%，包装检验合格率为98.55%，水气压试验合格率为93.88%，涂装一次合格率为99.52%，金工批次交验合格率99.40%，流入下一道工序的批次交验合格率达99%，新产品批量生产合格率100%，外协检验合格率达95.75%。

襄阳五二五泵业有限公司顺利通过了ISO14001：2004环境管理体系认证、OHSAS18001：2007职业健康安全管理体系认证以及安全生产标准化二级达标评审。公司全面启动单元成本管理模式。铸造厂管理单元细化至工段，制造厂细化至单台机床，通过横向对标、纵向对标、与外部对标等方式寻找成本改进点，全年节约成本近2 000万元，单元成本管理工作取得了较好的成绩。公司全面导入卓越绩效管理模式，成为湖北省长江质量奖提名企业，同时荣获“襄阳市首家市长质量奖企业”称号。

大连深蓝泵业有限公司一直非常重视企业质量管理，早在1996年就开始按照ISO9001：1994标准的要求建立了企业质量管理体系，并于1997年通过了认证，此后又陆续建立并通过了API Q1、ASME等认证。公司不仅注重质量保证体系的建设，同样注重检测设备和检测手段的提升，先后购进先进的检测设备，建立自主射线源的探伤室、理化实验室及试泵站等设施，从而进一步提升了企业的质量管理水平，由此保证了产品质量，赢得了广大顾客的认可。公司自1997年获得ISO9001：1994质量管理体系认证，当前升级到ISO9001：2008；2005年获得核安全局颁发的核三级泵设计和制造许可证；2011年获得美国石油协会API Q1认证证书（石油、石化和天然气工业质量规范）；2011年获得核ASME体系的N、NPT、NB证书；2012年获得核二级泵设计和制造许可证。

近年来，湖北同方高科泵业有限公司开始结构转型提档升级的“现代化企业”工程，全面构建战略营销管理、全面质量管理、精益生产管理、精细成本控制、产品和技术创新、信息物流管理、人力资源管理、企业文化建设八大管理体系，在公司内部推行美国波多里奇国家质量奖标准管理模式，建立起卓越绩效管理准则的运营体系，取得了显著成效。2012年9月16日，公司荣获“鄂州市首届市长质量奖”提名奖。

武安市宏泰机械泵业有限公司秉承“精心策划，精心制作，精良产品，精诚服务”的质量理念，视用户为上帝，根据用户和市场需求，推进技术改进和创新，提高产品的外观和内在质量，在产品制造上不但执行国际标准要求，还制定了企业内控标准，使产品质量的稳定性得到了有效控制。公司于 1998 年通过中国船级社 ISO 质量体系认证，2012 年通过换证复评及每年一次的监督审核。当前执行的质量管理体系认证标准是 ISO9001：2008。

山东星源矿山设备集团有限公司 2012 年通过了山东世通质量认证有限公司 ISO900I：2008 质量管理体系认证、ISO14001：2004 环境管理体系认证。

长沙市精工特种工业泵有限公司于 2012 年 12 月 28 日再次通过中质协质量保证中心 ISO9001：2008 体系认证评审，并获得质量体系认证证书。

安徽莱恩电泵有限公司先后通过了 ISO9001：2008 质量体系认证、ISO14000 环境体系认证以及美国 UL、FM 消防产品质量认证。产品检验和试验能力包括材料、毛坯、机械加工、泵水力性能和可靠性功能等全过程检测能力，同时建立了核三级泵特性试验闭式回路系统，以充分保障产品特性功能和安全功能。公司已建立核安全质量保证体系，即将获得核安全设备设计、制造（含铸造）许可证。

辽源泵业有限责任公司采用质量标准化管理、准军事化管理、6S 管理、精细化管理等多种管理手段，以过程管理为核心，以人的管理为重点，不断在过程识别的充分性、策划的适宜性、实施的正确性、检查整改的持续性方面下功夫。通过强化管理，实现了业务对接流程化、质量管理标准化、行为管理准军事化、经营管理精细化、管理方法制度化和管理工作常态化。

六、基本建设及技术改造

2012 年，泵行业完成土地和固定资产投资 19.7 亿元，其中，重点骨干企业完成土地和固定资产投资 7.8 亿元。

沈鼓集团核电泵业有限公司加大工艺装备投入力度，加速设备更新换代步伐。公司投资建立了当前国内规模最大、最先进的试验中心。水泵试验区共有 12 个试验台位，试验主水池容积 8 000m^3，试验最大功率 12 000kW，试验流量最大可达 21 万 m^3/h，最高压力为 40MPa，温度为 350℃，可满足核一级、核二级、核三级泵和常规岛用核泵等设备的机械运转、性能试验要求。2012 年 8 月，AP1000 核主泵研发基地建设项目由省、市发改委在沈鼓集团组织召开了项目验收会，专家评审小组一致同意项目通过验收。2012 年 5 月，完成了 AP1000 试验台冷却水塔的全部工程。

大耐泵业有限公司投资 6 800 万元进行了技术改造。2012 年，除对原有设施实施改造外，还顺利完成了污水处理站、立体库房、铸件打磨工段的建设和大型加工设备的购置，并如期完成了各项复杂的报竣工作。第三代核电及大型石化成套关键泵国产化项目是继公司搬迁至双 D 港后的又一规模庞大的工程。公司新建机械加工车间、组装车间共 6 535m^2，新建零配件车间 2 998m^2；购置大型数控车床、大型镗铣床、大型立式车床等先进机加工设备 14 台（套）；新建先进的闭式试泵站，并依托此试泵站成立了大连市高端石化泵工程实验室；为满足日益密集的生产需要和保障职工健康安全，启动了涂装室改造工程，改造后的涂装室作业面积由原来不足 60m^2 扩建至 532m^2，并加装了吸尘设备和起重机等装置。

上海电力修造总厂有限公司为满足百万千瓦等级超超临界火电机组主给水泵单机全速试验与核电泵常温及联机试验要求，实施了给水泵试验台升级改造工程。该工程接受了由国家认可委主办的化学分析、力学性能、无损检测量等一系列审核，并取得了满意结果。公司引进德国 ZWICK Z250RED 电子万能试验机、ZEISS Axio Observer 倒置式金相显微分析系统、HCS－800B 红外碳硫分析仪等具有国际先进水平的检测设备，使产品检测分析的精确性、稳定性和可重复性得到有效保证。公司建有国内一流水平的液力调速给水泵组试验中心，可进行 600MW（50%容量）火电站机组锅炉给水泵组各种特性试验。公司于 2012 年初提出引入国际通用的实验室管理标准（ISO/IEC 17025）建立实验室管理体系，申请国家实验室认可，规范和提升检测中心的管理和技术水平。公司 CNAS 认证准备工作于 2012 年 6 月正式启动，当前已经进入到体系试运行阶段，预计在 2013 年年内可通过认证。

广东省佛山水泵厂有限公司为扩大生产和测试能力，提升企业形象，2012 年投资 800 多万元用于企业的技术改造，购置了先进的数控机床和加工中心以及生产检测设备等，有效地提升了企业的生产和检测能力。

西安泵阀总厂有限公司从 2010 年起实施了整体搬迁改造工程，新厂区坐落于西安现代纺织产业园区。公司于 2013 年年初实施搬迁工作，原厂区的设备、物资等已全部搬迁完毕。新厂区占地面积 11.6 万 m^2（174 亩），建筑面积 93 000m^2，其中最大的泵阀加工装配车间建筑面积为 55 000m^2。新增熔炼电炉、测试设备、焊接设备、起重设备、空调系统等主要设备 55 台（套）。整个工程新增投资 2.2 亿元。

襄阳五二五泵业有限公司泵阀产品生产能力升级技术改造项目所有工程和设备均投入使用，全部工程完成结算审计，单项验收工作部分完成。根据“十二五”发展规划，公司在襄阳高新技术产业开发区深圳工业园征地近 40 万 m^2（598.7 亩），建设特种工业泵产业园，并于 2012 年 4 月 28 日举行了开工奠基仪式。

丹东克隆集团有限责任公司的电网进行了增容扩建，经过增容扩建后的电网在满足车间生产加工需求的同时，可以满足试验台用电的要求。对磁力泵试验台也进行了扩建，此项改造专门针对大功率磁力泵产品，经过扩建之后，试验直径可达 250mm。公司试验台水池容量为1 000m^3，可同时满足多台泵同时进行试验。

嘉利特荏原泵业有限公司 2012 年投入 2 000 余万元进行产品生产能力扩大和试验能力提升改造。为配合精益生产的需要，对工厂地坪进行了重新改造和美化，扩大了试验室的试验能力，试验能力由原来最大测试 2 500kW 提升到当前的 5 000kW。

四川省自贡工业泵有限责任公司于 2011 年初投资 2 000万元，用于新建产品装配车间和 3 500m^3 闭环式水泵检测试验台，该项目于 2012 年 7 月建成并投入运行。为实施企业整体迁建发展计划，公司投资约 7 亿元的四川省重点工业项目“节能高效工业泵研发制造基地”项目，于 2012 年 12 月在自贡国家高新技术产业园区开工建设，预计 2014 年 10 月竣工。当前企业已成立（市级）技术中心，并即将申报创建省级企业技术中心。

山东华成集团有限公司引进了世界一流的德国技术和人才，与国内重庆大学、太原理工大学开展产学研合作，并投入巨资引进了单台价值 2 300 万元的德国霍夫勒数控磨齿机、单台价值 3 000 万元的美国格里森螺旋锥齿轮磨齿机、价值 2 000 万元的奥地利爱协林多功能热处理生产线、价值 600 万元的德国克林贝格齿轮检测中心及日本三菱加工中心、日本森精机镗铣加工中心等先进的设备。配套齐全的精良设备为公司研制生产高端产品提供了保障。

武安市宏泰机械泵业有限公司为提高产量和机加工精度，投资近 350 万元购置改装工装设备 20 多台，包括立式车床、数控卧式车床、钻床及抛丸清理室等。

江苏双达泵阀集团有限公司在靖江市新桥镇工业开发区投资近 2 亿元，征地 13.3 万 m^2（200 亩）建设核电工业园，主要用于核电站核二级/核三级泵、CAP1400 冷却水循环泵、煤化工泵和特种化工泵的生产制造。生产厂房正在建设中，其中新建特大型泵试验室厂房的高度大于 30m，跨度为 35m，梁式起重机最大起吊重量 75t。试验室面积超过 3 000m^2，水池容积 10 000m^3。试验室供电电压 380 ~ 10 000V，变压器容量达 8 000kW，现已基本完工。试验室建成后可对特大型泵进行全性能测试。

山东星源矿山设备集团有限公司于 2011 年 6 月进行高压大功率矿用泵升级改造项目建设，投资 5 000 万元（其中银行贷款 2 000 万元、企业自筹 3 000 万元）建 1.2 万 m^2 厂房，购置设备 97 台（套），该项目于 2012 年 10 月完工，已投入使用。为配合检测大功率矿用泵，公司投资 4 000 万元，新建高压大功率矿用泵检测实验室（水池容量 8 000m^3），并配建 35kV 变电站用于专线服务。

2012 年，石家庄工业泵厂有限公司充分利用建材成本较低的有利时机，坚持不等不靠原则，采取深挖内潜、增量过渡的方式，自筹资金分别在铸造车间及配件公司扩建厂房，用于消失模和 V 法铸造的生产，以提高生产效率，扩大产能。铁工车间搬迁、机加分厂等采光工程、汽车房新建、职工食堂、澡堂改造装修等工程项目为职工工作、生活提供了便利和舒适的环境。2012 年，共组织完成了 2 项技改扩建项目，5 项土建大修和 100 余项土建零修项目。

长沙市精工特种工业泵有限公司 2012 年在湖南平江工业园（伍市）购置工业用地 2 万 m^2（30 亩），投资 3 000 万元建设生产基地。生产基地注册为湖南精工特种泵有限公司。已经建成 4 000m^2 铸造车间，采用中频炉、树脂砂生产线，达产后将具备提供 1 000t/a 铸件的能力。已建成 7 000m^2机加工车间，拥有各类高性能机床 46 台；建有 2 500m^3容量水池，拥有开式测试台和闭式测试台。

辽宁通达泵业集团有限公司累计投入资金 2 000 万元建设生产基地，其中：投资 1 000 万元用于重大设备的更新；投资 500 万元购进树脂砂生产线，以提高铸件的内在质量；投资 500 万元购置数控车床以提高机加件的精度。当前公司具备了精铸、精加及大功率水泵测试等能力。

安徽莱恩电泵有限公司建成年产 10 000t 树脂砂铸造生产线、3 000t 铸钢生产线、美国亨特自动造型生产线，铸钢熔炼采用 AOD 精炼技术，配备了英国、德国直读光谱仪、金相分析仪、拉伸和冲击力学试验设备，X 射线、超声波无损检测设备及渗透检测手段。拥有 50 台（套）数控加工设备，包括美国五轴龙门加工中心、德国四轴镗铣中心及美国辛辛那提立式加工中心等。

辽源泵业有限责任公司通过多方筹措资金购买了数控机床、加工中心、光谱分析仪、高频热处理设备、仿形切割机床、自动焊接设备等一大批先进的生产和检测设备；恢复了树脂砂硬化造型工艺，对热处理、锻造车间的老旧设备进行了更新改造，对破旧的厂房进行翻新维护，新建了带式输送机生产车间、机加车间、成品库、半成品库，改变了企业面貌。

南京工业泵厂在江宁开发区投资建设新厂区，新厂区占地面积 1.67 万 m^2（25 亩），厂房面积 10 000m^2，新厂区建成后将为企业提供更大的生产能力。

日立泵制造（无锡）有限公司在无锡市新区机光电工业园建造了全新的现代化厂房。新厂房占地面积 13 万 m^2，建筑面积 58 000m^2，注册资金达 19 500 万元。拥有大型先进的数控加工设备、现代的检测手段和大规模的试验设施。

2012 年 10 月 11 日，威乐（中国）水泵系统有限公司举办了新工厂落成典礼。新开业的中国总部是在威乐（中国）扩建而成的，总投资约 2 亿元，在产能、缩短供货期、满足本地化需求等方面回馈中国用户。新工厂全部采用节能环保设计，贯穿了威乐“可持续发展”的核心价值理念，整个园区严格按照美国能源与环境设计先锋（LEED）认证标准进行设计建造。新威乐大厦所有项目中运用的水泵全部来源于威乐。

七、企业管理及改革

沈鼓集团核电泵业有限公司当前下设 17 个职能部门，现有员工 640 人，其中，研发设计人员 163 人，工艺设计人员 40 人。公司延续了原沈阳水泵股份有限公司的经营业务，依托沈阳鼓风机集团股份有限公司雄厚的技术力量和精良的设备，不断完善火电站超临界、超超临界机组给水泵的国产化设计制造，并在原生产火电站设备的基础上，拓展了核电站用泵市场。现主要经营锅炉给水泵、凝结水泵、循环水泵、强制循环泵、军工用泵、核电站主泵、核电站二级/

三级用泵及常规岛用泵、石化领域用泵等 51 个系列、579 个品种的泵类产品。产品服务于电力、石油、化工、冶金、煤炭、纺织、国防军工、环保、城市给排水及造船等领域。

石家庄强大泵业集团有限责任公司厉行岗位目标责任考核体系，将工作目标责任落实到了各个岗位，实现了对岗位活动过程的评价、检测、考核和改进。通过召开中层干部会议、集团生产经营例会等形式对公司重点工作进行梳理布置。此外，公司继续大力推行一手抓系统、一手抓重点、两手并重的工作方法，使公司的管理模式更加稳定。管理制度建设方面，公司组织营销系统各部门对 28 个营销文件进行了梳理归纳合并修改，使其更便于操作实施；制定下发了新的《物资采购管理办法》等十多项管理制度；对《客户开发和维护管理办法》等多项管理制度进行了修改完善，使企业的生产经营工作更加规范有序，进一步提升了企业的管理水平。针对计算机管理工作，重点加强了 ERP、OA、CRM、PLM 的备份工作，保证在发生故障后，最短时间内实现系统的恢复和正常运行。同时，对现有信息系统进行了适应性改进。公司通过举办“优胜杯”“安康杯”等系列劳动竞赛活动，增强了员工的安全生产意识。“合理化建议月”活动，增强了员工爱厂爱岗的责任心。

大耐泵业有限公司六西格玛项目由市政出资开展，于 2012 年 8 月如期完成了首批 10 个绿带项目。这些项目直接或间接为企业带来了收益，但更重要的是全新管理理念的导入，使企业深刻认识到数据在管理中的重要性、分解生产节拍到最细致的必要性、企业管理应遵循的逻辑性。

上海电力修造总厂有限公司按照管理“扁平化”要求，对公司中层干部进行全面竞聘，对部分管理部门更名，全面实现与集团公司“接得住，对得上”。对公司原有的行政组织架构进行梳理和调整，将市场营销部和客户服务中心整合为商务中心，将金工车间和装配车间合并为制造事业部，将热加工车间改为事业部制，使之更加适应市场发展的需求，同时也增强了公司内部的协同能力和专业化运作能力。

按照北化集团的统一部署，襄阳五二五泵业有限公司与北化股份进行重组上市，已完成审计、盈利预测、资产评估、尽职调查、劳动合同改签、项目可行性研究报告、股权结构调整等工作。2012 年 12 月底，公司非公开发行股票申请通过了证监会发审会的审核，标志着公司与北化股份重组上市工作基本确定。

丰球集团有限公司本着敢于创新、敢于实践和不断完善的精神，2012 年在企业生产经营过程中具体做了以下几个方面的工作：①完善现场管理标准和考核措施，从严考核，使现场管理上一个新台阶。②进一步完善设备管理体系，加强设备技术资料档案的管理。③控制工伤事故发生，提高安全生产管理水平，始终把“安全第一、预防为主”的方针贯穿到生产全过程，落实安全生产责任制和责任追究制，层层签订责任书，制定“零事故行动方案”，落实安全操作规程和防范措施，提高自我防护意识。④产品质量方面，持续有效地开展内部质量体系审核，加强过程控制，使产品质量稳定达到用户验收标准。⑤成本管理方面，强化财务预算、收支计划管理等资金管理工作，在确保生产投入的前提下，严格控制计划外支出及非生产性开支，根据上一年度的有关数据，核定各业务单位的应付款基数，继续实行基数以上付款制度。⑥加强物资采购计划管理，减少库存积压和资金占用，完善采购比价管理、询价制度等，从源头上降低成本。继续加大生产过程中的成本控制，进一步修订完善产品计划目标成本，落实考核措施。⑦人力资源管理方面，合理配备人力资源，同时采取积极灵活的措施，抓好工程技术人员、熟练工人等各类急需人才的引进工作。⑧员工培训方面，按照制定的年度培训计划，根据需要把后备人才的培养，特别是一线技术工人的培养列为工作重点，本着“干什么，学什么，缺什么，补什么”的原则，多层次、多渠道、有针对性地开展了岗位培训和技术业务培训。

2012 年，山东长志泵业有限公司重点开发的 7 个新项目由董事长亲自担任研发小组组长，一方面，在资金、人员、设备等方面对研发工作给予了最有力的保证；另一方面，技术、生产、质量等各部门间的协调工作也得以顺利展开，确保了研发工作的高效进行。在技术创新团队建设过程中，公司采取了公司内部与外部相结合、人才引进与自身培养相结合的模式，充分利用公司的外部资源，比如高等院校和科研院所的专家，行业内具有各种相关专业知识的工程技术人员，通过技术合作或者人才引进的方法，来充实公司的技术创新团队。在项目运行机制方面，公司采用“市场导向、充分论证、科学规划、及时调整”的项目管理模式，提高了项目研发的成功率。

山东星源矿山设备集团有限公司于 2008 年组建集团股份有限公司，下设 3 个分公司和 3 个研发中心，生产经营良好。近几年来，公司立足主业，不断研发新产品，大功率矿用泵功率升级为 4 000kW，为国内同行业首创，技术处于国内领先水平，并于 2012 年 10 月检测成功投入生产。

石家庄工业泵厂有限公司突出“质量和效益”主题，外拓市场，内强素质，多措并举，企业管理水平显著提升。①5S管理扎实开展，推进有力。公司推行了先进的 5S 企业管理模式。通过充分调研、座谈讨论，结合专业老师指导，设立宣传栏和宣传标语，在全公司范围开展了 5S 全员培训和宣贯，并制定了各阶段的推行细则和考核标准。②成本工作全面推进，扎实有效。根据企业自身情况，创立了公司内部的成本管理标准化体系，成立成本管理办公室，健全成本管理组织机构，完善成本管理模式，实现全年成本降低率 8.12%，盘活资金 440 万元。③管理体系建设日益完善，日趋成熟。在做好例行月度检查和月度例会的同时，召开管理评审会议，顺利组织了年度内审，并通过专家外审，其中测量管理体系和质量管理体系换发新证，环境管理体系和职业健康安全管理体系通过监督审核。此外，公司还导入卓越绩效管理模式，组织中层干部学习管理标准，为后续工作的开展做好理论铺垫。④产品质量严加管控，取得成效。

为进一步落实公司在产品质量年活动中提出的“降本、提质、增效”的要求，推行产品一次交检合格率管理办法，严格控制不合格品，产品质量显著提升；完成QC课题43项，其中成装分厂的“渣浆泵装配流水线”荣获特等奖，机加分厂的旋转工装架获一等奖。⑤信息化建设稳步推进，卓有成效。ERP应用增加了合同登录时泵位及使用寿命的同步登录，增加了备件预警提示功能和销售费用的登录，确定了合同模板，并对业务人员进行ERP合同模板的远程登录培训和模拟调试运行，为减少合同传递过程、实现快速生产做好了准备；技术系统利用PLM完成了所有历史图样向CAXA版的转换，进入产品图文档系统统一管理，实现资源共享。⑥安全工作常抓不懈，不断改进。公司定期组织全员安全教育培训和安全闭卷考试，对不合格者严格执行罚款以及再培训、再考试。此外，制定了公司“十八大非常敏感时期及后四个月安全特别措施”，细化了安全标准，对安全生产起到了指导作用，实现了安全生产。

〔撰稿人：中国通用机械工业协会泵业分会杨敬兵　审稿人：中国通用机械工业协会泵业分会胡晓峰〕

2012年风机行业概况

一、生产发展情况

2012年，中国通用机械工业协会风机分会会员总数162家。其中，企业会员151家，大学、研究院所等11家。风机分会151家企业会员中，有国有企业11家、集体企业6家、股份制企业5家、民营企业78家、民营股份制企业35家、中外合资企业13家、外商独资企业3家。企业经济类型按统计大中小型工业企业划分标准划分，现有大型企业4家、中型企业42家、小型企业105家。

据风机分会2012年上报的132家企业数据统计，年末从业人员人数53 557人，比上年增加2 996人；固定资产原价1 340 530万元，比上年增加218 209万元；固定资产净值900 542万元，比上年增加115 096万元。

2012年，风机行业132家企业完成工业总产值4 096 976万元，比上年增长8.87%，增幅同比下降8.1个百分点。其中，离心压缩机产值593 751万元，比上年增长0.66%；轴流压缩机产值274 533万元，比上年增长15.61%；能量回收透平机组产值133 395万元，比上年增长56.1%；离心鼓风机产值161 668万元，比上年下降3.52%；罗茨鼓风机产值108 049万元，比上年下降5.86%；离心通风机产值636 460万元，比上年增长8.99%；轴流通风机产值450 862万元，比上年增长13.47%；其他风机产值63 482万元，比上年下降47.39%；旋涡风机产值18 360万元，比上年增长9.3%。完成新产品产值1 558 414万元，占工业总产值的38.04%，比上年增长5.62%；工业增加值1 029 024万元，比上年增长8.78%，增幅同比下降1.87个百分点。

2012年，风机行业132家企业中工业总产值超亿元的企业49家，比上年增加6家。其中，1亿~5亿元（不包括5亿元）的企业37家，5亿~10亿元（不包括10亿元）的企业6家，10亿~20亿元（不包括20亿元）的企业3家，20亿~50亿元（不包括50亿元）的企业1家，50亿~100亿元（不包括100亿元）的企业1家，超100亿元的企业1家。2012年风机行业工业总产值前20名企业见表1。

表1　2012年风机行业工业总产值前20名企业

序号	企业名称	工业总产值（万元）	同比增长（%）	序号	企业名称	工业总产值（万元）	同比增长（%）
1	沈阳鼓风机集团股份有限公司	1 210 865	10.01	11	江苏金通灵流体机械科技股份有限公司	58 628	-28.36
2	陕西鼓风机（集团）有限公司	713 637	14.17	12	上海大速电机有限公司	57 623	-13.07
3	南阳防爆集团股份有限公司	257 342	1.51	13	平安电气股份有限公司	46 753	12.14
4	山东格瑞德集团有限公司	190 073	123.22	14	湖北省风机厂有限公司	40 858	-19.70
5	重庆通用工业（集团）有限责任公司	124 522	-4.39	15	成都电力机械厂	36 605	5.96
6	浙江上风实业股份有限公司	114 870	0.27	16	佛山市南海九洲普惠风机有限公司	36 124	4.69
7	上海鼓风机厂有限公司	76 414	-12.33	17	长沙赛尔机泵有限公司	35 146	8.81
8	山东省章丘鼓风机股份有限公司	63 126	0.08	18	浙江义乌星耀风机有限公司	31 312	15.00
9	浙江亿利达风机股份有限公司	60 349	-4.56	19	湖北双剑鼓风机股份有限公司	30 391	-22.76
10	上虞专用风机有限公司	58 914	1.80	20	浙江金盾风机股份有限公司	30 105	13.62

2012 年,共生产风机产品 9 036 801 台,同比增长 21.15%。其中,离心压缩机 432 台,同比下降 1.37%;轴流压缩机 185 台,同比增长 44.53%;能量回收透平机组 130 台,同比增长 41.30%;离心鼓风机 5 897 台,同比下降 25.20%;罗茨鼓风机 33 254 台,同比下降 2.13%;离心通风机 7 635 663 台,同比增长 16.16%;轴流通风机 1 123 029 台,同比增长 117.29%;旋涡风机 178 800 台,同比增长 5.94%;其他风机 59 411 台,同比下降 81.80%;叶氏鼓风机 2012 年仍然没有生产。2012 年风机产品产量见表 2。

表 2　2012 年风机产品产量

产 品 名 称	产量（台）	同比增长（%）
合　计	9 036 801	21.15
离心压缩机	432	-1.37
轴流压缩机	185	44.53
能量回收透平机组	130	41.30
离心鼓风机	5 897	-25.20
罗茨鼓风机	33 254	-2.13
离心通风机	7 635 663	16.16
轴流通风机	1 123 029	117.29
旋涡风机	178 800	5.94
其他风机	59 411	-81.80

二、重大技术装备情况

风机行业是我国经济建设中最重要的支柱产业之一,特别是为我国石油、化工、冶金、电力等重大技术装备配套的离心压缩机、轴流压缩机、电站风机,为实现国家重大技术装备国产化,不断创造新的纪录。

2012 年,沈阳鼓风机集团股份有限公司首台国产化西气东输机组在甘肃省永昌站横空出世,为中石油研制的首台国产化西气东输机组(H1156)试车成功。公司自主研制的高陵压气站首套国产天然气长输管线 20MW 电驱压缩机组(H1294)试车一次成功,再一次树立起西气东输整站成套国产化里程碑。20MW 电驱压缩机组的试车成功,迅速引发“雪球效应”,中国石油西三线 4 个整站电站电驱机组由沈阳鼓风机集团股份有限公司提供已成定局。公司为中石油抚顺石化成功研制出百万吨乙烯“三机”(其中裂解气机组、丙烯机组早已投入流程,创造巨大效益),经过精心调试,乙烯压缩机(H1000)于 2012 年 10 月 28 日在用户现场单机开车成功,实现百万吨乙烯“三机”国产化满堂红。为天津石化公司提供的裂解气压缩机组(H858)于 2012 年 10 月 25 日通过全面体检,顺利投产。

陕西鼓风机(集团)有限公司作为国家高新技术企业,积累了 40 余年能量转换设备的设计制造经验,经过长期努力、消化吸收、创新发展,提升了大型装备的设计、制造和成套能力,使得轴流压缩机组、能量回收透平装置、硝酸三合一机组/四合一机组、空分机组、真实气体压缩机机组的成套技术、控制技术以及整体机组技术水平达到国际先进水平。当前,公司依托国内外大型高炉项目,实现了 4 000m^3 以上高炉配套的轴流压缩机组和能量回收透平装置国产化目标,机组在国内外多家用户运行;开发的大型高炉鼓风能量回收 BPRT 机组,大型硝酸四合一机组、年产百万吨 PTA 空压机组,均为国产化最大型号的机组,帮助用户突围了大型机组依赖进口的局面;首创烧结余热与高炉顶压能量回收联合发电技术以及烧结余热与烧结主抽风机同轴技术,并得到成功应用;实现空分压缩机组(空压机和增压机)系列国产化,提升了在大型空分领域离心压缩机的竞争力。现已具备为 8 万~12 万 m^3/h 等级空分装置配套高效、先进、全系列空分压缩机组的能力。在我国首座拥有自主知识产权的 IGCC 示范电站建设项目中,陕西鼓风机(集团)有限公司提供的 46 000m^3/h 空分装置配套的空压机组为全国产化空分机组,是高效节能的全国产化产品;大型合成氨装置用合成气压缩机组设计开发和投用,实现了公司在真实气体领域的重大突破。

上海鼓风机厂有限公司继续开展国家科技重大技术专项——高温气冷堆核电的主氦风机、燃料球输送压缩机、主氦风机工程验证平台的研制工作。燃料球输送压缩机已于 2011 年 12 月 20 日完成出厂验收,2012 年进入系统试验。大型出厂试验平台建设完成了设计、招标等工作。主氦风机大部分研究项目已完成,产品气动设计、结构强度设计、系统设计主要工作接近尾声,开始进入样机的研制阶段。由于受到日本福岛核电事故的影响,高温气冷堆核电示范工程的建设在暂停 1 年 9 个月后,于 2012 年 12 月 21 日正式启动建设,设备研制期顺延。

2012 年,湖北省风机厂有限公司为列入国家计划的军用项目提供 33 台低噪声船用风机,为列入部级计划的新能源、生物质示范项目提供 15 台一次风机、二次风机、引风机,为列入部级计划的生物质示范项目提供 2 台气化炉鼓风机、高温燃气引风机。

2012 年,湖北双剑鼓风机股份有限公司完成 4 项列入省级计划的重大装备项目,其中,为 6 000t/d 堆浸尾渣综合回收选矿工程提供 3 台 CJ240-1.296/0.836 浮选离心鼓风机,为煤气零排放节能改造项目提供 4 台 G6-51№13.3D、Y4-73№21.5D 锅炉送、引风机,为年产 100 万 t 石灰窑项目提供 24 台 AI(M)365-0.9653/0.792 煤气加压风机和 9-19 №14.5D 冷却风机,为 50 万 t/a 饲料级磷酸钙盐项目提供 10 台 SJW-13.5D-F09 尾气风机,为内蒙古康巴什热电厂2×350MW 空冷机组脱硫工程提供 4 台 D285-1.9866/0.8678 氧化风机。

三、市场及销售

2012 年,风机分会 132 家会员企业完成工业销售产值 3 916 751 万元,比上年增长 10.15%,增幅同比下降 13 个百分点;营业收入 3 778 456 万元,比上年增长 6.43%,增幅同比下降 13.2 个百分点;营业成本 2 909 378 万元,比上年增长 5.96%。

2012 年,风机行业营业收入超亿元的企业有 45 家,比上年增加4家。其中,1亿~5亿元(不包括5亿元)的企业32家,5亿~10亿元(不包括10亿元)的企业8家,10亿~20亿元(不包括20亿元)的企业2家,20亿~50亿元(不包括50亿元)的企业1家,50亿~100亿元(不包括100亿元)的企业1家,超100亿元的企业1家。2012年风机行业营业收入前20名企业见表3。

表3　2012年风机行业营业收入前20名企业

序号	企业名称	营业收入(万元)	同比增长(%)	序号	企业名称	营业收入(万元)	同比增长(%)
1	沈阳鼓风机集团股份有限公司	1 021 489	-0.72	11	浙江亿利达风机股份有限公司	60 985	-7.36
2	陕西鼓风机(集团)有限公司	617 512	15.98	12	江苏金通灵流体机械科技股份有限公司	60 594	-17.78
3	南阳防爆集团股份有限公司	246 734	-0.72	13	上虞专用风机有限公司	57 014	0.85
4	山东格瑞德集团有限公司	184 002	117.16	14	湖北省风机厂有限公司	40 472	-17.65
5	重庆通用工业(集团)有限责任公司	147 611	18.40	15	平安电气有限公司	37 685	13.92
6	浙江上风实业股份有限公司	97 201	0.48	16	南方风机股份有限公司	34 732	-22.59
7	上海鼓风机厂有限公司	82 338	4.74	17	浙江义乌星耀风机有限公司	31 312	15.00
8	成都电力机械厂	77 493	-6.70	18	佛山市南海九洲普惠风机有限公司	29 053	13.12
9	山东省章丘鼓风机股份有限公司	62 979	-2.70	19	四平鼓风机股份有限公司	28 680	-10.73
10	上海大速电机有限公司	62 531	-13.20	20	湖北双剑鼓风机股份有限公司	28 671	-23.90

2012年,风机行业出口企业41家,实现出口交货值177 858万元,比上年增长25.6%,增幅同比下降7.8个百分点,出口交货值占风机行业工业销售产值的4.5%。华北、西北、中南、西南地区发展态势较好,东北、华东地区发展缓慢。2012年风机行业出口交货值前20名企业见表4。

表4　2012年风机行业出口交货值前20名企业

序号	企业名称	出口交货值(万元)	同比增长(%)	序号	企业名称	出口交货值(万元)	同比增长(%)
1	南阳防爆集团股份有限公司	33 691	47.70	11	佛山市南海九洲普惠风机有限公司	3 412	52.73
2	陕西鼓风机(集团)有限公司	33 430	288.99	12	四平鼓风机股份有限公司	2 838	110.53
3	沈阳鼓风机集团股份有限公司	24 105	-24.97	13	新乡西玛鼓风机有限公司	2 669	
4	上海鼓风机厂有限公司	21 558	-27.71	14	上海诺地乐通用设备制造有限公司	2 282	231.20
5	广东肇庆德通有限公司	13 203	2.27	15	锦州新锦化机械制造有限公司	2 114	
6	江苏金通灵流体机械科技股份有限公司	6 473	-1.27	16	武汉鼓风机有限公司	1 876	31.83
7	浙江亿利达风机股份有限公司	5 477	-6.92	17	重庆通用工业(集团)有限责任公司	1 440	-46.01
8	张家港市英德利空调风机有限公司	3 723	-8.53	18	山东省临风鼓风机有限公司	1 326	110.48
9	浙江兴益风机电器有限公司	3 680	1.94	19	江阴市精亚风机有限公司	1 322	45.43
10	上海哈龙风机电器有限公司	3 677	14.98	20	长沙鼓风机厂有限责任公司	1 166	9.28

2012年,风机行业实现利润总额284 385万元,比上年下降7.4%,除华北、西北地区增长外,东北、华东、中南、西南地区都有所下降;实现利税总额451 321万元,比上年下降1.6%。2012年风机行业利润总额前20名企业见表5。

表5　2012年风机行业利润总额前20名企业

序号	企业名称	利润总额(万元)	同比增长(%)	序号	企业名称	利润总额(万元)	同比增长(%)
1	陕西鼓风机(集团)有限公司	96 179	13.66	11	重庆通用工业(集团)有限责任公司	4 592	-31.97
2	沈阳鼓风机集团股份有限公司	46 513	-3.22	12	上虞专用风机有限公司	4 049	-48.08
3	南阳防爆集团股份有限公司	33 507	-8.63	13	湖北双剑鼓风机股份有限公司	3 915	0.93
4	山东省章丘鼓风机股份有限公司	9 970	-10.43	14	浙江格凌实业有限公司	3 439	19.33
5	浙江亿利达风机股份有限公司	6 950	4.04	15	鞍山风机集团有限责任公司	3 113	97.15
6	山东格瑞德集团有限公司	6 508	4.29	16	湖北省风机厂有限公司	2 943	-37.45
7	平安电气股份有限公司	5 987	-0.35	17	浙江义乌星耀风机有限公司	2 864	16.66
8	上海通用风机股份有限公司	5 565	132.65	18	山西省运城安瑞节能风机有限公司	2 821	-37.28
9	南方风机股份有限公司	4 969	-49.59	19	浙江上风实业股份有限公司	2 630	-29.30
10	浙江金盾风机股份有限公司	4 649	10.53	20	山东章晃机械工业有限公司	2 522	14.38

2012 年，风机行业面对国内经济结构转型、增速放缓和持续低迷的国际经济形势，经受了外需不足、内需不旺、成本上升等方面的挑战，风机行业各企业积极应对，加快调整产品结构和转变企业发展方式的步伐，使风机行业在困境中仍然保持了较好的发展态势。

2012 年，在国家对石化、煤化工等行业投资力度渐缓的形势下，沈阳鼓风机集团股份有限公司依靠过硬的技术、质量、服务，开拓出广阔的市场，离心压缩机产品继续保持石化、煤化工行业中的领军地位，牢固占领三大石油市场，离心压缩机市场占有率保持在 90%以上。实现 45 万 t/a 合成氨、80 万 t/a 尿素装置全套压缩机产品订货，并在海外实现 110 万 t 天然气制合成氨装置压缩机订货；实现单线规模 100 万 t 等级甲醇装置用压缩机订货，牢牢把握传统煤化工优势市场。巩固国内小型 LNG 市场优势地位，市场占有率达到 90%。在油气采集及储运、新型煤化工和 LNG 等新市场取得了突破，实现炼化领域内 200 万 t/a 连续重整装置离心压缩机订货，完成 320 万 t 重整氢压机组研制，牢牢占据石化高端市场。不断延伸石化产业链，石化下游产品市场订货显著增加。成功实现天然气长输管线电驱压缩机组国产化，并签订西气东输三线西段电驱压气站配套全部压缩机产品订单，打破国外公司对该类机组的长期垄断，沈阳鼓风机集团股份有限公司成为世界上第四家拥有该类技术的公司。加速推进新型煤化工行业五大重点市场，相关市场占有率达到 60%。在空分领域内完成 5 万 m^3/h 等级单轴等温样机的加工制造，并积极推进 10 万 m^3/h 空分机组国产化进程，已完成相关方案设计。成功签订国内最大规模 500 万 m^3/d LNG 国产化示范总成套项目，并完成 350 万 t LNG 装置研发工作，实现由小 LNG 市场向大 LNG 市场发展的销售延伸。突破海外 LNG 市场，实现首台订货。完成汽轮机的研制，成功进入汽轮机市场，延长产品链条。2012 年，沈阳鼓风机集团股份有限公司出口产品仍以离心压缩机产品为主，出口订货从上年的 85%提升到 90%；小型组装式压缩机仍与国际四大空分合作，占风机出口额的 2%～4%；火力发电市场的通风机出口订货由上年的 5%上升到 7%；在国际油气行业进一步取得了直接出口的“里程碑”式突破，并签订 20 多台离心压缩机订货合同；同时还首次与全球领先的工业气体专业公司签订了空气压缩机合同，实现了国际空分行业空压机零的突破。与宁波中金石化公司正式签约提供芳烃项目 4 套(5 台)离心压缩机组的订货合同，其中 BCL1407 重整循环氢压缩机为当前世界最大的筒形离心压缩机，进一步提升了沈阳鼓风机集团股份有限公司在国际离心压缩机领域的重要地位，彰显公司研制大型离心压缩机的雄厚实力。

陕西鼓风机(集团)有限公司在我国经济进入以创新促转型、以转型促发展的新阶段，加快产业结构调整，大力推进节能减排和产品升级，发展现代制造服务业，在许多新的市场领域不断努力，拓展行业边界，通过持续不断的技术创新，为市场提供更多的环保产品和服务，满足客户需求。在冶金行业及其衍生行业的余热利用上，将首创的烧结余热能量回收机组(SHRT)推广应用，将“发电”变为“拖动”，为用户减少了发电机及并网系统，降低了投资；为客户提供的全托式维修保运服务，为企业走专业化维修保运服务道路迈出了坚实的一大步。而且建立了“技术+管理+服务”一站式全方位服务体系，为用户提供从售前到售后的全生命周期健康管理，为客户量身定做一系列机组健康状态管理档案，对公司生产各类大型机组实施远程监测，提供包括预警、咨询、诊断及现场服务等六大方面 20 余项服务，提升了为客户服务的能力；伴随公司的汽轮机市场业绩的不断提升，陕西鼓风机(集团)有限公司也成了行业内唯一能为用户提供包括驱动机在内的透平系统集成商；在徐州、石家庄等地投资建设的气体厂陆续建成投运，这标志着陕西鼓风机(集团)有限公司向工业气体系统解决方案综合服务商的角色转变。另外，公司开发余热锅炉产品、工业拖动和驱动汽轮机，进入余热发电和原动机产业；开发变频节能、旋转机械远程诊断、备件零库存业务技术，进入装备制造服务业；开发污水处理、供暖设备及运营、工业用气、园区智能照明系统，进入城建基础能源设施运营及服务；开发自动化控制技术、自动化工程技术、工程流程装置的能效分析及优化，进入控制和节能技术领域；开发透平机械工程设计、施工、运营等，进入透平机械工程领域，这些都为透平机械行业在产业链延伸上起到了先导作用。

2012 年，上海鼓风机厂有限公司在经营理念上有所突破，打破老国有企业传统思维方式，坚持“从单一制造向制造+服务”的方向转型发展，坚持“两头在内，中间在外”的商务模式，坚持技术领先、市场第一的经营原则，坚持“对外围绕销售，对内围绕生产”的工作方式，在市场工作中抓住“改造风机”新机遇，抓住用户“EPC”需求新机遇，抓住现场性能测试、现场维修服务新机遇，从被动服务逐步转型为主动服务，开拓了新兴市场。2012 年，在外贸业务大幅度下降的情况下，公司坚持不断开拓“改造风机”业务。公司在经济形势处于下行周期时，及时分析市场的不利因素，积极抓住有利因素，制定“稳定电站、发展冶矿、突破改造、规范贴牌”的总体营销思路。根据公司提出的“到市场、到现场”的要求，公司所有部门都全力支持市场开拓工作，领导班子成员积极参与市场开拓工作。面对外贸产品大幅度减少，电站新机组和冶金风机等订单明显下落，已接订单中有一部分出现推迟交货或项目终止的状态，市场技术部认真分析市场，对每一个投标项目进行细化管理，并制定有市场竞争力的价格，对有些项目选择了有效的代理合作伙伴，通过管理的强化、项目的细化、责任的分化，提高了项目中标率，引风机中标率从 20%上升到 30%以上，电站动叶可调风机市场中标率从 30%上升到 43%，2012 年新接订单超过了上年同期。2012 年，公司积极参加上海市重点工程实事竞赛活动，完成全市燃煤电厂机组脱硝改造工程，包括外高桥一电厂、外高桥二电厂、石洞口二电厂以及宝钢低碳技术创新示范工程项目等风机任务，共计 1.25 亿元，企业被评为上海市重点工程实事立功竞赛优秀工厂，还完成了改造风机150台，其中完成合格铝叶片7 750片，完成合格钢叶片5 280片，钢叶片也创造了历史最高纪录。

2012年，重庆通用工业（集团）有限责任公司面对国内市场需求疲软、企业成本上升、盈利能力显著下降等各种挑战，紧紧围绕“调整结构上规模、增强核心添后劲”的经营方针，奋力拼搏，积极应对各种挑战，在萧条中实现了增长，在增长中推进了调整。2012年，紧紧抓住风电行业持续调整的机遇，重通集团成飞风电公司积极创新工作思路，通过密切与主机厂、风资源政府、风场业主等产业链相关方的关系，实现了稳健快速发展，使成飞风电公司全年销售收入同比增长152%，新增订货同比增长81%。通风机订货出现了下滑，全年风机订货43 600万元，同比下降21%；风电叶片等其他产品保持了良好发展，订货总量同比增长7.03%。

2012年，江苏金通灵流体机械科技股份有限公司经受了市场竞争加剧、传统产品销售下滑和营销模式转型的考验，经受了公司产品转型升级，新产品研发难度大、周期长的考验，经受了变革老的经营管理方式、建立全新的经营管理模式的考验，明确了企业发展的战略方向，逐步找到了战胜困难、解决问题的正确路径，在某些方面取得了突破性的成绩。压缩机产品销售人员已有24人，基本骨干队伍已形成，项目信息的获取渠道基本建立，销售网络初步形成，为压缩机产品市场的拓展打下了良好的基础。全年实现产品订单28台，气站项目2个，合同总值10 776万元，不仅实现了产品订单的突破，而且还实现了气站工程总包，全新的业务丰富了“服务+制造+服务”营销理念的内涵，充实了销售业务的方式和手段。积极尝试与专业销售机构的业务合作，扩大销售网络覆盖面，成功实现与上海罗德康普公司的销售合作，组建销售联盟，实现优势互补。合同能源管理公司市场开拓取得重大进展，成功中标深圳市广深沙角B电力有限公司的锅炉脱硝改造工程引风机设计、供货和技术服务项目，合同额超过3 000万元。

2012年，四平鼓风机股份有限公司在经济下行压力加剧、国内经济结构调整力度加大、公司重点服务的建材和冶金两个行业产能过剩的情况下，营销工作以市场为导向，突出承揽和回款工作，保证企业正常生产经营。在承揽方面，加强信息的收集、整理、快速传递，抓好项目的前期跟踪和中标率，超额完成了公司确定的承揽目标。其中，包钢新体系项目一个合同1.2亿元，为完成全年承揽目标奠定了基础。在回款方面，抓好当期回款的同时，重点抓好陈欠货款清收，对欠款户进行排查、对账。针对排查情况由易到难，逐户清理。全年回款35 012万元，超额完成年度计划目标。

哈尔滨哈暖环境工程设备有限公司近年来由于加大了投资力度和技术改造力度，通过吸收和引进新技术、新工艺，新产品研发、传统产品更新改造等方面取得了卓有成效的发展，产品结构得到有效改善，产品科技含量和附加值不断提高，市场竞争力明显提高。2012年，完成新型矿用风机36台（套），投放市场并广受用户好评；完成哈尔滨重大商业工程南极商贸城的空调、通风工程200余套产品的设计、制造及工程施工；完成哈尔滨秋林里道斯公司新建车间空调通风工程设计，提供各类通风产品132台（套），并完成现场工程施工任务；完成哈尔滨著名商业街新透笼广场45台（套）通风设备的设计、供货和施工；完成哈尔滨重点商业项目盛恒基广场70余台通风设备的设计、供货和施工；完成沈阳金杯汽车和甘南飞鹤乳业25台（套）大门热空气幕设备制造和供货任务。

2012年，北京新安特风机有限公司为北京地铁8号线提供隧道轴流风机、射流风机352台，为天津市文化中心交通枢纽工程提供隧道轴流风机、离心风机箱236台。还生产完成了312台XDSF型隧道射流风机新产品，经国家固定灭火系统和耐火构件质量监督检验中心鉴定，达到国内领先水平。

内蒙古天福风机有限公司销售团队克服了企业搬迁及市场风机价格无序竞争的不利因素，采取摸清市场、选定项目、各个击破的原则，分析顾客心理，了解顾客需求，达到顾客满意，维系了销售市场，全年完成回款869万元，开发新客户11家，全年签订有效合同1 051万元。

2012年，浙江金盾风机股份有限公司继续立足优势领域，强化重点产品研发力度，凸显产品系统集成优势，基本结束风机类单一产品的供货历史。同时，进一步完善市场营销布局，坚持巩固和开拓并进，积极拓展海外市场，以多层次、多样化的市场组合降低经营风险；通过规范管理，健全制度，整体运营愈趋科学、合理、高效，各方面工作均取得新的突破。公司充分利用已有条件和利好政策，加大对地铁、隧道、造纸以及核电业务的营销推广力度，实现销售总额2.72亿元，同比增长17.2%；利润总额4 200万元，同比增长16.3%，圆满完成了年初既定的各项经济指标。其中，地铁和隧道业务继续保持较快发展；工业风机业务整体发力，销售额突破2 500万元；核电业务稳中有升，销售额超过年初既定目标，跨越1 000万元；工民建方面，继续保持良好态势，销售额也已超过1 600万元。深耕华东和华北两大优势区域，市场份额进一步扩大；在华南地区，通过加大业务投入力度，积极参与地区项目角逐，当地市场有序打开；对于东北和西南等区域，采取稳固和开拓并重举措，销售额得到不断提升。

浙江明新风机有限公司以设计制造风机、通风制冷设备为龙头，以变压器风机、冷却风机、烟草风机为重点，以“优异的质量作保证，一流的服务求信誉”为经营理念，围绕“增创优势，增产增收，稳健管理，稳步发展”的工作目标，全体员工发扬求实、创新、拼搏、奋进的企业精神和实事求是、真抓实干的工作作风，确保了企业经济效益稳步增长。2012年，生产各类风机8.4万台（套），同比增长7.07%；销售风机8.3万台，同比增长7.05%。完成工业总产值16 760万元，同比增长14.77%；销售收入16 632万元，同比增长14%；实现利润1 413万元。公司凭借强大的技术优势和严格科学的内部管理、优质的产品和服务，赢得了市场。公司充分利用网络，积极开拓市场，拓展业务销售渠道，并有选择地参加全国相关行业展会、交流会等，提高公司知名度。2012年，公司建立了国贸部，风机销售由原来的国内销售开始向国外发展，开辟了风机新的销售渠道。公司坚持“顾客至上”的服务宗旨，强化员工的服务意识，定期做好客户回访，及时了解用户的意见和建议，及时改变自身不足，树立公司良好的形象，2012年回访顾客满意度达97%。

浙江亿利达风机股份有限公司加强了市场开拓和技术支持力度，在国内中央空调风机行业的领先地位继续得到巩固，约克、麦克维尔、格力等国内外空调知名企业依旧为销售的前五名客户，重要客户的战略合作关系进一步加深。2012年，实现主营业务收入59 798万元，其中，空调风机收入37 759万元，占主营业务收入的63.1%；建筑通风机收入8 565万元，占主营业务收入的14.3%。

2012年，山东省章丘鼓风机股份有限公司在市场形势不明朗且较低迷的情况下，适时调整工作方向和工作重点。针对煤化工、气体分离等行业，分析形势，抓住信息不放松，让公司的优势行业更优。针对污水处理行业风机需求增加的现象，加大环保市场的占有率，继续抢占小风机市场。公司把原来口头催欠款的习惯改为书面正规化要求，形成格式化的催款函、付款承诺书、对账单、律师函等标准行文。对不能及时形成对账或超过两年的欠款单位，督促监督提交法律程序，确保坏账不增加。公司坚持“拉长主业、上新创新、合资合作、做大做强”的长期战略思路，以“做，就做到最好”为工作理念，通过扩大主要产品产能，加快发展新的经济增长点，销售收入超过6亿元。坚持“向优势市场要利润、向弱势市场要订单”的原则，继续深入推行市场行业分类及区域分片负责制，抓大项目、重点项目，全力做好协助和支持工作，效果显著。2012年，销售罗茨鼓风机7 587台。产品主要销往化工、水泥、水处理、钢铁冶炼、电力等行业，增长幅度较大的为粮油化工及气力分离行业。

2012年，山东章晃机械工业有限公司实际销售比上年同期减少约10%。公司经营到了前所未有的低谷，发展遇到了极大困难。在此情况下，公司实行人员轮岗、降低库存、直接销售、加强联系代理店催促发货等各种措施，降低成本，努力完成全年计划。公司采取各种营销策略，通过多种销售渠道，促进产品销售。针对国内市场情况，制定了具体的营业活动走访计划，对重点客户及意向单位进行走访、洽谈及市场调研。拜访重点客户并参加各类相关展会，对公司产品进行宣传促销。努力开拓新产品市场，重点对船舶制造业配套SSR-VH高负压真空泵进行市场开发，通过多次到秦皇岛几家使用单位进行拜访、了解情况，用户对公司开发的SSR-VH-B系列高负压真空泵产品性能表示认可，为下一步在船舶行业扩大销售打下了基础。通过多种方式了解国外市场动态、代理商订货情况，与代理店进行交流沟通，切实做好售前、售后服务及包装、发货工作，及时快速解决销售工作中的问题。

山东海福德机械有限公司通过采取有效措施，使2012年市场营销工作出现新气象。公司通过整合内部资源，加强企业营销职能和管理职能，创建行业一流服务平台：树立全员销售思想，售后人员本着“本次好的服务是下次销售开始”的服务理念，提高服务意识；调整营销公司机构设置，把原来的市场业务部分为一部和二部，成立了新的营销领导团队，坚定服务信念，主打服务品牌；成立信息部，加强企业宣传，为各办事处提供信息，开展网上销售业务。为打造一流的销售队伍，公司继续招收人员充实销售力量，增设新的办事处；对长期打不开局面的办事处予以调离岗位、解约或辞退；对业务员加强培训。公司重点抓好大项目管理，以招投标管理小组为主，对业务员投标业务进行全过程服务，技术人员服务前移，实地解决客户问题，为客户提供超值服务，提高了合同成功率。公司总结优势市场经验，努力开发空白市场和空白区域市场，进一步挖掘市场潜力，拓宽销路。此外，公司积极开展多种销售模式，除办事处销售外，重点开展电子商务工作，不但提高了销售收入，而且提高了经济效益。

山东格瑞德集团有限公司为提高项目综合承揽能力，提升销售服务水平，销售系统进行了组织机构调整，并出台了分级实施细则和售后服务提升方案，强化职能管理和销售前沿的工作对接，实现资源整合、产品线运作专业化的目标，提高销售系统的整体服务水平。公司制定了报价体系实施方案，对报价管理工作中的瓶颈和漏洞拟定了具体解决措施，搭建了报价信息化平台，增强了对市场的掌握程度。根据“产品划线、管理划块、目标考核、政策兑现”的销售方针，编制了年度销售工作实施意见，明确分级指标和考核政策，充分调动了销售人员的积极性。公司秉承“全程服务，德誉百年”的服务理念，先后在北京、天津、唐山、西安、沈阳、长春、石家庄、济南、青岛、潍坊、合肥、南京、徐州、武汉、成都、太原、郑州、兰州及银川等地建立了销售服务公司，编制了完善的国内营销网络。全力做好售后服务，依托遍及全国的销售服务公司，建立起一个完善的售后服务网络。2012年，依照公司既定规划，以项目承揽能力为中心发展思路，以提升企业核心竞争力为工作重心，以中央空调系统效率提升作为主要的竞争策略，通过加强预算管理、严格控制运营成本、完善质量管理体系等措施，提高产品的盈利能力和竞争优势，实现了既定的年度经营管理目标。2012年，生产离心通风机190 026台、轴流通风机12 231台；销售离心通风机189 915台、轴流通风机12 160台。完成产值19.0亿元，同比增长18%，其中风机产值5 834万元；销售收入18.4亿元，同比增长18%；实现利税11 849万元。2012年，公司不仅超额完成了全年的预算指标，而且多项指标创下历史新高。

2012年，威海克莱特菲尔风机股份有限公司受大的市场环境影响，公司的主营业务订单量下滑比较严重，除制冷风机外，其他如铁路风机、离心风机、船用风机都有不同程度的下降，特别是作为公司主要的收入和利润来源的铁路风机订单量同比减少50%，船用风机减少40%。2012年，公司实现销售收入1.4亿元，比上年有所下降。在传统行业受市场冲击影响、订单下滑的情况下，公司及时转思路、调结构，重点开发了空冷器和石化两个行业。为开拓市场，公司参加中国制冷展（CRH2012）及德国柏林机车展。公司的产品在展会上引起了国际以及国内客商的关注，来自德国、法国、瑞典、意大利、西班牙、俄罗斯、印度、比利时以及巴西等国家的企业先后与公司交流洽谈；来自国内的知名轨道交通产品制造企业也纷纷与公司洽谈业务。

2012年，武汉鼓风机有限公司在传统产品的基础上，根据国内市场需求，加大产品开发力度，建立了风机选型及技术开发平台（CAD软件），与国内高等院校和研究所共同研制开发静叶可调轴流通风机、核潜艇消声器。在技术引进方面，加强与日本三菱公司的合作，2012年又一次通过了日本三菱总部质量部对公司的质量考查认定，再与三菱公司进行合作。在市场销售方面，由于国内钢铁、电力市场新增、改造、扩建项目减少，公司的合同量是上年的76%，销售产值是上年的72%，工业总产值是上年的86%。为此，公司积极开拓新市场，除为日本三菱公司生产风机外，还将公司产品远销到亚洲、欧洲、非洲和南美洲，产品成功打入欧洲，实现出口额1 876万元。

湖北省风机厂有限公司实行区域销售制，设立了7个销售分公司，在全国设立25个办事处。产品有离心鼓风机、离心通风机、轴流通风机，共有35个系列、600多个品种，主要用于冶金、化工、有色金属（矿山、冶炼）及能源环保行业。2012年，除了进一步优化已有产品外，重点推进静叶可调轴流风机和单级高速三元流离心鼓风机的系列化和市场转化，成功承接了多个项目的订单。在严峻的市场竞争中，销售实现了新的突破，成功推广新产品、新技术6项，包括静叶可调脱硫增压轴流风机6台（套）、单级高速鼓风机2台（套）、ST16500大型烧结主轴风机1台（套）、新型氮气循环风机4台（套）、C1230-1.263/0.813大型C型鼓风机1台（套）、D130-1.815/0.815高速D型鼓风机1台（套）。2012年一系列科技成果的投入应用为企业带来了明显的经济效益，新产品总销售收入2.76亿元，占总销售收入的65%，预计未来3年其市场份额将会大幅增长，将逐渐成为公司新的主导产品；新技术、新工艺的开发应用，大大提高了生产效率，节约了生产成本，经测算每年可节约成本300万元左右。

湖北双剑鼓风机股份有限公司主要以生产离心鼓风机为主，2012年产品销售市场前五位依次是：冶金、化工、环保、电力及水泥行业。冶金行业销售风机411台，占主导产品的28.44%，其中离心鼓风机324台；化工行业销售风机322台，占主导产品的22.28%，其中离心鼓风机258台；环保行业销售风机253台，占主导产品的17.51%，其中离心鼓风机211台；电力行业销售风机121台，占主导产品的8.37%，其中离心通风机98台；水泥行业销售风机108台，占主导产品的7.47%，其中离心通风机72台，该行业销售的风机主要是以扩大生产规模、技术改造并提高产能为主所需的风机。由于受市场大环境影响，完成风机总量比上年下降18%，其中，离心鼓风机下降20%、离心通风机下降15%。

中意机电（湖北）鼓风机制造有限公司生产60多个系列、1 000多个品种规格的鼓风机和通风机，主导产品有用于钢铁行业的大型烧结离心风机、大型冶炼鼓风机、大型转炉煤气风机、石灰窑鼓风机，用于石化行业的大型造气炉离心鼓风机，用于硫酸行业的SO_2高压鼓风机以及煤化工用三元流高效节能离心鼓风机等。2012年，生产风机1 897台，其中，离心鼓风机1 012台、离心通风机885台。完成工业总产值27 046万元，实现销售收入23 720万元，均比上年有所增长。为扩大销售市场，公司在全国主要城市设立了十几个销售办事处，并在主要大型厂矿设立产品销售点，及时了解用户需求，交流信息，保证了主导产品畅销。

四、科研成果及新产品

2012年，风机行业完成新产品产值1 558 414万元，比上年增长5.6%，增幅同比下降28个百分点，新产品产值占风机行业工业总产值的38%。获国家及部、省、市级科技进步奖、优秀新产品奖等42项。2012年风机行业新产品产值前20名企业见表6。

表6　2012年风机行业新产品产值前20名企业

序号	企业名称	新产品产值（万元）	同比增长（%）	序号	企业名称	新产品产值（万元）	同比增长（%）
1	沈阳鼓风机集团股份有限公司	546 841	4.00	11	浙江金盾风机股份有限公司	24 084	32.18
2	陕西鼓风机（集团）有限公司	213 904	37.57	12	中意机电（湖北）鼓风机制造有限公司	22 494	200.48
3	南阳防爆集团股份有限公司	154 920	1.85	13	湖北双剑鼓风机股份有限公司	18 268	811.58
4	浙江上风实业股份有限公司	69 054	0.78	14	浙江义乌星耀风机有限公司	16 982	15.00
5	重庆通用工业（集团）有限责任公司	59 843	-36.96	15	湖北省风机厂有限公司	16 534	-21.55
6	浙江亿利达风机股份有限公司	45 377	3.43	16	浙江格凌实业有限公司	14 889	184.79
7	江苏金通灵流体机械科技股份有限公司	37 499	-21.06	17	鞍山风机集团有限责任公司	14 385	-2.26
8	山东省章丘鼓风机股份有限公司	32 071	-7.80	18	上虞专用风机有限公司	14 076	656.77
9	平安电气有限公司	30 898	12.97	19	四平鼓风机股份有限公司	12 753	-2.38
10	长沙赛尔机泵有限公司	29 009	-9.52	20	安徽安风风机有限公司	12 386	-31.29

2012 年，沈阳鼓风机集团股份有限公司继续秉承“超越领先，创造未来”的科技理念，在多个领域取得了丰硕成果。全年完成新产品 215 种、372 台；获得国家专利 31 项；获得国家、省、市各级科技奖励 20 项。在模型级开发、材料工艺、力学分析、实验测试技术、新产品研制等方面又取得了多项重要科研成果。重大新产品开发研制方面，10 万 m^3/h 等级大型空分装置空气压缩机研发设计工作取得初步成果；完成硝酸四合一机组氧化氮压缩机机械运转和性能试验，各类实验数据近乎完美。“PCL803/PCL804 天然气长输管线压缩机”项目列入 2012 年国家重点新产品计划；“大型离心式压缩机节能关键技术及应用”项目被列入国家科技支撑计划；投入市场的新产品主要有 260 万 m^3/d LNG 工厂国产化研发工程、500 万 m^3/d LNG 工厂国产化示范工程和 LNG 冷能空分装置等多个国家重点项目配套的离心压缩机组；研制生产 PIA 能量回收工艺空气压缩机组（5VK30-4S+ICE102）、氧气压缩机组（3MCL526）、大化肥集成制冷氨气压缩机（2MCL606+3MCL608）、120t 转炉一次干式除尘风机（G140/100-2），经鉴定均达到国内领先水平。其中，天然气长输管道压缩机组研制获得中国机械工业科学技术奖一等奖，天然气增压站 PCL804 电驱压缩机组、DMCL1204+3MCL1203+3BCL527 空分装置用离心压缩机组获得辽宁省优秀新产品一等奖，百万吨级乙烯装置用裂解气、丙烯和乙烯压缩机组以及 PTA/PIA 能量回收工艺空气压缩机组获得沈阳市科技进步奖一等奖。

近年来，陕西鼓风机（集团）有限公司全面推进市场创新、技术创新、体制创新和管理创新等一系列的创新工程，使企业商业模式、运行体制、管理水平和综合竞争力发生了快速转变。在技术创新方面，加强新产品、新技术、新工艺的研发力量，通过大力开展科技创新，在解决技术难题、提升技术水平的同时，通过成果转化和市场应用，满足市场和用户的需求。2012 年，公司完成离心压缩机组、硝酸四合一机组、透平压缩机组、SHRT 机组、同轴机组、煤气透平发电装置等新产品 266 台（套），经鉴定均达到国际先进水平。大型透平机组故障智能快速诊断及维护技术研究、高炉煤气余压回收装置智能安全型发电系统、PTA 工艺空气压缩机组等项目获得中国机械工业科学技术奖二等奖，0.6m 连续式跨声速风洞用压缩机组研制获得中国产学研合作创新成果奖。

2012 年，上海鼓风机厂有限公司在技术创新、技术降低成本上有所突破。完成了对 0.3m 低温跨声速模型风洞主压缩机的详细设计，该风洞风机运行工况为-190℃，风机最高选型圆周速度达到 200m/s。公司已完成了空气动力性能的论证、转子动力学的论证、转子结构热力学分析及主要转动部件主轴、叶片的材料选择，并对高速电动机的可行性进行了研究。通过对风洞风机的开发，也使我国的风机技术理论有了新的突破，在此基础上，完成了 600MW 大轮毂比单级引风机+脱硫+脱硝三合一的引风机设计，叶顶圆周速度突破了引进 TLT 技术以来 165m/s 的极限，达到 175m/s。通过对高速电动机和叶片材料的研究，完成了高速双级离心式鼓风机（背靠背形式）的总体方案论证，并在此基础上对高速磁轴承离心鼓风机进行了可行性研究。针对公司生产的联轴器成本过高的情况，通过对不同联轴器技术的选择比较，最终先在 300MW 机组上使用，使每台联轴器+中间轴可以节约 2 万~3 万元。通过对中间轴管子的研究，在 600MW 机组中推广了国产厚壁的中间轴管子，价格仅为进口管子的 1/4。2012 年研制生产了高温气冷堆核电站燃料球输送用氦气压缩机组、离心式高效节能风机机组、大型燃煤电厂烟气脱硫环保综合利用压缩机装置、超临界或超超临界电站机组配套大型动叶调节轴流风机、燃煤发电机组环保改造脱硝工程配套风机、钢铁行业减排环保装置配套 RTF 型脱硫风机、超临界电站机组脱硫装置增压风机、600MW 超临界/超超临界燃煤机组高效一次风机、大型煤矿安全生产用变频调速高效轴流风机设备、电站机组海水烟气脱硫系统用离心式曝气风机、大流量化工专用风机设备、转炉烟气净化与煤气回收系统配套用轴流风机等 12 种、23 台新产品，均达到国际先进水平。

2012 年，重庆通用工业（集团）有限责任公司研制完成低温甲醇洗二氧化碳真空压缩机、氨离心式压缩机、电机驱动氨离心式压缩机、离心热泵机组用压缩机、AP1000 核电用离心式冷水机组、离心式冷水机组换热系统、双级高速整体齿式离心式压缩机等 7 种、8 台新产品，均达到国内先进水平。公司完成了 5-48 系列高效风机样机的设计、制造和性能试验，多级离心鼓风机的设计，完成了 FBCLZ 系列矿井用通风机制造和取证认证工作等；完成了 2.0MW 加长型叶片的开发等。2012 年，公司共申请专利 58 项，其中发明专利 6 项，获得授权专利 51 项。BCD 单级离心鼓风机等一批成果为公司赢得了中国机械工业科学技术奖、重庆市科技进步奖等 14 项荣誉，CGI93P3 风电机叶片和 2.0MW 风电叶片分别获得重庆市 2012 年优秀重点新产品和重庆市 2011—2012 年优秀新产品奖。“重通”离心式制冷机组和工业风机荣获 2012 年重庆名牌产品称号。

四平鼓风机股份有限公司以“三新”推广应用为重点，推进企业技术进步。2012 年，通过“三新”推广应用带动了整体技术水平的提升。一是加强项目开发工作，配合风机行业协会完成了与西安交通大学合作的高效节能离心风机在沈阳鼓风机研究所性能测试验证；高效模型风机技术引进 5 个系列高效模型风机推广资料已转销售公司，其中一个模型已经得到应用；向省经委申报了环保节能风机项目，并获得项目开发资金支持。二是新技术、新材料和新工艺推广应用，完成了耐磨焊丝 D12、TC3 的堆焊耐磨试验，积累了耐磨数据，为以后应用做好了储备。针对脱硫设备对风机的耐蚀性要求，在现有产品结构基础上，通过结构设计和在通流部分采取涂覆措施，达到防腐要求，走出了仅靠材料保证耐蚀性的局限，降低设计成本，提高了产品市场竞争力。采用新的加工工艺设备，实现了轴类件表面粗糙度的大幅度提高，为提高产品加工质量、满足配套部件要求提供了保证。三是技术管理，加强了产前、产后技术准备工作。

全年完成产品图样设计158套，安装图设计330份；编制完成材料定额158套，整顿定额26套，编制工艺过程卡6套、模具11套；配合售后服务人员处理各种风机质量问题，加强老产品改进和设计成本控制，开展价值工程，合理选材和简化产品结构，仅选用窄系列轴承箱一项每年可为企业节约200余万元。

2012年，江苏金通灵流体机械科技股份有限公司在产品转型升级和科技创新方面取得重大突破。全年完成研发投入2 140万元（连续3年超过2 000万元），占销售收入的4.2%。全年申请专利7项，获得授权专利5项，其中发明专利2项，获得政府12项科技项目扶持资金900余万元。在新产品研发方面，单级高速鼓风机全面实现了系列化自动设计，特别是高压比原型气动设计；完成了双进气鼓风机的创新设计，全面掌握了气动设计、结构设计到整机控制以及现场运行调试各方面的核心技术。压缩机系列化设计成绩显著，已顺利完成了JE6000/9000/15000/21000规格产品的设计，实现了首台产品、首个气站的运行，为压缩机的批量化生产和运行奠定了基础。新型小型汽轮机产品圆满完成了1.5MW样机的整套设计、制造和测试工作，从测试数据看，该试验机的热力性能、机械振动、轴瓦温度等重要指标都超过理论指标。公司完成了SN1.5-2.35/0.8/370/250-1型1.5MW太阳能双缸凝汽式汽轮机、D966-1.4单级高速鼓风机、20071Z/1266干熄焦循环风机、AD266/60-2-6双级动叶可调轴流引风机等11台新产品的研发。高效节能型多级离心鼓风机、高效耐磨循环风机、高效整体式离心压缩机、脱硫氧化高效鼓风机、高效节能型除尘风机等产品获得了江苏省高新技术产品称号。

哈尔滨哈暖环境工程设备有限公司为提高企业的产品研发和制造能力，以科技创新驱动企业持续发展，大力开展“科技兴企”战略，坚持走“产、学、研合作工程”的科学发展道路，与西安交通大学流体机械研究所联合研制出FBCDZ系列煤矿用防爆抽出式对旋轴流通风机和FBD系列煤矿用隔爆型压入式对旋轴流局部通风机。该产品是煤矿安全生产必要设备，是当前国家强力推广的替代产品，通过了由黑龙江省工信委、黑龙江煤矿安全监察局、黑龙江省煤炭安全生产管理局共同组织的新产品鉴定和哈尔滨市科学技术局组织的科技计划项目专家会议项目验收。产品填补了省内空白，被列为黑龙江省重点领域首台（套）产品。该新型矿用风机一经问世便广受用户青睐，当前已被黑龙江省龙煤集团、辽宁阜新矿业集团、内蒙古通辽矿业集团等煤炭企业列为入网产品，已成为公司新的经济增长点。

2012年，北京华怡净化科技研究所有限公司新产品研发取得了突出成果。①1.46S高效智能风机逐步完善，已为进入市场打好基础。1.46S高效智能风机是公司根据用户要求自行研制的为高精尖技术服务和配套的新产品，主要用于医院净化病房、层流床等医疗净化通风装置应用。解决了运转不稳定、噪声较大等问题，并根据用户要求，针对电子驱动器稳速和稳压设计出几种规格产品，拓宽了应用领域。②风热电一体机已完成工厂试验，并为军方试验做好准备。针对风热电一体机存在的集热器积碳、叶轮强度不够等问题，现已根据课题组要求完成了工厂试验，性能稳定，满足了要求，下一步将在某部队进一步试验。③3kW燃油发电机经用户试验初选通过。燃油发电机的特点是体积小、效率高，显示了较强的竞争优势。经在新疆空军某部试用，反映良好，并初步选型。对电压不稳问题已通过改进，该产品性能更加稳定。④18.5kW纺织机电机改造初步试验效果良好。18.5kW纺织机电机为无刷直流电子控制，体积小、效率高，经现场进行初步试验，比原用异步电动机电流小6A，每日每台可节电3~5kW·h。⑤防虫风幕已完成大连、福州机场现场试验。针对原防虫风幕存在的噪声较大、整机较重的问题，对其进行了改进。在模拟试验中，针对风力较小的问题，设计制造了导风口，较好地解决了这个问题。

2012年，西安交大流体压缩国家工程中心咸阳风机厂研制生产了10台DTF地铁轴流风机，经陕西工业产品检验所鉴定达到国内先进水平。研制生产了150台DTF-01斜流风机，经用户检验达到国际先进水平。

2012年，上海通用风机股份有限公司试制完成CF51高效中压离心通风机5台，完成CF72高效后向离心通风机10台，经上海产品质量监督检验研究院型式检验，产品达到国内先进水平。

2012年，百事德机械（江苏）有限公司研制生产了25台BK型第三代高效罗茨风机，容积效率≥80%，整机使用寿命≥10年；研制生产了16台单级高速离心风机，整机效率≥80%，轴振≤0.02mm，整机使用寿命≥10年，这两种产品均达到国内先进水平。单级高速离心风机获得江苏省高新技术产品称号。

2012年，浙江金盾风机股份有限公司“金盾通风机械装备省级高新技术企业研究开发中心”顺利通过复审。一年来，公司集中优势力量，优化产品结构，提高产品性能，致力于节能、节材及降噪的多维度改善，使产品更具市场竞争力。当前，地铁隧道智能通风系统已成功入选国家重大科技成果转化项目；主控室核级离心风机跻身国家重点新产品；JMS金属幕帘阀列入国家火炬计划；“液压动叶可调轴流风机”及“核电站用空调机组专用无蜗壳离心风机”顺利通过专家鉴定并得到高度评价。全年共获得授权或受理专利13项，其中核电类专利9项，为公司成功进入核电组合式空调机组、核级消声器等全新产品领域打下了坚实基础。

2012年，浙江明新风机有限公司累计科技成果转化项目共13项，承担省级新产品试制计划2项——高强度纤维叶轮冷却风机、HKF木材烘烤专用轴流风机，技术改造投资项目1项，上虞市重点科研引导专项1项——HKF系列木材烘烤专用轴流风机，国家重点新产品1项——负荷可调的高效节能特种风机，获授权实用新型专利8项，对主要产品的核心技术拥有自主知识产权。2012年，完成各类新产品9 400台。其中，高强度纤维叶轮冷却风机2 550台、HKF木材烘烤专用轴流风机3 850台、外转子轴流风机1 450台、新型空调用冷却风机 1 200 台、GSPF 高射程喷雾轴流风机 350 台,均达到国内先进水平。

浙江亿利达风机股份有限公司坚持以技术创新为基础,发展高效节能型产品。2012 年完成研发项目 15 个、改进型项目 32 个,取得 21 项产品专利,多种规格 1 级、2 级能效的风机列入国家节能产品目录。公司成功开发了直流无刷电机并取得国家专利,为公司推进到 EC 电机和风动智能领域打下了坚实的基础。完成国家火炬计划项目(AXA500 轴流风机)的验收;研制生产 183 台高效低噪 CB 型箱式风机,被列为浙江省重点技术创新项目,并通过了新产品鉴定,主要性能指标处于国内领先水平。

浙江格凌实业有限公司先后投资 1 000 多万元成立了企业技术中心,2012 年被认定为省级企业技术中心。根据公司整体发展战略规划,技术中心对 G_400 系列侧风道风机(旋涡式气泵)进行优化改进,完成了 G_300 系列旋涡式气泵等空气流体设备的研发,被列为浙江省重点高新技术产品。

2012 年,山东省章丘鼓风机股份有限公司科技成果及新产品取得了重大成果。公司的 ZSR 型乙炔罗茨鼓风机、MB 型粉煤灰磨机、ZRW-C 型碳素钢通用型旋转供料器、大型焊接离心鼓风机、ZL 型罗茨鼓风机、QP36 型球破机、YZ 型氧化铝工艺渣浆泵、AZR 耐磨型旋转供料器(旋转阀)项目列入山东省经信委 2012 年山东省技术创新项目计划。完成 ZL82WD、ZL83WD、ZL84WD 型罗茨鼓风机的整体结构机壳、墙板、填料密封部改进设计;针对变压吸附行业使用的 ZR7 型罗茨真空泵向机壳内漏油问题,改进填料密封部;完成 RRE 及 RRD 型罗茨鼓风机 42 种传动底座、4 种联轴器罩的改型设计,减轻了重量,降低了成本;完成 Y160-Y315 电机垫铁的减重改型设计,降低了成本,提高了效率。公司积极进行技术创新工作,承接了大量适应市场需求的高新技术产品,完成新产品销售收入 3.2 亿元,占公司销售收入的一半。风机产品方面,完成污水处理厂专用脂润滑罗茨鼓风机,高效节能;完成公司首台干气密封 RRB-50MF3 型罗茨鼓风机的样机试制工作;根据客户需求,完成特殊材质罗茨鼓风机、大型双级串联罗茨鼓风机的试制工作。透平机械方面,完成小型铸造结构离心鼓风机设计开发工作,实现小批量化生产。章鼓重机公司完成 QP2220 球破机的设计及试制,ϕ2.2×3m 棒磨机的设计及试制,ϕ2.1×7m 石膏磨机的设计及试制,ϕ1.83×9m 湿法粉煤灰磨机的设计及试制。工业泵研究所试制完成 TZJC-65-300G、TZJS-150-650G、TZJST-350-870、TZJST-250-750 单泵壳渣浆泵,TZJST-150-850 高扬程渣浆泵,HFXS250-39 循环水泵,设计了 TZJD-80-430T 陶瓷泵、HFXS250-24 型号的新产品。气力输送公司设计开发标准型 ZR 系列产品,并开发底座,进行侧置机组的设计。完成 3 项新产品鉴定工作。2012 年 10 月 17 日,成功组织了由济南市科技局主持的项目技术鉴定会,来自山东大学、山东科技大学、中国石油大学、山东省机床及通用机械质量监督检验站、山东省机械设计院等的专家、教授对 3 项新产品进行了技术鉴定,并一致认为,污水处理用脂润滑罗茨鼓风机采用多项新技术,其主要技术性能指标达到同类产品国际先进水平;B 型单级高速离心鼓风机主要性能指标达到同类产品国际先进水平;连续干法自磨机的成功研制填补了国内空白,其整机技术达到国内领先水平。

2012 年,山东海福德机械有限公司努力打造核心竞争力,技术创新取得新进步。公司研制的 MD400 型风机最大流量 207m^3/min,MDK400 型风机最大流量 245m^3/min,达到同类产品国内先进水平。此外,双油箱风机已基本完成系列化,双机串联风机、输送特殊气体风机、负压风机已具备一定的生产能力。在完善现有产品系列方面,HSR 系列增加 5 个新产品,MD 系列增加 4 个新产品,MDK 系列增加 4 个新产品,MJ 系列增加 5 个新产品。产品型号由原来的 20 多种增加到 50 多种,完善了产品性能,适应了市场需求。2012 年新申请专利 2 项,已被受理。三叶罗茨鼓风机提效降噪技术获得章丘市科技进步奖二等奖,复合式消声器获得章丘市专利技术二等奖。这些专利技术的应用,大大提高了产品的技术含量,使产品性能达到国内先进水平。

2012 年,山东格瑞德集团有限公司技术创新实现新突破,“风机墙组合机组”经过国家空调设备质量监督检验中心、中国制冷空调工业协会、上海同济大学、上海制冷空调工业协会等专家、教授组成的鉴定委员会鉴定,认为该产品具有节能效果显著、断面气流均匀、噪声低、适用范围广、可靠性好、安装运行维护方便等技术特点,机组采用了风机墙技术,填补了国内空白,达到同类产品国际先进水平。BND 系列玻璃钢逆流式冷却塔是在传统玻璃钢方形冷却塔的基础上进行结构的优化设计,独特精良的机械化工艺改良为冷却塔高品质提供保障的同时,有效减轻了塔体自重,使 BND 系列玻璃钢逆流式方形冷却塔具有体积小、重量轻、高效耐用、运行稳定等特点。同时,可配用新型变频装置,实现在不同温度及不同负荷条件下风机转速随冷却水的温度变化自动调节,达到节能、降噪的目的,为用户节省设备运行费用。2012 年,研制生产了 2 台 ZK42 组合式喷淋空调机组和 15 台 FPKM 风机盘管机组,达到国内先进水平。2012 年 4 月,公司冷却塔技术部与上海理工大学合作编制开发的逆流闭式冷却塔设计应用软件,获得上海市科学技术奖二等奖。通过大胆创新,完成新型换热器、圆筒翻边机、新型风机叶片、冷却塔外置电机安装结构等 4 项专利申报,2012 年 1 月,该技术被授予德州市科学技术奖二等奖。

2012 年,威海克莱特菲尔风机股份有限公司被授予省级院士工作站,公司的 5GDY91A6 型牵引电机通风机、TJL450-7 型主发电机通风机、TJL380-1 牵引电机冷却风机等产品通过省科技成果鉴定,填补了国内空白,综合水平达到国际先进水平。和谐号动车组牵引电机通风机入选《山东省高端技术装备新产品推广目录》(第二批);R3G500 嵌入式无刷直流外转子集成一体化风机、高效超低噪大叶轮列入山东省科技创新项目;和谐号动车及大功率机车专用风机项目列入国家火炬计划项目。当前,机车专用风机项目已进入批量生产阶段,和谐号动车及大功率机车专用风机逐步进入到批量试生产阶段。公司开发研制新型蒸发冷风机、空冷器风机,已经完成了样机的开发及性能测试,为2013年的市场开拓奠定了基础。2012年公司共申报专利30项,其中发明专利15项。

2012年,安徽安风风机有限公司在技术研发工作中以发展"大型风机、特种风机和高效风机"为主线,攻克了高温风机在高温和高粉尘同时存在条件下的难点,开发出AFW6-2×29NO30F高温、高粉尘风机。获软件著作权5项,实用新型专利授权11项,申请受理中的发明专利3项、实用新型专利4项。2012年,公司开发的SJ大型冶金烧结离心风机、FVML型防腐中高压轴流风机、D系列煤气加压风机等共生产705台,经安徽省经济与信息化委员会鉴定达到国内领先水平,并被评为安徽省重点新产品。

2012年,武汉鼓风机有限公司试制完成L-H1-BR55№30新型低压静叶可调轴流通风机,性能达到国内先进水平。

2012年,湖北省风机厂有限公司AS系列静叶可调脱硫增压轴流风机和AJ转炉煤气干法除尘轴流风机列入省级新产品计划,并于2012年8月通过省级成果鉴定,AS系列静叶可调脱硫增压轴流风机整体技术水平达到国际先进水平,AJ转炉煤气干法除尘轴流风机整体技术达到国内领先水平,并分别获得湖北省重大科技成果奖。烧结烟气余热回收循环风机获得随州市科技进步奖。公司还完成了静叶可调轴流风机研发及其系列化、干法除尘轴流风机研发、单级高速风机研发、三元流叶轮(焊接形成)加工制造工艺等4项新材料、新技术、新工艺的研制。

2012年,湖北双剑鼓风机股份有限公司自主研发了BG650-1.725三元流单级悬臂高速风机,应用于年产1万t顺酐项目。该产品的成功研制,使公司在用三元流理论制造风机的能力进一步提高。2012年生产的新产品主要有离心制酸风机、环保曝气风机、电站风机等,占全部产品的60%。2012年申报专利11项,其中,发明专利1项、实用新型专利10项。

2012年,中意机电(湖北)鼓风机制造有限公司继续加大新产品开发力度,年投入新产品开发资金1141万元,继续和大连理工大学联合研究开发新产品,完成AⅡ(M)1500-1.118/0.786转炉除尘离心鼓风机2台、AⅡ(M)1900-1.074/0.768转炉除尘离心鼓风机3台,均达到国内先进水平。完成新产品和老产品改型共39种机号,使产品附加值提高,投入市场深受用户青睐。产品获5项国家专利,三元流新产品2项发明专利已进入最后实质审查阶段。2012年,公司再次被认定为国家高新技术企业,三元流煤化工风机被授予湖北名牌产品称号,三元流单级造气炉风机获随州市科技进步奖,公司已被批准成为省科技厅创新型试点企业、创新方法试点预备企业。

2012年,重庆鼓风机厂继续加大技术创新,开发出军工行业用XSC-4№6.5D洗扫车用风机,化工行业用XCFJ№20.5D、XCFJ№19D铝屑回收风机,科技行业用HTF-Ⅲ№13低噪声风机。产品效率高,运行平稳,用户反映良好。

五、质量及标准

1.质量及质量管理

2012年,风机分会151家会员企业中已有141家企业通过了ISO9000质量管理体系认证。通过实施全面质量管理,企业管理水平和产品质量有了很大提升。

沈阳鼓风机集团股份有限公司全面实施内控管理,提高企业风险识别和风险防范能力,在2011年的基础上,完成了公司全部一、二、三级内控文件的编写、审核和发布,在公司范围内全面开展内控管理工作,并以此为抓手,完善了公司各管理部门的规章制度,使公司各项工作步入规范化、流程化、制度化的轨道,有效提升了企业风险识别和风险防范能力。有序开展精益供应链管理,结合公司的发展战略,以信息化管理为支撑,完善供应链流程管理标准和计划管理模式,改进了部门间协同管理机制,实现了对管理的全过程监督,提升了产品品质和交货准时性,同时降低成本、增加效益。持续巩固精益生产管理,三级计划体系日趋完善,生产计划的纲领性和指导性得以巩固,联动计划对生产过程的控制力度大幅提升,各级生产计划兑现率全面提高,其中合同兑现率达到75.5%,比上年提高15.5个百分点。异常管理力度也得到了加强,实现了将用户现场暴露的异常问题纳入管控范围的预期目标。强化产品质量过程控制,使产品质量得到明显提高,离心压缩机一次试车合格率达81.29%,创历史新高。通过开展"一次干好"活动,树立全员成本控制理念,产品一次交检合格率平均85%以上,有效降低了成本。突破信息化管理瓶颈,实现了配套件物流上线运行,使困扰公司多年的管理瓶颈取得突破,解决了信息孤岛问题;启动了客户关系管理软件(CRM)项目,完成了模块功能、界面和数据传递设计工作,将公司多年积累的营销管控经验融入信息化平台,为公司现代化营销管控提供了有效手段。

上海鼓风机厂有限公司通过开展质量月活动,努力提高产品质量。在全公司范围开展质量大讨论,强调"从我做起讲诚信,精益求精塑品牌"。组织每月召开质量例会,通过质量案例分析,查找原因,提高责任心,提高操作技能,提高实物质量。2012年11月,组织了企业内部质量管理体系审核工作,共检查了276个项目,查出一般不符合项10项,并督促整改。全年共接待完成用户监造任务134个工程的275台风机,全部满足用户要求。

2012年,江苏金通灵流体机械科技股份有限公司实现了无重大消防、治安及重大工伤事故的目标,职业病发生率为零,安全事故直接经济损失低于上年。全年发生质量事故52起,同比下降38.09%;质量事故直接损失15.24万元,同比下降68.7%,产品质量有了一定改进和提高。

四平鼓风机股份有限公司以质量管理为重点,不断提升产品质量。通过实施质量控制,坚持持续改进,使产品质量有明显提高。一是加强管理体系文件贯彻落实。以内外部审核为重点，认真抓好不合格项整改工作，针对内部审核和外部审核发现的6项轻微不合格项和26项观察项，认真整改，坚持持续改进，确保了管理体系文件的适宜性和有效性。二是加强质量控制。在日常工作中通过加强进货检验、过程检验和最终检验进行严格控制，加大产品质量日常抽检工作力度，根据用户验收提出的、售后服务反馈的、日常生产过程经常发生的、有代表性及带有普遍性的问题进行抽检。全年抽检项目780项，发现问题44项，通过反复抽检，使质量问题得到及时解决。三是有针对性地实施质量控制和质量改进。公司始终坚持质量例会制度，通过质量控制和质量改进，相应质量问题得到了解决。如针对煤气风机叶轮前盘非工作面角度小、靠近进口环附近不够车削的问题，采取控制前盘压型角度、控制焊接热变形等措施予以解决；针对风机外观质量、漆膜厚度达不到要求的问题，采取对大型风机部件涂装时，在部件底部垫木方，以防止在涂装时粘沙，不定期对漆膜厚度进行抽检等措施，用户来厂验收的或已发到用户的产品的外观质量及涂装质量反馈问题明显减少，铆焊件外观打磨及涂装质量有很大提高。

2012年，浙江金盾风机股份有限公司严格规范检验员队伍，从技术能力、业务水平、质量意识、职责权限等方面出发，通过多次培训、集中考试、日常操作，狠抓检验员队伍建设，并不断强调质检工作的重要性和质检记录的严肃性。全年累计开展培训7次、考试1次，当前已基本实现检验与生产同步、制品与成品衔接的规范格局。实施产品质量全方位监控，重点控制风机重要部件，如叶轮的压铸质量，坚持检查与控制风机机壳的外观焊接质量，现场查验外协零部件制作质量，全年监控压铸质量。在生产过程中，更新工装器具设备，添置高精度数控等离子切割机、大型风筒焊接机器人等设备，设计并应用液压式叶轮拆装专用工具，从而有效减轻了员工劳动强度，改善了生产质量，提高了制造效率。同时，自行设计多种常规产品的模具并将其系列化、规范化，大大提高了生产效率，提升了产品质量。企业安全生产意识进一步落实，整个生产流程更具可控性与安全性。现场管理有序进行，全面开展班组建设及5S深化管理推行活动，在改善生产环境、提高工作效率、提升产品品质等方面均取得了显著效果。

安徽安风风机有限公司在质量提升过程中主要开展了3项工作：①有效运用先进质量方法，加强诚信体系建设，强化节能减排管理，推进产业升级，鼓励自主创新和品牌建设，把质量工作作为企业大事来抓，实践卓越绩效模式，不断追求卓越。2012年11月，公司顺利通过“安徽省质量奖”认定。②为了提升产品质量，公司高标准严要求，制定了3项企业标准：烧结厂用离心式鼓风机，标准代号Q/AHAF001—2012；D系列煤气加压风机，标准代号Q/AHAF002—2012；VML型中（高）压轴流风机，标准代号Q/AHAF003—2012。从产品外观、结构设计和产品性能等方面从严要求。③做好对各工序生产过程的质量控制，围绕质量难点、重点进行监测，增加对大风机和特殊产品的检验力度和频次。

内蒙古天福风机有限公司持续提高质量管理水平，对质量工作不仅要检验其结果，更注重改良和完善整个工作的过程。公司本着“删繁就简，切实有效”的原则，随时进行质量测量过程的文件规范，准确指导检验员的工作，把考核项目落户到班组或个人。公司坚持教育与考核相结合，全员共筑质量监督屏，并通过质量方针、质量承诺、质量目标的量化实施，对外推出质量保险的过硬形象，对内以ISO9001体系有效运转和持续改进为主线，实施全面监测和考核，以此实现产品质量的稳步提高。公司坚持例会和现场工作会相互结合的方式，找到问题，确定实施方案，跟踪实施结果，取得了良好的持续效应。2012年，产品监督抽查合格率达到100%，完成计量器具周检率100%，满足了标准规范和生产要求。

2012年，青岛风机厂有限公司根据年初的工作方针，进一步加强了内部产品质量控制，使产品的质量水平有了较大的提高，生产过程产品一次交验合格率保持在97.5%以上，确保了产品出厂合格率达到100%，顾客满意率92.4%。由于产品质量的优异和服务质量到位，产品订货量明显增加，完成了年初计划新开发4家用户的预计目标。

2.标准化工作

（1）根据风机行业标准化管理工作与组织机构的现状，为满足风机行业标准化管理工作的需要，全国风机标准化技术委员会（简称标委会）于2012年3月在昆明召开了第五届换届大会暨五届一次会议，调整了委员、委员单位、主任委员、副主任委员和秘书长；修改了标委会章程，并审查了部分标准。调整后的标委会委员由原来的40名增加到51名，充实了标委会的力量，加大了风机标准化工作的力度，为标委会工作的开展增添了活力。

（2）2012年在开展风机产品的资源利用、资源节约、环境保护和重大技术装备等方面的标准化研究工作中，针对我国风机产品市场和产业发展的需求，为制定适合我国国情的风机技术标准提供依据，实现标准制修订的科学性、合理性、实用性，提出了我国风机标准体系的基本框架和标准制修订重点项目规划，同时还提出了行业发展急需的重要技术标准草案。当前，风机现行标准共计54项，其中，基础标准16项、通用标准16项、产品标准22项，满足了风机产品的设计、制造、检验的需要。

（3）2012年上报了相关的国家标准和行业标准，完善了标准体系。

为满足风机行业企业特殊用途风机及市场的需求，现已上报了电站空冷风机、防爆罗茨鼓风机、防爆屋顶通风机、罗茨鼓风机用隔声罩等4项标准。完成了《尾气能量回收透平膨胀机》国家标准报批稿，完成了《诱导通风机技术条件》《烟叶烘烤风机技术条件》《蒸发式冷凝器冷却风机技术条件》和《高温离心通风机技术条件》4项行业标准报批稿的上报工作。

（4）为落实中国机械工业联合会关于标准编写人员培训的相关要求，提高风机行业标准编写的水平，保证风机行业标准制修订顺利进行，中国通用机械工业协会风机分会与标委会于2012年7月31日至8月2日在杭州举办了标准编写规则的培训，使参加培训人员全面系统地了解了GB/T 1.1—2009《标准化工作导则　第1部分：标准的结构和编写规则》和GB/T 20000.2—2009《标准化工作指南　第2部分：采用国际标准》。同时根据企业对编写标准的需求，对编写标准的流程及应该注意的事项等进行了讲解，对风机行业标准的编写质量和水平的提高起到了重要作用。

六、基本建设及技术改造

2012年，风机行业共完成固定资产投资189 864万元，比上年增长71.9%，增幅比上年提高47.4个百分点。其中，设备购置投资106 957万元，比上年增长74.6%。

沈阳鼓风机集团股份有限公司在基本完成二期技改后，全面启动三期技改工作。2012年10月，公司在营口经济技术开发区举行新厂区奠基典礼，新厂区总投资25亿元，占地面积87.3万m^2，新增各类工艺设备570台(套)，具备3万kW电驱、3万kW燃驱及10万kW汽轮机驱动压缩机试验能力，建成后将成为大型透平压缩机组制造(实验)中心和大型压力容器生产基地。2012年，沈阳鼓风机集团股份有限公司在齿轮公司建成两个3 200kW变频电机调速试验台，有效缓解了总装车间的试车压力。

2012年，陕西鼓风机(集团)有限公司技术改造项目、基本建设项目、设备购置项目、设备大修项目、固定资产投资项目等共计110多项，资金总额超过50 000万元。截至2012年年底，已完成102项，完成投资超过12 000万元。

上海鼓风机厂有限公司为构建“科技高端的上鼓、优质规范的上鼓、整洁和谐的上鼓”，抓紧技术改造，积极实施高温气冷堆主氦风机和燃料球压缩机重点装备技术改造项目，投资8 600万元。技术改造项目完成后，公司将形成为高温气冷堆核电站配套的能力。

2012年，江苏金通灵流体机械科技股份有限公司的高压离心鼓风机扩产项目总投资4 230万元(申请国家专项资金330万元，企业自筹资金2 900万元，申请银行贷款1 000万元)，已经全部完成。公司新的办公楼及附房已落成并部分投入使用。

2012年，浙江金盾风机股份有限公司的轨道交通用节能通风系统成套装备项目总投资9 800万元，其中，银行贷款5 000万元、企业自筹4 260万元、国家补助资金540万元，现已通过环保验收。

2012年，浙江明新风机有限公司的年产万台冷却专用轴流风机项目总投资5 000万元，项目于2012年10月开始，预计2013年12月完成。项目建设内容及规模：主要采用先进的CAD、Pro/E软件和中空机翼叶片设计技术，引进具有国内外先进水平的生产和检测设备，购置数控机床、冲床、空压机、焊接设备、起重机、液压机、精密测量仪、计算机及应用软件等设备。项目建成后，将形成年产万台冷却专用轴流风机的生产能力，实现销售收入10 000万元，利税2 150万元。

2012年，浙江亿利达风机股份有限公司新增年产75万台节能电机风机技术改造项目，自筹资金4 330万元，处于启动阶段。公司加快了募投项目实施，已完成投资额5 006万元，中央空调大风机建设项目、建筑通风机建设项目厂房主体施工进展顺利。公司专用设备自动化改造工作稳步推进，建设自动冲压生产线，降低产品制造成本，提高产品竞争力。

2012年，山东省章丘鼓风机股份有限公司为缓解各子公司生产压力，扩大生产规模，实施了3个募投项目及1个自筹资金项目的技术改造。新型节能罗茨鼓风机项目总投资1 212万元，购入加工中心、刨床、数控车床、动平衡机等设备。离心鼓风机项目总投资1 117万元，购入车床、卧式镗铣床、动梁式重型龙门铣床和一批通用设备。气力输送生产(工程)基地总投资1 786万元，建设厂房，购入数控车床和一批通用设备。重机大型磨机车间总投资42万元，已完成章丘市发展和改革委员会备案，建设用地规划、环评等建设手续，并已完成土建基础工程。公司新建成成品仓库，鼓风机厂风机成品库、配件厂成品库及电机仓库先后按计划完成了搬迁任务。风机配件厂新建面积为11 881m^2的钢结构生产车间，该车间已于2012年12月底完工，风机配件厂于2013年实现搬迁。

2012年，浙江格凌实业有限公司新增年产15万台齿轮减速机技改项目，投资总额21 000万元，其中，企业自筹13 000万元、银行贷款8 000万元，已完成投资6 000万元。新增年产2万台旋涡式气泵技改项目，投资总额7 800万元，其中，企业自筹5 800万元、银行贷款2 000万元，已完成投资4 900万元。

安徽安风风机有限公司的年产5 000台(套)节能环保风机生产线投资1 500万元(企业自筹1 200万元、银行贷款200万元、国家补助100万元)，已建成投产。

2012年，湖北省风机厂有限公司新建18 000m^2大型总装车间、新试车台、性能测试中心、超速试验台如期完工投入使用；大型喷丸室、大型退火炉开工建设，总投资18 400万元，两个项目均于2013年完成。静叶可调轴流风机及离心脱硫增压风机技术改造项目用于矿山开采和金属冶炼脱硫处理，工程建设投资6 800万元，项目达产后可年产100台静叶可调轴流风机、150台离心式脱硫风机。

2012年，湖北双剑鼓风机股份有限公司湖北省风机检测(中心)服务平台建设技改项目投资2 188万元，至2012年年底已完成项目论证、初步设计及施工图设计、项目资金筹备前期准备工作和项目土建前期准备工作。

七、企业组织结构和产品结构调整

截至2012年年底，风机行业企业通过改制，已有西安陕鼓动力股份有限公司、江苏金通灵流体机械科技股份有限公司、浙江上风实业股份有限公司、浙江亿利达风机股份有限公司、山东省章丘鼓风机股份有限公司、南方风机股份有限公司、武汉鼓风机有限公司7家企业成功上市。

沈阳鼓风机集团股份有限公司2012年年初开始对企业组织机构进行较大幅度的改革：组建了战略委员会、薪酬委员会、提名委员会、技术发展委员会、营销委员会和预算委员会，成立了董事会办公室；集团总部设立 13 个职能部门，授权透平公司采购部等 6 个部门代行集团管理权力，对各独立子公司相关业务实施管理。基本建立起符合现代企业制度要求、适合企业自身特点、管理有效、控制有力的集团管控体系。同时，搭建了透平公司领导班子，完全实现了透平公司的独立经营；注册成立营口透平公司、营口容器公司、申蓝公司；控股沈鼓测控公司，参股汽轮机动力公司；按照上市要求，注销 4 家子公司。至此，沈阳鼓风机集团股份有限公司彻底改变了旧有的经营运行模式，形成了下设 23 个独立子公司，拥有各项专业决策委员会的集团化、现代化企业。产品结构调整逐渐向硝酸、大型空分、低温冷能、大型 LNG、大型 PTA 等新市场、新领域迈进，着手研发符合市场急需的新产品，进行产业结构升级，逐步淘汰低端产品与产能。站在市场前沿，开发风机行业的高端产品，不断与外商产品竞争，将为企业带来新的经济增长点，创造巨大的经济效益和社会效益。

2012 年，陕西鼓风机（集团）有限公司与陕西延长集团、陕煤集团、联想控股、陕西金融控股公司联合投资 5 亿元，成立了陕西秦风气体股份有限公司，标志着陕西鼓风机（集团）有限公司自 2009 年开始从事气体运营业务后又上了一个新台阶，也是组合能源、装备制造和金融资源的一次成功尝试。通过投资新建、收购股东的工业气体运营项目，搭建了工业气体产业快速发展的平台，促进了产业投资的发展。

2012 年，山东省章丘鼓风机股份有限公司继续深入市场调研，开发市场需求的新产品，并把已经开发的罗茨鼓风机、离心风机、重型机械、泵产品形成系列化、成套化，重点开发高效节能的新产品，特别是污水处理行业急需的产品。在开拓新的经济增长点的同时，增强企业自身抵抗市场风险的能力。以自主技术创新为引擎，增强企业的核心竞争力，公司按照“拉长主业、上新创新、合资合作、发展大章鼓”的思路，拉长做大风机主业，在现有产品基础上不断上新创新，以自主创新为重点，通过实施各种激励机制和不拘一格引进人才的方式，加快技术创新步伐。并加强产学研联合，引进国内领先、国际先进的新产品、新技术，快速实现公司的技术创新进程。

山东格瑞德集团有限公司自 2008 年 5 月份以来，以科学发展观为指导思想，顺应时代潮流、适应市场经济规律的必然要求，实现企业重组，进行体制改革。通过改革，实现了资源的整合并形成了强有力的经营管理团队，为实现公司中长期战略目标奠定了基础。与此同时，公司不断引入先进的管理理念、管理手段，提升企业管理水平。公司在行政管理上建立了 A 管理模式，实现了垂直指挥系统法制化、横向联络系统程序化的良性循环机制，对组织机构进行了大规模调整重组，初步搭建了“事业部制”框架，明确了各机构的职能范围，划分了集团公司与各运营机构的权限分工，初步建立了适应于“事业部制”的人力资源管理体系、销售体系、生产体系、供应商体系、质量管理体系及成本控制体系。在进行体制改革的同时，公司不断调整和优化产品结构，立足中央空调和复合材料产业的发展。在中央空调产业方面，公司充分结合行业节能、环保、专业化发展的趋势，从中央空调整体产业链出发，以整体项目为着眼点，关注顾客需求，通过提高整体项目承揽能力和整个中央空调系统匹配性来取得竞争突破。在复合材料方面，公司充分依靠复合材料产业快速发展的趋势，利用集团在复合材料产业方面的既有品牌优势，做强缠绕、模压产品，加强集团在复合材料应用领域新工艺、新产品的吸收力度，不断增强集团在复合材料制品方面的影响力。

浙江亿利达风机股份有限公司于 2012 年 7 月 3 日在深交所成功上市，首次公开发行人民币普通股 2 267 万股，股本数额从 6 800 万股增加到 9 067 万股。募集资金净额 3.25 亿元，实行专户存管，使用规范，按董事会决议将超募资金 5 212万元转为流动资金，并将大部分募投项目资金定期存储，提高了资金使用效益。归属于上市公司股东的净资产从年初的 2.61 亿元增加到年末的 6.50 亿元。2012 年 12 月，公司以自有资金 3 468 万元成功收购江苏富丽华通用设备有限公司 51% 的股权，通过整合优势资源，推进公司产业延伸，公司轴流风机业务将获得长足发展。

2012 年，湖北双剑鼓风机股份有限公司继 2011 年扩充高级管理人员及核心技术人员 13 人参股后，当年吸收 3 家风险投资公司参股，股东为 20 人，其中法人股东 3 家。公司于 2012 年 10 月 16 日改组为股份有限公司，设立了董事会、监事会。

八、企业经营管理

2012 年，沈阳鼓风机集团股份有限公司从强化管理、扩大招标、降低应收、减少库存等方面采取有效措施，提升企业盈利能力。①大力强化基础管理工作。开展财务报价管理，重点关注每个报价环节，强化了合同评审管理，有效提高了产品定价水平，避免了盲目报价给公司带来的经济损失；建立目标成本管理流程，有效控制产品的成本，提高了产品盈利能力；开展产品成本分析工作，从多维度对产品成本进行全面、彻底地剖析，查找盈利点和亏损点；全面开展预算管理制度，将月度费用预算指标做细做实，结合考核办法，保证了合理高效地利用资金。②深入实施招标采购，强化供应商管控。截至 12 月末，共组织了 78 次大型物资招标采购会议，已将 51 种物资纳入招标采购范围，使全年采购物资成本率下降了 15%，切实提高了产品的盈利能力。同时积极强化外部控制，整顿供应商和协作厂商队伍，将不能满足集团发展需要的厂家坚决清除，并将异常、质量、计划等管理手段逐步延伸到外部厂家，帮助其提升各项能力。③有效利用现有资源，降低库存，完善库存台账，建立物资采购与库存期限管理办法，下达库存利用指标和考核办法，有效促进库存的合理利用。双增双节按照效益指标认定，突出“挤出虚假成分、凸显增效节支、指标做实做真”的原则。通过严格审核认定资料来强化过程控制，驳回认证资料不全或结论牵强的共计31项;并将同一类项目认定年限由2年改为1年,激发创新意识。

2012年,江苏金通灵流体机械科技股份有限公司针对老的管理模式的弊端,为适应转型发展的时代潮流,先后对产品布局、组织机构、管理职能、管理模式进行重新策划和重大调整。变原来的生产中心、成本中心为经营中心、利润中心,形成了鼓风机公司、压缩机公司、汽轮机公司、环保公司、新世利公司、能源公司和国际贸易公司等7个经营实体公司,逐步改变原来的"只懂生产、不懂经营""只管生产、不顾销售""只关心生产、不关心市场""只管做事、不管效益"的单纯生产思想,通过对下属公司实行"自主经营、自主管理、独立核算、自负盈亏"的经营管理模式,把员工的利益与所在单位的经营效益紧密挂钩,大大激发二级公司全体员工的危机感和创造性、主动性,彻底扭转传统思维方式,树立以"创效益"为全体员工经营管理活动的根本目标。2012年,公司针对鼓风机产品的任务量减少、产能过剩的状况,及时实行清理退休返聘人员、内部退休、内部培训转岗、有条件下岗等多种形式的人员分流措施,全年共减员约150人,内部转岗36人。保留了骨干员工,稳定了职工队伍,合理调配了人才资源,保障了新产品、新领域发展的需要。

四平鼓风机股份有限公司以节能降耗为重点,向管理要效益。一年来,面对严峻的市场形势,为遏制企业经济效益下滑趋势,以节能降耗为重点开展各项管理工作。各部室、车间结合工作实际,积极开展节能降耗活动,取得了较好的成效。公司加强了成本费用控制,针对年度预算确定的目标对可控成本、费用进行控制,重点加强车间消耗材料的控制,铆焊车间加大边角料利用力度,利用边角料233t,节约资金25万余元;机加车间加强修磨旧刀具和低值易耗品控制,车间两项费用节约18.8万元;装配车间加强了低值易耗品领用管理和审批手续,节约费用29万余元;维修车间仅节煤晶使用一项可节约燃煤426t;储运部严格执行库房管理制度,高度重视费用支出、发货质量和及时性,采取与多家配货公司竞标配货方式进行配货,以最低价格、最高安全保障、最短运送时间进行招标。在物资采购方面,从抓物资采购合同入手,理顺了采购程序,使物资采购走向透明化,加大可控力度。同时,对企业按重量采购的所有物资全部进行称重验收,有效控制了不合理损耗。与此同时,加强了废钢、铁屑、铸屑等物资处理力度,采取招投标方式选择购买方,增加了透明度;对各项管理制度进行重新修订,已经完成106项管理制度的修订工作;积极发挥财务职能作用,强化财务核算,并彻底解决财务决算滞后的问题,为加强成本费用控制奠定了基础。

哈尔滨哈暖环境工程设备有限公司根据当前经济形势及所面临的任务,适时提出"一业为主,多元发展""开启新十年,打造新哈暖"的战略构想,实施招商引项目、合资合作共同发展的可持续发展战略。一是转变思维方式,深入贯彻落实科学发展观,聚精会神抓建设,一心一意谋发展。重点抓好新厂区建设,为实施"开启新十年,打造新哈暖"战略打下良好基础。将投资1亿元加快异地重建新厂区项目建设。二是调整产业方向,打造多种经济元素齐头并进的高科技产业模式。三是调整产业结构,淘汰落后产能,集中优势资源打造市场竞争力强、科技含量高、附加值高的优势产品。四是加快传统装备制造业向制造服务业转型,在市场需求多样化的情况下,围绕自身主导产品,逐步延长产业链条,在提升产品质量、可靠性和安全性的基础上,努力开拓设备成套、系统集成、工程总承包等服务。同时,不断将信息技术融入到产品研发设计、生产制造、经营管理等各个环节和产品性能之中,不断提高产品质量和数字化、智能化水平。努力提高服务水平,逐步促进增值服务在销售收入中的比重。

内蒙古人福风机有限公司坚持"贯标达标、管理第一;开拓市场、发展第一;风机产品、质量第一;优质服务、顾客第一"的方针,严格内部管理,使公司的各项管理工作更具科学化、规范化。通用化生产是企业多年来一直追求的目标,2012年,公司强化了这项工作,产品设计过程中始终贯穿这一原则,原来使用的通用件,经过技术人员的重新核定,扩大了通用区域。公司遵循"生产管理考核细则"确定的明确责任指标,按月进行责任制考核,从而加大了生产进度的保证系数,强化车间管理及履约意识,合格供方质量跟踪考核达到100%。在保证生产进度的同时,加大了生产车间的安全管理,宣传安全生产知识,实施安全生产措施,及时消除安全隐患;能源管理增加现场巡查,处理用电缺陷,加强了员工的安全用电意识;严格设备的操作规程,杜绝野蛮操作。全年未发生重大人身事故。2012年,公司组织了物资大盘点,按要求定置摆放,整齐清晰;生产现场的标识检查按时实施,并启动纠正措施进行纠正,基本保证了车间标识齐全清楚,工件摆放有序,工位器具使用得当,按程序要求搬运、装卸工件,车间整体显示有序生产的良好面貌。物资领用分工把关,及时结算出入账目,努力做到账、物一致;围绕ISO9001质量管理体系要求,加强了标识管理;对库存物资做到经常巡查,按规定时限进行防护,保证物资保持原有质量水平。管理的细致,杜绝了资财的流失和浪费。全年设备按计划完成一级保养、二级保养,及时处理各类设备故障,保障了生产的正常运行。

2012年,山东海福德机械有限公司开展实施管理提升工程活动,按照指导原则开展了扎实有效的活动,解决企业管理中存在的突出问题和薄弱环节,解决阻碍企业发展的瓶颈和短板问题,通过自主优化、引进吸收、创新发展、持续加强企业管理,推动管理创新不断进步,取得了良好的效果。为配合管理提升工程的实施,公司同时开展了"职业化培训"活动,对全体员工进行岗位培训,提高员工素质和工作能力,提升工作质量。通过这两个活动的开展,质量意识、服务意识、营销意识在全体员工中逐步树立起来,提高了员工的思想水平,产品质量得到提升,企业管理中存在的问题得到一定程度的解决,为企业发展奠定了基础。

安徽安风风机有限公司为了贯彻先进管理理念,构建先进管理体系，引领企业持续改进，加快先进质量管理方法的推广应用，鼓励引导企业员工追求卓越的经营管理，以适应经济全球化的发展趋势，促进企业提高绩效和能力。2012 年，制定了 30 项基本安全管理制度，健全安全生产责任制，规范各工种安全操作规程，对存在的安全隐患进行整改。2012 年 11 月顺利通过了合肥市安全标准化达标评审验收，达到国家三级安全企业标准。坚持每周安全检查制度，加强安全检查和隐患整改工作，整改落实率达到 100%。在“安全月”活动中，组织公司员工参加安全知识培训，参加安全知识答卷活动。公司制定了《仓库物料控制管理规定》《物料核销规定》以及《焊条头回收管理制度》，各车间都配备了领料核算员，实行全面限额领料，有效控制在制品转序，减少低值易耗品领用，为降低生产和管理成本打下了基础。2012 年，公司推行了 5S 管理，成立了 5S 实施委员会和 5S 管理办公室，聘请外国专家指导，分批对公司中层以上干部和一般员工进行 5S 培训。通过两个多月的 5S 管理，公司面貌焕然一新，车间和仓库物品分区域放置，通过看板能及时掌握物资库存数量，同时提高了员工的整体素质。

2012 年，山东省章丘鼓风机股份有限公司将管理工作深入细化到每一个步骤和环节，实施科学有效的管理新方法。公司为减少资金占用，要求各子公司降低库存，压缩存货，保证公司的现金结余，取得了很好的效果，2012 年平均库存比 2011 年降低 10%左右。制定了《关于因合同取消、退货及换货而造成的退库物资处理的补充规定》，加强了因合同取消、退货及换货而造成的退库物资的管理；为规范和理顺产成品发货和出门的相关手续，制定了《关于理顺产成品发货和出门手续的有关规定》，从国内销售产成品及出口产品两个方面规定了发货及出门的手续；为了真正体现“为用户着想，急用户所急”的指导思想，制定了《关于建立交货“绿色通道”的规定》，以满足特殊客户在较短时间内快速交货的需求；为进一步规范合同的签订、管理和保管，维护公司的利益，制定下发了《关于加强合同管理的规定》。以上规定的制定和实施，有效地解决了管理中存在的漏洞和问题，促使公司内部管理再上一个新的台阶。

九、企业人才队伍建设

沈阳鼓风机集团股份有限公司长期以来一直注重人才队伍的建设，2012 年，有针对性地开展专业化培训，着重开展了专业岗位培训和技能培训，开展各类培训 122 项，共完成 1.7 万人次、47 万学时的培训；实施全新的新入职员工培训和实习方案，快速提高了新入职员工上岗能力；组织完成了沈鼓集团第四期青年后备干部培训班选拔和培训工作；对集团中层以上干部进行了战略管理等培训。根据企业发展规划，建立了员工招聘配置流程与标准，制定了人才激励办法。成功引进 3 名拥有博士学位的高技术人才从事重要项目研发工作，面向社会招聘 59 人，其中高端人才 5 人，分别从事中层管理及产品研发工作。校园招聘以“211”“985”高校毕业生为主要目标，招聘比例占总人数的 53%以上，较好地满足了企业当前及未来发展的人才需求。

上海鼓风机厂有限公司抓好教育培训，推进人员结构优化，推进企业文化建设。公司组织了职工文化节，组织班组长建设工程，改善车间工作环境，组织劳动竞赛、技能比武，组织合理化建议活动、职代会民主管理活动，为凝聚员工的向心力起到了积极作用。公司逐步推进优化人员结构工作，逐步实施人员分流。截至 2012 年 12 月底，有 25 名非重要岗位人员进行协解，结构性转岗 10 名，招聘应届大学毕业生 25 名。公司从业人员总数从年初的 849 人下降到 627 人。2012 年，通过完善企业培训体系，进行有针对性的培训，已开展了《生产计划管理》《物料管理和库存控制》《采购成本与供应商管理》《质量管理体系推进及务实》等专项培训。对电工、焊工、挂钩工、行车工等进行了上岗安全要求的复训，对车间班组长进行了强化质量意识的培训。全年共计 142 人、295 人次参加各种形式的培训。

山东海福德机械有限公司积极开展建立学习型组织，提升团队竞争力，采取内外结合的方式，多渠道、多方式地对员工进行全方位培训，通过开展“全员职业化培训”“管理提升工程”等活动，对全员进行思想教育和工作技能的内部培训；外部培训主要有技术人员参加的风机行业标准培训、生产人员参加的安全生产培训、管理人员参加的聚成公司的企业管理知识培训，以及信息部全体人员参加的网络销售培训，全年受训人员达到 100 多人次；与山东理工大学、山东轻工业学院的专家教授进行了业务交流，使全体员工的价值观进一步统一，为打造一支“充满激情、崇尚务实、敢为人先、智慧理性”的员工队伍奠定了基础。

〔撰稿人：中国通用机械工业协会风机分会郭绍华　审稿人：中国通用机械工业协会风机分会陈凤义〕

2012 年阀门行业概况

一、生产发展情况

据统计，2012 年，全国阀门企业生产和销售稳步增长，规模以上企业（年销售收入在 2 000 万元以上的企业）共 1 543家，从业人员 27.29 万人，资产总额 1 285.3 亿元，同比增长16.08%。完成工业总产值2 116.49亿元,同比增长18.71%;实现主营业务收入2 081.04亿元,同比增长16.53%;实现利润总额150.96亿元,同比增长13.56%;完成出口交货值316.09亿元,同比增长14.29%。全行业共生产阀门721.30万t,同比增长11.23%。

据中国通用机械工业协会阀门分会统计,2012年,参加行业统计的139家企业完成工业总产值361亿元,比上年增长5.8%。其中,新产品产值130.84亿元,比上年增长21.80%。

2012年,阀门分会139家会员企业中,工业总产值超过5亿元的企业有21家,超过3亿元的企业有40家,超过2亿元的企业有59家。2012年阀门行业工业总产值前20名企业见表1。

表1　2012年阀门行业工业总产值前20名企业

序号	企业名称	工业总产值（万元）	序号	企业名称	工业总产值（万元）
1	苏州纽威阀门股份有限公司	262 652	11	河南省高山阀门有限公司	65 125
2	河南开封高压阀门有限公司	149 036	12	上海凯科阀门制造有限公司	64 863
3	远大阀门集团有限公司	85 908	13	上海开维喜阀门集团有限公司	64 026
4	中核苏阀科技实业股份有限公司	82 905	14	浙江石化阀门有限公司	63 826
5	北京市阀门总厂(集团)有限公司	81 865	15	伯特利阀门集团有限公司	61 437
6	江南阀门有限公司	73 963	16	大连大高阀门股份有限公司	58 882
7	大众阀门集团有限公司	73 617	17	五洲阀门有限公司	52 458
8	山东益都阀门集团股份有限公司	73 200	18	江苏神通阀门股份有限公司	52 271
9	浙江盾安阀门有限公司	68 990	19	北京航天石化技术装备工程公司	50 316
10	江苏苏盐阀门机械有限公司	66 235	20	兰州高压阀门有限公司	50 168

二、市场及销售情况

2012年,阀门分会139家会员企业实现主营业务收入349.15亿元,比上年增长14.11%。实现利润总额31.94亿元,比上年增长17.95%;实现销售产值344.63亿元,比上年增长9.14%;完成出口交货值54.95亿元,比上年增长14.29%。2012年阀门行业主营业务收入前20名企业见表2。2012年阀门行业利润总额前20名企业见表3。

表2　2012年阀门行业主营业务收入前20名企业

序号	企业名称	主营业务收入（万元）	序号	企业名称	主营业务收入（万元）
1	苏州纽威阀门股份有限公司	219 825	11	河南省高山阀门有限公司	62 586
2	河南开封高压阀门有限公司	145 852	12	上海凯科阀门制造有限公司	61 664
3	远大阀门集团有限公司	109 695	13	上海开维喜阀门集团有限公司	60 455
4	中核苏阀科技实业股份有限公司	80 638	14	大连大高阀门股份有限公司	59 332
5	北京市阀门总厂(集团)有限公司	76 589	15	浙江石化阀门有限公司	57 156
6	江南阀门有限公司	73 511	16	兰州高压阀门有限公司	52 500
7	山东益都阀门集团股份有限公司	73 010	17	五洲阀门有限公司	52 135
8	大众阀门集团有限公司	72 454	18	北京航天石化技术装备工程公司	50 815
9	浙江盾安阀门有限公司	68 570	19	上海科科阀门集团有限公司	49 348
10	江苏苏盐阀门机械有限公司	65 939	20	环球阀门集团有限公司	48 325

表 3　2012 年阀门行业利润总额前 20 名企业

序号	企 业 名 称	利润总额（万元）	序号	企 业 名 称	利润总额（万元）
1	河南开封高压阀门有限公司	38 373	11	大连大高阀门股份有限公司	6 177
2	苏州纽威阀门股份有限公司	36 728	12	北京市阀门总厂（集团）有限公司	5 894
3	远大阀门集团有限公司	12 222	13	上海开维喜阀门集团有限公司	5 427
4	五洲阀门有限公司	8 203	14	山东益都阀门集团股份有限公司	5 272
5	大众阀门集团有限公司	8 150	15	河南省高山阀门有限公司	5 226
6	江苏神通阀门股份有限公司	7 778	16	江南阀门有限公司	5 190
7	上海凯科阀门制造有限公司	7 489	17	浙江石化阀门有限公司	4 994
8	江苏苏盐阀门机械有限公司	7 334	18	郑州市郑蝶阀门有限公司	4 855
9	北京航天石化技术装备工程公司	6 889	19	雷蒙德（北京）阀门制造有限公司	4 607
10	中核苏阀科技实业股份有限公司	6 221	20	成都乘风阀门控股集团有限公司	4 425

三、新产品开发情况

2012 年，在国内经济结构转型增速放缓和复杂不明的市场形势下，阀门行业重点企业加大科技创新力度，通过技术引进、技术改造、技术攻关和消化吸收等方式，在技术创新和新产品开发方面取得了丰硕的成果，极大地推动了阀门行业的发展。

大连大高阀门有限公司研发的爆破阀，公称通径 200~450mm，设计温度 360℃，设计压力 17.2MPa，技术处于国内领先水平。公司研发了多种用于 LNG 管线上的低温阀门样机：低温球阀设计温度 -196℃，设计压力为 Class150、Class300 磅级，公称通径 6in（150mm）以下，技术处于国内领先水平；低温截止阀（铸钢）设计温度 -196℃，设计压力为 Class150、Class300 磅级，公称通径 6in（150mm）以下，技术处于国内领先水平；低温截止阀（高压）设计温度 -196℃，设计压力为 Class150、Class300 磅级，公称通径 6in（150mm）以下，技术处于国内领先水平；低温截止阀（低压）设计温度 -196℃，设计压力为 Class150、Class300 磅级，公称通径 6in（150mm）以下，技术处于国内领先水平；低温止回阀（低压）设计温度 -196℃，设计压力为 Class150、Class300 磅级，公称通径 6in（150mm）以下，技术处于国内领先水平。

中核苏阀科技实业股份有限公司研发的特大口径闸阀，公称通径 1 600mm，公称压力 150Lb，产品性能处于国内领先水平，创造经济效益 500 万元。研发的电动 Y 型截止阀，公称通径 400mm，公称压力 4 500Lb，产品性能处于国内领先水平，创造经济效益 200 万元。研发的核二级手动、电动球阀，公称通径 10mm，公称压力 17.16MPa，产品性能处于国内领先水平，获恰希玛核电厂工程 3 号、4 号机组堆芯中子注量率系统中 500 多万元订单。研发的核一级爆破阀，公称通径 350mm，公称压力 2 500Lb，产品性能处于国内领先水平。研发的主蒸汽隔离阀，公称通径 800mm，公称压力 8.4MPa，产品性能处于国内领先水平，当前已完成样机制造和初步冷态试验。

宣达实业集团有限公司研发的稀土改性高硅不锈钢管槽式分酸器，规格 ϕ 1 400~7 900mm，工作温度 40~200℃，系统吸收率 ≥99.985%，干燥塔出口烟气含水量 <0.1g/m^3，材料年腐蚀率 0.002 5mm，产品性能处于国内领先水平，年增销售收入 2 500 万元，当前已完成批量生产。研发的高温耐磨特殊闸阀，压力 1.6MPa、2.5MPa、4.0MPa、6.4MPa，温度 550~650℃。壳体材料 ASTM A351 CF8，内件材料 4Cr14Ni14W2Mo，产品性能处于国内领先水平，年增销售收入 800 万元，当前已完成批量生产。研发的火力发电厂高压加热器保护入口、出口阀，压力 16.0MPa、20.0Pa，温度 425℃。壳体材料 ASTM A216 WCB，内件材料 2Cr13。产品处于国内领先水平，已试制完成，进入检测阶段。研发的炼油厂加氢装置用阀门，压力 600Lb、900Lb、1 500Lb、2 500Lb，温度 204~550℃。产品性能处于国内领先水平，年增销售收入 800 万元，产品试制完成，进入检测阶段。

成都乘风阀门控股集团有限公司研发的锻钢平板闸阀，公称通径 100~350mm，公称压力 10.0~16.0MPa，产品处于国内先进水平，创造经济效益 3 000 万元。研发的锻钢截止阀，公称通径 80mm，公称压力 32.0MPa、42.0MPa，适用于富含硫化氢天然气工况。产品处于国内先进水平，创造经济效益 100 万元。研发的三偏心硬密封蝶阀，公称通径 1 800mm，公称压力 1.6MPa，正反向密封，温度 -90~350℃，产品处于内先进水平，创造经济效益 100 万元。研发的套筒式调节阀，公称通径 1 000mm，公称压力 1.6MPa，泄漏要求较高，产品处于国内先进水平，创造经济效益 100 万元。研发的油气管线大口径全焊接球阀（40″-48″），公称通径 48in（1 200mm），压力 Class900，产品性能达到国内领先、国际先进水平。油气管线大口径全焊接球阀（56″），公称通径 56in（1 400mm），压力 Class900，已完成国家级产品鉴定。研发的蝶阀公称通径 1 800mm，压力 1.6MPa，使用温度 -90℃，材料 1Cr18Ni9Ti，处于国内领先水平。

河南开封高压阀门有限公司研发的高压旁路阀，工作温度 610℃/350℃，工作压力 27.5MPa/7.5MPa，电动（调节型）开闭时间小于 5s（快速）、小于 30s（慢速）。技术处于国内领先水平。研发的低压旁路阀，工作温度 610℃/200℃，工作压力7.5MPa/1.0MPa，电动（调节型）开闭时间小于5s（快速）、小于30s（慢速），技术处于国内领先水平。研发的高温高压金属密封蝶阀，适用介质为煤气、蒸汽、热空气，适用温度450℃，技术处于国内领先水平。此外，研发的主蒸汽闸阀、气动疏水阀、高排及抽汽逆止阀，技术均处于国内领先水平。

哈电集团哈尔滨电站阀门有限公司为印度佳凯德项目、大连派思项目、三门核电项目提供的截止阀、安全阀、闸阀等，等离子堆焊技术处于国内先进水平。项目创造经济效益78万元。研发的300MW抽汽逆止阀，技术为国内一流；研发的1 000MW机组配套三通阀，技术处于国内领先水平。

苏州纽威阀门股份有限公司研发的10″900Lb超低温两片式固定球阀，公称通径10in（250mm），公称压力900Lb，工作温度-196~40℃，技术处于国内领先水平，创造经济效益8 000万元，样机正在进行试验阶段。研发的3″600Lb黑水调节阀，公称通径1/2~32in（15~800mm），公称压力600~2 500Lb，工作温度-196~566℃，技术达到国际领先水平，创造经济效益4 500万元，样机已经完成，当前进行系列化设计。研发的3″1500Lb高压迷宫式套筒调节阀，公称通径3~16in（80~400mm），公称压力900~2 500Lb，工作温度20~300℃，技术达到国际领先水平，创造经济效益2 500万元，样机已经完成，当前进入小批量试制阶段。研发的楔式双闸板闸阀，公称通径1/2~60in（15~1 500mm），公称压力150~2 500Lb，工作温度-196~560℃，技术处于国内领先水平，创造经济效益3 000万元，样机已经完成，当前进入小批量试制阶段。研发的600Lb三角圈阀座固定球阀，公称通径2~60in（50~1 500mm），公称压力600Lb，工作温度-20~200℃，技术达到国际领先水平，创造经济效益5 000万元，样机已经完成，当前进入小批量试制阶段。研究超低温截止阀密封性能，通过对工艺的改进，提高超低温截止阀的密封及扭矩稳定性，技术处于国内一流，创造经济效益3 000万元，研发样机试验已经完成并达到预期结果，但对于订单产品的研究结果还没有完全得到验证，需要进一步研究。研究超低温锻钢升降式止回阀气密封，通过不同结构性能的数据测试，进行工艺改进，以达到气密封满足国际标准的要求，技术处于国内一流，创造经济效益2 100万元，气密封测试已经通过，待认证通过可进行批量生产。

江苏神通阀门股份有限公司研发的核安全级耐高压智能蝶阀，安全等级为核安全二级、核安全三级，公称通径2~40in（50~1 000mm），工作压力1.35~10.0MPa，适用温度≤315℃，设计寿命60年。产品综合技术水平已达国际同类产品先进水平，单项设计水平已达国际领先水平，创造经济效益7 200万元，当前进入小批量生产阶段，产品已用于三门和海阳核电站。研发的第三代核电站用核级高压球阀，安全等级为核安全二级、核安全三级，公称通径15~150mm，工作压力1.35~22.0MPa，最大密封压力（双向）24.2MPa，适用温度≤315℃，设计寿命60年。产品综合技术水平已达国际同类产品先进水平，单项设计水平已达国际领先水平，创造经济效益6 000万元，当前进入小批量生产阶段，产品已用于三门和海阳核电站。研发的气动硬密封卸灰半球阀，公称通径300mm，公称压力0.25MPa，工作温度≤200℃，使用寿命≥5年，技术达到国内领先、国际先进水平，当前已小批量生产。研发的双向密封蝶阀，公称通径600~2 400mm，公称压力0.25~1.0MPa，工作温度≤250℃，适用介质为高炉煤气等，使用寿命≥10年，技术到达国内领先、国际先进水平，当前已小批量生产。研发的整板硬密封蝶阀，公称通径250~3 600mm，公称压力0.25~1.6MPa，工作温度≤500℃，适用介质为煤气等，使用寿命≥10年，技术到达国内领先、国际先进水平，当前已小批量生产。研发的煤气自闭式安全多级泄爆阀，公称通径80~1 200mm，公称压力0.05~0.25MPa，工作温度≤200℃，适用介质为煤气等，使用寿命≥5年，技术到达国内领先、国际先进水平，当前已小批量生产。研发的蝶式双瓣式海水蝶阀，安全等级为核安全二级、核安全三级，公称通径50~700mm，压力等级150Lb、300Lb，适用温度≤120℃，适用介质为海水，技术处于国内领先水平，达到国外进口产品水平，创造经济效益1 000万元，当前已小批量生产。改进气动驱动装置工艺，设备等级为B级、C级，额定力矩200~2 000N·m，环境温度≤150℃，工作压力0.5~0.9MPa，技术达到国际先进水平，创造经济效益1 000万元，当前已小批量生产。改进核级风阀工艺，安全等级为C级，公称通径100~300mm，工作压力30.0Pa，工作温度≤35℃，适用介质为空气，技术达到国际先进水平，创造经济效益200万元，当前已小批量生产。

四川飞球（集团）有限责任公司研发的全焊接锻钢固定球阀，公称通径6~36in（150~900mm），公称压力150~600Lb，适用温度-40~200℃，阀门为全焊接结构，技术达到国际先进水平，完成样机试制，已经销售给用户。研发的顶装硬密封锻钢固定球阀，公称通径6in（150mm），公称压力1 500Lb，适用温度-29~200℃，阀门为锻钢固定球结构，技术处于国内先进水平，样机试制正在进行中。对手动硬密封铸钢固定球阀改型，公称通径10in（250mm），公称压力1 500Lb，适用温度-29~200℃，阀门为铸钢固定球结构，技术处于国内先进水平，完成样机试制，已经销售给用户。

江南阀门有限公司研发的核电再热双阀组，技术处于国内领先水平，创造经济效益1 850万元，当前小试生产阶段。研发的可在线维修式蝶阀，技术处于国内领先水平，创造经济效益2 358万元，当前小试生产阶段。研发的波纹管密封调节阀，技术处于国内领先水平，创造经济效益1 980万元，当前小试生产阶段。研发的双向金属密封蝶阀，技术处于国内领先水平，创造经济效益1 850万元，当前小试生产阶段。研发的精小型全封闭液动装置，技术处于国内领先水平，创造经济效益2 480万元，当前小试生产阶段。

安徽省屯溪高压阀门有限公司研发的WZ61Y-1500LB-80型高压波纹管闸阀，公称通径80mm，压力1 500Lb，技术处于国内领先水平。研发的 DJ61Y-150LB-15、DZ41Y-150LB-15 等低温截止阀，公称通径 15~600mm，压力 150Lb、300Lb、600Lb、800Lb，技术处于国内领先水平。研发的 DZ61Y-150LB-15、DZ41Y-150LB-15 等低温闸阀，公称通径 15~600mm，压力 150Lb、300Lb、600Lb、800Lb，技术处于国内领先水平。一种具有开度批示器的旋启式止回阀，技术处于国内先进水平，创造经济效益 50 万元，当前已批量生产。一种具有流量检测功能的阀门，技术处于国内先进水平，创造经济效益 100 万元，当前已批量生产。

伯特利阀门集团有限公司研发的催化焦化隔离阀，公称通径 1/2~2 1/2in（15~65mm），压力 150~2 500Lb，技术处于国内先进水平。研发的防冲击型快关金属密封蝶阀，公称通径 4~16in（100~400mm），压力 300~600Lb，技术处于国内先进水平。研发的抗冲刷式截止阀，公称通径 3/8~8in（10~200mm），压力 600~4 500Lb，技术处于国内先进水平。研发的 DTV 蒸煮器顶阀，公称通径 20~32in（500~800mm），压力 150Lb，技术处于国内先进水平。研发的具有组合密封的铸石球阀，公称通径 6~48in（150~1 200mm），压力 150~900Lb，技术处于国内先进水平。研发的超高压锻钢金属密封蝶阀，公称通径 16~24in（400~600mm），压力 900~1 500Lb，技术处于国内先进水平。研发的自密封式高加入口阀，公称通径 6~12in（150~300mm），压力 900~2 500Lb，技术处于国内先进水平。研发的硬密封球阀，公称通径 15~500mm，公称压力 0.6~4.0MPa，工作温度≤300℃，技术达到国际先进水平。研发的海水蝶阀，公称通径 600~2 600mm，公称压力 0.25~1.0MPa，工作温度≤300℃，适用介质为海水，使用寿命≥5 年，技术处于国内领先水平。

上海开维喜阀门集团有限公司自主研发的加氢裂化装置用高压轨道球阀，公称通径 10in（250mm），压力等级 Class2 500，技术达到国际领先水平，具有多项自主知识产权。研制开发的新型催化剂耐磨球阀，公称通径 1/2~12in（15~300mm），压力等级 Class150~900，设计温度 540℃，技术达到国际领先水平。研制开发的防结焦球阀，公称通径 1/2~24in（15~600mm），压力等级 Class150~2 500，在国内多套延迟焦化装置中得到成功应用。研制开发的气动紧急切断阀，公称通径 1/2~24in（15~600mm），压力等级 Class150~2 500，产品已用于多个罐区装置。此外，上海开维喜阀门集团引进的国内最大口径的高精度五轴数控球磨机（Saporiti-PV1800）和首套阀门智能化表面涂装生产线于 2013 年年初投入生产运行，标志着上海开维喜阀门集团在球阀领域尤其是金属硬密封球阀领域的加工能力已经达到世界领先水平。

郑州市郑蝶阀门有限公司研发的高水头全通径泵站球阀，公称通径 500~1 500mm，公称压力 2.5~4.0MPa，适用温度-10~65℃，适用介质为水，密封试验压力 2.5~4.0MPa，壳体试验压力 3.75~5.625MPa，开阀时间 20~120s（可调），快关时间 10~40s（可调），慢关时间 10~80s（可调），开阀角度 0°~90°，技术处于国内先进水平，创造经济效益 2 880 万元。

四川精控阀门制造有限公司研发的四川省重大技术装备创新研制项目——高压大口径全焊接球阀，公称通径 1 000mm、1 200mm，压力 10.0MPa，介质为石油、天然气，介质温度-29~121℃。球阀应能满足连续运行 30 年以上，且相关性能能长期满足工况要求。总体技术处于国内领先水平，主要技术性能指标达到国际先进水平，创造经济效益 3 400万元。创新研制的压力平衡旋塞阀，公称通径 400mm，公称压力 10.0MPa，适用介质为石油、天然气，介质温度-29~121℃，介质最大压力 10MPa，已完成样机试制。研发的限位球阀，公称通径 400mm，公称压力 10.0MPa，介质温度-29~121℃，介质最大压力 10MPa。

开维喜阀门集团有限公司研发的安全减压阀，公称通径 20~450mm，公称压力 1.0MPa、1.6MPa、2.5MPa，适用介质为水，介质温度为 0~80℃。技术处于国内领先水平，创造经济效益 4 600 万元。研发的零压开启遥控浮球阀，公称通径 20~450mm，公称压力 1.0MPa、1.6MPa，适用介质为水，介质温度 0~80℃。技术处于国内领先水平，创造经济效益 4 040万元。研发的三孔防污复合式排气阀，公称通径 50~400mm，公称压力 1.0MPa、1.6MPa、2.5MPa、4.0MPa，介质温度 0~80℃。技术处于国内领先水平，创造经济效益 4 520 万元。研发的套筒式流量调节阀，公称通径 50~1 000mm，公称压力 1.0MPa、1.6MPa、2.5MPa、4.0MPa、6.4MPa，适用介质为水，介质温度 0~80℃。技术处于国内领先水平，创造经济效益 186 万元。研发的流阻盘调节球阀，公称通径50~1 000mm，公称压力 1.0MPa、1.6MPa、2.5MPa、4.0MPa、6.4MPa、10.0MPa，适用介质为水，介质温度 0~121℃。技术处于国内领先水平，创造经济效益 404 万元。研发的单排内置喷淋蝶阀，公称通径 100~2 000mm，公称压力 1.0MPa、1.6MPa、2.5MPa、4.0MPa，适用介质为水，介质温度 0~300℃。技术处于国内领先水平，创造经济效益 360 万元。

凯泰阀门（集团）有限公司研发的 KFQ340H 偏心半球阀，公称通径 100~1 000mm，公称压力1.0~2.5MPa，技术处于国内领先水平，创造经济效益 8 329 万元。研发的 QYNM41CF 超薄球阀，公称通径 50~1 000mm，公称压力 1.0~2.5MPa，技术处于国内领先水平，创造经济效益 280 万元。研发的 KFHQ947CF 卸灰球阀，公称通径 50~400mm，公称压力 1.0~2.5MPa，技术处于国内领先水平，创造经济效益 1 719 万元。研发的 KFTC347CF 探尺球阀，公称通径 300mm，公称压力 1.0~2.5MPa，技术处于国内领先水平，创造经济效益 960 万元。研发的 KTQM647Y-25C 喷煤粉球阀，公称通径 50~200mm，公称压力 2.5MPa，技术处于国内领先水平，创造经济效益 2 530 万元。研发的 SK741X-16Q 水力控制阀，公称通径 500~600mm，公称压力 1.6~2.5MPa，技术处于国内领先水平，创造经济效益 277 万元。研发的 Z45X-16Q 弹性座封闸阀，公称通径 50~800mm，公称压力 1.6~2.5MPa，技术处于国内领先水平，创造经济效益 256 万元。研发的 HK41Y-64C 可调逆止阀，公称通径 50~

500mm,公称压力 1.6~6.4MPa,技术处于国内领先水平,创造经济效益 150 万元。

陕西航天泵阀科技集团有限公司研发的氧化铝疏水调节阀,公称通径 40~150mm,采用阻尼板防气蚀,调节压力 0.6~3.8MPa,技术处于国内领先水平,创造经济效益 9 000 万元。研究油、气田紧急切断阀数字控制,数字远控自动控制、欠压切断值 0.1~1.5MPa,超压切断设定值 3.0~9.5MPa,技术处于国内领先水平,创造经济效益 1 668 万元。研发的远控球式切断阀,切断速度 0.6s,技术处于国内领先水平,创造经济效益 22 393 万元。对氧化铝"三耐二防"阀门密封面材质改造,密封面硬度达到 68HRC 以上,技术处于国内领先水平,创造经济效益 1 500 万元。

上海自动化仪表股份有限公司自动化仪表七厂研发的百万千瓦压水堆核电站稳压器喷雾阀,设计压力 17.23MPa,设计温度 360℃,达到国际同类产品先进水平。研发的 98-41321EB 12″X900#巴基斯坦 C-2 核电站项目用主给水调节阀,额定 C_V 为 1 190,泄漏等级 ANSI B16.104IV 级,精度 ±2.5%,技术处于国内领先水平,创造经济效益 104 万元。研发的 86 型气动执行机构(双作用气缸活塞式),86-3DO 型:行程 260mm,最大推力 140kN;86-4DT 型:行程 250mm,最大推力 240kN。研发的 HZ-ZC30 核电站用 1E 级电磁阀,公称通径 3mm、4mm、6mm、8mm、10mm,公称压力 0.6MPa、1.0MPa,额定电压 48V(直流),技术处于国内领先水平。

浙江高中压阀门有限公司研发的 200SF645Y16C 气动放料阀,公称通径 200mm,公称压力 1.6MPa,创造经济效益 20 万元。研发的 250JS545Y160 料浆阀,公称通径 250mm,公称压力 16.0MPa,创造经济效益 45 万元。研发的 600SJS545Y16C 料浆阀,公称通径 600mm,公称压力 1.6MPa,创造经济效益 30 万元。研发的 350SJS545Y40 料浆阀,公称通径 350mm,公称压力 4.0MPa,创造经济效益 30 万元。研发的 250JS945Y160 电动料浆阀,公称通径 250mm,公称压力 16.0MPa,创造经济效益 45 万元。研发的 350JS945Y40 电动料浆阀,公称通径 350mm,公称压力 4.0MPa,创造经济效益 25 万元。研发的 150ST48H64 调节阀,公称通径 150mm,公称压力 6.4MPa,创造经济效益 35 万元。研发的 20-50J41F25-40 环能氨阀,公称通径 20~50mm,公称压力 2.5~4.0MPa,创造经济效益 50 万元。研发的 65-125J41F25-40 环能氨阀,公称通径 65~125mm,公称压力 2.5~4.0MPa,创造经济效益 100 万元。研发的 125FSb44Y16C 角式放料阀,公称通径 125mm,公称压力 1.6MPa,创造经济效益 30 万元。研发的 1560ST41H-64 疏水调节阀,公称通径 150mm,公称压力 6.4MPa,法兰式密封面整体淬火,结构长度 550mm,中心高度 755mm,最高使用温度 425℃,最大压差 1.0MPa,创造经济效益 50 万元。

2012 年,阀门行业实现了生产经营的稳步增长,企业更加重视提高产品的技术含量,产品逐渐从低附加值向高附加值的阶段过渡,但同国外阀门行业相比还存在一定的差距。阀门行业企业应认真思索,改进发展中的一些问题,找准发展的切合点,共同促进阀门产业振兴与提高。建议阀门企业把挑战变为机遇,找准企业定位,着力开拓国内外市场,关键是继续提升产品质量和技术含量,积极开发新产品,提高管理水平,使我国阀门行业发展再上一个新台阶。

〔撰稿人:中国通用机械工业协会阀门分会马丽丽〕

2012 年压缩机行业概况

一、行业发展情况

2012 年,中国通用机械工业协会压缩机分会有会员单位 148 家,其中,国有企业 18 家,股份制企业 47 家,民营企业 63 家,合资、独资企业 18 家,大学 1 所,研究所 1 所。2012 年,参与压缩机行业统计的企业共有 85 家,其中重点联系企业 36 家。

2012 年,压缩机行业 85 家会员企业上报统计数据显示:完成工业总产值 167.3 亿元,同比下降 4.7%,其中压缩机产值下降 4.73%,压缩机配件产值同比增长 1.99%。全年从业人员平均人数 23 760 人,固定资产原价 510 048 万元,流动资产 1 465 286 万元。2012 年,工业总产值超亿元的企业有 39 家,比上年增加 1 家。36 家重点联系企业中有 21 家企业产值呈现不同的增长,有 8 家企业呈下降水平。其中产值增幅较大的企业有:耐力压缩机(北京)有限公司同比增长 36.5%,中国人民解放军第四八一二工厂同比增长 31.7%,沈阳远大压缩机股份有限公司同比增长 30.8%,自贡东方通用压缩机有限公司同比增长 30.5%,大连金山压缩机制造有限公司同比增长 28.2%,温岭市鑫磊空压机有限公司同比增长 26.3%,沈阳透平机械股份有限公司往复机事业部同比增长 22.3%。此外,柳州压缩机总厂同比增长 18.9%,苏州鸿本机械制造有限公司同比增长 16.4%,安瑞科(蚌埠)压缩机有限公司同比增长 12.7%。产值下降幅度较大的企业有:济南格蓝压缩机有限公司同比下降 48.3%,江苏劲风压缩机制造有限公司同比下降 40.2%,天津市空气压缩机有限公司同比下降 37.1%,温州固耐化机制造有限公司同比下降 35.9%,上海浪潮机器有限公司同比下降 33.8%，无锡压缩机股份有限公司同比下降 30.1%。2012 年压缩机行业工业总产值前 20 名企业见表 1。

表 1　2012 年压缩机行业工业总产值前 20 名企业

序号	企业名称	工业总产值（万元）
1	红五环集团股份有限公司	96 544
2	上海飞和实业集团有限公司	87 095
3	沈阳远大压缩机股份有限公司	76 093
4	沈阳透平机械股份有限公司往复机事业部	66 936
5	山东省潍坊生建集团	59 053
6	自贡通达机器制造有限公司	50 681
7	四川大川压缩机有限责任公司	50 634
8	中国石油集团济柴动力总厂成都压缩机厂	48 149
9	北京京城压缩机有限公司	45 418
10	四川金星压缩机制造有限公司	43 167
11	温岭市鑫磊空压机有限公司	40 708
12	上海大隆机器厂有限公司	39 704
13	无锡压缩机股份有限公司	39 500
14	博莱特（上海）压缩机有限公司	35 968
15	苏州鸿本机械制造有限公司	31 621
16	温州固耐化机制造有限公司	30 000
17	江苏超力机械有限公司	28 500
18	安瑞科（蚌埠）压缩机有限公司	27 130
19	阜新金昊空压机有限公司	26 843
20	宁波鲍斯能源装备股份有限公司	24 040

2012 年，压缩机行业 85 家企业利税总额 166 250 万元，实现利润 110 896 万元，同比下降 19.1%。36 家重点联系企业实现利税 87 106 万元，实现利润 54 747 万元，同比下降 23.4%。2012 年实现利润增长幅度较大的企业有：自贡机一装备制造有限公司实现利润 4 358 万元，同比增长95.3%；宁波欣达螺杆压缩机有限公司实现利润 1 182 万元，同比增长 95.1%；沈阳透平机械股份有限公司往复机事业部实现利润 3 898 万元，同比增长 47.6%；中国人民解放军第四八一二工厂实现利润 293 万元，同比增长 40.2%；耐力压缩机（北京）有限公司实现利润 1 554 万元，同比增长 37.4%；安瑞科（蚌埠）压缩机有限公司实现利润 2 025 万元，同比增长 36.1%。2011 年，压缩机分会统计企业中只有 2 家企业亏损，亏损额为 1 786 万元。2012 年，参与统计的企业中有亏损企业 10 家，亏损额为 8 481 万元，亏损企业数量激增，且亏损额上扬幅度较大。

2012 年，压缩机行业经济效益综合指数为 217.30%，比上年降低 62.1 个百分点。重点联系企业经济效益综合指数为 224.86%，比上年提高 13.7 个百分点。

经济效益综合指数是衡量工业经济运行质量的综合指标。压缩机行业前几年经济效益综合指数逐年上升，但 2012 年首次下降且下降幅度颇大，说明行业发展形势严峻，行业面临着重新洗牌。经济效益综合指数前三名企业全部为民营企业，分别是上海盛怡压缩机有限公司（612.29%）、北京金凯威通用机械有限公司（539.92%）、温州固耐化机制造有限公司（520.41%），民营企业已成为推动行业经济发展的重要支柱力量。

二、产品分类及生产、销售情况

1.产品分类

在我国行业划分中，压缩机指容积式压缩机，包括往复活塞式压缩机和回转式压缩机（螺杆压缩机、滑片式压缩机等）。本年鉴所涉及的产品系指除制冷压缩机和刹车泵外的其他容积式压缩机。

容积式压缩机按结构划分为活塞式、隔膜式、螺杆式（单螺杆和双螺杆）、滑片式、涡旋式等压缩机。按排气量分为：微型压缩机（$V \leqslant 1m^3/min$）、小型压缩机（$1m^3/min<V \leqslant 10m^3/min$）、中型压缩机（$10m^3/min< V \leqslant 100m^3/min$）、大型压缩机（$V>100m^3/min$）。按排气压力分为：低压压缩机（$0.3MPa< P \leqslant 1MPa$）、中压压缩机（$1MPa< P \leqslant 10MPa$）、高压压缩机（$10MPa<P \leqslant 100MPa$）和超高压压缩机（$P>100MPa$）。

压缩机产品主要应用于采矿、冶金、石油、化工、机械、城建及道路施工等领域。作动力用的空气压缩机需求量最大，而化学工业用压缩机规格品种最多。由于石油化学工业的蓬勃发展，要求压缩各种烃类气体的压缩机日趋增多。

2.产品生产与销售

2012 年，压缩机行业 85 家企业共生产各种大中小型压缩机 1 415 997 台（其中工艺用压缩机 4 048 台），销售 1 410 876台（其中工艺用压缩机 4 035 台），出口量 1 215 354 台（其中工艺用压缩机 113 台）。其中，生产往复活塞式压缩机 1 333 387 台（其中工艺用压缩机 3 068 台），销售 1 329 908台（其中工艺用压缩机 3 010 台）。生产单螺杆压缩机 14 522 台，销售 14 246 台（其中工艺用压缩机 6 台）。生产双螺杆压缩机 68 088 台（其中工艺用压缩机 166 台），销售 66 722 台（其中工艺用压缩机 128 台）。

压缩机行业 85 家企业生产排气量为 $100m^3/min$（含 $100m^3/min$）以上的压缩机 1 798 台，销售 1 769 台，出口 58 台；生产排气量为 $41 \sim 99m^3/min$ 的压缩机 2 827 台，销售 3 022台，出口 47 台；生产排气量为 $20 \sim 40m^3/min$ 的压缩机 16 733 台，销售 16 210 台，出口 105 台；生产排气量为 $1 \sim 19m^3/min$ 的压缩机 124 467 台，销售 120 020台，出口 799 台；生产排气量为 $1m^3/min$ 以下的微型压缩机 1 270 172 台，销售 1 269 855 台，出口 1 214 345 台。

2012 年，压缩机行业 85 家企业生产工艺气体压缩机及销售具体情况：生产氮氢气压缩机 93 台，销售 97 台；生产氮气压缩机 270 台，销售 253 台；生产天然气压缩机 1 600 台，销售 1 561 台；生产二氧化碳压缩机 116 台，销售 120 台；生产氢气压缩机 410 台，销售 399 台；生产煤气压缩机 144 台，销售 99 台；生产氧气压缩机 182 台，销售 180 台；生产其他气体压缩机 1 200 台，销售 1 296 台。

2012 年，压缩机行业 85 家企业完成销售产值 1 635 682 万元，同比下降 6.1%。产品销售率为 97.8%，较上年提高 5.7个百分点。虽然工业总产值和销售产值均较上年同期下降，但产品销售率有所提高，说明企业日趋理智，对市场的判断能力不断增强。

2012 年，压缩机行业实现主营业务收入 1 651 100 万元，同比下降 2.9%，比上年减少 51.8 个百分点。行业绝大部分企业主营业务收入出现下滑。主营业务收入增幅较大的企业有：北京汇知机电设备有限责任公司增长 50.4%，自贡机一装备制造有限公司增长 45.8%，耐力压缩机（北京）有限公司增长 36.5%，上海东方压缩机制造有限公司增长 31.2%，自贡东方通用压缩机有限公司增长 30.4%。2012 年压缩机行业主营业务收入前 10 名企业见表 2。

表 2　2012 年压缩机行业主营业务收入前 10 名企业

序号	企 业 名 称	主营业务收入（万元）
1	红五环集团股份有限公司	112 541
2	上海飞和实业集团有限公司	74 440
3	北京京城压缩机有限公司	72 156
4	无锡压缩机股份有限公司	63 987
5	沈阳远大压缩机股份有限公司	62 889
6	山东省潍坊生建集团	62 663
7	沈阳透平机械股份有限公司往复机事业部	61 127
8	自贡通达机器制造有限公司	51 610
9	上海大隆机器厂有限公司	51 119
10	中国石油集团济柴动力总厂成都压缩机厂	49 924

3.产品出口情况

2012 年，压缩机行业参与统计的企业实现出口交货值 108 123 万元，同比增长 10.5%。产品出口交货值占全行业工业总产值的 6.4%，占比较上年有所增加。压缩机行业有 24 家企业产品出口，共出口压缩机 1 215 354 台。行业中出口主导型企业实现了增长，尤其是苏州鸿本机械制造有限公司和温岭市鑫磊空压机有限公司由于 2011 年牵涉反倾销致使经济效益受损较大，在 2012 年则扭亏为盈。苏州鸿本机械制造有限公司完成出口交货值 32 165 万元，同比增长 25.8%；温岭市鑫磊空压机有限公司完成出口交货值 18 846万元，同比增长 8.4%。2012 年，还有一些传统企业出口获得了较大幅度的增长：上海优耐特斯压缩机有限公司增长 79.9%，博莱特（上海）压缩机有限公司增长 40.3%，四川南方气体压缩机公司增长 37.9%，四川金星压缩机制造有限公司增长 24.1%。值得一提的是，随着企业技术水平和工艺装备能力及知名度的提升，出口产品逐步得到国外用户的认可，由出口中小型产品向着大中型产品迈进。如无锡压缩机股份有限公司的大型工艺螺杆压缩机组 KS0207 出口哈萨克斯坦，浙江开山压缩机股份有限公司首台 KE132-110W-50 朗肯循环螺杆膨胀机出口美国。

三、科研成果及新产品

2012 年，在经济不景气、需求持续减缓的情况下，压缩机生产企业开发新机型的力度进一步加大。压缩机行业实现新产品产值 720 657 万元，同比下降 5.5%，新产品产值率 43.0%，比上年高出 13 个百分点，行业企业持续创新能力有所增强。

沈阳透平机械股份有限公司往复机事业部与中化泉州公司签订了提供首台 4M150 大型往复式压缩机的合同，该产品将用于中化泉州公司 1 200 万 t/a 炼油项目中的 330 万 t/a 渣油加氢装置。至此，沈阳透平机械股份有限公司研制的大型往复式压缩机，完成了从引进设计到自我创新设计的蜕变，实现了机组气体推力跃升至世界最大级。沈阳透平机械股份有限公司首次应用的大化肥集成制冷氨气压缩机组通过市级科技成果和投产鉴定，实现国产化研制重大突破。沈阳透平机械股份有限公司往复机事业部 2012 年推出两种国产化首台超高压纯氢气往复式压缩机，用于陕西融和化工集团 6 万 t/a 1,4-丁二醇（BDO）项目加氢装置。该压缩机是在消化吸收引进国外公司技术的基础上，进一步提高技术等级的新产品，具有设计先进、结构合理、性能可靠和噪声低、振动小、易损件使用周期长等特点，能够有效提高氢气压力，满足生产工艺流程需要。沈阳透平机械股份有限公司往复机事业部自主开发的首台国产化 6M80 大型往复式压缩机试车一次成功。6M80 是 6M50 活塞力产品的 3.0 升级版，以内蒙古庆华集团 50 000m^3/h 焦炉气净化、转化、PSA 制氢项目为依托，满足了用户对机组设备大型化的需求。

无锡压缩机股份有限公司研制的 KS0207 大型工艺螺杆压缩机组试车成功。KS0207 机组是公司为中石油子公司在哈萨克斯坦某项目配套生产的天然气压缩机产品，机组的油回收器、精油气分离器和撬座等部件都采用了全新结构，属于全新设计产品，且机组流量大、进出口压差高，电动机功率达到 1 250kW，是公司当前配套电动机功率最大的喷油螺杆压缩机。公司研制的 KR70（2D125）大型工艺往复压缩机通过评审并试车成功，标志着公司引进日本神钢 KR 系列技术制造的压缩机国产化工作取得重大成果。公司生产的 MG124 四列迷宫压缩机试车成功。该迷宫压缩机为四列三级压缩，行程 300mm，采用分体曲轴箱设计，是为宁波禾元化学有限公司 EO/EG 装置配套的二氧化碳压缩机。公司自主研制的焦炉煤气螺杆压缩机一次性试车成功，标志着公司制造大功率工艺螺杆压缩机技术获得新突破。公司的螺杆节能控制系统通过对机组加卸载压力的调节，减少压缩机在相对压力较高的气量下的运行时间来实现节能。在同样的工况下，用气流量在 50% 的情况运行两个小时后，常规模式共加载 118 次，耗电 87.38kW · h；节能模式一共加载 246 次，耗电 84.95kW · h；节能模式二共加载 240 次，耗电 84.70kW · h，取得了一定的节能效果。公司的节能环保型中压喷油螺杆移动空气压缩机创新设计了C型气道串联流程、中高压喷油螺杆机组循环油路控制结构，优化匹配一二级转速，确保流程短、压损小、压比分配合理。采用单只反比例阀同时控制进气阀门开启度及柴油机转速、自制气控溢流阀实现机组恒压力气量输出，提高了机组系统控制的操控性和稳定可靠性。该机具有节能、高效的特点。

由中国石油集团济柴动力总厂成都压缩机厂自主创新研制的大功率高速往复活塞式天然气压缩机组——RTY3360压缩机组研制成功，获得国家授权专利9项。该机组经72h的工业性试验，在西南油气田重庆气矿梁平作业区沙坪场增压站正式投入运行。

沈阳远大压缩机股份有限公司进行了国内首台BOG压缩机出厂前正式模拟工况低温氮气负荷运转试验。经过48h的试验运行，在压缩机入口温度-190℃的条件下，各项性能指标均达到设计的要求。试验后，产品发运用户现场，进行安装后投入运行。

浙江开山压缩机股份有限公司与南车集团海泰制动设备有限公司联合开发的机车制动用S02T-B1.5螺杆机完成了样机制作。S02T-B1.5螺杆机用于为CR380A高速动车组列车提供制动气源。该机核心部件采用专门为动车使用设计的SKY66机头，不带增速齿轮直接通过联轴器传动，提高了性能及可靠性，经测试，主要性能指标全面优于外资产品。公司为山西省某集团15.6万m^3煤层气开发、制造的拥有核心技术和自主知识产权的首台气体压缩机于山西晋城交付用户。这台LG57/0.1-0.3大型压缩机主机部分采用公司自主研发生产的SGY220螺杆主机，吸气流量57m^3/min，轴功率220 kW。该机组设计先进、结构合理，机组整体达到国际领先水平。公司的KHE250-54/8-Ⅱ型两级压缩螺杆空气压缩机顺利通过了国家压缩机制冷设备质量监督检验中心、合肥通用机电产品检测院的1级能效检测。该机排气量54m^3/min，比市场上其他品牌250kW机器高出25%，甚至超过了315kW机器的排气量；机组输入比功率小于5.8 kW/(m^3/min)，比国家规定的1级能效标准值还低2%。

此外，贵州中电振华精密机械有限公司自主研制的船用中压单螺杆压缩机，填补了国内空白。四川金星压缩机制造有限公司研发的无站用储气系统子站压缩机，填补了加气站压缩机的一项空白，具有很好的市场前景。宁波德曼压缩机有限公司研制的EV15变频螺杆空气压缩机、EV30螺杆空气压缩机、EV37螺杆空气压缩机3种新产品通过鉴定。

四、基本建设情况

中国振华集团于2011年底在贵阳国家高新区投资组建了贵州中电振华精密机械有限公司，将公司多项压缩机国内首创研发成果正式投入产业化（已列入《贵州省“十二五”新兴产业发展规划》重点发展产品）。贵阳国家高新区沙文生态科技园占地面积10.93万m^2（164亩）的高端单螺杆压缩机装备产业园于2012年开工建设。该产业园主要从事（船用）中高压单螺杆压缩机，天然气、PET吹瓶、膜制氮等工艺压缩机，无油水润滑单螺杆压缩机及商用空调单螺杆压缩机等高端装备关键技术研发、产业化。项目总投资6亿元，全面达产时将实现年销售额20亿元，为我国船舶、石化、矿山、食品等领域提供高可靠性的单螺杆压缩机。

2012年5月，四川金星压缩机制造有限公司与四川仁寿县正式签约，将投资10亿元打造中国最大的LNG-CNG清洁能源现代成套装备制造基地。该基地位于眉山市仁寿县视高经济开发区，已进入规划设计阶段。

〔撰稿人：中国通用机械工业协会压缩机分会刘妍〕

2012年真空设备行业概况

一、生产发展情况

2012年，真空设备行业处于经济恢复发展时期，由于欧盟对我国太阳电池出口的限制，导致太阳电池生产企业经营步履维艰，而为太阳电池生产提供主要配套设备的真空设备企业受到了一定程度的影响，部分企业经济出现了下滑。

2012年，据中国通用机械工业协会真空设备分会对23家会员企业的统计：完成工业总产值426 269万元、工业增加值154 182万元，实现主营业务收入345 256万元，全年从业人员人数7 962人，年末资产总额534 934万元。2012年真空设备行业工业总产值前10名企业见表1。

表1 2012年真空设备行业工业总产值前10名企业

序号	企业名称	工业总产值（万元）
1	广东省佛山水泵厂有限公司	87 840
2	淄博水环真空泵厂有限公司	80 933
3	湘潭宏大真空技术股份有限公司	69 874
4	中国科学院沈阳科学仪器股份有限公司	22 816
5	长沙鼓风机厂有限责任公司	22 343

（续）

序号	企 业 名 称	工业总产值（万元）
6	兰州真空设备有限责任公司	18 778
7	北京中科科仪股份有限公司	18 696
8	中山凯旋真空技术工程有限公司	15 029
9	浙江真空设备集团有限公司	10 016
10	川北真空科技（北京）有限公司	9 800

2012 年，北京中科科仪股份有限公司研究制定公司 2013—2015 年滚动发展战略，明确公司未来三年发展战略：聚焦主营业务，实施“1235”战略。“1235”即“1 个核心”“2 个关键”“3 类市场”和“5 项突破”。1 个核心：必须充分提升技术创新能力在企业发展中的核心作用；2 个关键：营销能力和服务质量是确保企业持续发展的关键要素；3 类市场：掌握传统产业、战略新兴产业、政府和科研院所三类目标市场特点，有针对性、有选择地组织产品开发和市场渗透，建立不可替代的牢固市场地位；5 项突破：真空技术产品的重点行业开发和核心技术开发实现突破，公司整合外部资源或战略合作实现新的突破，在激励机制改革方面实现突破，科学仪器产业园建设取得突破，实现公司上市。公司及时召开计划工作会、半年总结会暨战略研讨会以及研发交流会，推进发展战略的贯彻落实。公司建立和完善了战略复盘机制，实现战略管理常态化，战略管理工作得到明显提升，形成了以战略规划为指导、以战略执行为手段，全面推进公司经营管理工作的局面。2012 年，公司实现主营业务收入 17 651 万元，与前两年相比，增速放缓。面对严峻的经济形势，2012 年下半年，公司通过加大资金往来催收力度，加快资金回笼，取得了较好的成效。

2012 年，兰州真空设备有限责任公司克服国内真空设备市场低迷、订单明显减少、资金流动减缓、生产经营遭受较大冲击的困难，发挥特色优势和独特竞争力，化解内外各种矛盾，取得了良好的生产经营业绩。公司被兰州市政府评为全市加快推进新型工业化进程先进企业。全年完成工业总产值 18 778 万元，实现主营业务收入 18 740 万元，利润总额 868 万元。

2012 年，浙江真空设备集团有限公司坚持以市场为导向、以客户为中心、以效益为目标的经营理念，着力转变发展方式，破解发展难题，实现了企业的持续平稳发展。全年完成工业总产值 10 016 万元，同比下降 20%；实现主营业务收入 8 520 万元，同比下降 17.6%。主要产品产量 2 953 台，主要产品优等品率 99.87%。

2012 年，中国科学院沈阳科学仪器股份有限公司进一步加强自主创新能力建设、结构调整和转型升级，并取得了阶段性成果。通过调整战略布局，产品升级和产品结构优化的步伐进一步加快，产业化能力有了跳跃式的发展，产品结构实现了由原来的非标准化向标准化转变，由原来单一、个性化的生产方式转变为批量化生产方式，由传统的实验仪器向标准化、规模化产品的快速转型。通过产品结构一系列的优化和调整，改变了生产模式，降低了产品风险，提高了产品盈利能力：一是增加高盈利的产品品种，削减盈利率较低的产品；二是采取层次结构化的和盈利结构化的产品组合和价格组合策略；三是调整工业化产品与科研类产品比重，重点发展量大面广、确保能迅速形成规模的产品。从以生产科研类产品为主，转变为以市场为导向，面向集成电路、太阳能光伏、LED 等行业不断推出工业化产品。为进一步提高企业的开放服务能力，扩大在国内大半导体产业的影响力和知名度，公司与中国科学院上海硅酸盐研究所合作，在我国光电产业较为集中、产业技术短板较为突出的江苏省建设真空技术装备国家工程实验室光电产品工艺试验基地。该基地将为长三角地区相关企业提供研发试验、工艺试验、人员培训等技术服务，同时还将为工程实验室依托单位提供市场开发、产品推广及售后服务方面的支撑。2012 年，公司完成工业总产值 2.28 亿元、销售收入 1.65 亿元，累计生产各类产品 1 200 余台（套），其中标准化、批量化产品占比 80%以上。

2012 年，面对国内外复杂严峻的经济发展现状，博山精工泵业有限公司通过调整优化产品结构，外拓市场、内抓管理，提高生产效率和工作效率，降低质量损失，全方位节约挖潜等应对措施，进一步提高了抵御风险的能力，促进了企业经济效益和社会效益的同步增长。全年完成工业总产值 6 788 万元，实现主营业务收入 6 319 万元，出口创汇额 87 万元。

沈阳蓝菱真空设备制造有限公司在生产过程中建立了完善的产品档案，使产品生产过程具有可追溯性，一旦出现质量问题可以根据其产品档案查到装配责任人或责任配套厂家。这一措施不但对提高员工的责任心、提高产品质量起了很大的作用，而且在一定程度上降低了公司的三包成本，为公司挽回了不少损失。公司根据真空设备市场实际情况，及时调整产业结构，领导带领销售人员跑市场，根据客户要求不断更新产品，满足不同客户的需求。2012 年，公司生产高真空抽气机组 596 台（套），完成工业总产值 7 260 万元，实现主营业务收入 6 950 万元。

宁波市仪表阀门厂是一个有着 50 多年历史的老厂，2012 年对工厂进行了整体的更新与扩建。改造了装配车间，引入了大型的专业设备，生产的阀门最大口径可达 2m。2012 年，宁波市仪表阀门厂改进生产工艺，根据市场反馈，对各类真空阀门进行了升级，提高了产品性能，并重点对各类真空插板阀进行改进。

台州市椒江真空设备制造有限公司以生产真空泵为主，不断推出适应市场需求和节能环保的新产品。2012 年实现主营业务收入 7 003 万元，同比增长 15.7%；上缴税金 558 万元，同比增长 20.1%。

二、市场及销售

2012 年，北京中科科仪股份有限公司加强市场服务建设：一是完善制度建设，建立用户培训制度，完善绩效考核激励机制，制定服务价格体系，完善服务作业规范；二是规范服务管理，开通400客户服务热线，建立服务高效的呼叫中心，简化维修业务流程，提高服务效率，建立服务申请流程，实现闭环管理与监控，加强供应商服务管理；三是提供增值服务，实施大客户差异化服务策略，为客户提供更加专业贴心的服务。公司销售上千台分子泵，非标排气台全年合同总额超过3 000万元，实现历史较高水平。在海外业务拓展方面也取得了突破性进展。

2012年，兰州真空设备有限责任公司分析市场状况，及时调整销售策略。销售部门通过周工作例会，集中对经办的商务信息处理和跟踪情况、合同执行和协调情况、客户服务、货款回收情况等进行梳理和检查，结合掌握的信息制定月度工作计划，并对计划的完成情况进行落实和分析。制定了销售人员考核办法、费用使用审批程序及工作流程。通过对核价、报价资料及合同文本等商务文档实行标准化、模块化管理，提高了工作效率和工作质量。2012年，公司完成真空设备405台(套)，其中，真空获得类设备348台(套)、真空镀膜类设备15台、真空热处理类设备16台、真空冶金设备8台、其他真空应用设备18台(套)。

2012年，中国科学院沈阳科学仪器股份有限公司将市场的重点由传统行业和科研仪器行业转移到大半导体行业，加强销售团队的建设，整合内部人力资源，加大市场开发力度，同时放弃一部分赢利能力较弱的或与主营业务关联度较小的业务和市场。市场转变后产生的经济效益也十分显著。公司还积极开创销售新模式：①延伸服务：从单纯的制造销售向维修服务拓展。在干泵业务方面，积极拓展干泵维修业务，建立维修生产线，并与维修优势企业积极开展维修合作，拓展公司的盈利渠道。②提供解决方案：从只提供设备向提供工艺和交钥匙工程发展。在光伏电池和LED业务方面，聘请经验丰富的专家及团队，积极开展技术提升与成套工艺研究，形成整机设备与成套工艺的一揽子解决方案。

2012年，浙江真空设备集团有限公司抓住市场机遇，积极发挥销售人员的主观能动性，及时召开各片长会议，研究制定应对市场变化的措施。公司新一轮销售承包方案减少了承包片区，调整了人员结构。售后服务工作不断完善，产品质量"三包"责任追溯工作得到了有效落实。备件备品销售工作得到加强，内部管理更加严格。公司成功召开用户座谈会，并组织了真空技术研讨会，参加人数均超过往年。

博山精工泵业有限公司主导产品为水环式真空泵/压缩机、往复式真空泵等产品，2012年的目标市场锁定为化工、煤炭、制药三大行业。2012年，公司继续坚持"外拓市场，内抓管理"的经营方针，致力于提高自主创新能力，经营工作保持了良好的发展态势，全年销售收入突破6 000万元，保持了"十二五"以来的连年递增。公司效益稳定增长，主要得益于根据市场需求变化适时调整产品结构：一是研发产品适销对路，新产品保持了较高的价位；二是附加值高的大型成套真空机组产品销售量大幅度增加。公司研发的铸铁(碳结钢)-高分子材料复合材质水环真空泵、钛材质水环真空泵、远程监控智能型水环真空机组、2BEC系列瓦斯排放泵等8种新产品，具备了系列化生产能力，带动了年度销售收入的增长。

沈阳蓝菱真空设备制造有限公司坚持以市场需求为导向，调整内部产品结构，通过积极开辟新用户，为客户"量身定做"新产品，满足顾客的个性化要求，确立了公司"经营灵活、生产能力强"的市场形象。

泰兴新型工业泵厂专业生产无油立式真空泵、真空机组，产品已广泛应用于石油、化工、制药、食品等领域的真空提炼、蒸馏、蒸发、结晶、干燥及过滤等。2012年，产品销售1 500多台。产品销往全国各地，并出口到韩国、马来西亚等国家和中国香港地区。

三、科研成果及新产品

2012年，北京中科科仪股份有限公司完成了仪器专用分子泵、T式检漏仪、系列分子泵控制器、检漏仪软件系列等真空标品的研发与技术改造工作。公司的扫描电子显微镜的$X-Y$向自动样品、背散射电子探测器、分子泵减震系统和红外CCD视频系统电镜研发技术改造项目进展顺利。国家科技重大专项"磁悬浮分子泵系列产品开发与产业化"项目进展顺利，磁悬浮项目突破两大技术难关，基本完成2 000L和1 400L磁浮泵小批试制任务，并已陆续交给客户试用，效果良好。2012年，公司获批项目资金5 111万元，其中，国家重大科学仪器设备开发专项已完成新型深紫外全固态激光源及前沿装备开发。公司的场发射电子枪研发与产业应用培育项目被列入2012年北京市科技计划项目，磁悬浮分子泵系列产品开发与产业化重大科技成果转化和产业化项目获海淀区支持核心区自主创新和产业发展专项资金支持。此外，公司自主知识产权保护力度得到不断加强，完成软件著作权登记3项，获得授权专利11项。

2012年，兰州真空设备有限责任公司开发设计新产品9项，进行了近40项产品设计和工艺的优化创新。公司研发的新一代卷绕镀膜机，采用国际先进的西门子伺服电动机控制系统，镀膜速度大大提高；研发的高温真空热压炉和全新结构高温退火炉为拓宽产品应用领域奠定了技术基础。公司根据市场需求研发多卷数大卷重宽幅钛卷带真空保护气氛热处理设备。该设备可实现在同一卧式炉体内按不同工艺要求，对多卷数大卷重宽幅钛卷带进行高真空退火和微负压保护气氛退火两种热工工艺。当前设备已投入工业运行，经甘肃省科技厅、甘肃省工业和信息化委员会联合组织的科技成果及新产品鉴定，一致认为：该设备是国内首台大型卧式多卷数大卷重宽幅钛卷带的热处理设备，实现了在同一炉体内的真空退火和保护气氛退火两种热处理工艺，填补了国内空白，其技术性能达到国际先进水平。2012年，该设备荣获甘肃省科学技术进步奖三等奖、甘肃省优秀新产品新技术奖。2012年，公司再次承接探月工程"探测器电推进发动机试验舱"的研制任务。探月工程探测器电推进发动机和以往的火箭发动机相比，具有推力大、推力可调、温度高、热量大、工作介质腐蚀性强和毒性大等特点。作为地面验证设备，探月工程探测器电推进发动机试验舱必须满足发动机太空实际运行状况。由于电推进发动机要在太空高真空环境下进行点火和停车作业，试验舱在发动机点火之前就必须达到并稳定在一个较高的真空度下，而在发动机点火时会在真空舱内形成一个大气载，同时释放出大量热能，产生高温，这时需要真空系统能够在短时间内获得最大抽速，将真空舱内的真空度维持在最小的波动范围之内。因此，解决大气载和高温对真空系统的影响，成为本次试验舱设计的关键技术问题。公司就项目涉及的关键技术问题进行了论证研究，并取得了显著的成果。2012 年，该项目被列为兰州市科技发展计划项目，项目中“空间大热流内仿形电阻式红外模拟器”获得国家实用新型专利授权。

2012 年，中国科学院沈阳科学仪器股份有限公司承担 6 项科技项目（国家级项目 4 项、地方项目 2 项），共投入科技项目经费 3 153 万元。共承担外部企事业单位委托技术开发任务 14 项，为中航沈阳空气动力研究所、中国科学院电工研究所、武汉大学等国内院校、科研院所及企业研制开发真空风洞气源系统、五束源炉铜铟镓硒薄膜光伏电池共蒸系统、透明电极新型复合功能材料成膜系统等先进的真空仪器设备。全年申请国家发明专利 17 项，获得授权专利 34 项（其中发明专利 9 项），完成 1 项省级科技成果鉴定和新产品（新技术）鉴定。公司完成 50MW 太阳电池覆膜系统成果转移转化及产业化。该成果保持着对国外同类产品 30%左右的价格优势，其推广使用打破了国外技术封锁，初步扭转了我国太阳电池片生产线上该设备全部依赖进口的局面，降低了国内用户的生产成本，提升了太阳电池片生产企业的国际竞争力。该成果被评为 2012 年度国家重点新产品，并获得 2012 年度沈阳市专利奖一等奖。公司完成了 85kg 级蓝宝石单晶炉成果转移转化及产业化。该产品大幅降低了国内用户的生产及使用维护成本，为建立我国最大的 LED 蓝宝石衬底材料基地提供了必要的支撑，满足了国内市场对大尺寸蓝宝石衬底材料的需求。该成果获得 2012 年度沈阳市科技振兴奖。公司还完成了大抽速罗茨干式真空泵的开发。该成果具有可处理大流量反应气体并快速达到目标真空度，在复杂环境中（如粉尘、颗粒、水蒸气等）保持良好的稳定性、可靠性等特点，能很好地满足大腔体工艺设备对真空获得设备的苛刻要求。当前已形成年产 100 台（套）的生产能力，产品应用在锦州华昌光伏、常州比太科技等单位生产线上。该成果处于国际先进水平，其国产化、批量化生产打破了国外产品对国内市场的长期垄断，产生了较为显著的经济效益和社会效益。公司的 JGM-500A 罗茨干式真空泵（机组）获得辽宁省优秀新产品一等奖。

2012 年，浙江真空设备集团有限公司继续与合肥工业大学开展产学研合作，签订了校企合作协议，积极开展真空应用基础研究和技术攻关。全年共完成老机组改进和新机组方案设计 30 种，改进设计和试制 H-8B、H-300B 等 4 种样机，并根据设计的新产品完成了相关的工艺工装设计。带欠速保护 JZP2H150-5X 罗茨滑阀真空机组被列为国家火炬计划项目。

2012 年，台州市椒江真空设备制造有限公司开发了 LG50、LG120 螺杆真空泵，极限真空为 1Pa，达到国外同类产品先进水平。研发 ZJQ10000 气冷式罗茨真空泵，并配套组成 80 000L/s 大功率真空泵机组。该机组为当前国内最大的罗茨真空机组，为航空部队进行 15 000m^3 风洞脉冲试验提供了强有力保障。

2012 年，山东省科技厅组织专家分别对山东华成集团有限公司研发的 2BEC 系列、2BEA 系列、2BEY 系列水环真空泵，ZJA 系列渣浆泵，KPL 系列重载精密齿轮装置，ML 系列精密减速机进行了鉴定。其中，2BEC 系列水环真空成套设备技术达到国际领先水平，产品运行效率高，节能减排效果明显。比功率由德国西门子等公司的同类产品 1.2kW/(m^3/min)降为 0.95kW/(m^3/min)，节电 20%以上。据不完全统计，至 2012 年，公司销售的大规格真空成套设备每年为社会节约能源折合 41.5 万 t 标准煤，并且节能量以每年 20%以上的速度递增，节能减排效果明显。

辽宁真龙真空设备制造有限公司生产的 KN-630 内热式油扩散泵，经过两年的研发、测试、验证，对关键节能技术进行攻关，2012 年通过沈阳市科技局组织的科技攻关项目验收。该产品投入市场后，已经替代了部分进口产品，市场销售具有很大的潜力。

〔撰稿人：中国通用机械工业协会真空设备分会苏原〕

2012 年干燥设备行业概况

2012 年，面对复杂多变的经济形势，我国干燥设备行业积极应对国际金融危机和劳动力成本上涨等不利因素，紧跟市场行情，不断拓展新思路，以科学发展观统领经济发展全局，坚持自主创新，在稳定现有市场的基础上开发新的市场领域。各项主要经营指标继续保持平稳增长态势。

一、生产发展情况

据统计，2012 年，中国通用机械工业协会干燥设备分会 11 家重点骨干会员企业共完成工业总产值 157 680 万元，同比增长 31.4%。完成工业增加值 66 505 万元，利润总额 14 052 万元。2012 年干燥设备行业 11 家企业工业总产值见表 1。

表 1　2012 年干燥设备行业 11 家企业工业总产值

序号	企业名称	工业总产值（万元）	同比增长（%）
1	石家庄工大化工设备有限公司	53 614	17.02
2	山东天力干燥股份有限公司	33 000	119.82
3	常州市范群干燥设备有限公司	19 017	13.95
4	东台市食品机械厂有限公司	14 473	8.41
5	常州一步干燥设备有限公司	13 276	22.59
6	江苏省范群干燥设备厂有限公司	12 115	3.33
7	哈尔滨东宇农业工程机械有限公司	6 583	12.97
8	上海千山远东制药机械有限公司	3 718	
9	青海三四一九干燥设备有限公司	1 015	274.54
10	常州市统一干燥设备有限公司	498	
11	成都倍力干燥设备有限公司	371	

2012 年，山东天力干燥股份有限公司工业总产值继续保持高速增长，比上年增长近 120%。当前，公司承接的 10 万 t/a 已内酰胺装置副产硫酸铵干燥系统顺利试车。该硫酸铵干燥系统主机采用的埋管流化床干燥机是在已内酰胺装置副产硫酸铵干燥系统上投用的首台设备，节能可达到 40%以上，能耗远低于行业内的其他同类干燥设备。公司被山东省科技厅等部门认定为山东省创新型企业，这标志着企业技术创新能力又上一个新台阶。

2012 年，石家庄工大化工设备有限公司完成工业总产值 53 614 万元。与河北工业大学共同建设的河北省蒸发结晶及干燥工程技术研究中心通过了河北省科技厅、河北省发改委、河北省财政厅组织的可行性论证，正式纳入河北省工程技术研究中心建设项目计划。“核电及大、中型过程装备制造项目”计划总投资 36 613.5 万元，征地面积 17.2 万 m^2(258.25 亩)，截至 2012 年 12 月，新征土地面积 5.3 万 m^2(80 亩)，累计已完成投资 23 525 万元，已建设完成机加工车间、检测中心、技术研发中心及相关配套设备。

常州一步干燥设备有限公司 2012 年共制造完成产品 264 台(套)，其中，喷雾干燥设备 24 台、湿法制粒机 16 台、烘箱 79 台、制粒机 40 台、真空耙式干燥机 3 台、空心桨叶干燥机 1 台、双锥回转真空干燥机 46 台。闪蒸干燥机和真空冷冻干燥机顺利通过 CE 认证，先后与法国、印度等公司签订销售合同，其中闪蒸干燥机是首次出口到丹麦的产品，这标志着我国干燥设备行业走向国际化的道路又迈出了坚实的一步。

2012 年，常州市范群干燥设备有限公司完成工业总产值 19 017 万元。重点对已有科技成果实行产业化工程转化以及干燥工程的研究和开发，通过自主开发或对外合作的形式，开发新型干燥产品。主要产品包括热风循环烘箱、网带式干燥机、流化床干燥机、真空干燥机、喷雾干燥机、旋转闪蒸干燥机、回转圆筒干燥机及热风炉等。

哈尔滨东宇农业工程机械有限公司自成立以来，凭借自身的科研优势，2012 年完成工业总产值 6 583 万元。承建粮食干燥、种子加工及粮仓仓储项目 50 余座；产品覆盖新疆、甘肃、四川、湖南、安徽、河南、内蒙古及黑龙江等地，其中国储库招标项目 11 个，占全年完成工程项目的 22%。

二、市场及销售

2012 年，干燥设备行业企业面临原材料价格不断上涨、同行竞争日益加剧等诸多不利因素，客观分析市场形势，适时调整企业经营战略及市场销售策略，扩大行业市场领域，销售产值较上年有所增长。

2012 年，干燥设备分会参加统计的 11 家会员企业共完成工业销售产值 141 781 万元，同比增长 22.18%；实现主营业务收入 135 448 万元，同比增长 17.16%。2012 年干燥设备行业 11 家企业主营业务收入见表 2。

表 2　2012 年干燥设备行业 11 家企业主营业务收入

序号	企业名称	主营业务收入（万元）	同比增长（%）
1	石家庄工大化工设备有限公司	45 826	23.79
2	山东天力干燥股份有限公司	21 717	14.38
3	常州市范群干燥设备有限公司	18 649	14.17
4	东台市食品机械厂有限公司	14 473	13.69
5	常州一步干燥设备有限公司	12 805	25.77
6	江苏省范群干燥设备厂有限公司	9 818	1.38
7	哈尔滨东宇农业工程机械有限公司	6 585	13.01
8	上海千山远东制药机械有限公司	3 589	
9	青海三四一九干燥设备有限公司	1 117	265.03
10	常州市统一干燥设备有限公司	498	
11	成都倍力干燥设备有限公司	371	

2012 年，干燥设备分会统计的 11 家企业经济效益综合指数 426.58%，总资产贡献率 12.58%，资本保值增值率 129.83%，资产负债率 57.07%，流动资产周转率 1.47 次，成本费用利润率 11.19%，产品销售率 89.92%。

2012 年，山东天力干燥股份有限公司在巩固传统市场领域的基础上，加大技术研发和技术创新的力度，成功开发了褐煤干燥提质和城市污泥处理两大市场，并分别顺利建设完成了各自的示范工程。两大市场的成功拓展，为公司的销售业绩增添了新的增长点。除此之外，公司还在蛋氨酸干燥、ACM、硫酸铵、大豆蛋白等领域也取得了实质性进展。

哈尔滨东宇农业工程机械有限公司2012年共销售烘干机19台、锥底金属仓91座、平底金属仓8座、保温仓16座、提升机87台、带式输送机94台及其他配套设备和装置400多台(套)、各类单机设备700余台(套)、清粮设备60台(套),产品主要是粮食干燥、仓储、输送、清选及配套设备。公司抓住国家对农业的优惠政策和对农机补贴政策的实施,结合产品特点,根据各省农机补贴政策的要求,进行农机产品政府补贴产品目录申报,调动农户购买的积极性。公司加大对销售员的奖励比例,完善奖励制度,充分调动销售员开拓市场的积极性,形成了新疆、甘肃、内蒙古等销售区。同时,加强与国家国储库的沟通,积极参与国家国储库招标项目的投标,在投标过程中找出公司产品的差距,不断改进,以满足国储库对产品的需求,提高中标率。2012年共完成施工项目50个,主要分布在新疆、安徽、四川、湖南、湖北、内蒙古、甘肃、河南、辽宁、广东以及黑龙江等地。

三、科技成果及新产品

2012年,干燥设备分会统计的11家会员企业共完成新产品产值81 380万元,同比增长30.72%。

2012年,山东天力干燥股份有限公司以上海电力15万t提质型煤示范工程总体设计、现场安装及72h试运行顺利完成为标志,成功进入高端节能环保干燥技术——过热蒸汽干燥领域。同时,替代国外转筒工艺的氮气闭路内加热流化床干燥系统成功应用于蛋氨酸干燥项目中,并一次性投料试车成功。针对CPE干燥系统开发的内加热流化床工艺,取代了行业内普遍采用的耗能较高的普通流化床工艺,在CPE干燥项目中得到成功应用。以国内首台应用打散回转进行污泥烘干,设备烘干效率高、运行稳定的电厂掺烧污泥烘干系统,包括其中的双轴打散配合返料抄板技术,成功应用于多个电厂项目。

2012年,常州市统一干燥设备有限公司申请专利8项。通过引进国外先进技术,结合国内实际情况设计研发的WG系列污泥专用干燥机,热源可使用蒸汽、导热油、烟道气加热,其特点为低消耗、运转平稳、噪声小、用工量小,主要用于印染厂、造纸厂、电镀厂、热电厂及化工厂等领域。一般污泥初水分在80%,烘干后终水分为10%~50%,污泥烘干后成松散粉粒状,可与煤粉混合直接入炉燃烧,有的污泥烘干后制成肥料或建筑材料,也可直接填埋,不会造成二次污染。

上海千山远东制药机械有限公司2012年开始研制-125℃低温真空冷冻干燥机,现已基本研制成功。该机达到国际先进水平,填补了国内空白,适用于以酒精为溶剂(-117℃冻结)的原料药的生产。当前,国内制药机械企业生产的真空冷冻干燥机最低温度为-75℃左右,国际制药机械企业生产的真空冷冻干燥机最低温度为-110℃左右。开发的真空冷冻干燥机自动上料装置、全自动洗瓶机、-125℃低温真空冷冻干燥机等新产品均已投入使用。公司取得专利15项。

常州一步干燥设备有限公司针对中药配方颗粒,结合国内外先进经验自主研发的固体制剂制粒联线已成功应用于国内多家制药厂,该设备将湿法制粒、整粒、沸腾干燥、物料输送及混合等组合起来,有效提高了生产效率,降低了劳动成本,减少了污染环节,生产过程符合GMP要求。该设备是利用高速离心式雾化器使物料分散成雾状,与热空气充分接触完成瞬间干燥,形成粉状或颗粒状成品。产品具有以下优势:①进风装置配备亚高效过滤器,空气过滤器、除湿机、加热器等都采用模块化制作,便于拆卸、维护、保养,新鲜空气都经过除湿处理。②塔壁上配有冷风夹套装置,使壁温<80℃,解决了中药浸膏粘壁问题。同时,壁温较低,不会使物料产生焦化变质现象。③雾化器专门针对浸膏特点设计,同时增加雾化盘与干燥塔顶的距离,以避免物料吸顶。④该设备在锥体部位设有气扫装置,从而加速了物料在锥体上的流动量。⑤进风温度自动控制,从而保证了物料的色、香、味不会被破坏。⑥物料收集采用两级旋风除尘装置。⑦采用CIP清洗系统,设备最低处留有排污口,设备清洗方便,符合GMP要求。⑧控制系统采用PLC程序控制,自动控制进风温度,触摸屏动画显示系统工作流程,变频调节雾化转速、进料量、塔内压力等。整个操作系统简单易懂,操作更加方便。

2012年,江苏省范群干燥设备厂有限公司完成多聚甲醛浓缩聚合冷却造粒、冷却干燥包装成套设备,聚合氯化铝(PAC)成套工艺设备,咖啡生产线,污泥处理有机复合肥生产线以及加热混合干燥冷却等多项成套设备。

哈尔滨东宇农业工程机械有限公司注重新产品的开发及科技成果转化,每年投入300余万元用于新产品开发。新产品开发以市场需求为依据,结合自身研发能力,关注国际、国内同类产品的发展趋势,开发差异化新产品,同时走院企结合的道路,与国内专业院校建立合作关系,为学院的科研成果转化提供必要的试验和验证条件。2012年,公司共开发新产品10项。

四、企业管理及改革

2012年,山东天力干燥股份有限公司调整企业运营流程和结构,在调整部分管理部门职能的基础上,利用K3系统建立了成本和费用控制体系,并以此为依托进行业务部门绩效评价;对配套采购部门进行了合格供应商动态管理体系的建设和采购业务的流程再造。通过一系列的体系建设和调整,夯实了企业管理基础,为经济效益的挖潜提升提供了有力保障。公司在引进与培养人才方面保持一贯的高起点、强力度,2012年招聘硕士20名,推荐攻读硕士学位人员7名。当前,公司博士学位及在读博士学位人员10人,硕士学位人员71人,为企业的快速发展提供了可靠的人才支撑和智力保障。

石家庄工大化工设备有限公司以企业为主体、以市场为导向,坚持产学研相结合的技术创新体系建设,提高企业自主创新能力,同时为推动行业科技进步、实现行业可持续发展等发挥积极作用。公司在保持蒸发、结晶、干燥、过滤、精馏等化工单元设备的基础上,加大对成套装备、系统工程的研发力度,与相关科研院所联合拓展新的研发领域,主要在煤制天然气、煤制乙二醇、粉煤灰制铝、海水淡化、核承压装备、太阳能能源综合利用和先进装备制造技术领域形成具有自主知识产权的工艺包，以此建立工程总包平台，带动装备制造业务的拓展及技术质量的提高。同时，不断完善符合市场经济要求和科学的运行机制，开发出一批拥有自主知识产权的主导项目成果和产品，促进企业可持续发展。公司重视科技创新工作，聘请多名行业专家作为学术带头人。截至2012年年底，共有员工740人，其中中高级技术职称人员186人。为了提高专业人员的技能，请现有专家举办各种专题技术讲座，有针对性地参加一些专业技能培训班。在同各大专院校的科研新产品开发合作中，有意培养企业选配人才，在实战中积累经验。通过灵活多样的人才政策，建立和完善人才培养、评价、使用和激励机制，促进广大职工比技术、学业务、争贡献的积极性、主动性和创造性。

青海三四一九干燥设备有限公司于2012年4月成为青海机电国有控股公司旗下的控股公司，主要从事干燥、环保及非标设备的设计生产工作。2012年，申报的项目成功获得中小企业发展专项资金80万元。

2012年，上海千山远东制药机械有限公司完成企业合资后，成为国内西林瓶灌装联动线、冻干机自动上料装置、真空冷冻干燥机产品的制造商，为用户提供整体解决方案，为医药行业GMP改造提供全系列装备。公司以企业为基础，出版《真空冷冻干燥技术与设备》，作为国家职业培训教材和行业技术人员用书。2012年，公司新招聘人员100余名，企业人才培养进入快车道。

〔撰稿人：中国通用机械工业协会干燥设备分会高书燕〕

2012年减变速机行业概况

一、生产发展情况

2012年，受金融危机的影响，世界经济形势没有回暖的迹象，欧债危机愈演愈烈。减变速机行业遭遇10年高速发展后的首次经济下滑，企业生产、销售、经济效益都受到一定的影响。

2012年，中国通用机械工业协会减变速机分会有会员单位99家，其中，企业94家、科研院所3家、减速机专业信息网1家、专业减速机检测中心1家。在94家企业中，有减变速机主机生产企业79家、配套企业15家。99家会员单位中国有及国有控股的单位有8家、外资企业1家、合资企业1家、民营和民营股份企业89家。按大中小微型工业企业划分为3家大型企业、12家中型企业、84家小型企业。2012年有45家会员企业参与年鉴的数据统计。2012年减变速机分会45家会员企业基本情况见表1。

表1　2012年减变速机分会45家会员企业基本情况

指标名称	单位	年度累计
从业人员平均人数	人	15 786
工资总额	万元	50 461
资产总计	万元	807 569
固定资产原价	万元	390 329
流动资产	万元	454 679
流动负债	万元	365 068
全员劳动生产率	元/人	110 400

2012年，减变速机分会45家会员企业完成工业总产值812 805万元，比上年下降3.2%；工业增加值174 305万元，比上年增长4.8%；利润总额33 760万元，比上年下降28.1%。产值超亿元的企业有10家，比上年减少3家，其中，2家企业产值超过15亿元，1家企业产值超过30亿元。2012年减变速机分会45家会员企业主要经济指标见表2。2012年减变速机行业工业总产值前10名企业见表3。

表2　2012年减变速机分会45家会员企业主要经济指标

指标名称	工业总产值	工业增加值	主营业务收入	主营业务税金及附加	利润总额	应交增值税
数值(万元)	812 805	174 305	784 253	4 530	33 760	26 506

表3　2012年减变速机行业工业总产值前10名企业

序号	企业名称	工业总产值(万元)
1	国茂减速机集团有限公司	301 123
2	江苏泰隆减速机股份有限公司	157 124
3	泰星减速机股份有限公司	97 869
4	浙江通力重型齿轮股份有限公司	38 309
5	宁波人和机械轴承有限公司	21 521
6	温州三联集团有限公司	20 158
7	荆州市巨鲸传动机械有限公司	19 365
8	山西省平遥减速器厂、平遥减速器有限责任公司	17 484
9	山东柳杭减速机有限公司	12 647
10	佛山市星光传动机械有限公司	10 648

从 2012 年减变速机行业会员企业的统计资料中看出，到 2012 年年末，全行业完成工业总产值在已连续 10 年呈两位数增长后首次出现小幅下降。在 45 家企业中有 6 家企业亏损，亏损额为 4 710 万元，比上年增加 1 275 万元的亏损。

2012 年，减变速机分会 45 家企业共生产减变速机 1 402 116台，比上年下降 25.1%。2012 年减变速机行业五大类产品产量均呈不同程度的下降。2012 年减变速机产品产量见表 4。

表 4　2012 年减变速机产品产量

产 品 名 称	2012 年（台）	比上年增长（%）
合　计	1 402 116	−25.1
摆线减速机	554 815	−13.3
无级变速器	66 124	−25.1
齿轮减速机	493 528	−2.7
蜗轮减速机	270 721	−56.0
电动滚筒	16 928	−22.6

二、市场及销售

2012 年，减变速机分会 45 家会员企业共完成工业销售产值 795 030 万元，比上年下降 4.3%；实现主营业务收入 784 253 万元，比上年下降 4.6%。减变速机行业总资产贡献率 9.51%，资本保值增值率 126.23%，资产负债率 47.41%，流动资产周转率 1.73 次，成本费用利润率 4.39%，全员劳动生产率 110 400 元/人，产品销售率 97.81%，经济效益综合指数 160.4%。2012 年减变速机行业主营业务收入前 10 名企业见表 5。

表 5　2012 年减变速机行业主营业务收入前 10 名企业

序号	企 业 名 称	主营业务收入（万元）
1	国茂减速机集团有限公司	301 123
2	江苏泰隆减速机股份有限公司	140 672
3	泰星减速机股份有限公司	98 406
4	浙江通力重型齿轮股份有限公司	35 604
5	温州三联集团有限公司	20 029
6	荆州市巨鲸传动机械有限公司	18 296
7	山西省平遥减速器厂、平遥减速器有限责任公司	17 574
8	宁波人和机械轴承有限公司	16 898
9	山东柳杭减速机有限公司	12 015
10	佛山市星光传动机械有限公司	11 284

2012 年，在统计的 45 家企业中，有 17 家企业的工业销售产值和主营业务收入均实现了增长。其中，增幅较大的企业有哈尔滨智达测控技术有限公司、德州奥利机械有限公司、山东柳杭减速机有限公司、上海永宏减速机械制造有限公司、浙江飞龙传动有限公司、浙江江南减速机有限公司及国茂减速机集团有限公司等。

2012 年，国茂减速机集团有限公司共完成减速机、电机销售产值 18.6 亿元，实现利税 2.2 亿元，营业收入 30 亿元以上。2012 年，在国内外宏观经济更加复杂的背景下，在市场竞争异常激烈的环境下，各片区、各销售公司的销售人员坚持“赢得市场就能赢得胜利”的坚定信念，保持顽强的工作作风，紧紧围绕既定目标，创新而为，克难求进，确保了企业的良性发展。受企业整体搬迁和经济危机的影响，公司 20 年来第一次遭遇减速机销售业绩下降。但在这一关键时期，公司 80 多家销售公司的近 1 000 名销售人员，深挖市场潜力，攻克市场难关，有效解决营销矛盾，积极维护企业核心利益和品牌价值，确保了企业稳定的业绩。

2012 年，山西省平遥减速器厂、平遥减速器有限责任公司在外部需求减少、国内经济形势疲软、通胀压力大、机械行业包括减速机在内都面临复杂多变的困境下，正视问题，采取有效措施应对，以实际行动诠译了企业的核心价值观——尊重、包容、正直、严谨，使企业保持了基本稳定运行的态势。2012 年，实现销售额约 2 亿元，上缴税金 1 113 万元。企业在营销政策上，对硬齿面、大功率等重点产品、方向性产品予以倾斜；厂领导、技术人员多次陪同营销人员亲临市场一线，调研市场，走访用户，巩固客户关系。全年开发新用户 147 户，新增业务 1 200 万元；对方向性产品、大功率减速器予以重点关注，为产品的更新换代奠定了一定的基础。

浙江通力重型齿轮股份有限公司主导产品广泛应用于工程筑路、电力、环保、轻工机械、啤酒饮料、矿山机械、食品包装、纺织印染、橡胶塑料、石油石化、起重运输、水泥建材、制药制革等机械传动领域，分行业强化市场占有率。公司为国内中小企业及大型企业提供高性能的减速机，获得众多优秀客户的首肯和赞许。产品远销欧美、东南亚、中东等国家和地区。2012 年，公司不断完善全国办事处设置，新增济南、郑州、无锡、沈阳等地办事机构，成立销售分支机构，售前、售中、售后服务能力不断加强。良好、规范的销售渠道为市场开发和销售业绩的持续增长提供了可靠的保证。另外，积极参加各相关的展览会，宣传公司形象和产品，提高公司的知名度。

2012 年，山东柳杭减速机有限公司在“市场经济条件下，客户就是企业的衣食父母，订单就是企业的立业之根、生存之本”这一理念的指引下，营销公司坚持品牌营销战略，以满足客户个性化的需求为关注焦点，围绕产品差异化、个性化做文章；竭尽全力为用户创造价值，提供个性化的产品，得到了广大用户的认可。①聚焦砖机，深耕细作。进入 2012 年后，砖机市场竞争更加激烈，各个砖机公司都在创新自己的产品，以适应国家强制推行的页岩、煤矸石等节能环保材料和高密度真空挤出的新要求。公司及时把握机遇，与用户进行信息沟通，在原有产品的基础上，适时推出了与 50、55、60、75 到 90 砖机相配套的系列减速机，满足了各砖机公司的不同需求，产品供不应求。在 2012 年全国减速机行业市场不景气的大环境下，取得了令人瞩目的业绩。②提升产品形象，促进市场营销。几年来，公司坚持产品差异化发展之路，独具个性的品牌形象在砖机行业中迅速提升，并且成为行业翘楚。产品市场占有率逐年扩大，销售收入年年提高，经济效益越来越好。2012 年公司的减速机在砖机行业销售量比上年增长 15%以上。公司十分重视展会工作，参加在南京举办的第十五届国际墙体屋面材料生产技术及生产装备博览会和在成都举办的中国砖瓦协会第 26 届博览会。通过参展，宣传了产品，提升了品牌形象，增强了客户信心，为公司持续稳定发展奠定了坚实的基础。③加强服务，实现共赢。2012 年，公司在砖机行业销售的减速机能装备 700 多套主机，当前有上千套配备公司产品的砖机在全国各地运行。为加强服务工作，指导砖机用户正确使用、维护减速机，专职售后服务人员及片区经理为用户提供全天候服务，对用户提出的问题及时解决。售后服务人员为众多用户解决了实际问题，保证了砖机正常运行，为公司赢得了信誉。

2012 年，江苏泰隆减速机股份有限公司坚持科技创新，加快转型升级，强化内部管理，扩大内生优势。同时，大力开发新产品，在稳定市场的基础上扩展新的市场份额。2012 年实现销售收入 14.1 亿元。

2012 年，荆州市巨鲸传动机械有限公司实现主营业务收入 18 296 万元，同比下降 2.6%；实现利税 3 985 万元，同比增长 2.3%。受大环境的影响，公司销售收入有所下降，但公司及时调整销售策略，一定程度上缓解了销售订单下滑的势头。在上一年能源、水利行业的产品销售增长的势头下，继续强化了这两个行业的销售力度。另外，公司在挤砖机等市场上加大了销售力度。公司还积极开展销售人员业务培训和产品知识培训，增强凝聚力，挖掘新的销售渠道和空间，开拓新的销售增长点。

2012 年，泰星减速机股份有限公司在宏观经济形势困难的情况下，实现主营业务收入 98 406 万元，同比增长 3%；利润总额 9 989 万元，同比增长 2%。公司依靠过硬的产品和强大的销售队伍，在逆境中成长和壮大。公司以“质量第一、用户至上、以诚取信、以质取胜”为根本宗旨，在营销过程中，注重售前、售中、售后相结合一条龙服务，在全国各地建立了 100 多个销售网点和服务网络，并随时根据销售需求调配人员，不断扩大销售市场。组织行之有效的促销会，利用用户座谈会、洽谈会、订货会，全方位、多层次展示公司的产品，树立名牌形象。以优质的服务，提高企业和产品信誉，为用户提供“三包”，即包安装调试、包技术指导、包维修，如属产品质量问题包退换。把开展优质服务工作作为质量考核的主要内容，优化质量信息反馈渠道，完善质量信息网络，热情做好用户来信、来访、来电等接待工作，即使在边远地区，也确保在 36h 以内服务到位。在服务网点开展“花钱买意见”活动，用“产品信誉卡”征求用户意见，让用户“买得称心，用得放心”。同时，公司还十分重视销售人员的思想素质和业务水平的提高，所有销售人员都必须掌握营销学和公共关系学，熟悉产品的应用领域，能按照用户的需求进行选型设计，促进灵活成交。

2012 年，佛山市星光传动机械有限公司实现销售收入 11 402 万元，同比增长 2%；利润总额 350 万元，同比增长 43%。为了适应更加激烈的市场竞争环境，公司一方面加快新产品的开发，一方面加快齿轮减速机加工工艺的发展和销售市场的开发。公司生产的减速机在国内陶瓷行业应用率占一定的优势，并不断向其他行业发展，并利用展览会展示新产品，扩大销售。

2012 年，减变速机行业主要出口产品为蜗轮减速机，共完成出口交货值 12 201.9 万元，比上年下降 62.3%。出口的主要国家和地区有东南亚、中东以及欧美的等国家和中国香港、台湾地区。

三、科研成果及新产品

2012 年，减变速机分会 45 家会员企业中有 15 家企业开发了新产品，新产品产值 286 734.5 万元，比上年下降 5%；19 家企业科技开发经费总额为 15 083.6 万元。国茂减速机集团有限公司、浙江通力重型齿轮股份有限公司、温州三联集团有限公司、泰星减速机股份有限公司、江苏泰隆减速机股份有限公司等企业持续创新能力增强。

2012 年，江苏泰隆减速机股份有限公司围绕新材料、新能源、节能环保、高端装备四大新兴产业，坚持以投入促转型、以增量保增长，加快科技创新，不断积蓄发展后劲。过去的两年，水电、风电、核电领域齿轮箱的成功研发，已经为公司产品进入高端市场打下了基础。2012 年，公司投入 6 000万元进行新产品项目的研发，在稳步提升减速机主产品质量的基础上，挑战高端减速机市场。公司自主研发的核电齿轮箱机组通过了由国内科研院所、精密机械制造业以及国际经销商专家组成的专家组科技成果鉴定。该项目关键技术的研究已获得授权专利共 6 项，进入实质性审查的专利 1 项。公司研制的 TRQJ 系列液粘软启动系统是一种能够实现大功率重载机械设备软启动、软停机、全程无级调速、过载自动保护以及多驱动功率平衡的机电一体化系统。该系统具有结构紧凑、传动效率高、启动电流低（理论值为零）、控制系统简单、系统控制特性好、机电系统可靠性高以及工作寿命长等优点，可广泛应用于带式输送机、刮板输送机、各类球磨机、造纸机械、冶金机械、建材机械、电力机械等需要重载启动和无级调速的机械场合。当前，该产品已获得了 1 项实用新型专利，进入了小批生产阶段。

2012 年，浙江通力重型齿轮股份有限公司研制了 TP3K 行星齿轮减速机和 CM 系列冶金专用减速机等多项省级新产品。其中，油田专用减速机产品拥有自主知识产权，该产品已获得 1 项发明专利、1 项实用新型专利和 1 项外观专利：分别是用于加工齿轮轴的定位装置（ZL200910100410.2）、油田专用换挡减速机（ZL200920123800.7）和 TR 系列斜齿轮硬齿面减速机（ZL200730184388.6）。2012 年，公司完成工业总产值 38 309 万元，其中新产品产值 33 140 万元，主营业务收入 80%来自新产品。公司根据市场销售人员的反馈信息致力于新产品的开发，根据市场需求，及时调整产品结构，开发适销对路的高新产品。

2012年,佛山市星光传动机械有限公司针对陶机行业机器运转环境、设备使用要求等硬件因素进行考察,针对我国陶机设备需求并结合当前的市场环境要求,研发出新型的NCJ齿轮减速机。该齿轮减速机的零部件均采取模块化生产,互换性强,铸铁箱体,刚性好,强度高,散热性能优异;齿轮副全部采用高性能合金钢及特殊的热处理工艺,提高齿轮副的整体耐磨性能,延长使用寿命,同时保证传动的平稳性;扭力大,体积小,温升底,输出速度范围广,比传统的减速机具有精度更高、体积小、承受力强的特点。此NCJ齿轮减速机被国家科技部列入2012年国家火炬计划项目。同时,还对四大系列齿轮减速机进行改进,使其更适应市场的需求。2012年,公司举行第一届技术创新验收评审会。参加评审的9个项目均达到了立项的要求,一致通过验收,此次技术创新项目可为公司带来120多万元的经济效益。公司申报专利29项,已获得授权专利19项,其中,实用新型专利18项、外观设计专利1项。公司被广东省认定为广东省2012年第二批国家高新技术企业,并被认定为佛山市第一批低碳试点企业。

近年来,江苏省金象传动设备股份有限公司以市场为导向,以创新为驱动,不断推出自主知识产权产品。2012年,公司研发的"改进型单边双传动减速器"和"大功率双输入辗环机主减速机"获国家实用新型专利。"改进型单边双传动减速器"为三级齿轮传动,由一级高速人字齿轴、二级人字齿轴、三级传动轴以及套装在传动轴上的齿轮及轴承支承安装在箱体上构成。此结构不仅可以保证整机传动平稳,降低噪声,改善轴承润滑条件并适时监控,还可以提高装配及维修时调整同步均载的效率。"大功率双输入辗环机主减速机"的特点是:根据负载情况采用单电机工作或双电机同时工作;通过轴两端轴承的安装方式,降低机器加工误差和热膨胀等因素对轴承间隙的影响;采用带轴承套结构,有利于轴承的安装和更换;电动机功率经3级以上减速,以低转速大转矩输出,满足环件径向轧制力的功率要求。此专利技术已应用在江苏、山西、福建、山东等十多家水泥、轧钢生产线上。"三支点六行星轮均载机构"2012年再获国家实用新型专利,至此,企业专利数已达24项。传统的行星传动结构中多采用3个行星轮圆周均匀布置方式,利用3个行星轮组成的均载机构传递动力,这种均载机构对行星架的加工精度要求相对较低。而"三支点六行星轮均载机构"主行星轮与行星架固联,副行星轮以主行星轮轴为支点自由摆动,从而实现组内行星轮的浮动和均载,最终形成三支点六行星轮的均载机构;增加了行星轮轮数,增大了行星传动承载能力,同时降低了对输出行星架加工精度的要求。2012年12月,公司研发的"金象"牌多分流立式磨机传动装置被淮安市经信委、淮安市财政局评为优秀新产品。多分流立式磨机传动装置是一种新型节能环保型粉磨装置,与传统卧式的球磨机相比,大约每磨1t原料,可以节电约8kW·h,按通常日产5 000t计算,每天可以节电约40 000kW·h,符合国家产业导向,广泛应用于矿石、煤、水泥生料、炼钢废料及工业原料的粉磨细化。"金象"牌多分流立式磨机传动装置在设计指标、结构特点、零部件材质的选择及加工路线等方面处于国内领先。2012年,公司继续与江苏大学开展产学研合作。在"高强耐磨原位锌基复合材料的开发与产业化"的合作基础上,加大技术合作广度和深度,共同开展高效长寿命智能化传动设备开发与产业化的产学研合作。

2012年,国茂减速机集团有限公司完成新产品产值194 259万元,占工业总产值的64.5%。公司全年申请专利10项,申请认定9种高新技术产品,公司技术中心被认定为"省级技术中心",企业技术改造项目也得到了政府"转型升级专项引导资金"的支持。2012年,公司投入300多万元引进三维设计软件,实现了二维制图软件向三维设计软件的全面升级,增强了更多设计功能。行星传动减速机已具备批量生产的条件,锥型双螺杆减速机也将投入生产,并且积累了单台重量超100t的非标减速机制造加工经验。

2012年,山西省平遥减速器厂、平遥减速器有限责任公司加强技术创新和优化设计,提高产品竞争优势。公司设立了技术部,为产品升级提供有力保障,全年开发新产品7种。旧厂开发行星齿轮、矿用系列新产品6种;评审开发硬齿面、非标产品22套,老产品及抽油机31种。全年共有11种产品进行了优化,既降低了成本又提高了性能。ZSY、DCY、ZLY系列46种减速器得到了煤炭安全标志认证。当前,已拥有发明专利4项、实用新型专利12项。

2012年,天津百利天星传动有限公司研制成功用于高性能精密传动装置的RV机器人专用减速器。此减速器是公司与天津大学、天津职业技术师范大学、沈阳新松机器人自动化股份有限公司、杭州娃哈哈集团有限公司共同申请的国家高新技术研究发展计划,2012年已完成样机的试制。此减速器属于国内首创,可满足165kg以上点焊机器人和300kg以上重载搬运机器人所需的成套减速器产品系列,实现负载转矩400~5 000N·m,精度达3arcmin以内,平均无故障时间MTBF≥50 000h。另外,公司还开发出3种减速机。

山东柳杭减速机有限公司在当今产品同质化日趋严重的形势下,把非标产品研发和品牌策划作为取得竞争优势的利器。2012年,在需求不足的市场环境下,公司技术部人员积极主动地深入用户现场,寻找创新的切入点。通过与营销公司和生产部门密切配合协作,完成主要产品设计58项。在2011年JZS1150系列砖瓦行业专用减速机研发成功并达到批量生产的基础上,2012年又推出了JZS1390和JZS1530两个规格系列的砖瓦行业专用减速机,产品销售前景看好。

2012年,泰星减速机股份有限公司完成新产品产值22 115万元,占全年工业总产值的23%;投入科研开发经费总额5 876万元。公司设计制造的摆线针轮减速机是一种采用K-H-V少齿差行星传动原理的新颖传动装置,具有结构紧凑、体积小、重量轻、传动比大、运转平稳、噪声低、传动效率高和使用寿命长等特点，在市场竞争中具有独特的优势。

2012 年，荆州市巨鲸传动机械有限公司完成新产品产值 5 632 万元，占工业总产值的 29%。公司围绕国家重点扶持的节能环保、高端制造等领域开展产品的研发工作，共完成产品研发项目 23 项。公司重点攻关的项目折线卷筒、大模数内齿轮中频淬火磨齿工艺的试验取得成功。另外，公司被认定为湖北省企业技术中心。

2012 年完成新产品产值较多的企业还有：台州市通宇变速机械有限公司完成新产品产值 1 471 万元，占工业总产值的 20%；浙江午马减速机有限公司完成新产品产值 1 647 万元，占工业总产值的 33%；山东长征机械设备制造有限公司完成新产品产值 1 203 万元，占工业总产值的 17%；温州三联集团有限公司完成新产品产值 5 644 万元，占工业总产值的 28%；哈尔滨智达测控技术有限公司完成新产品产值 1 356万元，占工业总产值的 80%；德州奥力机械有限公司完成新产品产值 2 500 万元，占工业总产值的 35%。

四、质量与质量管理

2012 年，为了配合公司战略目标的顺利实现，山东柳杭减速机有限公司质检部克服了检验任务逐年递增、质检人员未增反减的困难，严格按照 2011 年“质检部工作流程”及图样、检验指导书进行检验，未因检验工作的延误而耽误生产，截至 11 月份共检验自产零部件 41 453 件，比上年增长 1.42%；外协零部件 24 464 件，比上年增长 100%；整机 2 495 台，比上年下降 0.91%；产品合格率 99.74%。对于 2011 年发现的问题，在 2012 年的工作中都加以落实和巩固，并作为一项长期的工作加以控制；对用户提出的改进意见都及时与技术、生产部门沟通，使问题得到及时处理。质检部积极配合售后服务部门，对难以辨别的责任问题进行细致分析，先后为公司解决了北京恒聚、天津龙建、鲁丽钢铁等多起因责任难以落实产生的纠纷，不仅为公司挽回了损失，还为用户解决了实际问题，树立了公司形象。

2012 年，国茂减速机集团有限公司围绕产品市场定位加快制定质量标准，进一步完善采购标准、作业标准、检验标准等标准，并将相关标准细化为关键质量考核指标，综合评定各部门质量绩效。同时，公司组织对相关标准的培训，不断加强质量标准的执行力度。公司产品质量大大提高，更加得到用户的满意。

2012 年，山西省平遥减速器厂、平遥减速器有限责任公司强化质量意识，加强过程质量控制，提升产品质量档次。质检部门加大了外购、外协件质量控制力度，严格执行质检制度，对铸铁件外观质量、外形尺寸、焖火、铸造缺陷等加强了检查力度。每月对铸件外协厂家进行质量排名，激励外协厂家共同提高箱体铸造及加工质量。在工艺改进方面，针对 ZDY 等系列减速器制定了符合产品要求的最大侧隙值，并对检验员和装配人员进行培训；对铸钢类齿轮零件进行浮动铰刀工艺试行推广，经过对比，在尺寸、形状误差、粗糙度方面均有明显改善，但还需要进一步完善。由技术部门牵头开展工艺纪律检查，督促整改。质检处与各工段、外协厂配合，组织质量培训会 28 次，培训内容主要是针对生产过程中容易发生和经常发生的质量问题进行分析研究，杜绝同类质量问题的发生。各部门利用班前会、看板进行质量意识的培训和教育，强调过程控制的重要性，要求操作工严格按照工艺要求进行生产加工。对于反馈的质量问题进行分析，找准原因，彻底整改，做到了预防为主，让操作工牢固树立质量意识。2012 年持续开展 QC 小组活动，共申报了 46 个 QC 成果，还参加了省优秀 QC 小组成果交流会，质检处和设动处的 QC 成果获奖，公司磨齿二组、装配一组获质量信得过班组。9 月份开展了质量月活动，操作工的质量意识得到强化，48 位操作工获得“质量月活动先进个人”称号。

2012 年，泰星减速机股份有限公司严格按照 GB/T 19001—2008 标准，制定符合公司实情的质量方针和目标，建立健全质量管理网络体系，制定了一整套质量管理制度。为确保质量管理体系的正常运转和质量责任的层层落实，在质量管理过程中，公司大力推行质量责任制和质量工资制，通过行政手段和激励政策，不断强化员工的质量责任和质量意识。严格按照标准组织生产，不断加强质量监控，对外购、外协件严格把关，对供方单位及时调查评价，强化原辅材料进厂的严格控制，杜绝了假冒伪劣产品的进购使用。对精、大、稀设备进行重点维护、保养，特别是对德国、匈牙利等进口的加工中心、磨齿机的使用，采取请进来、走出去的方法，请国内外专家对操作人员进行操作技能、理论知识的培训，合格后方可上岗。同时，对主要零件关键工序设立质控点，使关键工序均处于受控状态；对不合格品进行标识、隔离、评审和处置，做到道道工序严格把关，件件零件质量跟踪，形成了从原材料进厂到产品检验出厂的一整套质量管理保证体系。强有力的质量管理措施，促进了产品上档次、上水平。当前，公司产品质量合格率由过去的 98%提高到 99.8%，装配一次交验率达 99%以上，顾客满意率达 92%以上。

浙江通力重型齿轮股份有限公司为了规范产品质量，制定了产品企业标准，作为公司组织生产和产品质量检验的技术依据。2012 年，公司进一步加强对外购原、辅材料及外购件的进厂进行严格质量检测把关，做到不合格件不进入生产工序，同时选择了技术力量强、设备先进、质量意识高的单位做外协加工厂。对产品生产的全过程进行质量控制和工艺过程控制。公司严格按设计的图样、工艺流程卡、工装文件进行生产和检测，做到层层把关。质量原始记录完整，外购原材料及外购件进厂都需提供质量保证书，成品出厂全过程都有质量检验卡，按技术要求进行检验，并做好记录。质量部坚持每月进行质量分析制度，及时准确地将质量状况反馈到各车间、各部门，能迅速解决质量薄弱环节，并开展一系列预防措施来确保产品质量。公司定期请市技术监督计量部门对各类检测设备进行鉴定，做到检测量具可靠，量值准确。

2012年，天津百利天星传动有限公司虽然遇到生产任务不足、资金困难等问题，但产品质量还是常抓不懈，开展技能竞赛。除开展装配钳工技术比武外，还进行机加工相关工种的比赛，评出各工种技能竞赛优胜者，同时授予"技术操作示范岗"称号。公司旨在通过竞赛进一步激发广大职工学习钻研技术技能的热情，营造尊重知识、尊重劳动、尊重技能人才的氛围，全面提高产品质量，提升市场竞争力。

五、基本建设及技术改造

2012年，减变速机分会45家企业中有17家企业进行了土地、厂房、设备等固定资产投入，共计投入资金30 244.4万元，比上年减少51 366.1万元。

2012年，江苏泰隆减速机股份有限公司以建设科技创新平台为突破口，投入200万元对企业研发中心的设计软件进行升级，投入300万元用于招引博士入工作站研究，投入30万元与哈尔滨工业大学共建泰隆—哈工大工程技术研究中心，积极创建国家级企业技术中心。

2012年，平遥减速器有限责任公司围绕关键工序，投资2 400万元修建热处理车间，购置德国产数控磨齿机、数控镗床、数控车床、数控龙门铣床、数控插齿机、数控立轴平面磨床等设备。完成了公司大门及两侧配套设施建设，完成了围墙改造、自行车棚、铁屑棚及新热处理车间、宿舍楼、半封闭料场、道路管网等扫尾工程，安装了污水处理系统。完成了新热处理车间的配套设施和变压器增容工作，启用了新的配电室。6套图文档查阅系统安装后投入使用，对原有局域网进行了改造和优化。新增程控交换机，安装20余部电话，建成各车间之间的通信网络。

2012年，泰星减速机股份有限公司投入2 596万元购置先进生产设备，以适应大型减速机生产的需要。对加强产品的质量，不断适应用户对高端产品、大型产品、特殊产品的需求，对提高产品的市场竞争力起到了一定的作用，也可满足广大用户对不同层次产品的需要。

2012年，浙江通力重型齿轮股份有限公司固定资产投资2 403万元，其中，用于购置先进设备1 800万元，重点购置了ZP20、ZPI25、ZE800、ZP12数控成形磨齿机、三坐标检测机、齿轮测量中心、直读光谱仪、万能材料试验机、超声波探伤仪、磁粉探伤机、金相显微镜以及德国西门子产型式试验台（3MW）等，使产品制造工艺及装备具有国内领先水平。

2012年，温州三联集团有限公司固定资产投资1 226万元，比上年增长11%。其中购买生产设备853万元，用于扩大产能，提高产品质量。

2012年，国茂减速机集团有限公司加快了运营功能设施的全面提升。投入1 200万元建设的磨齿机、加工中心车间的暖通工程，3月份全面调试正常；总投资达1 500多万元的仓储中心、涂装设施、毛坯料场、抛丸设备全面建成并投入使用，有效保障了生产整体运行。公司进一步对陈旧落后的设备淘汰，投入2 000多万元引进数控镗铣加工中心、数控立轴磨床、数控外圆磨床等一系列高精度设备，再次投入1 600多万元引进两台德国磨齿机，进一步提高齿轮加工能力。公司还与国内知名设备供应商达成了共同开发减速机专用加工设备的合作意向，初步意向金额达到1 500多万元。这些设备的陆续到位，进一步加强了企业的装备实力，解决了关键瓶颈工序的问题。2012年，投资建设的北区工业园区暨集中配套加工区全面建成并投入使用，主要配套协作单位均进驻园区。公司还在厂区内设置了供应商中转仓储中心，提高了物流速度，增强了供应商的集聚集约优势。公司出资5 000万元、总投资1亿元、建筑面积近5万m^2的铸造项目已全面建成，并搬迁到位投入生产，至2012年末已为公司提供铸件超过4万t。2012年，公司还投入各类供应商扶持资金8 000多万元，加快对核心供应商的技术改造和装备提升。公司投资1 200多万元建造面积1 500m^2的职工活动中心投入使用，还建造了占地面积800m^2的羽毛球馆和两个室外篮球场。为做好后勤保障工作，2012年公司累计投资3 500多万元，对职工的食堂、浴室、宿舍等进行改造和提升。

2012年，山东柳杭减速机有限公司为满足生产需要，自行设计改装了一台电动链条传动平板车，且一次试车成功，既达到了预期效果，又为公司节约了成本。为提高减速机清洁度，在确保减速机使用寿命的同时，降低减速机试验用油损耗，公司投资1.48万元建成清洗室，对所有零部件进行清洗；组织设备动力部人员安装了空压机及汽路管线一组，利用高压空气清洁螺栓底孔、内壁的粉尘；利用原铸造车间清砂机，对齿轮进行清砂处理。通过以上措施的实施，既减少了车间的粉尘，保护了环境，又保证了减速机内部零件的清洁，提高了产品质量，延长了减速机的使用寿命。公司先后两次投入2.85万元，定做了29个金属铁皮挂轮架，并于4月初投入使用，规范了现场管理，保证了挂轮精度。为了给职工提供安全、整洁的工作环境，公司投资3.86万元，定制了23个滚齿机专用木制脚踏板，使滚齿工序更加整齐划一，还可避免因设备接地不好而发生触电事故。公司投入16.5万元购买Y6140A卧式拉床1台，还先后投入300多万元，分别从南京机床厂和重庆机床厂订购了4台Y31125A滚齿机和1台Y31160滚齿机。另外，公司投资12.57万元，增加30m长、0.5t节能半自动起重机一组。

2012年6月8日，佛山市星光传动机械有限公司在佛山市三水白坭镇举行了新生产基地的开工典礼。坐落于白坭汇金工业区的三水生产基地占地面积3.4万m^2，总投资约3亿元，兴建含总部基地、工程技术研发中心、实验室、生产车间等3.3万m^2。此生产基地建成投产后，公司产能将大幅度提升，这不仅能为公司带来更多的发展空间，同时能为企业品牌创造更大的市场竞争优势。

另外，台州市通宇变速机械有限公司、石家庄科一重工有限公司、宁波莱斯特传动设备制造有限公司、瑞安市华星减速机实业有限公司、兰州西腾润工装备制造有限公司、哈尔滨智达测控技术有限公司等也进行了固定资产投入，主要是增添新的、先进的加工设备，改善产品检测条件，添置计算机，加强网络管理等建设，以便提高生产能力和生产效率。

六、企业管理及改革

2012年，国茂减速机集团有限公司进一步拓宽了管理创新的思路，加大了管理创新的步伐。公司根据产品性能和市场需求对各系列减速机进行重新定位，在满足用户要求的前提下，对不同产品配置不同资源，并且扩充生产组织，调整生产布局，加快专业化配套服务和市场响应。同时，公司根据新环境要求，组建成立了售后维修中心，加快对装配技师的引进和培养，提高专业化服务水平。公司与国内知名管理咨询公司合作，投入200多万元引入CTPM管理理念，利用新厂区的优势，全员参与现场改善活动。通过两个月的共同努力，现场环境有了极大的改善，真正做到物料状态可视化，定置定位标准化，清扫清洁常态化。“精益办”成员与专家一起针对制造五部机针车间和装配车间的生产作业模式进行细致的研究，根据公司的生产实际，制定了一套精益管理方案，投入300多万元建立了五部装配生产线。公司还加快工艺技术人才的引进，进一步强化工艺技术标准，强化了工艺部门的组织职能和人员配置，加大对现场作业标准改善和装备能力提升的实施力度，为技术工艺文件在产品实现过程中有效执行做好监督衔接。公司进一步完善了人力资源管理网络、视频通信网络、管理信息网络、内外联接网络，总投入达到800多万元。公司引进的PLM技术管理系统与生产管理系统实行了有效连接，持续改进了技术文件的数字化传递和技术图档管理，确保了技术文件的准确性和传输高效性。公司还引进了可覆盖全球的即时通信和消息协作系统，建立了无边界沟通平台，增强了信息沟通的敏捷性。

2012年，山西省平遥减速器厂完善体系建设，健全各项机制，提升整体管理水平。①生产调度机制持续完善。生产处认真评审每一份订货合同，确定供货周期，每天的班前会、生产碰头会，已成为生产系统互通信息的主要途径，各调度员在订货周期短的情况下，积极与生产工段协调，评审后的整机完成率达到96%，达到目标要求。定额处制定新产品定额8本、非标图30余份，完成了60余种中硬齿面产品的定额调整。供应处、外协处全方位开展招标制，在购进价格、质量保证、按期供货方面取得显著效果。②搞好回款和清欠工作，降低营销风险。销售处强调货款及时回笼及清欠，研究确定了35家许可出厂后付款的大型重点单位，其余均需现款销售。加大对外销人员回款和对账工作的考核，5月份对16户呆坏账进行清理，强化现款交易、提高资金周转率的营销理念，扼制住了应收账的增长势头。适时对价格严格控制，履行“产品价格审批表”，灵活地将货款的资金回笼和价格结合起来，确保企业在恶劣环境下的正常经营。③体系建设和精益化管理有序开展。TPM工作收集一般提案1 970件、重点提案226件。定期开展6S现场检查和工艺纪律检查；当前各车间已通过TPM2阶段验证，生产现场得到明显改善，设备故障降低，员工观念和工作方式也积极转变。2012年，进行了多次内部审核，加强了内审员队伍建设，对厂内制度及厂务会议要求加大了执行力度，促进了两个管理体系在厂内的有效运行。④加强班组建设，健全培训考核机制。全年中层互训52次，轮训212人次；TPM培训677人次；组织了各类安全教育和应急响应的培训演练，对提高管理能力、提高技术素质起到了积极的推动作用。开展了标兵评比活动，11名一线标兵受到表彰。制定评模考核办法；逐月评比，公正透明，形成了职工之间争先创优的正气。⑤提高资产管理水平，降低物资消耗。4月份成立了资产管理委员会，进行物资盘点，完善了物资管理制度，提高了资产管理人员的职业道德水准。全年刀具、工具、机油等辅料消耗比上年减少135万元，同产值消耗共计降低57万元。2012年，企业再次荣获山西省功勋企业、山西省质量管理小组活动优秀企业、晋中市四星级职工之家、平遥县基层工会标兵单位、安全生产先进集体等荣誉。

2012年，荆州市巨鲸传动机械有限公司多次召开经理办公会研究经营对策，提出了增强危机意识、转变干部工作作风、提高全员工作责任心、细化工作管理等一系列要求，下发了主要领导分工督导的决定文件。开展了技师、高级工评定及大面积的技能比赛工作，启动了人才梯队建设、技术人员定级考核机制，启动了无定额人员定编定员、竞争上岗工作，重新梳理了退休返聘工作，开展了卓越绩效标准、精益生产等一系列培训工作。在公司困难的情况下，员工平均实得收入有所增长，用于员工工资福利的支出人均增长12%。

2012年，山东柳杭减速机有限公司加大员工培训力度，以提高实践操作能力为目标，对员工实施有针对性的培训。公司邀请济南砖瓦总工、区工商局合同科科长等专家来公司进行专题讲座。公司内部举办以滚齿工应知应会知识、零件图识读及机床保养知识、装配图识读知识为主的操作工技能培训，营销人员销售减速器知识培训；进行“立足市场争效益，狠抓细节促管理”的交流学习。对因事、因病长时间休假结束后返岗的员工进行复工培训。利用网络视频教材对公司考核小组人员进行绩效考核管理培训，全员进行员工精神培训，通过组织安全知识竞赛活动普及安全生产知识，全体管理人员进行流程管理培训。采取送出去的办法，安排5人次外出进行安全知识培训，安排5人次外出学习减速器设计制造技术和可编程序控制技术。2012年，共组织内、外部培训19次，培训总人数1 944人。公司成立了绩效管理考核领导小组，年初组织考核小组成员参加“如何以绩效管理促进企业成长”的培训，利用绩效目标的设定到绩效计划的实施、再反馈，规范安全生产、交接班制度、设备保养与使用、门卫出入登记、定置管理、仓库管理、合同管理、车队管理等公司基础管理工作。公司投资近5万元对公司的网络设施进行升级改造。根据公司对外宣传安排，制作了公司的网站。网站自建设以来，每天通过网站访问了解公司的用户逐渐增多，并且根据部分客户要求，制作并发布了公司的产品电子样册。

2012年,佛山市星光传动机械有限公司组织公司高层管理人员参加企业管理培训班学习,提高现代企业管理水平,完善公司各项规章制度,组织基层员工参加技术培训、技能比赛,组织各类职工文体活动,增强职工的凝聚力,各部门通力合作,圆满完成全年既定目标。

江苏泰隆减速机股份有限公司发挥现有省级传动机械与控制工程研究中心、省博士后科研工作站、全国减速机标准化技术委员会秘书处的平台作用,整合资源,努力形成科技创新的源动力;建立健全有效的研发项目管理机制,提高项目的产出数量与质量;继续实施知识产权战略推进计划,深化知识产权标准化建设,建立减速机专利信息服务数据库,从单一的专利申报向企业知识产权创造、运用、保护和管理方面扩展,发挥知识产权在促进自主创新、优化产业结构中的作用;积极实施"两化"融合,推进投资600多万元的企业资源计划系统(ERP)与产品生命周期管理系统(PLM)项目,初步形成销售、采购、研发、生产、仓储、财务等职能部门信息化与工业化的全面融合,带动企业经济运行质态的提高和发展方式的转变。公司在积极发挥自身研发水平的基础上,深化产学研合作,努力实现管理机制、合作模式、人才培养三大突破。一是在管理机制上务求实效。建立公司高层领导、专人负责、多部门参与的管理架构,不断优化创新环境和激励机制,用足用好奖励政策,吸引国内外高层次科技人才及优秀项目以各种形式进入企业,对引进的高层次创新创业人才或团队给予20万~200万元的资金资助。二是在合作模式上探索新路。不断深化与哈尔滨工业大学、江苏大学、中国科学院等单位的项目合作与机构合作,有效利用高校院所的项目、技术、成果、人才等资源,加快科技成果转化进程。积极推广与哈尔滨工业大学共建工程技术研究中心的经验,系统化开展技术研发、人才培养、项目合作。三是在人才培养上强化措施。借助海外创新创业协会等机构和合作院校,积极引进和培养高新技术领域的领军人才。同时,选派多名技术人员参加高校院所的项目管理和知识产权管理的外部培训,有重点地分类培养专业技术人才和技能型产业人才,逐步形成优秀稳定的科技创新团队。通过重点领域的人才支撑和科技攻关,带动企业经济发展的跨越和提升。

江苏省金象传动设备股份有限公司自2003年年底由国有企业改制成股份制企业以来,取得了较快的发展。公司的高速发展既得益于高科技的投入,也得益于人才工作的用心。一是加大人才引进力度,打造人才聚集高地;二是重视人才培养开发,搭建人才成长平台;三是创新人才使用理念,发挥人才最大效能;四是立足基层人才开发,拓展人才激励机制。2012年,公司已蓄积了一定数量和质量的高层次人才及专业技术人才。2012年,公司被评为淮安市人才工作先进单位,还获得江苏省高成长型中小企业称号。

〔撰稿人:中国通用机械工业协会减变速机分会李春丽
审稿人:中国通用机械工业协会减变速机分会王远征〕

2012年气体分离设备行业概况

一、生产经营情况

2012年,是我国实施"十二五"规划承上启下的重要一年,是坚持稳中求进、全力保增长形势最为严峻的一年。在国民经济增速放缓、国内外需求减弱的大背景下,气体分离设备行业经受钢铁领域市场受限,原材料、人力成本上涨,回款不力及产品同质化竞争加剧等不利因素的影响,通过不断加强技术创新、调整产品结构、拓展产业链条、加快企业转型升级、深入挖掘低温领域的增长潜力,全行业仍然保持了较高的增长速度,行业总体经济运行势态良好。

1.行业概况

根据气体分离设备分会16家会员企业上报的统计资料统计:2012年完成工业总产值201.34亿元,同比增长20.9%;工业销售产值198.45亿元,同比增长22%;新产品产值72.69亿元,同比增长13.2%;工业增加值45.1亿元,同比增长13%;营业收入202.15亿元,同比增长19.2%;利润总额12.34亿元,同比增长6.2%。2012年行业累计订货额214.17亿元,同比减少4%。全行业资产总计291.83亿元,同比增长22%;从业人员平均人数15 589人,同比增长3.8%。年综合能源消费量折合标准煤22.76万t,同比增长26%。电力总消耗17.72万kW·h,同比增长28%。

2012年,全行业共生产空分设备300套(不包括变压吸附产品),制氧总容量达到387.25万m^3/h,同比增长25.74%。其中,生产小型空分设备(1 000m^3/h以下)73套,制氧容量2.32万m^3/h,占总制氧容量的0.6%;生产中型空分设备(1 000~6 000m^3/h)41套,制氧容量15.06万m^3/h,占制氧总容量的3.89%;生产大型空分设备(6 000m^3/h及以上)126套,制氧容量360.99万m^3/h,占制氧总容量的93.22%;生产制氮设备60套,制氮总容量17.68万m^3/h,折合成氧容量8.88万m^3/h,占制氧总容量的2.29%,制氮量与上年基本持平。

2012年,全行业完成出口交货值5.21亿元,同比增长0.5%。其中,杭州制氧机集团有限公司完成出口交货值

1.48亿元，四川空分设备（集团）有限责任公司完成出口交货值 4 215 万元，邯郸制氧机厂完成出口交货值 2 922 万元，中国空分设备有限公司完成出口交货值 1 633 万元。

2.行业发展特点

（1）行业产销增速快于机械工业和通用机械行业的增速，但利润水平偏低。

2012 年，气体分离设备行业产销增速分别为 20.9%和 22%，高于机械行业增速和通用机械行业增速；利润增速为 6.2%，如排除统计误差，与机械工业行业基本持平，但低于通用机械行业 5.2 个百分点。

从气体分离设备行业的基本统计数据看，2012 年全行业经济运行总体状况仍然属于良好，工业总产值、工业销售产值、产品产量均维持了较高的增长速度，在绝对量上均达到了历史最高水平。存在的最大问题是利润水平低，利润增长速度远低于产销增速，这主要是因为原材料价格上升、人力成本和融资成本提高，钢铁限产导致钢铁用户压价力度增强，以及同行业市场竞争激烈等因素也压低了产品利润水平。2012 年，全行业工业中间投入同比增长 16.4%，职工薪酬同比增长 29.2%，利息支出同比增长 83.8%。

（2）空分设备趋向大型、特大型方向发展，国产化水平显著提高。

随着大型钢铁、石油化工、煤化工项目的建设，空分装置规格向大型、特大型方向发展的趋势已成定局，大型空分设备数量呈现稳步增长态势。2012 年，全行业共生产成套深冷制氧、纯氮空分设备 300 套，制氧设备 241 套，纯氮设备 59 套，其中 1 万 m^3/h 等级及以上的大型空分设备尤其是国产化特大型空分设备套数明显增加。2012 年，共生产制造 1 万 m^3/h 等级及以上空分设备 111 套，占空分设备总套数的 37%，占制氧设备总套数的 52%，1 万 m^3/h 等级及以上空分设备制氧容量占制氧总容量的 90.18%；生产 3 万 m^3/h 等级及以上空分设备 52 套，占空分设备总套数的 17.33%，占生产制氧设备总套数的 24%，3 万 m^3/h 等级及以上空分设备制氧容量占制氧总容量的 63.62%；生产 6 万 m^3/h 及以上等级空分设备 15 套，占空分设备总套数的 5%，占生产制氧设备总套数的 7%，6 万 m^3/h 及以上等级空分设备制氧容量占制氧总容量的 25.72%，表明用户氧气需求主要集中在大型、特大型空分设备上。

当前国内运行中的最大规格空分设备是用于神华宁煤集团宁夏银川宁东镇化工基地 50 万 t/a 聚丙烯项目中的两套 9 万 m^3/h 等级空分设备，工艺来自液化空气（杭州）有限公司。据悉，液化空气（杭州）有限公司为茂名石化煤（焦）制氢工程提供的另外一套 9 万 m^3/h 空分设备将于 2013 年试车。另外，林德工程（杭州）有限公司、美国普莱克斯公司、美国空气化工产品有限公司也都有 8 万～9 万 m^3/h 等级空分装置业绩。

大型、特大型空分装置在节约资源、能源、管理成本等方面有着重大优势，但因其结构复杂、安全性要求高，开发技术难度很大，3 万 m^3/h 等级及以上空分设备研制技术在很长一段时期内被液化空气（杭州）有限公司、林德工程（杭州）有限公司、美国空气化工产品有限公司等国外大企业控制，国内需求完全依赖进口。近十年来，以杭州制氧机集团有限公司为代表的我国空分设备制造企业，通过自主创新、自主研发，在大型空分设备国产化方面取得了较好的业绩，并迅速占领国内大型空分市场的制高点。3 万 m^3/h、4 万 m^3/h、5 万 m^3/h、6 万 m^3/h 等级空分设备陆续开发完成并成功投产，8 万 m^3/h、10 万 m^3/h、12 万 m^3/h 等级空分设备研发取得了重要突破：2011 年、2012 年，杭州制氧机集团有限公司先后取得了广西盛隆 8 万 m^3/h 和伊朗卡维 12 万 m^3/h 成套空分设备的合同订单，其中伊朗 12 万 m^3/h 等级空分设备空气处理量达到 61 万 m^3/h，这是杭州制氧机集团有限公司承接的最大等级空分设备订单，也是当前世界最大等级空分设备订单之一。

此外，开封空分集团有限公司、四川空分设备（集团）有限责任公司等多家企业也相继开发了 2 万 m^3/h、3 万 m^3/h、4 万 m^3/h、5 万 m^3/h 等级的成套空分设备。当前，除杭州制氧机集团有限公司外，开封空分集团有限公司、四川空分设备（集团）有限责任公司、开封黄河空分集团有限公司、河南开元空分集团有限公司、开封东京空分集团有限公司及开封迪尔空分实业有限公司等企业已有生产制造3 万 m^3/h等级空分设备的业绩，其中，开封空分集团有限公司、四川空分设备（集团）有限责任公司、河南开元空分集团有限公司已经有生产制造 4 万 m^3/h、5 万 m^3/h 等级成套空分设备的业绩，开封空分集团有限公司、杭州福斯达实业集团有限公司也已承接 6 万 m^3/h 空分设备订单，正在生产制造中。气体分离设备行业主要制造厂商生产的空分设备规格见表 1。

表 1　气体分离设备行业主要制造厂商生产的空分设备规格

企 业 名 称	空分设备最大规格（m^3/h）（氧）	安装地点
液化空气（杭州）有限公司	110 000	南非
液化空气（杭州）有限公司	90 000	中国
林德工程（杭州）有限公司	140 000	卡塔尔，正在设计、制造
林德工程（杭州）有限公司	100 000	中国，正在设计、制造
林德工程（杭州）有限公司	90 000	中国
美国空气化工产品有限公司	85 000	中国
美国普莱克斯公司	85 000	中国

（续）

企 业 名 称	空分设备最大规格（m^3/h）(氧)	安装地点
杭州制氧机集团有限公司	12 0000	伊朗，制造完成待安装
杭州制氧机集团有限公司	100 000	中国，正在设计、制造
杭州制氧机集团有限公司	80 000	中国，已进入试车阶段
开封空分集团有限公司	65 000	中国，正在设计、制造
四川空分设备(集团)有限责任公司	50 000	中国
开封黄河空分集团有限公司	35 000	中国
开封东京空分集团有限公司	35 000	中国
河南开元空分集团有限公司	45 000	中国
开封开利空分设备有限公司	20 000	中国
河南众力空分设备有限公司	15 000	中国
开封迪尔空分实业有限公司	36 000	中国，正在安装调试
杭州福斯达实业集团有限公司	60 000	中国，正在设计、制造
开封赛普空分集团有限公司	20 000	中国
杭州凯德空分设备有限公司	20 000	中国
苏州制氧机有限责任公司	20 000	中国

注：未注明状态的设备表明已投入运行。

2012年11月，西安陕鼓动力股份有限公司研制成功6万m^3/h等级空分装置配套用空气压缩机组和增压机组，至此，国内6万m^3/h等级以下空分设备已完全可以实现国产化。

当前，6万m^3/h及以下等级空分设备中国产设备占有率具有绝对优势，其中，杭州制氧机集团有限公司大型空分设备（包括60 000m^3/h空分设备）在国内市场占有率一直保持在50%以上。

(3)产品扩展到煤化工、天然气等新兴市场，产品结构得到进一步调整，产业链明显拉长。

当前，空分设备最主要的用户群体仍集中在钢铁冶金、石化领域，此类用户和国家宏观经济关联度很高，受国际金融危机、欧债危机等因素影响，宏观经济需求不景气。虽然国家出台了4万亿元投资刺激计划，经过几年稀释，作用已趋淡，且投资刺激行为本身又加剧了钢铁冶金等行业的过度发展，导致产能严重过剩。因此，钢铁冶金类用户市场下滑明显，已签项目中出现了原项目拖延或取消的现象。空分设备的另一市场——光伏产业，同样存在产能严重过剩问题，近期又面临欧洲的反倾销诉讼，市场前景黯淡。

在推进重大装备国产化、国家能源结构进行战略性调整等大背景下，气体分离设备行业出现了新兴市场和需求增长点，如对大型石化空分及配套设备、新型煤化工项目用空分及配套设备的需求增多，整体煤气化联合循环发电配套空分设备，天然气、煤层气等的液化、汽化、储运、充装设备，污水处理、空气净化、化工尾气回收再利用、冷能回收再利用等设备需求成为市场热点。

在新型煤化工领域，对空分设备及气化炉等相关配套设备需求旺盛，尤其是成套空分设备。据估算，我国“十二五”期间煤化工项目实际投资总额将达8 500亿元，装备需求总额将达3 800亿元，空分设备在煤化工设备投资中约占5%。据此，“十二五”期间煤化工用空分设备需求约200亿元，按制氧容量需求估算，单套8万~10万m^3/h等级的空分设备需求量约100套，市场潜力非常巨大。杭州制氧机集团有限公司、开封空分集团有限公司等企业在煤化工用大型、特大型空分设备研发方面已具备相当实力，并有多个成功运行的项目业绩。神华宁煤集团400万t煤制油项目配套空分设备招投标工作现已完成，在所需的12套10万m^3/h等级空分设备中，杭州制氧机集团有限公司中标6套、林德工程（杭州）有限公司中标6套，标志着杭州制氧机集团有限公司在8万m^3/h等级以上特大型空分市场上已具备和林德工程（杭州）有限公司、液化空气（杭州）有限公司等国际空分巨头同台竞争的实力。此次杭州制氧机集团有限公司中标的合同总价为16.95亿元（其中含5台进口压缩机和1台国产压缩机），成为国内空分设备制造史上最大一笔订单。近期，伊泰伊犁540万t煤制油项目、潞安集团高硫煤清洁利用油化电热一体化示范项目（第一期180万t煤基合成油项目已获国家发改委批准）等一系列重点项目配套空分设备招投标工作将陆续展开，大的空分设备订单很快又要出现。

在天然气、煤层气、页岩气等新兴能源领域，随着LNG（液化天然气）工厂、LNG接收站、调峰站、终端加气站的大量建设，气体分离设备行业在天然气净化、提纯、液化、汽化、储运等环节也展开了激烈竞争。

天然气作为一种清洁高效能源，近年得到快速发展。2012年，国内天然气产量1 077亿m^3，同比增长6.5%；天然气进口量（含液化天然气）425亿m^3，同比增长31.1%；表观消费量1 471亿m^3，同比增长13.0%。随着天然气大规模的开采和应用，为解决运输和储存问题，对天然气液化装置的需求迅速增多。截至2012年年底，我国已建和在建的LNG工厂有40多座，投入运行的有20多座，年总产能约250万t。预计到“十二五”末，全国LNG工厂年总产能将达到甚至突破750万t。当前，我国多座在建和拟建的常规天然气液化项目，单座容量设计规模达到 200 万～300 万 m^3/d，并有逐步增大的趋势，如果煤制天然气、煤层气、页岩气的合成或开采在近期内能形成规模，对液化装置的需求会更多，加之我国每年进口大量 LNG，接收站建设涉及大量储运设备及其他相关低温产品。

当前，我国在天然气液化方面正着手推进国产化依托工程。其中，山东泰安 60 万 t/a LNG 液化装置于 2012 年 4 月 25 日正式开工建设，设计日处理气量 260 万 m^3，年产 LNG 60 万 t，年销售收入 27 亿元，计划于 2013 年年底建成，达产后将成为国产化单线生产规模最大的 LNG 项目。另有湖北黄冈 500 万 m^3/d 天然气液化项目等重点工程，四川空分设备（集团）有限责任公司、中国空分设备有限公司等均参与了核心装置或配套设备的研发工作。

四川空分设备（集团）有限责任公司在天然气液化装置流程设计、产品制造等方面已经拥有了成熟的技术和丰富的经验。至 2012 年年底，公司已签订 100 万～200 万 m^3/d 天然气液化设备合同额 20 亿元，合同额累计达到 25 亿元。公司为鄂尔多斯杭锦旗新圣 200 万 m^3/d LNG 项目配套的液化装置是当前国内处理规模最大、设备全国产化的天然气液化装置。该装置于 2012 年 11 月 3 日一次开车成功，标志着四川空分设备（集团）有限责任公司在天然气液化装置国产化方面走在了同行的前列。

杭州福斯达实业集团有限公司已经承接过多套 30 万～60 万 m^3/d 的液化天然气装置合同，在天然气液化装置市场中占有较大份额，并且打入了国际市场，取得了海外 LNG 项目运行业绩。2012 年，杭州福斯达实业集团有限公司承接的内蒙古包头等 5 个 30 万 m^3/d LNG 液化装置项目成功投产，出口南亚的一套 30 万 m^3/d LNG 液化装置也顺利出液。

中国空分设备有限公司在大型液化天然气储存设备设计制造方面有较强优势，承接了湖北黄冈 500 万 m^3/d 天然气液化项目 2 套 3 万 m^3 LNG 储罐的设计生产任务。在成套 LNG 液化装置方面，已经完成一套 30 万 m^3/d 液化装置的技术审查。为加强液化装置及配套设备研发、制造水平，公司于 2012 年 3 月在杭州建立了国家大型 LNG 项目研发中心，在嵊州建设了低温设备生产基地。

此外，杭州制氧机集团有限公司成立了杭州杭氧石化工程有限公司，负责液化天然气领域的技术研发和市场销售任务。开封空分集团有限公司进行了 30 万 m^3/d 液化装置的技术储备并投入研发。苏州制氧机有限责任公司下设有华福低温容器有限公司等子公司，负责 LNG 领域市场，设计生产天然气接收站、调峰站、低温储罐、槽车等低温设备。杭州凯德空分设备有限公司和上海交通大学合作研发了小型撬装式 LNG 设备。开封黄河空分集团有限公司加强了对以沼气净化、提纯为主的生物能源市场的开拓力度，研发出"沼气洗涤脱碳三级解析新工艺"，并成功应用到 40 000m^3/d沼气分离纯化项目上，获得了较高的经济效益。

（4）冷能利用空分设备成为行业热点。

我国 LNG 进口量从 2006 年的 69 万 t 迅速增长到 2012 年的 1 468 万 t，预计未来若干年，我国将进口大量 LNG 以弥补天然气用量缺口。当前，我国在沿海城市港口已建成至少 7 个大型进口 LNG 接收站。"十二五"期间，我国将新建进口 LNG 接收站 17 座，年接收能力在 6 500 万 t 左右。LNG 蕴藏着巨大的冷量，将此冷量运用于空分设备已经成为一个行业热点和重要课题。据估算，冷能利用空分设备和常规空分设备相比，能耗节约 40%～60%，具有非常可观的经济效益和环境效益，受到行业的普遍关注。

2010 年，中海油与美国空气化工产品有限公司在福建莆田合资兴建 610t/d 的 LNG 冷能利用液体空分装置，这是国内首个 LNG 冷能空分项目，当前已正式投入运行。随后，中海油浙江宁波、广东珠海等地的 LNG 冷能空分项目可行性报告也获通过，工艺较之前有所改进。

继美国空气化工产品有限公司等国际知名企业在国内有相关业绩后，2010 年，杭州杭氧股份有限公司和润华控股（中国）有限公司投资设立江苏杭氧润华气体有限公司，在江苏如东新建冷能空分利用项目，该项目设计年产液氧 10.92万 t、液氮 10.08 万 t、液氩 0.42 万 t，达产后年销售收入 1.25 亿元。当前，此项目进展顺利。

（5）在向高附加值的现代制造服务业转型方面逐渐深入。

近年来，气体分离设备行业制造企业在转型升级上进行了多方面探索。整体来看，转型中采用的最主要、最突出的形式是发展气体业务及为客户提供整体解决方案的工程总承包等。

发展气体业务是在发展制造业的同时投资工业气体产业，在充分利用企业专业化设计、生产、操作、维修保养设备等优势的同时，占领下游气体供应所产生的较高附加价值，实现转型目标。当前，杭州制氧机集团有限公司、四川空分设备（集团）有限责任公司、开封黄河空分集团有限公司、河南开元空分集团有限公司、开封东京空分集团有限公司、杭州福斯达实业集团有限公司、上海启元空分技术发展股份有限公司、苏州制氧机有限责任公司、北京北大先锋科技有限公司、河南众力空分设备有限公司等设备制造企业均有气体投资项目。

杭州制氧机集团有限公司在 2010 年就明确提出了"重两头、拓横向、做精品"的发展理念和结构调整目标。"重两头"即空分产业向两头延伸，向上重点发展工程成套业务，向下重点发展气体业务；"拓横向"是在发展成套空分、关键配套部机业务的同时，拓展石化低温相关产业和空分配套相关产品；"做精品"就是以科技创新提高企业的核心竞争力，通过完善现有生产管理体制和生产组织方式，加强管理，提高效率，制造精品。

在气体投资方面，杭州制氧机集团有限公司投资力度最大，成效最为明显。截至 2012 年年底，杭州制氧机集团有限公司投资的气体公司达 25 家，气体业务总投资额 50 亿元，装机制氧总容量 75 万 m^3/h，其中，已投产的装机制氧容量约 34 万 m^3/h。2012 年，公司气体业务销售收入 10 亿元，由于之前投资的气体项目已进入集中投产期，预计2013年后杭州制氧机集团有限公司气体业务销售收入会出现更高的增长。

为加快转型升级、优化资源配置，杭州制氧机集团有限公司积极推动资产重组，以收购和新建的方式取得广西盛隆、南钢、萍钢、内蒙古杭氧宏裕、双鸭山杭氧龙泰、济源杭氧万洋及江西杭氧7个投资项目，合同新增制氧容量26.3万m^3/h，合同新增总投资约18亿元，特别是广西盛隆的8万m^3/h空分项目，不仅创造了项目单套规模的新纪录，而且实现了公司在8万m^3/h等级空分设备上的突破。衢州杭氧气体有限公司在4万m^3/h空分设备上实现了粗氖氦和贫氪氙的提取，实现了技术上的提升，也有助于提高气体投资的综合效益。当前，杭州制氧机集团有限公司在供气方面已开拓出工业区综合供气等模式，在气体业务上已经有两个气体公司服务于煤化工项目，对积累相关的投资和服务经验有重要意义。

为实现互利共赢，杭州制氧机集团有限公司与杭钢、巨化集团、浙江省能源集团、东华科技、惠生工程、华陆工程、中石化等企业签订了战略合作协议，在装备制造、工业气体、工程设计等领域开展深层次交流与合作。为加强工程设计和工程总承包实力，成立杭州杭氧化医工程有限公司，负责开拓工程成套业务。公司2012年承接了嘉兴永明石化有限公司40 000m^3/h空分设备总承包合同，成为迄今为止承接的最大规模总承包合同，标志着杭州制氧机集团有限公司在向工程总承包业务发展的道路上又迈进了一步。

开封空分集团有限公司强化售后服务，推进产品结构战略性调整，走适度多元化发展之路，努力创新商业模式，实现了从制造环节为主向研发设计和销售服务两端延伸的转变，引领结构优化和产业升级。公司把售后服务提升到公司战略、市场竞争战略的高度，开通了“400-603-7860”免费服务热线，通过统一的平台、标准化流程对用户来电进行受理、跟进、回访及客户满意度调查分析，建立起快速反应机制，打造公司服务品牌。面对行业内高端产品日趋集中，中小型空分设备市场竞争激烈的复杂局面，公司及时调整销售策略，将市场开拓重点放在了高速发展的煤化工行业和以洁净能源为主的电力集团以及大型气投公司。2012年，公司与盈德气体集团签订3套6万m^3/h等级空分设备合同，在特大型空分设备市场开拓上迈出了重要一步。

二、科研成果及新产品

气体分离设备制造企业通过不断自主创新、走“产、学、研”相结合的发展道路，在新产品和新技术方面取得了一系列成果。

杭州制氧机集团有限公司在大型、特大型空分设备领域获得重要突破。其中，“6万m^3/h等级煤化工空气分离设备”项目被中国机械工业联合会推荐申报国家科学技术进步奖。该项目是我国首套拥有自主知识产权的国产化6万m^3/h等级煤化工空气分离设备。为广西盛隆项目配套的8万m^3/h等级冶金型空分设备已完成设计和生产任务，正在进行安装，预计2013年进行试车。配套伊朗卡维项目12万m^3/h等级成套空分设备已经通过了项目可行性分析、初步设计、阶段性评审、详细设计评审，正处于生产制造阶段。由杭州杭氧股份有限公司设计制造的“冶金型6万m^3/h空分设备”获得2011年杭州市科技进步奖一等奖，“福建80万t/a乙烯冷箱”获得杭州市科技进步奖三等奖。由杭氧低温液化公司设计制造的“900m^3/h反罐式流程高纯氮空分设备”获得杭州市科技进步奖二等奖。杭氧低温容器公司研发的60 000m^3/h及以上水浴式汽化器获得了国家科学技术部颁发的国家火炬计划项目证书，并将得到项目研发资金40万元。

江西制氧机有限公司在无水氟化氢罐式集装箱、液化天然气加注车自加液结构、U/U2罐式集装箱、WH590E材质罐式集装箱、多层绝热缠绕支撑、新型罐箱遮阳装置、液态二氧化碳罐式集装箱、新型末级活塞环、06Cr19Ni10低温液体运输半挂车、低温液体贮罐、液氧高压汽化充装车、“PTC CREO三维设计”软件可行性应用、低温液化运输车(二氧化碳介质)分析设计等科研项目中获得了重要成果，并获得多项专利技术，其中，“一种带式焊剂垫”获得国家发明专利；一种罐体遮阳装置、一种液化天然气加注车自加液装置、一种多层绝热缠绕支撑产品被授予实用新型专利。公司还完成了“PTC CREO”三维设计平台基本构架设计，“盛装R32、R134a、R125介质的CX20WK-T50-4型、CX20WK-T50-5型、CX20WK-T50-6型罐箱”设计标准通过全国锅炉压力容器标准化技术委员会审查备案。“奥氏体不锈钢应变强化技术设计、制造真空绝热深冷压力容器”获国家质量监督检验检疫总局审批通过。

四川空分设备(集团)有限责任公司在大型天然气液化装置国产化方面实现突破。公司自行研发、生产成套的鄂尔多斯市杭锦旗新圣项目第二期$60\times10^4m^3/d$大然气液化成套工艺装置于2012年5月全面开始现场安装，2012年11月3日实现一次性开车成功。该装置是当前国内第一套处理规模最大、设备全国产化的天然气液化装置。该装置采用两级分离三级节流的单一混合冷剂流程，采用MDEA吸收法脱除二氧化碳等酸性气体，脱除彻底，且无再生气消耗。此装置生产的LNG产品采用两台5 000m^3的常压罐储存，保冷效果好，液化能耗低。由川空换热器公司配套生产的荣县净化厂提氦冷箱一次投产成功。该项目是当前国内唯一一套天然气提氦装置，设计规模40万m^3/d，采用后膨胀、氮循环制冷及两塔低温分离工艺提氦，工艺技术由业主中石油西南油气田分公司提供。该工程的成功投产，标志着提氦技术及装备实现了国产化，打破了国外企业对该技术的垄断，对我国国防、军工、航空航天等事业发展有重要意义。

开封空分集团有限公司开发出63 000m^3/h制氧双压力等级化工型内压缩空分工艺流程、4 000m^3/h制氧大液体量空分工艺流程、60 000m^3/h制氧带液体膨胀机的内压缩空分工艺流程、45 000m^3/h制氧大氮气量内压缩空分工艺流程、60 000m^3/h 制氧冶金型空分工艺流程等新型空分工艺流程。与西安交通大学联合设计研发的全液体透平膨胀机已通过权威部门评审，标志着开封空分集团有限公司成为全球第二家拥有此项设计技术的设备制造企业。2012 年 11 月 6 日，由开封空分集团有限公司提供其配套空分装置的国内首座华能（天津）IGCC 电站示范工程 25 万 kW 整体煤气化联合循环发电机组顺利通过试运行。试运行期间，该套 4.6 万 m^3/h 等级空分设备运行情况良好。此外，公司新开发的 6 条填料生产线已基本调试完毕；配套煤化工项目的 3 台五环炉关键内件已于 2012 年一季度全部交付用户；公司与西安交通大学合作研发的 8 万～10 万 m^3/h 超大型空分设备项目中的 8 个子项目中的 6 个项目已经通过结题验收，8 万 m^3/h 空分设备研制项目中的 8 个课题通过了省级鉴定；串口通信技术及仪电控制一体化技术、新型翅片管式蒸汽加热器技术、大直径膨胀机叶轮热处理工艺、小管间距圆筒形膜式水冷壁制造技术、盘装规整填料技术等已经成功应用于成套空分设备设计中。另外，高压板式换热器、迷宫式压缩机、天然气液化项目工程等 9 个课题进展顺利，其中 8 个课题已顺利结题，企业产品形式日趋多样，产业链条不断延伸。

开封黄河空分集团有限公司研发的双塔冷凝制氮空分设备、超低压富氧空分设备、40 000m^3/d 沼气净化提纯设备、35 000m^3/h 内压缩流程空分设备、5 000～20 000m^3/h 节能型空分设备、精馏塔流体力学实验平台以及用于水泥窑炉富氧喷煤、高纯氮膨化保护配套空分设备新的流程设计等多种产品和技术，取得了重要成果。借助这些科研成果，公司利用精馏塔流体力学实验平台对研发的各种型号和规格的精馏塔进行测试，在获得流体动力学数据的基础上，对空分设备的流程设计进一步优化，有效提高了空分设备的质量。2012 年 12 月 31 日，公司承担的烟台双塔食品股份有限公司的 40 000m^3/d 沼气分离纯化工程，一次调试开车成功。该项目采用沼气洗涤脱碳三级解析新工艺，保证了产品各项指标均达到或超过设计要求并符合国家有关标准。能耗指标 $\leqslant$0.25kW·h/m^3 沼气，CH_4 含量达到 97%以上，产品回收率达 99%，同时解析出的 CO_2 也可回收利用。该工艺属国内首创，已成功申报技术专利。

河南开元空分集团有限公司的“带有不凝气排放结构的板翅式换热器”“带粉末过滤器的分子筛吸附器”“水循环电加热辅助汽化器”3 项研究成果获国家实用新型专利。公司研发成功 DA2520-41 型（8026A）离心式空气压缩机，该产品于 2012 年 4 月 19 日发往用户，是当前开封地区空分产业中自主研发的首台为 2 万 m^3/h 空分设备配套的空气压缩机。

开封东京空分集团有限公司完成了一种薄板剪切支撑架的研究、套装引导支承装置的研究、用于地下储气库的高效换热器系统、高压绕管式换热器中心筒加强装置、一种新型双塔分置自增压制取低纯氧工艺流程设计、离心式压缩机三元叶轮的优化设计等项目，获得了重要科研成果。

苏州制氧机有限责任公司开发出 KDN-10000/600Y 型高纯氮设备、KDO-15000 型空分设备、KDN-3900/465Y 型高纯氮设备、KDN-1200/60Y 型高纯氮设备、KDON-350/700 型空分设备等新产品。

上海启元空分技术发展股份有限公司开发出高纯氮单塔精馏废气返流膨胀、双塔精馏增压空气膨胀进低压塔和双塔精馏废气返流膨胀带氧气产品等新型制氮流程。该公司研制的高纯度氪、氙提取设备在山东调试成功，打破了跨国企业长达 40 多年的垄断。

中国空分设备有限公司总承包的新地能源有限公司长沙天然气利用工程储配站 2 万 m^3 LNG 储罐完成预冷，当前已具备使用条件。公司成功签署湖北 500 万 m^3/d LNG 工厂国产化示范工程配套 LNG 储罐设计及技术服务合同，负责该工程两台 3 万 m^{3}LNG 低温储罐的设计和服务工作，该储罐是当前国产最大 LNG 储罐，现已根据用户设计要求顺利提交了初步设计方案和主体施工图。由中国空分设备有限公司设计和总承包的最大液化装置（270t/d）在邯钢一次开车成功。

三、企业管理及改革

杭州制氧机集团有限公司不断开拓创新，从战略管理、现场管理、产品和技术创新管理、营销、质量管理等环节积极借鉴国际大企业的先进管理经验，结合自身发展特点，从解决企业最为迫切的问题着手，逐个突破、逐步梳理，推动公司管理水平不断迈上新台阶，建立了一套合理高效的管理模式。2009 年，公司以搬迁至临安制造基地为契机，开展了企业现代 6S 管理，全面展开生产现场区域定置、库房、作业环境卫生整理整顿等工作，现场管理水平得到全面提升。为打造企业文化软实力，公司提炼出杭氧视觉识别系统、理念识别系统和行为识别系统，确定了企业愿景、使命、核心价值观，并融入到各项规章制度中，贯彻到生产经营的各个环节。2010 年，为提高产品及服务质量，公司提出了质量年建设理念，开展了“强化质量意识、打造杭氧精品”等一系列主题活动。通过质量年建设，强化了企业查找问题、分析问题、解决问题的能力，全员质量意识和产品质量得到全面提升。2011 年，公司推出了精细化管理目标，进一步提高了公司的管理“精度”和效率。与此同时，又提出了全面推行卓越绩效管理模式的要求，把以往局限于产品、服务的质量概念拓展到经营质量、管理质量等更广的层面上。2012 年，公司实施 ERP 项目，通过对公司传统流程的再造和信息资源共享管理，提高了企业的运作效率。2012 年，公司荣膺杭州市政府质量奖和浙江省卓越经营奖，成为杭州市为数不多的上榜企业之一。

江西制氧机有限公司在加强企业管理方面做了如下工作：进一步规范了产品制造质量管理；进一步建立和完善了规章制度，完善了考评、考核体系；强化了公司管理与协调职能；加强了安全生产管理，全年基本上杜绝了大小事故的发生。公司推行“6S”标准，提高现场管理水平，实施管控结合，进一步完善了质量保证体系，并通过了 3C 年度检查。

四川空分设备（集团）有限责任公司为加大设备事业部

各产品市场开拓力度，改组成立了低机分公司、高瓶管分公司、阀门分公司，加强各产品业务的市场销售、技术管理、财务管理、生产管理等工作。公司组建了党群工作部环境保卫处，将原工程部更名为空分事业部。为进一步提高集团管控成效，按照业务分权要求，对职能进行了调整，同时对内部管控程序进行了修改，加强了计划管理、物资采购管理、预算管理、绩效考核等，管控效益明显。为进一步发挥气体部实施气体业务和气体项目建设管理、气体投资公司运行管理的作用，制定气体部管理运行的意见，对理顺气体业务管理、加快气体业务发展起到了积极作用。为强化质量管理，全面提升产品质量水平，制定了一系列新的管理办法。两年来，公司先后出台了《质量管理及产品质量检验监督管理办法》《质量奖惩管理办法》《成套产品质量控制》等，同时，加强对员工的质量意识和技术技能教育，集团公司和各二级单位先后开展了多次员工质量和技术培训工作。公司对 ISO9000 质量管理体系、压力容器质量保证体系、ASME 质量管理体系进行了改进，保证其正常有效的运行。在过程控制中，集团公司及各二级单位的质量管理人员、检验人员加强了产品质量的现场监控，公司质量管理部每天都派专人到各单位进行现场巡视，保证了质量管理工作的有效以及产品质量的可控。尤其是对成套产品，集团公司在已制定《成套产品质量控制》的基础上，加强了设计制造、装箱运输、安装调试全过程的质量监督指导。为把现场管理水平提高到一个新层次，实现持久长效的管理效果，公司结合各单位实际制定了相应的现场管理制度。公司对生产现场进行了清理，对车间现场作了规划，特别是对行车道等绿色通道更是提出了严格的要求。通过制定制度、现场清理、环境整治，现场管理工作已初见成效。

开封空分集团有限公司坚定不移地推进公司体制改革和内部运营机制改革，积极探索适应市场竞争的管理模式，进一步增强了发展活力和参与市场竞争的能力。2012 年，公司进一步规范内部管理，围绕“技术、质量、工期、服务”品牌四要素，不断提高公司管控能力，促进公司持续、稳定、高效发展。公司在项目执行、生产组织、质量管控、售后服务上狠下功夫，推进项目风险抵押金制度，细化项目节点设置，优化项目生产组织流程；开展质量“双基”建设，推进车间自治进程；实行售后服务绩效考核，开通免费客户服务专线，实现项目管理和生产组织方式的新突破，成套空分设备从合同签订到合同执行、后期管理环环相扣，物料保供、技术服务、生产制造、成品发货等各环节无缝对接，全年 21 套空分设备顺利开车出氧，创公司单年开车成功数历史新高。公司坚持“货款风险第一，业务发展第二，过程控制为主，法律诉讼为辅”的指导思想，狠抓企业经营风险防控工作，对应收账款进行事前、事中、事后全过程控制，对货款风险指标进行分析和预警，全年回收货款创历史最好水平。在物供系统改革方面，公司开展了对标提升、降本增效活动，加强对供应商限制性约定，提高公司在供销行为中的主动权。对长期积压的原材料、成品、半成品进行清查整理，合理消化仓库积待物资。2012 年，围绕“完善品质、百年开空”的质量工作方针，公司在质量管理上开展了以车间自治、班组自理、员工自律为主体的质量双基建设，质量管理主体责任由质管部门转向生产车间。完善了公司、车间两级质量管理网络，强化生产单位质量责任，加强基层管理，筑牢质量基础，打造质量文化，设定各生产厂及业务部门个性化质量考核指标，加强过程控制，每月检查考核，并和绩效工资挂钩，构建起了新的质量管理网络体系。公司质量管理循序渐进，“产品即是人品、质量就是市场”的质量文化理念深入人心，在公司内形成了“质量从基层抓起、隐患从根本治理”的良好质量氛围，产品质量逐步改观。

2012 年，河南开元空分集团有限公司启动了泛微 OA 协同办公平台项目建设，推动公司信息化进程向更高层级迈出重要一步。经过前期需求调研、流程梳理、系统搭建及人员培训等工作，确定已经具备了上线条件，开始在集团公司范围内进行 OA 系统的试运行。按照企业总体建设思路，公司成功构建出覆盖整个集团统一的办公系统和企业信息门户，满足集团跨时间、跨区域、跨部门协同办公的要求；并根据不同业务，建立分类的企业知识库，将人员、流程和业务知识紧密集成在一起，有效利用信息和创新，促进信息和知识的上传下达，使集团管理流程规范化、战略决策科学化、数据信息标准化，为集团未来的发展提供坚实的数据管理基础。

开封东京空分集团有限公司在加大企业自身建设、降低成本、提高竞争力等方面按照新的经营理念，对各分公司、办公室进行以质量求生存的内部审查，找出问题，提出整改要求并限期落实。期间，全面修订整改了一类、二类压力容器制造质保体系，为当年年审做好了准备；取得了三类压力容器中低压制造许可证。完善了内部质量管理体系，推行全员、全过程管理；制定了内部质量奖惩办法，实施效果较好。

中国空分设备有限公司在企业管理改革过程中采取了强有力的措施：①继续推进公司资产重组，提升公司综合实力。公司与盈德投资有限公司实现重组，并完成了股权的调整。通过重组，优化了公司的股东结构，增强了资本实力，实现了核心业务优势互补，提高了企业在行业中的影响力。②突出重点，稳步推进，积极开展管理提升活动。根据国机集团和浦发公司的要求，公司有针对性地开展管理提升活动。公司把全面梳理存在的突出问题和薄弱环节作为中心任务，重点查找分析制度建设和执行、目标管理、考核评价、激励约束及风险防控等方面存在的突出问题。③加强规章制度建设，提升基础管理水平。结合管理提升活动，公司已起草、修订并发布了“三重一大”决策制度实施办法以及劳动人事管理、印章管理制度等 10 余项规章制度；对重要的考核机制及配套制度进行了修订并已提交相关部门征求意见；完成了 9 项设计标准、制度的制定。④重视科研开发，创高新技术企业。2012 年，完成了 3 项专利、3 项发明的申报工作，已取得 2 项专利和 1 项发明的授权。成立了省级研发中心，通过了浙江省高新技术企业的复审，入选浙江省创新试点企业。⑤加强内控管理，防范经营风险。公司制修订《担保管理办法》《投资管理办法》《业务付款审批暂行规定》《应收款项管理暂行办法》等，从制度上建立财务风险防范机制；同时，加强过程的监督和管理，严格资金调度和使用审批程序，控制汇率风险，提高预算执行力。严格按制度规定对合同逐项进行评审，从经济、技术、法律等方面进行风险评估，对采购合同坚持采用招标、议标等竞争性办法，以达到事前风险控制的目的。在项目执行方面，制定进度、质量、安全、费用控制计划，建立预警机制，对风险采取防范、规避、分解、转移等措施，以改善风险的全面管理。⑥坚持经营例会制度，加强生产经营管理。公司坚持每月召开经营业务例会，对生产经营活动的指导、检查、协调作用日益显现，及时有效地化解了一些高风险问题。⑦加强资质的申报与管理。2012 年，公司取得“市政公用工程总承包三级”和“环保专业承包三级”施工资质。⑧积极推进信息化建设，提升公司科学管理水平。OA 协同办公平台完成改造升级，提高了企业有效信息的共享和办公效率，公司的各项业务管理逐渐纳入系统的精细化管理当中。公司还对现有的邮件系统进行升级，搭建 RTX 即时通系统，提高工作效率。⑨落实责任制，强化质量与安全生产管理。2012 年，公司积极开展安全生产标准化达标创建工作，形成了一套安全生产标准化管理文件，进一步明确了各级安全生产责任。公司严格按照三合一体系及安全生产标准化的要求，对公司质量与安全生产进行有效管理。⑩加强人力资源管理，全面提高员工队伍素质。2012 年，公司引进关键技术骨干和各岗位员工 22 名。根据岗位要求，采取多种方式组织开展日常商务英语口语培训班、空分技术系列讲座、安全标准化培训等员工教育培训，继续开展“师徒结对”活动，不断提高员工综合素质。公司于 2012 年 8 月通过质量、环境、职业健康三合一体系监督审核换证。公司加强了对供方、分包方的现场质量监督检查，增强了顾客满意度。

四、基本建设与技术改造

2012 年，气体分离设备行业完成土地和固定资产投资 13.97 亿元，同比增长 24.4%；全年投入科研经费 4.58 亿元，同比增长 33.3%。随着基本建设投资力度的加大，技术和设备不断更新，行业产能获得了空前提高，产业布局得到调整，产业集聚程度进一步加强，集聚效应逐步显现。

为提高生产能力，实现设备和技术的改造升级，杭州制氧机集团有限公司投资 20 亿元（其中固定资产投资 19.7 亿元）在临安市青山湖工业园区新建杭氧大型空分设备、工艺压缩机和低温泵阀制造基地，新制造基地具有每年超过 100 万 m^3/h 制氧容量的生产能力，年可设计、制造 40 余套大型空分设备，并具备 8 万～12 万 m^3/h 等级空分设备的制造能力。该工程于 2006 年开工建设，2009 年 11 月正式建设完工，2010 年 8 月杭州制氧机集团有限公司及下属的 16 家企业入驻新制造基地，2012 年迁建项目完成竣工综合验收。为方便进行大型乙烯冷箱、特大型空分设备的生产制造，2010 年起，杭州制氧机集团有限公司开始实施用以制造和组装 10 万 m^3/h 等级及以上空分设备和百万吨乙烯冷箱的重跨厂房建设项目，该项目位于京杭运河畔，拥有独立的 300t 级船运码头，并配备了两台 250t 梁式起重机，用以解决大型产品起装、运输等问题。2012 年，杭州制氧机集团有限公司在技术改造项目中对生产制造工艺设备、办公设备等共计完成投资 7 446 万元，其中杭州杭氧股份有限公司技术改造项目投资 5 289 万元，杭州杭氧股份有限公司控股企业技术改造项目投资 1 902 万元，集团公司参投企业技术改造项目投资 255 万元。

江西制氧机有限公司投入 46 514 万元进行迁建改造、罐式集装箱、空分设备和低温设备等生产项目建设，项目进度已完成 50%。

四川空分设备（集团）有限责任公司为改善办公环境，增强企业竞争力，在成都建设了办公区，新购置了办公大楼，办公大楼于 9 月 21 日正式启用。成都办公区位于成都新会展中心附近的天府大道航兴国际大厦 1 号楼，总面积约 4 500m^2。为克服简阳生产基地交通等条件限制，公司在浙江湖州德清县建设了浙江大川空分设备有限公司，主营 LNG 设备及大型空分部机等业务。该基地一期工程占地面积近 6.7 万 m^2（100 亩），建筑面积 35 700m^2，配备了大型起重设备、水下等离子切割设备、自动焊机等各类设备 230 台（套）。该项目建有 800t 自备码头，可将 500t 的超大件货物通过京杭运河直接运达上海港，项目现已建成投产。

开封空分集团有限公司在开封市空分产业区内建设开封大型空分及化工设备制造项目，项目占地面积 77.8 万 m^2（1 167 亩），建筑面积超过 35 万 m^2。该项目主要建设内容为：建造大型空分设备、煤化工容器、特种容器、板式换热器、填料铝管件、机器精加工及总装的生产厂房；机电配套库和成品仓库等生产设施，总配电所、换热站、污水处理站等公用动力、消防、环保配套设施；购置大型、关键生产用加工、焊接、精加工、探伤、检测试验、通信及运输设备。该项目共投入资金 28.38 亿元，当前有色容器厂、下料厂、填料铝管件厂、板式厂已投入生产使用。

杭州福斯达实业集团有限公司计划投资 2.6 亿元，在杭州余杭经济开发区新建空分设备生产基地，2012 年完成投入 6 743 万元，当前办公大楼、科研楼主体已完成。

中国空分设备有限公司国家大型 LNG 项目杭州研发中心于 2012 年 3 月落户杭州滨江区。同年 11 月 26 日取得了初步设计的批复，12 月 18 日成功举行了奠基典礼，正式启动了研发大楼的建设。为发挥公司在低温存储设备等方面的设计制造优势，公司在浙江省嵊州市建设生产基地，组建中空能源公司，5 月 18 日举行了生产基地奠基仪式，截至 12 月底，联合厂房及 1 号楼主体工程量已完成约 75%，项目建设情况进展顺利。

〔撰稿人：中国通用机械工业协会气体分离设备分会王世超　审稿人：中国通用机械工业协会气体分离设备分会徐建平〕

企业概况

介绍部分企业的经营理念和成功经验，为管理者成功决策助力

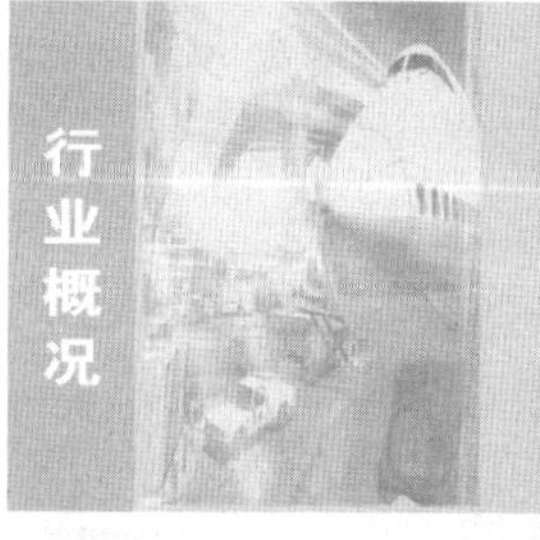

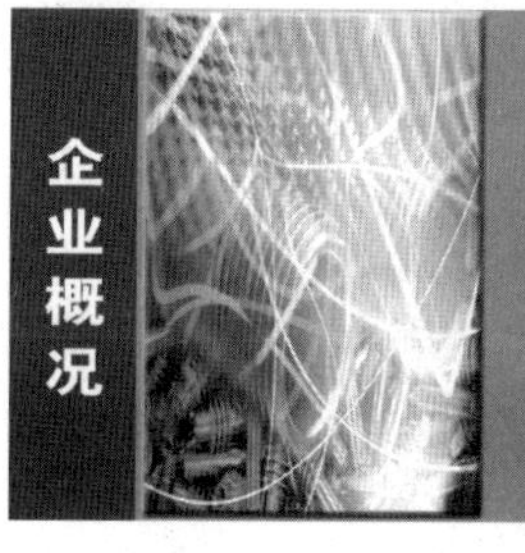

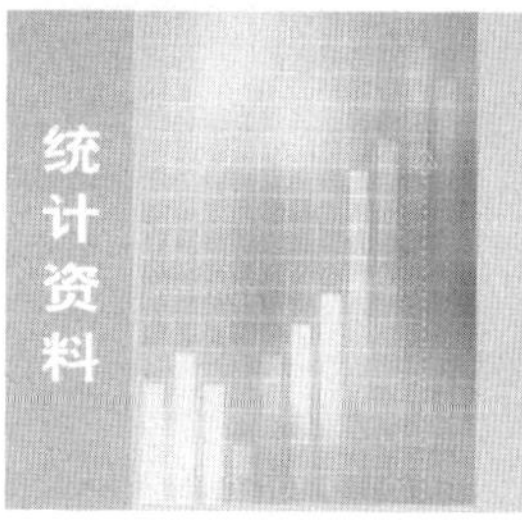

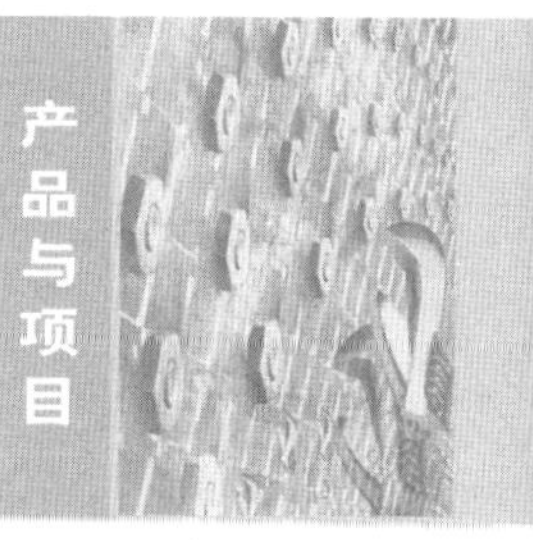

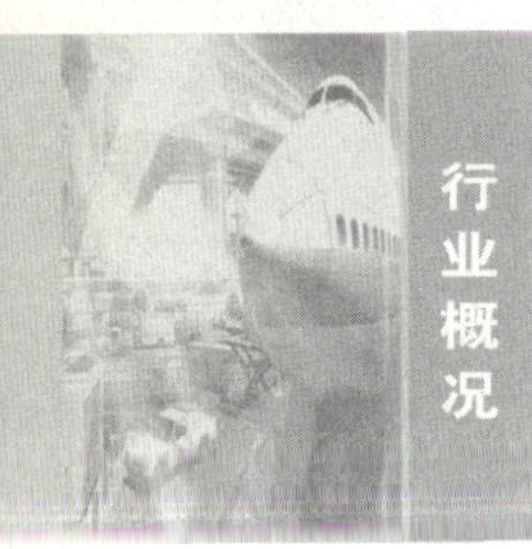

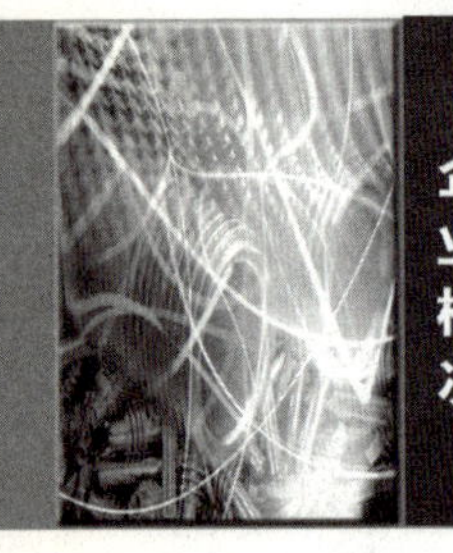
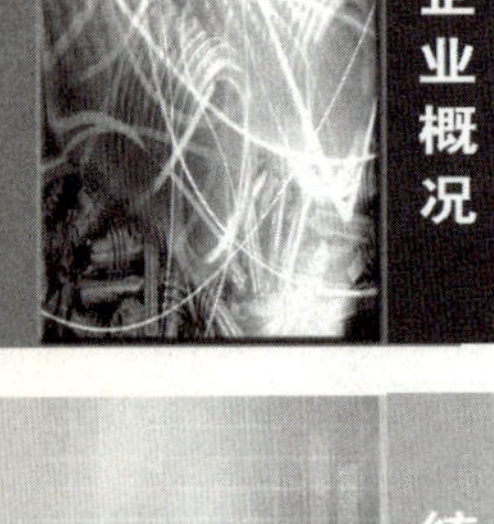

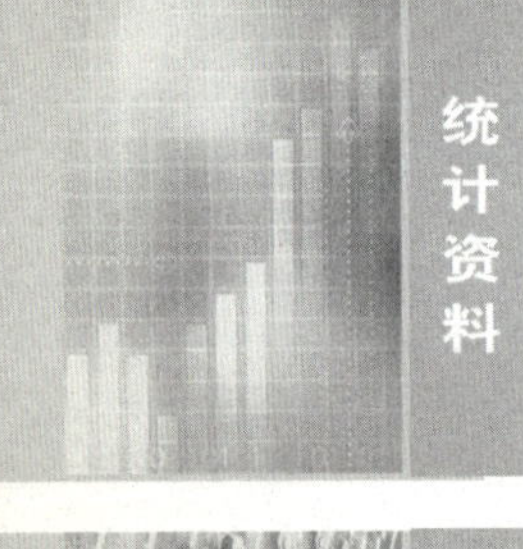

企业概况

推动企业管理创新　提高集团发展实力

——沈阳鼓风机集团股份有限公司

沈阳鼓风机集团股份有限公司(简称沈鼓集团)是与新中国一起成长、发展、壮大的国有大型企业。作为我国风机行业的支柱企业,在设计制造技术和主要经济技术指标方面居国内同行业领先地位,是为石油、化工、冶金、煤炭、电力、轻纺、环保、国防、科研等领域的重大工程提供技术装置的国产化基地。

一、加强企业战略管理,调整产业结构,做强做大国内外优势市场

沈鼓集团始终以市场和国家政策为导向,以科学发展观为指导,在激烈的市场竞争中实现可持续发展。根据"十一五"期间国家各项产业发展规划、《国务院关于加快振兴装备制造业的若干意见》提出的需要重点突破的16个关键领域中的重大技术装备以及国家能源、化工、电力等行业"十二五"发展规划纲要提出的发展方向和目标,确定本企业发展战略规划和产业结构调整方向,并坚持每年制定年度生产经营计划,确保发展战略落地。

近几年,沈鼓集团运用核心技术成功开发出一批重大技术装备,研制了100万t/a乙烯装置用裂解气压缩机、丙烯压缩机和乙烯压缩机,5.2万m^3/h空分用离心压缩机,聚丙烯装置用单级循环气压缩机,天然气输送用长输管线压缩机,1 000万t/a炼油装置用大型压缩机,2D125/4M125大推力往复式压缩机。为核电领域百万千瓦级核电项目成功研制出余热排出泵、上充泵、安全壳喷淋泵、低压安注泵、电动辅助给水泵等核电用泵,推进了我国核电核心装备自主化进程,达到世界级先进水平。2012年11月7日,为中国石油天然气公司高陵站提供的国内首台(套)长输管理压缩机一次试车成功,这是沈鼓集团又一次为民族工业发展献上的一份厚礼。

当前,沈鼓集团离心压缩机产量居世界第一位,大型乙烯裂解气压缩机组等数百台(套)产品打破了跨国公司的技术垄断,成为"国家砝码"。

沈鼓集团累计为石油、化工、冶金、空分等行业提供各类透平压缩机2 600余台(套),其中,为大庆石化48万t/a乙烯装置研制的单线能力为24万t/a裂解气压缩机填补了国内技术空白,2004年获得国家科技进步奖二等奖。在大型空分领域,实现了4万m^3/h、4.8万m^3/h、5.2万m^3/h空压机的"三级跳"。上百台(套)离心压缩机创造了中国第一,实现我国重大技术装备国产化研制"零"的突破,彻底打破了长期以来外商对我国重大装备的技术和价格垄断。

一台台重大技术装备的诞生,标志着沈鼓集团在大型风机、泵类产品、往复压缩机研制领域取得了历史性的跨越,主导产品向着超大型、尖端化、世界级迈进,满足了技术和市场发展的需求,缩小了与世界先进水平的差距,有力地促进了企业的技术进步。大型离心压缩机总体设计制造技术达到国际先进水平,部分单元技术达到国际领先水平,充分展示了企业雄厚的设计制造能力。

二、坚持管理创新和体制、机制改革

1.在单件小批量生产型企业中率先引入精益生产、供应链管理,打造精益企业

自2009年开始,沈鼓集团引入精益生产管理,坚持推进精益生产至今,在提高生产效率、设备保全保运、安全生产及降低成本等方面取得了显著成效。全方位提高现代企业管理水平,合同兑现率明显提高,安全生产得到进一步保障,全员持续改善意识不断增强,设备瓶颈得到有效缓解,能源消耗得到有效控制,人才育成效果显著,并顺利通过国家一级安全生产标准化企业周期性复评。

2.实施内控管理,提高企业风险防范能力增强

沈鼓集团聘请专业公司对企业内控管理进行指导,全面对企业进行评估和调研,集中精力对若干风险点进行整改和防范。当前,完成集团内控一级、二级、三级文件的编写和审核工作,子公司的三级文件在编写审核中。启动集团公司精益供应链管理,成立了项目推进工作组。

3.质量体系日臻完善,品牌影响力不断增强

2011年,公司获得美国石油学会API质量体系认证,拿到参与国际竞标的通行证;顺利通过国家CNAS检测和校准实验室能力审核,标志着企业计量检测具备了第三方测试认证能力;核电公司取得ASME认证资质;透平公司国军标质量管理体系和ISO9001质量管理体系通过年度审核。在完善质量管理体系的基础上,加强产品质量过程控制,制定关键工序控制标准和质量过程控制卡,扩大优质优奖实施范围,2011年主要质量指标好于往年,一次试车平均合格率达到74%,创历史最好水平。

产品质量的提升推动企业品牌影响力不断增强,沈鼓品牌入选"中国装备工业品牌价值50强",获得"全国实施用户满意工程先进单位"(企业类)称号。

4.信息化建设取得新成果

公司完成了新编码、PDM、CAPP、ERP、MES五大信息系统集成和整合,初步实现业务流程与系统功能的融合;物流系统信息化取得新进展,基本实现了铸锻件物流管理与财务对接;升级换代核心工程软件系统,较好地满足了产品设计研发需要。企业信息化与工业化融合推进工作也得到了国家、省、市相关部门的高度认可,被评为"中国企业信息化

建设优秀实践单位"。

5.不断加强文化建设,企业的凝聚力和向心力不断增强

沈鼓集团立足企业内外形势及自身实际,大力加强企业文化建设,不断提升企业发展的软实力和核心竞争力。策划推出沈鼓集团《企业文化导报》,为全体员工和基层部门学习、践行企业文化搭建崭新平台,提供优质的导航和服务;开展"金牌班组"评选活动,以班组文化建设为切入点,深入挖掘、总结基层班组的鲜活故事和管理经验,并编辑成文集;举办2011年集团思想政治工作(企业文化)年会,通过表彰与论坛相结合的形式,总结丰硕成果,交流先进经验,表彰优秀单位,为沈鼓集团创新思想政治工作及企业文化建设起到了积极的促进作用。同时,举办多场"弘扬中华文化,做有道德的人"大型公益论坛,邀请国内外专家为员工讲解国学,不断提升员工的品德素养,扎牢精益推进的思想根基。

三、强化能源管理,大力推进节能降耗

1.加强污染防治工作

沈鼓集团坚持走可持续发展道路,高度重视环境保护工作,将其纳入企业重要议事日程,严格遵守国家及地方环境保护法律法规,制定了"从产品开发、制造到用户服务,全面推行清洁生产,创造世界一流的高效、低耗、环境优美的通用装备制造企业"的环境方针,做到高起点、高要求,努力打造低污染、低消耗的现代化清洁工厂。

2.节能降耗成绩显著

为确保沈鼓集团成为高效低耗型企业,集团公司实施了各种节能技术改造工程,主要包括新型高效变压器技术改造、各种电机拖动变频调速系统改造、启动绿色照明工程、蒸汽冷凝水热量回收利用、污水处理中水回用等,企业节能方面取得了显著成效。

沈鼓集团节能工作受到省、市各级的肯定和好评,被辽宁省节能减排工作领导小组节能工作办公室评为"2006—2010年辽宁省节能减排工作先进单位"。2011年,沈鼓集团荣获"沈阳市节能示范企业"和"沈阳市节能示范工程"荣誉称号。

3.采用绿色环保工艺

产品涂装采用环保的水溶性油漆,具有无毒、不含苯、无味等优点,对操作工人身体健康无害,不污染环境,十分环保。离心机产品中的氧压机转子脱脂工序,采用挥发型德国伍尔特环保脱脂剂,该产品经过欧盟安全认证及公司安全环保部认证,无酸碱成分,并采取相应工艺措施,对环境及人身危害影响很小,具有环保特性。集团各作业区冷加工设备所用切削液,均选用环保型切削液,减少了对环境及人身的不良影响。

沈鼓集团始终秉承建设资源节约型、环境友好型企业的理念,将环境保护作为企业重点工作来抓,在公司产品产量和新扩建项目不断增加的情况下,始终以"增产不增污、以新带老"的总量控制原则,加强对污染物的源头控制,使"三废"污染物排放始终控制在允许范围内。

4.加大环保宣传力度

在厂区环境治理方面,安排专门人员对生产现场进行日常巡检,保证车间生产时环境影响重点部位的环保设施正常运行,发现有对环境造成伤害的行为及时制止并进行环境修复。每年对水、气、噪声等重要环境因素进行监测,确保生产作业不对环境造成严重影响。

2011年,沈鼓集团以"世界地球日""世界环境日"及节能减排宣传周为契机,利用网络、广播、报纸、环保宣传手册等形式对员工进行环保常识普及,增强员工的环境保护意识。同时针对新入职员工、调转岗位员工、中层以上领导等进行环保法律法规、日常环境行为等的专项培训,累计达741人次,培训合格率100%。

四、积极推进公司整体上市,进行组织结构调整

1.股份制改造

2011年,沈鼓集团实施机构投资者和企业核心层及重要技术、管理人员持股的增资扩股工作,引入了国投创新(北京)投资基金有限公司、光大金控(天津)创业投资有限公司、上海复星创富股权投资基金合伙企业等13家机构投资者。当前,沈鼓集团共拥有15家法人股东单位、136名自然人股东。

年内筹备、组织召开集团公司3次董事会、3次监事会、2次股东大会,审议通过了公司拟实施增资扩股引入机构投资者、自然人持股等议案,公司2010年度财务报告及管理制度议案,关于公司首次公开发行并上市、上市公司所需的规章制度、募投项目可行性报告、授权董事会办理首发上市相关事宜的议案等。

2.规范完善治理结构

为规范公司治理与规范运作,起草了公司现行及上市后适用的21个制度性文件,并经集团公司2010年度股东大会、2011年第一届董事会第五次会议审议通过。为使投融资管理规范化、科学化、程序化,制定投融资管理制度、修订投资管理办法、外派董监事管理办法,以对公司及各子公司的投融资行为进行有效监督,规避风险,提高收益,确保公司整体运作效率。

3.调整组织机构

结合沈鼓集团发展的战略定位和可持续发展的实际需要,2011年,完成沈阳鼓风机集团申蓝机械有限公司、荣成沈鼓新能源科技有限公司(与大唐风电合作)组建,进一步拓宽了沈鼓集团的业务范围,扩大了产业链,有效提高了集团公司的经济效益。当前,沈鼓集团共有子公司14个。

五、积极履行社会责任,促进劳动关系和谐

沈鼓集团作为我国风机行业的排头兵,承担着石化、煤化工以及冶金行业重大风机设备国产化的民族使命,在维护国内风机行业的公平竞争环境中负有不可推卸的责任和义务。面对国内外的激烈竞争,沈鼓集团充分发挥自身优势,以雄厚的技术实力、先进的制造技术、一流的售后服务,赢得客户认可,为用户创造最大价值。沈鼓集团坚持平等、

公平、自由、自愿以及诚实守信等原则开展营销活动，切实做到：尊重行业中其他竞争者的平等地位，尊重交易习惯，严格遵守招、投标工作流程，一切为客户着想，维护客户的合法权益；推行阳光销售，遵纪守法，坚决抵制恶意压价、行贿受贿等不正当竞争行为；坚持诚信原则，恪守信用，坚决抵制欺诈、故意曲解合同条款、规避法律等行为，维护用户和社会利益；提供优质的售前、售后服务，根据用户需要量身打造专业化的解决方案，与用户分享成功经验和技能，实现合作双赢。

1.客户服务赢得高度评价

2011 年，沈鼓集团秉承“换位思考，及时周到”的服务理念，全力打造一流服务品牌，向为用户提供全方位的优质高效服务目标不断迈进。客服公司升级了用户呼叫中心平台，出台了一系列管理规章制度和流程，着力充实、培养高素质的服务队伍，使用户服务工作迈向现代化、信息化、规范化的新阶段。

2.供应链管理重在合作共赢

2011 年，沈鼓集团进一步强化了对战略供应商的管理，对一部分供应商进行重点培育和扶持，使之成为沈鼓集团的长期合作伙伴。供应商培育战略意义长远，一是通过培育为沈鼓集团供货的专业化供应商以确保提供优质货品，二是降低采购成本，三是减少库存，四是提高供应链反应速度，五是通过扶持中小企业履行社会责任。

3.安全生产，防微杜渐

在追求永久幸福安康，共创安全、快乐、和谐人文环境的安全生产方针指导下，沈鼓集团始终将安全生产工作列为各项工作的重中之重。坚持“安全第一，预防为主、综合治理”的安全生产方针，确定并实施具有沈鼓特色的“防微杜渐，一生平安”的安全理念，建立起沈鼓安全文化建设体系。

通过安全生产制度建设和宣传教育活动，沈鼓集团始终保持了良好的安全生产形势，连续 3 年消除重伤以上事故，轻伤事故率也呈下降趋势。在生产任务不断取得突破的前提下，实现了生产安全，使员工的权利和切身利益得到了有效保障。沈鼓集团荣获“2011 年度沈阳市安全生产标兵单位”和“2011 年度辽宁省安全文化示范企业”称号。

沈鼓人始终秉承“装备中国，走向世界”的崇高历史使命，高举国产化大旗，坚持企业管理创新、技术创新、企业文化创新、两化融合创新。作为行业排头兵企业，沈鼓集团在装备制造领域承担起“国家砝码”的使命，将勇于开拓进取，不断深化改革，全面履行社会责任，集中优势资源，倾力打造世界同行业知名品牌，朝着设计、制造关键技术达到国际同类企业先进水平，个别产品达到世界领先水平的目标努力奋斗。

创新驱动　陕鼓迈向高端制造

——西安陕鼓动力股份有限公司

党的“十八大”把“加快转变经济发展方式，实施创新驱动”上升到国家发展战略的高度，特别是坚持走中国特色新型工业化道路，为装备制造业再一次指明了方向。伴随着工业文明的发展，低碳环保、节能减排已成为倡导的主旋律。风机行业首当其冲站在绿色动力的最前列。陕西鼓风机（集团）有限公司旗下的西安陕鼓动力股份有限公司（简称陕鼓动力）成为我国低碳环保风机装备制造的一支生力军。它以“为人类创造绿色动力”为企业使命，致力于成为绿色能源转换系统领域的解决方案商和服务商，为市场提供环保、节能的工业产品与服务。

一、精于能量转换，创造绿色动力

作为国家高新技术企业，陕鼓动力积累了 40 余年能量转换设备的设计制造经验。经过近千名专业技术队伍的长期努力、消化吸收、创新发展，提升了大型装备的设计、制造和成套能力，使得轴流压缩机组、能量回收透平装置、硝酸三合一机组/四合一机组、空分机组、真实气体压缩机组的成套技术、控制技术以及整体机组技术水平达到国际先进水平。

当前，陕鼓动力依托国内外大型高炉项目，实现了 4 000m^3以上高炉配套的轴流压缩机组和能量回收透平装置国产化目标，机组在国内外多家用户运行；开发的大型高炉鼓风能量回收 BPRT 机组、大型硝酸四合一机组、年产百万吨 PTA 空压机组，均为国产化最大型号的机组，帮助用户突围了大型机组依赖进口的“困局”；首创烧结余热与高炉顶压能量回收联合发电技术以及烧结余热与烧结主抽风机同轴技术，并得到成功应用；实现空分压缩机组（空压机和增压机）系列国产化，提升了在大型空分领域离心压缩机的竞争力，并已具备为 8 万～12 万 m^3/h 等级空分装置配套高效、先进、全系列空分压缩机组的能力；在我国首座拥有自主知识产权的 IGCC 示范电站建设项目中，陕鼓动力提供的 46 000m^3/h空分装置配套的空压机组为全国产化空分机组，该机组也是当前国内最大的 4 万 m^3/h 等级电拖全国产化机组，是高效节能的全国产化产品；大型合成氨装置用合成气压缩机组的设计开发和投入使用，实现了陕鼓动力在真实气体领域的重大突破。2012 年 5 月，陕鼓动力 AV100-22 焊接机壳轴流压缩机试车成功，这是当前国际上级数最多的工业用轴流压缩机。

作为绿色工业的倡导者和实践者，陕鼓动力不断发展完善能量转换设备制造、工业服务和能源基础设施运营核心技术，为发展我国绿色环保能源和推行循环经济作出贡献。

二、自主创新，科技引领

近年来，陕鼓动力全面推进市场创新、技术创新、体制创新和管理创新等一系列的创新工程，使企业商业模式、运行体制、管理水平和综合竞争力发生了快速转变。

在技术创新方面，陕鼓动力加强新产品、新技术、新工艺的研发力量，通过大力开展科技创新，在解决技术难题、提升技术水平的同时，通过成果转化和市场应用，满足市场和用户的需求。特别是“十一五”期间，公司技术研发费用累计投入 8.49 亿元，在行业中处于前列。2011 年，公司技术研发投入占营业收入的 8.48%。同时，借助公司内外部资源，积极开展官产学研用配联合开发。在已取得在国家级企业技术中心和博士后工作站的基础上，“十一五”期间，公司设立了由陕西省政府授予的流体力学专业三秦学者特聘专家岗位，建立院士专家企业工作站，提升了公司科技成果转化的能力。

当前，陕鼓动力拥有授权专利 130 余项，先后获得国家级科技进步奖 5 项、机械工业科技进步奖 17 项、中华全国工商业联合会科技进步奖 1 项、省部级科技奖 43 项、市级科技奖 64 项，“陕鼓”牌空分装置压缩机组等 4 个机组获得“陕西省名牌产品”称号。“硝酸四合一装置节能项目”和“一种高炉鼓风能量回收的方法”在第十九届全国发明展览会上分别荣获金奖和铜奖，“高炉煤气余压发电装置的高炉顶压稳定性控制方法”“煤气透平机与电动机同轴驱动的高炉鼓风机组”以及“一种提高高炉冶炼强度的顶压能量回收装置”均获陕西省专利一等奖。作为行业领军企业，陕鼓动力起草了多项国家标准，被科学技术部、国务院国资委、中华全国总工会授予“国家级创新型企业”，并被评为国家火炬计划重点高新技术企业。

市场拓展需要技术支撑，技术成果在市场中得到了检验，陕鼓动力科研成果不断丰富，也为企业开拓市场推波助力。

三、不断延伸产业链，实现转型发展

当前，我国经济发展已进入以创新促转型、以转型促发展的新阶段。加快产业结构调整，大力推进节能减排和产品升级，发展现代制造服务业，是中国装备制造业由大到强的必然要求。

随着装备制造业市场大型化和节能环保的发展趋势，陕鼓动力不断拓展新的市场领域，通过持续不断地进行技术创新，为市场提供更多的环保产品，以满足用户的各种需求。

在冶金行业及其衍生行业的余热利用上，陕鼓动力将首创的烧结余热能量回收机组（SHRT）推广应用，将“发电”变为“拖动”，为用户减少了发电机及并网系统，降低了投资。为用户提供的全托式维修保运服务，为企业走专业化维修保运服务道路迈出了坚实的一步。建立的“技术+管理+服务”一站式全方位服务体系，为用户提供从售前到售后的全生命周期健康管理，为用户量身定做一系列机组健康状态管理档案，对公司生产各类大型机组实施远程监测，提供包括预警、咨询、诊断及现场服务等六大方面 20 余项服务，这些都不断提升了陕鼓动力为用户服务的能力。伴随陕鼓汽轮机市场业绩的不断提升，陕鼓动力成为行业内唯一能为用户提供包括驱动机在内的透平系统集成商。在徐州、晋开、石家庄等投资建设的气体厂陆续建成投运，标志着陕鼓动力已向工业气体系统解决方案综合服务商的角色转变。

高端制造业具有技术含量高、附加值高的特点，从所处产业链的环节上讲，高端制造业处于某个产业链的高端环节，甚至将其服务延伸至整个产业链。陕鼓动力瞄准具有发展前景的市场领域，向高端制造业迈进。陕鼓动力开发余热锅炉产品、工业拖动和驱动汽轮机，进入余热发电和原动机产业；开发变频节能、旋转机械远程诊断、备件零库存业务技术，进入装备制造服务业；开发污水处理、供暖设备及运营、工业用气、园区智能照明系统，进入城建基础能源设施运营及服务；开发自动化控制技术、自动化工程技术、工程流程装置的能效分析及优化，进入控制和节能技术领域；开发透平机械工程设计、施工、运营等，进入透平机械工程领域等，这些都为透平机械行业产业链延伸起到了先导作用，在开拓更大的绿色市场中作出了表率。

攻坚克难　拼搏实干　创造佳绩

——上海鼓风机厂有限公司

2012 年，在国际金融危机和欧债危机的影响下，在国内宏观经济增速放缓的情况下，面对外需不足、内需不旺的市场压力，上海鼓风机厂有限公司（简称上鼓公司）全体员工坚定信心，顽强拼搏，取得了产品销售收入 8.09 亿元的好成绩。

上鼓公司打破老国有企业的传统思维方式，向上市公司学习先进理念，坚持从“单一制造”向“制造+服务”的方向转型发展，坚持“两头在内，中间在外”的商务模式，坚持“技术领先、市场第一”的经营原则，坚持“对外围绕销售，对内围绕生产”的工作方式，抓住“改造风机”的机遇，抓住用户“EPC”需求的机遇，抓住现场性能测试、现场维修服务的机遇，从被动服务逐步转型为主动服务，开拓了新兴市场。在生产和采购中尝试冷作、电焊的外包内做，非关键零部件采用经销方式，采购铸锻件经粗金加工后进厂等。

技术开发是企业发展的动力。2012 年，上鼓公司通过对风洞风机的开发，风机技术理论有了新的突破。在此基础上，完成了 600MW 大轮毂比单级引风机+脱硫+脱硝三合一的引风机设计，叶顶圆周速度突破了引进 TLT 技术以来 165m/s 的极限，达到 175m/s，并通过技术上的优势赢得了订单。

在激烈的市场竞争中，必须考虑产品的设计成本。针对公司生产的联轴器成本过高的问题，通过对不同联轴器技术进行选择比较，最终先在 300MW 机组上使用，使每台联轴器+中间轴可以节约 2 万～3 万元。通过对中间轴管的研究，在 600MW 机组中推广了国产厚壁的中间轴管，价格仅为进口管的 1/4。通过对不同机组参数的分析，确定 300MW 机组和 600MW 机组的基本型号各两个，也为保证顺利生产和节约成本奠定了良好的基础。

一、顽强拼搏抓市场，不尚空谈讲实干

通过分析市场，上鼓公司积极制定“稳定电站（国内外）、发展冶矿、突破改造、规范贴牌”的总体营销思路。根据管理公司提出的“到市场、到现场”的要求，所有部门全力支持市场开拓工作，领导班子成员也积极参与市场开拓工作。

面对外贸产品大幅度减少、电站新机组和冶金风机等订单明显下落、已接订单中有一部分出现推迟交货或项目终止的状况，公司市场技术部认真分析市场，分析竞争对手，结合自身优势，对每一个投标项目进行细化管理，做好项目前期工作，并制定有市场竞争力的价格，对有些项目还选择必要的、有效的代理合作伙伴。通过管理的强化、项目的细化、责任的分化，提高了项目中标率，引风机中标率从 20%上升到 30%以上，电站动叶可调风机（送、引、一次）市场中标率从 30%上升到 43%。2012 年新接订单超过了上年同期。

上鼓公司坚持“不尚空谈讲实干”的精神，用“认清形势、认识企业、认准目标、认真工作”来统一行动。公司先后几次召开干部大会、职代会，提出目标与措施，提出落实措施的执行办法，层层明确责任人，并努力推进“积极确保完成经济指标”的劳动竞赛活动。

二、加强管理，努力提高企业运行效益

1.坚持例会制度

上鼓公司每月召开经济运行分析会、计划排产会、生产调度会、质量例会和安全例会等，对暴露出来的问题予以整改，从而不断改进企业内部管理工作。每周召开总经理办公会，对企业经济运行情况进行深入分析，包括市场订单、货款回笼、生产计划、成品发运和资金使用等，并安排讨论企业“三重一大”事项，坚持规范操作，按章办事。全年完善并补充了“三重一大”制度，当前已达到 23 个。

2.抓好经济效益工作

公司加强成本核算，健全 ERP 成本管理体系，推进成本分析的准确性。2012 年，公司对成本预估工作进行了梳理，减少了挂账现象，并在二级核算小组内进行了分工，对部分大额配套件、经销件进行预估，对预估成本进行了有效控制，减少了补成本现象。同时，信息化中心对产品成本结算方式进行了改进优化，将部分手工结转方式改为由 ERP 自动批量结转，提高了成本结转的速度和效率。资产财务部利用 ERP 系统工程数据，对每月销售的产品做好成本的匹配，按产品类别分析，并分清了产品成本与市场因素增加的运输费、咨询费、中标服务费等，从而较为真实地反映了销售产品的毛利率状况。

公司加强对现有库存的分析判断，对三年以上的呆滞积压物资进行相应处置。全年共处置不良存货 956t，回笼资金 404 万元。在存货处置中，公司严格按照相关制度和规定办理，一律实行招投标，不搞流程外处理。

公司充分利用财税优惠政策，争取国家各项补贴和资助。利用高新技术企业和符合国家科技开发费用政策，退回税金 55 万元；利用国家教育培训补贴政策，争取到闸北区财政补贴 31 万元；利用国家能源局批准的高温气冷堆主氦风机和燃料球压缩机技术改造项目，获得资助 520 万元。

采购部、分供方办公室密切合作，积极主动开展降本增效工作，坚持公开招标，全年在扣除 5%的配套费后，实现降成本 417 万元。为了保证生产配套能够跟上生产计划需要，在资金不足、支付困难的情况下，特别是在合同指定付款占 2/3的情况下（合同指定供应商和进口件供应商），采购供应部积极与供应商沟通协商，充分运用有限资金，基本满足了生产需要。同时，加强供应商管理，坚持年度复评，全年新开发供应商 5 家，取消 23 家。

3.努力提高产品质量

通过开展质量月活动，在全公司范围内开展质量大讨论，强调“从我做起讲诚信，精益求精塑品牌”。组织每月召开质量例会，通过质量案例分析，查找原因，提高责任心，提高操作技能，提高实物质量。2012 年 11 月，组织了企业内部质量管理体系审核工作，共检查了 276 项，查出一般不符合项 10 项，并督促整改。全年共接待完成用户监造任务 134 个工程的 275 台风机，全部满足用户要求。

4.抓好生产，满足用户要求

督促销售、计划部门积极沟通，做到有效排产和有效出产；督促生产系统严格按照滚动计划完成生产任务；督促落实库存的发运，对于确实不能发的产品，要求技术工艺配合，尽量使用到其他工程中。2012 年，上半年任务相对不足，三四季度又较为繁忙，而且“改造风机”合同数量增加。在生产计划安排上，“改造风机”最明显的特点是“短、平、快”，交货期与常规生产周期差距较大，对计划安排要求更高，对生产调度要求更紧，生产制造部以提高技术准备和生产准备工作的效率为重点，编制滚动计划，细分设计、配套、工艺、排产通知、料单、资料等节点，并加强产销协调，发挥计划指导生产、调度解决瓶颈的作用。同时,加强计划的考核,推进计划执行的刚性要求。

2012 年,公司积极参加上海市重点工程实事竞赛活动,完成全市燃煤电厂机组脱硝改造工程,包括外高桥一电厂、外高桥二电厂、石洞口二电厂以及宝钢低碳技术创新示范工程项目等风机任务,共计 1.25 亿元。还完成了创历史纪录的"改造风机"150 台,其中完成合格铝叶片 7 750 片,完成合格钢叶片 5 280 片,钢叶片也创造了历史最高纪录。

三、认真做好服务产业化工作,争取新的经济效益

上鼓公司充分认识到服务是一个新的产业,是一个充满希望的产业,是公司利润的增长点。2012 年,服务中心新接订单 9 640 万元,完成销售收入 9 093 万元,资金回笼 10 141万元,全面创造了服务中心成立以来的最高纪录。风机大修理的特点就是抢时间,在用电高峰期,一般不会有维修任务,要有事,必定是要抢修的。为此,服务中心加强内部沟通,在获得市场信息后,及时进行分析预制,有些零件加工周期长,就安排预投产,为用户争取时间,为用户赢得效益,也为上鼓公司赢得了声誉。同时,服务中心加强内部管理,建立风机检修档案,实行修理项目责任制。在风机修理过程中,努力做到严格执行大修理规程,规范操作。

用户要求制造厂提供的服务是"全过程服务",要提供"安装指导、调试、维护、保养、备品配件"等一揽子服务。为此,服务中心与用户保持 24 小时"服务热线",努力追求服务的及时性和有效性。全年共处理服务传真 2 480 份,服务人员全年现场服务天数超过 300 天,各部门车间也具有"服务是第二张订单"的意识,派出参与现场服务人员 80 人次。

四、抓紧技术改造,提高企业软实力和硬实力

为了构建"科技高端的上鼓、优质规范的上鼓、整洁和谐的上鼓",上鼓公司积极实施"高温气冷堆主氦风机和燃料球压缩机重点装备技术改造"项目,共计投资 8 600 万元,已列入上海电气(集团)总公司预算。上鼓公司研制的高温气冷堆主氦风机和燃料球压缩机,关系到上海电气发展核电产业的战略规划,关系到上鼓公司同清华大学战略合作伙伴的积极成果,关系到上鼓公司努力实现"三个上鼓"和"三大业务板块"发展战略目标的具体支撑。公司抓住这一机遇,积极实施。截至 2012 年 12 月底,技术改造项目已完成总投资的 63.64%,2013 年将完成所有投资。通过技术改造,公司将具备为高温气冷堆核电站配套的能力。根据预测,高温气冷堆主氦风机和燃料球压缩机重点装备技术改造项目达纲年将形成 6 套机组的配套能力,新增产值 3.7 亿元。

五、抓好教育培训,推进人员结构优化,推进企业文化建设

2012 年,上鼓公司通过完善企业培训体系,按差异化进行有针对性的培训,已开展了"生产计划管理""物料管理和库存控制""采购成本与供应商管理"和"质量管理体系推进及务实"等专项培训。对电工、焊工、挂钩工、起重工等进行了上岗安全要求的复训,对车间班组长进行了强化质量意识的培训。全年共计 142 人、295 人次参加了各种形式的培训。

上鼓公司组织了职工文化节,陶冶职工情操;组织班组长建设工程;发挥职工俱乐部作用;改善食堂环境和就餐质量;改善车间工作环境;为职工提供体检;组织工间操活动;支持以部门车间为单位的旅游活动;发挥厂报作用;组织劳动竞赛、技能比武;组织节日家庭访问;组织合理化建议活动;组织职代会民主管理活动;厂级领导下班组学习,组织厂情通报会,等等,为凝聚员工的向心力起到了积极作用。

2012 年,公司以职工文化节为载体,开展了许多有益的活动,凝聚了民心,鼓舞了士气。公司先后获得上海市文明单位、上海市重点工程立功竞赛优秀工厂、全国机械 500 强、中国机械工业管理进步企业、全国企业文化建设优秀单位、上海市名牌产品、上海市著名商标、上海市二级安全生产标准化企业和上海市诚信创建企业等荣誉称号。

强化企业创新　构建核心竞争力

——浙江金盾风机股份有限公司

浙江金盾风机股份有限公司成立于 2006 年,是一家专业从事地铁、隧道、核电、船用、民用与工业领域风机、消声器、风阀等通风系统装备研发生产的国家级高新技术企业。公司占地面积 90 000m^2,建筑面积45 000m^2,现有职工 300 余人。公司注册资本 6 000 万元,截至 2012 年年末总资产达 4.4 亿元。

公司主导产品涵盖地铁、隧道、核电等领域,形成了从产品设计、制造、系统集成到检测的完整体系。公司地铁隧道类产品已成功应用于北京地铁、新加坡地铁等 47 条地铁线以及浙江诸永高速公路、达成铁路工程、新加坡色拉亚岛隧道等 95 条重点项目隧道工程。同时,公司不断向核电通风系统领域拓展,已取得国家核安全局颁发的民用核安全设备的设计、制造许可证书。产品已成功应用于秦山核电站、福清核电站、浙江三门核电站等核电建设项目。

公司抓住国内地铁、公路、核电等基础设施建设快速发展的机遇,不断加大科技投入,优化产品结构,提高自主创新能力,积极向国家重点支持和引导的产业领域转型升级。公司坚持人本立业、科技创效、共赢共享的经营宗旨,把强化企业创新作为企业发展的内在动力和源泉，将技术创新、制度创新与管理创新渗透在企业的日常经营活动之中。公司重视技术研发，不断加大技术投入，加强技术成果转化。公司与多所高等院校和科研院所建立了长期技术合作关系，开展通风系统前沿技术的应用性研究，加强技术和产品升级，积极参与行业标准的修订与完善。公司已快速成长为在地铁、隧道和核电用风机领域具有较强影响力的企业之一。

一、确立高端市场定位

公司自成立以来，基于在风机行业的经营管理经验，紧紧抓住国家加大基础设施建设及清洁能源发展的重要机遇，在地铁、隧道、核电、火电脱硝及大型工业风机领域，立足现有技术基础，结合公司的技术优势及资源条件，确立了以地铁、隧道、核电通风系统为主的高端市场和高端产品的目标导向。同时，瞄准风机风冷系统装备集成的高端产品，从整个系统角度出发，考虑各个产品的匹配性，优化各项技术指标，选择高端市场和系统集成的高端产品定位，促进企业保持快速发展和竞争优势。

公司通过对国内地铁、隧道通风系统行业状况和技术发展方向的深入研究，加强产学研紧密结合，克服当前地铁、隧道通风系统存在的不足，开展地铁隧道轴流风机的结构优化设计、新材料研发与创新、通风系统相关设备的优化集成与智能化高效节能技术研究，进行了一系列技术创新与攻关，实现高效能、高可靠性地铁隧道通风系统的产业化，满足用户对通风系统越来越高品质的要求和不断增长的市场需求。在核级通风系统方面实现智能化，主要是核电站厂房及核电机组各系统的排风和空气调节，提供舒适的工作环境，保持放射性控制及非放射性控制区在一定的压力范围内，以保持核岛、常规岛和辅助厂房设备在正常的工作环境中运转，确保核电站内空气通风与调节系统的运行高效和安全。

随着国家对各行业安全性要求的不断提高，尤其是对轨道交通、公路、铁路安全运行要求越来越高，对地铁隧道通风系统进行技术改造，提高其运行的安全性、稳定性、可靠性，已成为各级主管部门管理工作的重点。一方面要求通风系统能对地铁、隧道的温度、湿度和空气流速等参数进行控制；另一方面，在紧急情况下，如发生火灾事故时，通风系统要能够及时送风排烟，保证乘客安全。另外，在核电技术发展方面，尽管我国在安全高效的基础上发展核电的基本方针不会改变，但对核电建设以及其通风系统产品的质量和安全要求将更为严格，特别是拥有更先进技术和更高安全性的第三代核电建设技术将成为国家未来的发展重点。

公司确立高端市场定位，基于风机行业市场需求及产品差异化明显，低端领域产品的附加值低、能效低、噪声高、使用寿命短，市场竞争激烈。而高端领域产品大部分属于非标准件产品，工艺复杂、高效低噪、环保节能，该领域产品附加值高、使用寿命长、集成化程度高。高端产品主要应用于地铁隧道、核电、船舶等领域的一些重点建设项目，部分领域的通风系统供应还需要许可证准入，如核电、军用船舶制造等。在高端领域，通风系统的集成化程度高，不同应用领域的差异化明显，对技术的要求很高，为保持行业领先性，公司在技术指标上实现一系列突破。

二、注重创新技术研发

公司在探索创新研发新模式的过程中，坚持以企业为主体、以市场为导向，产学研结合，将高校和科研机构的研究能力与企业的技术能力进行有效对接，及时转化，加快推进科研成果产业化和市场化进程。

公司与有关科研院所建立了长期的合作关系，企业提供风机气动研究和科技活动经费，并提供人员、场地、检测设备等资源，合作方负责组织相关专业研发人员进行日常研发工作。公司与一些高等院校和科研院所建立了长期技术合作，进行 AP1000 核电 HVAC 通风空调系统的开发研究并进行优化设计。优化设计后的 AP1000 核电 HVAC 通风空调系统具有配置合理、效率高、节能效果显著等特点，实现了 AP1000 核电 HVAC 通风空调系统的国产化。

通过共同研发，科研院所科技研发资源与企业优势硬件环境相结合，实现双方优势互补。根据与合作方的约定，公司与合作方的技术成果在企业转化为产品，逐渐构建公司的技术体系，巩固了企业的核心竞争力。

截至 2013 年 6 月底，公司已取得专利 52 项，其中发明专利 6 项。公司研发的“地铁隧道智能通风系统”被评为 2011 年浙江省科学技术奖一等奖，“地铁隧道节能通风系统”“主控室核级离心风机”“核电站用空调机组专用无蜗壳离心风机”分别于 2010 年、2011 年、2013 年被评为国家级重点新产品、浙江省装备制造业重点领域首台(套)产品。

三、实施技术成果转化

公司在经营过程中，充分考虑到各领域产品的差异性，汲取合作方不同学科的强项专业和技术，进行吸收、消化和创新，积极进行技术成果转化，并通过对通风产品的系统集成，带动了产业的技术升级，增强了企业的竞争力。

公司通过与科研院校合作，充分利用外部资源，各项技术指标达到领先水平。公司与各家单位合作开展风机及空气动力学、声学与消声器等研究，并对这些研发成果进行优化运用，提高产品性能和竞争力。

公司积极进行成果转化，巩固自身优势。强化企业对先进技术的吸收、消化和创新能力，以实现合作技术成果的产业化转化。公司研发的新一代地铁隧道轴流式通风机项目，由合作单位负责风机叶型气动设计、结构造型、性能分析以及整机结构创新开发设计和风机与地铁空调系统优化匹配的研究，公司负责风机生产制造加工工艺制定和产品工装夹具、模具设计制作及相关设备选购、风机样机生产制造，同时在企业内部对样机进行测试，并对样机加以改进和完善，最终进入批量化生产。经国家级第三方检测机构检测，该产品具有效率高、噪声低、耐高温、正反转切换时间短、能满足频繁起动等特点，并已在北京地铁机场线、南京地铁二号线等使用,真正实现了科研成果的有效转化。

公司在产业化方面已经形成了预研一代、开发一代、设计一代、生产一代的良性循环,能够迅速将研发的技术与产品产业化,将研发优势转化为竞争优势。公司研发的新产品技术指标达到了国外同类产品先进水平,带动了产业的技术升级。公司的“地铁隧道节能通风系统”在研发投产后,其集成稳定性、高效节能、防喘振、耐高温等各项性能指标均得到市场的认可;公司的AP1000核电通风空调设备技术也处于国内领先水平,AP1000核电站建设符合国家核能产业技术升级方向。

四、形成核心制造能力

公司通过创新研发模式,实现了技术成果转化,促进了企业技术积累,形成了综合技术集成能力,增强了企业的核心竞争能力。公司在新技术和新产品研发成功后,结合自身资源条件,将这些研发成果进行归纳整理,形成自身的技术体系,并结合市场反馈,对产品各项性能指标进行分析和改进,不断对投入市场的产品进行调整和技术创新,让研发的新产品更符合市场需求,更具有竞争力。

公司通过分类合作研发获得了多项先进技术,形成综合技术集成,可满足不同高端领域通风系统集成的要求。如在地铁隧道领域,涉及的专利技术包括热循环风机、地铁通风系统模拟测试装置、地铁大型可逆风机用有源消声器、大型地铁风机电动机拆卸装置、幕帘式调节风阀、高强度铸造铝合金、一种风机用轴套装置等,将这些技术综合运用起来,在技术集成基础上进行风机系统集成化,实现风机和风阀、消声器、智能控制系统的合理匹配,最终提高通风系统的高运行效率和降噪效果。

在地铁隧道领域,公司的“地铁隧道智能通风系统”通过了一系列技术创新与攻关,实现了高效能、高可靠性地铁隧道通风系统的产业化。该项目取得了22项专利,其中发明专利6项。2010年,该项目被国家发展和改革委员会列入国家十大重点节能工程示范项目,已在全国范围内推广应用,并成为国家火炬计划项目和浙江省首台(套)产品。2011年3月,该项目通过省级鉴定。鉴定结论为:该系统和产品具有新的创意,并达到国内领先水平,为地铁、隧道和其他通风领域提供了专用的智能通风系统,有很大的推广应用价值。该通风系统具有噪声低、防喘振作用显著、通风效率高、智能化程度高、节能降耗效果明显等优势。当前,该项目已成功应用于杭州地铁、上海地铁、北京地铁、新加坡地铁等国内外重点工程。

在核电领域,公司开发的AP1000核电HVAC通风空调系统打破了国外对百万千瓦级机组核岛HVAC系统设备及AP1000安全壳再循环风机冷却机组的技术垄断,2010年被评为国家重点新产品,并成功应用于浙江三门核电站和山东海阳核电站,填补了国内核电站安全壳再循环风机冷却机组系统的空白。

公司强化在技术、管理、经营各领域的创新,特别注重创新研发模式的积极探索与充分实践,使公司成功进军地铁隧道、核电、船舶等风机应用高端市场。截至2011年年底,公司完成重大研发合作项目十余项,掌握了多项风机行业领先技术,取得了多项发明专利和实用新型专利。创新研发模式使公司缩短了技术开发的时间,提高了企业的技术积累,有效实现了技术资源的优化组合,推动了公司产品质量和性能的提升。从2008年开始,公司在防喘振、叶角测量、节能通风、智能通风等方面取得了一系列的技术突破,获得多项殊荣。

展望未来,公司将继续加大创新力度,不断向环保产业和能源产业等高端市场拓展。通过定位高端市场、注重创新研发,以环保安全、节能降耗等产品提高市场竞争力,实现公司的可持续发展。

抢抓机遇谋发展　开拓创新谱新篇

——哈尔滨哈暖环境工程设备有限公司

哈尔滨哈暖环境工程设备有限公司创建于1966年,属于国家中二型企业,是研发、制造、销售一般通风、煤矿通风、空调、采暖、除尘等设备的专业化供应商和服务商。公司总资产1.3亿元,各类高级、中级技术人员占员工总数的20%以上。

一、重视科研和质量管理,提升产品整体水平

为提高企业的产品研发和制造能力,促进企业持续发展,公司大力开展“科技兴企”战略,坚持走产、学、研合作的科学发展道路,先后与哈尔滨工业大学、哈尔滨理工大学、西安交通大学等大专院校、科研院所进行密切合作,共同研制开发了大量填补国内空白的新产品。公司先后为国内几十家火力发电厂、石化企业、冶金钢铁企业、军工企业及汽车制造企业等提供了大量优质、高效的产品。

为全面提高产品技术水平,建立和完善产品的技术规范、行业标准、企业标准,公司与国家电力规划院主持起草、修订了火力发电厂暖通规范、大门侧送热风幕标准、负压吸尘装置标准等。

公司严把产品质量关,把向管理要效益作为企业发展的重要环节。公司于1998年通过了英国劳氏质量认证机构的审核,取得ISO9001:1994国际质量体系认证证书;2003年7月,完成ISO9001:2000质量管理体系转版工作;2011年3月,通过了中国质量认证中心的审核,完成向ISO9001:

2008质量管理体系换版工作，有效期限至2014年3月6日。

近年来，公司先后被黑龙江省政府、哈尔滨市政府评为先进企业、省级文明单位、市科技示范企业、市级文明单位标兵，多项产品获得省科技进步奖、省星火奖、地方名牌产品等奖项。

二、转变发展方式，调整产品结构

为适应市场经济形势和企业发展的需要，面对当前的经济形势，公司提出了“以巩固老产品为企业生存的基础，以研制开发新产品为企业发展新的经济增长点，新老产品长期共存”的经营方针。公司下大力气开发新产品，改造传统产品，加快了企业自身发展、创新发展的步伐。

根据国家提出的整合资源、淘汰落后产能、进一步实施生产许可证制度等要求，公司投资300多万元对重点产品实施了技术改造，通过引进新技术、新工艺，产品焕然一新。公司先后取得ZKW系列组合式空调机组产品生产许可证、FDZⅡ系列暖风机产品生产许可证。

公司通过大量的市场调研，并根据自身优势，凭借多年的风机研发经验，在当前正在应用的矿用风机的基础上，与西安交通大学流体机械研究所联合研制出新一代矿用风机，使产品结构趋于合理，市场环境明显改善。该产品通过了国家安全生产相关部门各项审核，先后取得了安标国家矿用产品安全标志中心颁发的安全标志证书、国家质量监督检验检疫总局颁发的生产许可证。产品投放市场后，经在双鸭山矿业集团、鹤岗矿业集团、辽宁阜新矿业集团、内蒙古霍林河矿业集团等煤炭企业的所属煤矿使用后，运行良好，性能稳定，具有结构合理、效率高、噪声小等特点，得到业内用户的一致好评。产品被纳入龙煤集团、辽宁阜新矿业集团、内蒙古霍林河矿业集团等煤炭企业的物资采购网。

公司研制的FBCDZ系列煤矿地面用防爆抽出式对旋轴流通风机，通过了由黑龙江省工信委、黑龙江煤矿安全监察局、黑龙江省煤炭安全生产管理局共同组织的高新设备论证，并被列为黑龙江省重点领域首台（套）产品、哈尔滨市科技攻关项目。该产品通过应用先进的机翼形叶片，采用扩散器、整体通流部分优化以及轴承密封等最新成果，提高了设备制造精度，使风机效率提高10%。产品被列为国家推广的替代产品。

三、一业为主，多元发展，打造新哈暖

近年来，黑龙江省“八大经济区”“十大工程”建设，哈尔滨市的“北跃、南拓、中兴、强县”战略，新型城镇化建设都为企业提供了空前的发展机遇。同时，公司也迎来了整体搬迁和重建的重大发展机遇，无论是外部环境还是内部条件，均有利于企业的创新发展。

公司根据当前经济形势及所面临的任务，适时提出“一业为主、多元发展”“开启新十年、打造新哈暖”的战略构想。公司广纳有识之士，实施招商引项目、合资合作共同发展的可持续发展战略。

一是转变思维方式，深入贯彻落实科学发展观，聚精会神抓建设，一心一意谋发展。重点抓好新厂区建设，为实施“开启新十年、打造新哈暖”战略打下良好基础。公司将投资1亿元加快异地重建新厂区项目建设。按照项目总体规划，将建设一个集信息、科研和生产为一体的，配套设施齐全的，多功能的现代化研发、生产基地。

二是调整产业方向，一业为主，多元发展。通过招商引资、招商引项目、合资合作共同发展方式，打造多种经济元素齐头并进的高科技产业模式。

三是调整产业结构，淘汰落后产能，充分发挥品牌优势，集中优势资源打造市场竞争力强、科技含量高、附加值高的优势产品为主导产品。

四是加快传统装备制造业向制造服务业转型。在当今市场需求多样化的情况下，利用品牌优势，围绕自身主导产品，逐步延长产业链条，在提升产品质量、可靠性和安全性的基础上，努力开拓设备成套、系统集成、工程总承包等服务。同时，不断将信息技术融入到产品研发设计、生产制造、经营管理等各个环节和产品性能之中，不断提高产品质量和数字化、智能化水平。努力提高服务水平，逐步提高增值服务在销售收入中的比重。

创新驱动转型发展　二次创业续写辉煌

——江苏金通灵流体机械科技股份有限公司

江苏金通灵流体机械科技股份有限公司（简称金通灵）创建于1993年，经过20年的发展，金通灵从一个地方性村办小企业发展成为在国内流体机械领域内享有较高知名度和美誉度的上市公司，成为一家立足南通，面向全国、辐射全球的国际化企业。公司的产品从最初单一的空调电动机扩展到空调风机、离心工业风机、离心鼓风机、离心压缩机、小型高效蒸汽轮机等高端产品；管理模式从作坊式粗放型管理，转变为集团化、精细化绩效管理；市场销售从单一行业、单一地区扩展到多行业、全国各地。当前，公司员工1 000多人，公司总资产达13.58亿元。公司先后获得国家重点高新技术企业、全国重合同守信用企业、全国模范劳动关系和谐企业、全国机械行业文明单位、中国机械工业优秀企业、中国机械工业最具影响力品牌、江苏省民营企业纳税大户、江苏省民营科技企业、南通市节能减排科技创新示范企业等荣誉称号。“金通灵”商标被评为江苏省著名商标。

一、重视科技创新，提升研发实力

金通灵人深刻地认识到，科技是企业立足之根，创新是企业兴盛之本。企业只有紧紧抓住科技创新，才能在激烈的市场竞争中立于不败之地。

1.加大研发投入，走产学研之路

公司近几年每年研发投入达2 000万元以上，占销售收入的4%以上。为确保研发手段的先进性，公司对技术中心的各类研发设备、试验设备及时进行了更新换代，为新产品的设计、试制及性能测试、数据采集和分析等提供了强有力的支撑。公司先后与西安交通大学、中科院热物理研究所、清华大学、东南大学、重庆钢铁设计研究院、天津水泥工业设计研究院、核工业第二设计研究院、华北电力设计研究院、西安热工研究院、美国ETI公司等国内外科研院校合作，共同承担并完成了各级政府的科技项目攻关。公司组建的江苏省流体机械及压缩机工程技术研究中心已通过江苏省科技厅及江苏省发改委、经信委的认定，成为省级技术中心，在2012年年度运行绩效考核中获得优秀。

2.紧贴市场需求，开发特色产品

公司根据市场信息反馈，每年设立10项左右针对性强的研发课题，研发成果迅速应用于产品与服务，获得了客户与同行的广泛认可。公司先后开发了YDW系列空调风机、大型工业通风机、GC系列污水处理曝气风机、转炉煤气鼓风机、300~600MW电站用循环流化床离心风机、高效节能静叶可调轴流风机、干法除尘转炉煤气轴流风机、动叶可调轴流风机、单级高速鼓风机等一系列产品，凭借这些“高、新、特、难”产品在市场取得了较好的业绩，同时形成了一批专利技术，截至2012年，公司共拥有专利48项，其中发明专利5项。

3.紧盯技术趋势，迈向高端领域

公司研发团队时刻关注国内外相关技术发展趋势及潮流，在对老产品不断进行技术提升的同时，加大对高端产品的研发投入，着力于主导产品的系列化、大型化及成套化，开发出一批高技术含量的新产品。2008年，公司与西安交通大学联合开展了小型离心空气压缩机的研发，2011完成首台样机的制造、运转。为了进一步提升产品的技术水平，公司又巨资引进美国的先进压缩机设计技术，在外国专家的精心指导下，研发人员攻克了众多难关，2012年年底完成了产品的制造、测试任务，各种性能指标达到同类产品国际水平。随着国家对新能源扶持政策的加大，2010年，公司与中科院热物理研究所签署了合作开发太阳能热发电汽轮机的协议，该产品除了在太阳能热发电领域使用外，还可以延伸到余热发电、生物质发电、大功率设备拖动等领域。双方研发人员研究了传统汽轮机的优缺点，将双缸再热技术应用到本产品中，不仅大大提高了产品的运行效率，也大大缩短了启动时间，2012年年底，首台样机成功运作试验。试验结果表明，该产品各项指标均超过了设计值，进一步增强了公司技改投入的决心。

公司十分重视组织申报和承担各级政府部门的科技项目，并以此来推动公司整体技术水平的提高，先后共有18个项目列入政府各类科技支持项目，其中，国家火炬计划项目4个、省级科技支撑项目3个、市级科技项目14个，累计获得政府科技扶持资金超过3 600万元。24项科技成果成功实现了产业化生产，有8项产品获得国家重点新产品称号，6项获得市科技进步奖。2011年，公司作为牵头单位承担了“十二五”国家重大科技专项“污水处理曝气系统低碳运行关键设备开发与产业化”课题，充分展现了公司的科研技术能力。

二、改变营销模式，完善销售网络

金通灵通过20年不断的投入，公司服务领域覆盖冶金、建材、电力、石化、污水处理、太阳能光热发电等领域，服务范围实现全国无空白覆盖，而且成功进入俄罗斯、印度、巴西以及东南亚、美洲、中东等20多个国家和地区，形成了“立足南通，覆盖全国，辐射全球”的销售网络。

1.抓住销售龙头，发挥灵活机制

公司自成立以来，一直将销售作为其他各项工作的首要工作来抓，“销售先行”的理念得到了全体员工的认同。在这一理念的指引下，公司2003年首次实现销售过亿元的目标，自2006年起，公司持续保持离心风机销量全国第一。

公司注重发挥民营企业机制灵活的优势，能够及时、迅速地调整销售策略。2004年，公司放弃了长久以来所采用的“粗放式”销售队伍管理模式——一个销售员服务多个行业，范围覆盖全国，转变为以冶金、建材、石化、电力等行业为划分依据进行销售队伍管理，走“专业化”道路。2011年，随着市场竞争格局的变化，客户提出了更高的服务要求，针对这一情况，公司在成熟的分行业管理基础上，迅速作出调整，按区域划分华东、华北、西南、西北4个销售分公司相对独立运行的销售管理模式，在细分销售区域内设固定销售网点并进行分行业管理，满足就近、重点客户的即时性服务需求，同时也兼顾到分散客户群的关系维护与市场拓展。经过两年左右的运行，“区域+行业”管理的销售模式对圆满完成销售目标起到了积极的推动作用，区域管理的销售模式较好地满足了现阶段公司发展的需要。

2.转变销售模式，服务全球市场

2009年，公司董事会提出创新运营模式和营销手段，实现从生产制造型企业向服务制造型企业转变，提升市场占有率。2010年，随着公司新型高效压缩机的推出，带来了全新的服务领域与业务模式，公司决定开展在省会城市招聘当地人才、服务当地市场的试点工作。对于进入国际市场，公司一直以来主要以国内外知名工程总包企业合作“借船出海”的方式为主，陆续与东方电气股份有限公司、上海电气集团股份有限公司、中国中材国际工程股份有限公司、中国冶金科工集团公司、拉法基集团、阿尔斯通等企业建立了战略伙伴关系，并随着合作伙伴业务的开展，进入了俄罗斯、印度、巴西、东南亚、美洲、中东等 20 多个国家和地区。2013 年,公司各方面能力已经具备,同时国内市场的萎缩也要求企业走出国门。公司决定将国际业务从原有业务管理中独立出来,成立独立的国际贸易公司,并将国际贸易公司注册、运营都放在上海,并将进一步完善公司海外市场的销售网络。

三、坚持创新管理,推动企业发展

金通灵的发展离不开勇于创新、永不止步、追求卓越的企业管理理念,离不开企业管理上采取的一系列有效举措。

1.发挥灵活机制,永葆创业激情

金通灵的前身是南通通灵电机厂,企业性质为村办集体企业,由村办经济实业公司和 7 个自然人共同创办,集体与个人各占 50%的股份。1997 年,公司进行股权结构改革,决定增资扩股,加大个人股投资力度,让经营者持大股,缩小集体股,让新任的领导占股,激发企业经营管理者的创业激情,公司正式注册为股份制企业,建立完善三会运作机制。

2003 年,国家鼓励民营经济发展,给予民营企业更多的技术扶持政策。为了促进企业快速发展,公司决定增资扩股,集体股权退出了历史的舞台,原有股东按比例增股,并且增加风机技术专家入股,金通灵成为有着规范的现代企业管理制度的民营科技型企业。

2008 年,股东会决定进行第三次产权改革,对主要领导的股份进行调整,分散扩大给技术研发骨干、市场营销骨干及公司主要管理层领导,形成了上市公司新型产权结构要求,为公司登陆资本市场做好了准备。

2.创新管理模式,提升经济效益

2005 年,公司开始构建集团化管理模式,按照“集权有道、分权有序、授权有章、用权有度”的原则,建立集团化管理模式,在集团内实行市场化经营运作,对各分(子)公司实行经营目标责任考核,并建立二级核算单位和统计系统,完善绩效考核制度。

2011 年,公司先后对产品布局、组织机构、管理职能、管理模式进行重新策划和调整,变原来的生产中心为经营中心,形成 7 个经营实体的公司。通过对下属公司实行“自主经营、自主管理、独立核算、自负盈亏”的经营管理模式,把所有员工的利益都与所在单位的经营效益紧密挂钩,大大激发二级公司全体员工的危机感和创造性、主动性。

3.贯彻体系标准,追求卓越绩效

随着企业的发展,公司迫切需要从过去的经营性管理向标准化管理过渡,公司决定引进 ISO9000 国际质量管理体系,借此带动企业的规范化管理,提高企业的管理水平。1998 年,公司顺利通过了国家质量认证中心的认证。根据企业组织结构逐步向二级单位的分级管理模式过渡,2005 年,主持企业质量分册的编审工作,顺利通过复审。2010 年,全面推行环境管理体系和职业健康安全管理体系,并于当年 11 月份通过认证。2011 年,完成了三体系的整合,并连续 3 年荣获年度体系认证优秀组织。2011 年,开始导入卓越绩效体系,贯彻《卓越绩效评价准则》,全方位推动集团公司的各项管理工作。

四、培养人才队伍,构筑和谐企业

金通灵自成立以来,始终坚持以人为本的原则,实施“以良好的职业前景吸引人才,以优秀的文化氛围塑造人才,以合理的奖福机制留住人才,以广阔的发展空间成就人才”的用人理念,使每一位员工的自我价值在金通灵这一平台上充分体现,实现和谐共赢。

1.重德行看才智,搭建成才平台

金通灵管理层一贯将人才工作作为公司发展战略的重要组成部分,把人才视为公司最重要的宝贵资源。公司以实际需求为重点,通过人才市场、猎头等多种方式引进公司急需紧缺人才。1997—1999 年,引进技术骨干和管理班干部,组建了第一批人才队伍。随着公司的不断发展,公司分别从成都、上海等地引进人才,为高压风机、压缩机、汽轮机的设计、制造及销售做好了人才储备。

自 2002 年以来,公司每年从西安交通大学、华中科技大学等全国重点大学招聘 40~60 名应届大学生充实到技术设计、工艺技术、营销管理、企业管理等岗位。当前,公司技术及研发人员占 15.9%,生产人员占51.8%,销售人员占13.4%,管理人员占 15.7%,后勤人员占 3.2%,其中大专以上学历人员占比近 35%;拥有高级职称人员 8 人、中级职称人员 47 人、技师 6 人、高级工 123 人。

2.重潜力抓培训,打造优秀团队

公司设有培训教育科,专人负责培训策划、管理与考核。2008 年以来,公司每年用于培训的费用都超过 50 多万元。多年来,公司定期和不定期邀请国内知名人士、专家、学者和讲师举行讲座,先后举办了专业技术人员的机械英语培训班、与西安交通大学合作的工程硕士班、与慧才教育咨询合作的企业管理内训班等。

为培养企业后备人才,2005 年,公司有意识重点培养青年骨干,首次聘任 11 位新人担任主管、项目组长、科长等职务。在以后的几年,每年都有思想素质好、具有较大发展潜力的优秀年轻人脱颖而出,被提拔到领导岗位。

3.重文化抓特色,共建和谐企业

公司重视企业文化建设,以先进的文化内涵推动企业的科学发展。利用企业网站、内刊、车间看板、横幅、宣传栏等宣传企业文化,培育企业文化;以“金通灵人”为宣传阵地,弘扬和传播企业精神,通过宣传优秀人物、先进事迹,形成了良好的文化氛围。

二十年的激扬创业,二十年的探索和发展,金通灵现在又到了一个新的起点。展望下一个 20 年,金通灵将以单级高速鼓风机、压缩机、蒸汽轮机、燃汽轮机等高端产品为主线,持续向流体机械制造高端领域进军,进入生物质发电、垃圾发电、地热发电、太阳能光热发电、分布式电源集成技术等新能源领域;同时,提升技术服务能力和技术集成能力,逐步实现生产制造型企业向服务制造型企业转型,将金通灵打造成一家全球性高端流体机械服务制造型企业。

以自主创新赢得未来

——沈鼓集团核电泵业有限公司

沈鼓集团核电泵业有限公司(以下简称沈鼓核电)成立于 2010 年 2 月,为沈阳鼓风机集团股份有限公司(以下简称沈鼓集团)全资控股子公司,前身为沈阳水泵股份有限公司,负责沈鼓集团内所有泵类产品的设计研发及生产经营。为了强化企业管理,提高泵类产品的专业化制造水平,沈鼓集团斥巨资建造了拥有精良设备的现代化泵类产品生产制造基地,于 2011 年 5 月竣工,并于同月顺利完成了沈鼓核电的整体搬迁工作。

沈鼓集团是我国重大技术装备制造业的支柱型、战略型领军企业,作为沈鼓集团的一支重要力量,沈鼓核电拥有核电、火电、石化及其他领域泵类产品制造、安装、调试的丰富经验和核心技术,涵盖 51 个系列、597 种泵类产品及备件,已成为我国重要的集研发、生产、试验于一体的现代化泵类产品生产制造企业,能为主要工业领域提供全套流体解决方案。

一、自主创新,以重大装备实现产业报国

1.核电领域

沈鼓核电是我国具有核安全一级、二级、三级泵设计制造资格的研发制造企业,先后为秦山一期、秦山二期、大亚湾、巴基斯坦、国家原子能院、中原公司、阳江、红沿河、防城港等核设施自主研发生产了 5 种、30 余台核一级泵,6 种、60 余台核二级泵和 6 种、百余台核三级泵,实现核级泵设计、制造及成套技术的全面突破,为我国核电事业作出了重大贡献。

沈鼓核电已自主研制成功包括安全壳喷淋泵、低压安注泵、余热排出泵、电动辅助给水泵、上充泵、重要厂用水泵、海水循环泵在内的多种核二级、核三级和常规岛核电用泵,为我国核电事业快速发展提供了技术保障。

沈鼓核电独家承担国家重大技术专项 AP1000 核主泵国产化,其技术性能指标可以满足第三代核电装置等配套需求,当前,已经与国家核电工程公司签订了 AP1000 核主泵长期供货框架协议。

CAP1400 是我国科技发展规划的重大专项之一,沈鼓集团参与了“CAP1400 屏蔽电机主泵研制”任务,在对美国三代核主泵技术进行消化吸收、技术创新的基础上,形成自主知识产权。这是我国核电发展全面自主创新的标志,对我国核电事业的发展具有里程碑的意义。

2.火电领域

沈鼓核电是国内生产火电市场用泵的主导企业,凭借多年来在电力领域的创新技术,开发制造了品质卓越的产品,满足了电力行业高速发展对泵类产品的要求。沈鼓核电是国内较早设计、制造锅炉给水泵的专业主导公司,主要用于高压、次高压、中压火力发电机组,为国家重点工程项目设计制造了数套中国首台、首套达到国际同类产品先进水平的泵类产品,为国家重大技术装备国产化作出了突出贡献。

从 2001 年开始,国家火电机组已经由 300MW 和 600MW 亚临界机组逐步转向 600MW 和 1 000MW 超临界机组。为了加速锅炉给水泵技术的发展,沈鼓核电先后与美国 FLOWSERVE 公司、日本三菱公司合作生产了超临界、超超临界机组用锅炉给水泵,已经为国内 600~1 000MW 超临界、超超临界火电机组提供数台高压锅炉给水泵、凝结水泵组,运行效果良好。当前已为沁北、利港、沙洲、常州、红海湾、黄岛、湘潭等 60 多家用户的 110 多台机组配套了 294 台超临界锅炉给水泵。

二、装备先进,以硬实力打造好品质

沈鼓核电加大工艺装备投入力度,加速设备更新换代步伐,引进世界一流的制造和检测设备,使公司制造能力达到国内机械行业先进水平。当前已拥有各种高精尖设备 83 台,包括数控车铣中心、数控镗床、五坐标加工中心等设备和先进的检验、测试设备,能充分满足金属切削、热处理、焊接、产品装配的需要。各种先进的检验手段和检验设备确保了高质量的产品。

公司建有水泵试车台位 10 个,试验主水池 8 000m^3,试验最大功率 12 000kW,试验流量最大可达 21 万 m^3/h,最高压力 40MPa,温度 350℃。包括二代加百万千瓦级核电主泵高温高压试验回路、核主泵高温高压试验回路以及 AP1000 核主泵试验回路在内,可满足核二级、核三级泵和常规岛用核泵等大型装置用设备的机械运转、性能试验要求,性能达到国际先进水平。其中核主泵试验回路的建成,标志着沈鼓核电拥有组装、试验第三代核主泵的能力。

三、创新管理,以“核文化”打造新模式

为大力推进技术创新,针对高端泵产品的研发特点,特别是核电领域的特殊要求,公司积极推行“核文化”建设,制定了清晰明确的工作流程,以此约束各级机构有序运行。

沈鼓核电顺利通过了 ISO9001、ASME 和 HAF 标准认证。ASME 认证的取得,标志着沈鼓集团成为美国 EMD 公司的合格供应商,更标志着沈鼓核电具备了进军世界先进水平的核电领域市场的能力。在三大质量体系保证下,沈鼓核电注重全员质量意识的培养,始终将产品质量摆在首位,为用户提供高质量、高性能的泵类精品。

面向未来,沈鼓核电将继续秉承“创新、图强、诚信、卓越”的企业精神,将以核泵的理念、核泵的质量保证体系,为用户提供高质量、高性能的产品,为国家装备制造业的振兴再创新的辉煌。

打造品牌产品　实现卓越绩效

——大连海密梯克泵业有限公司

大连海密梯克泵业有限公司由德国海密梯克公司(HERMETIC-Pumpen GmbH)与大耐泵业有限公司于1997年12月25日合资成立，是国内同时研发生产中高端屏蔽泵、磁力泵的企业，具有“高技术、高效率、高增长”的特点。公司合资期限为50年，现有员工330余人。

德国海密梯克公司创建于1866年，是全球领先的无泄漏泵制造商。大连海密梯克泵业有限公司自成立以来，引进、消化德国先进的设计、制造技术，以最先进的制造技术致力于无泄漏泵(屏蔽泵、磁力泵)的研发和生产制造工作，解决了传统离心泵在化工、石化行业输送有毒、有害、易燃、易爆危险化学品时出现的跑、冒、滴、漏问题，实现了完全无泄漏。公司产品主要定位于无泄漏泵行业的中、高端市场，并可根据客户的要求进行特殊设计，满足多样化、个性化的客户需求，为客户提供安全、高效、环保和节能的流体输送方案。公司产品已广泛应用于化工、石油化工、医药、纺织、核电和制冷等领域，大连海密梯克泵业有限公司已经成为国内外知名化工、石油化工企业，如中石化、中石油、中国化工集团、巴斯夫、拜耳、赢创德固赛、杜邦和陶氏化学等的长期合作伙伴。公司年销售收入平均增长率为42.35%，年销售收入稳居国内无泄漏泵行业前列，人均销售收入名列行业前茅。

2013年是大连海密梯克泵业有限公司成立15周年，值此之际，公司启动“智能化产品”发展战略，带领行业和客户走向智能化的道路。公司率先研发出国内同行业第一台智能化屏蔽泵，这也是行业内第一台能在泵运行时对泵的轴向位移进行监控的产品。其主要原理为屏蔽泵产品在原来基础上配备海密梯克拥有自主知识产权的“轴向位移监控器”，在泵运行时，全程对泵的轴向位移数据进行监控。智能化屏蔽泵成功解决了屏蔽泵关键零部件即转子运行时轴向力平衡的监测难题。这项技术的问世，将大大提高屏蔽泵的使用寿命。

2013年，大连海密梯克泵业有限公司提出“质量、管理年”的口号。为应对当前及未来几年公司面临的战略挑战，公司在经营过程中不断调整公司发展战略，成立了以“卓越绩效模式”为框架的系统改进委员会，积极导入“六西格玛”管理、精益生产管理、流程梳理等管理理念，积极开展“品管圈”“5S”等活动，全面提升了公司管理的精细化水平和公司的核心竞争力。为追求零缺陷生产，防范产品责任风险，提高生产率和市场占有率，提高顾客满意度和忠诚度，更新引入了SAP管理系统、OA管理系统，实施品牌战略、人才战略及差异化战略。

2013年，大连海密梯克泵业有限公司再次获得全国化工设备设计中心站最佳供应商称号，被评选为大连市外商投资企业协会理事会副会长单位、大连市机械行业协会副会长单位、机泵行业协会常务理事单位和中欧化工制造商协会副理事长单位。

不断的努力与发展，必定铸就卓越。从2000年至今，大连海密梯克泵业有限公司先后通过了中质协、德国莱茵公司质量保证中心的ISO9001：2008质量体系认证，通过了ISO14001：2004和OHSAS18001：2007认证；获得辽宁省质量管理奖、辽宁省省长质量奖和首届大连市市长质量奖；取得核电产品设计和制造许可证书，申请技术专利近30项。公司主要产品屏蔽泵和磁力泵获得大连市名牌产品、辽宁省著名商标称号，获得“中国无泄漏泵行业最具影响力品牌”和“中国无泄漏泵行业第一品牌”称号。公司还荣获“中国驰名商标”称号，成为无泄漏泵行业第一家获此荣誉的企业。

以技术创新为先导　开创新价值

——日立泵制造(无锡)有限公司

1910年，日立集团成立于日本东京，以较高的发展速度迈向现代化，“和”“诚”“开拓者精神”成为日立的创业精神。日立集团的创业精神之本就是发挥综合实力，开创新价值，也就是创造“VALUES”(日立精神)、鼓舞下一时代，这也正是其他公司无法仿效的。日立集团由众多的事业部门、事业公司组成，并拥有多项技术、产品、解决方案技术。日立集团将集团内广泛的事业、技术、专有技术进行有机结合，以满足客户和社会日趋多样的需求。

日立泵制造(无锡)有限公司成立于2006年2月，是株式会社日立制作所投资建立、日立集团控股的股份制企业。公司坐落于无锡市新区机光电工业园，占地面积130 000m^2，厂房建筑面积58 000m^2，注册资金达19 500万元，是一座全新的现代化工厂。公司拥有泵行业现代化的数控加工设备、检测手段和试验设施。

公司的技术研发中心融合了日立集团和中国泵行业的科技精英，以技术创新为先导，秉承"引进、消化、吸收、再创新"的技术发展方针，引进日立集团先进的设计和工艺技术，具有较强的技术开发能力；拥有两个大型水泵试验室，能试验立式、卧式、斜式、潜水式的大流量高压水泵，启动功率最大达 11 000kW。

公司主要产品有电厂大型机组三大辅泵——循环泵、锅炉给水泵、冷凝泵，城市供水、调水大型双吸离心泵和大型立式单级离心泵，大型水利工程、引水调水、农田排灌、船厂船坞、城市防洪用直径 1.2m 以上的轴流式、混流式、离心式大型泵。公司成立至今，已为金陵电厂超超临界百万机组一机两泵、上海青草沙工程引水泵站和五号沟泵站、南水北调东线（金湖、二级坝、泗阳、邓楼等）和中线（湖北引江济汉等）、大型船厂（大连船厂、中远船厂、北海船厂等）等国家大型重点工程提供了优质产品。

公司设有技术开发部和产品研发中心。当前，公司拥有各类工程技术人员 130 人，其中，工程师 60 人、高级工程师 12 人、正教授级高级工程师 1 人、享受国家政府特殊津贴的专家 2 人。

公司拥有先进的计算机辅助选型设计软件以及国内外许多先进的水力模型。技术设计人员可以根据用户要求的水泵使用工况，利用计算机辅助选型设计软件来选择最符合水泵运行的水力模型，做到选型合理，为水泵的安全、高效运行提供可靠的技术保证。公司拥有很强的设计能力，并与日立集团总部拥有联合设计、制造的成功经验和紧密合作的机制。具有优良的设计条件，完全可以满足不同类型的水泵设计。

近几年来，经过不断地创新发展，日立泵制造（无锡）有限公司在满足市场需求的水泵产品设计的同时，也取得了丰硕的成果，并拥有了一批具有知识产权的产品和技术。公司先后承接市级以上科技计划项目 5 项，并荣获江苏省科技进步奖一等奖、教育部科技进步奖二等奖、上海市科技进步奖二等奖等奖项；获得专利 25 项，其中火电循环水泵在进行技术的消化、吸收再创新后共获得专利 10 项。500SW-130 型抽送黄河的双吸泵被评为省级高新技术产品，填补了国内空白。正在进行的核电循环水泵研发项目处于试验验收阶段，该项目研发成功后，将为公司为进军核电泵业打下坚实的基础。

公司把安全、质量、信誉作为经营基础，为员工创造能实现自我价值的工作环境，以先进的技术和优异的质量建立世界领先的水泵制造企业。通过加大消化吸收和自主研发力度，加快新产品的研制进程，充分发挥公司技术、设备方面的优势，将开发高技术附加值的泵类产品作为重点，使公司的各类产品达到国际先进水品，将产品定位放在可以同国内外大企业竞争的层面，提高企业综合实力，在今后的市场竞争中占得先机。

科技引领发展　品牌铸就辉煌

——合肥华升泵阀有限责任公司

一、科技创新引领发展

合肥华升泵阀有限责任公司（以下简称华升泵阀）是从事泵阀产业化与设备技术创新的国家高新技术企业、国家火炬计划重点高新技术企业，合肥市级企业技术中心、创新型企业，合肥市石化及化工泵工程技术研究中心、安徽省知识产权优势培育企业，是中国通用机械工业协会泵业分会理事单位及全国泵标准化技术委员会委员单位。华升泵阀坚持把科技创新引领发展放在突出位置，长期致力于炼油、乙烯、化纤、化肥、焦化及海水淡化行业装置关键化工设备攻关和技术开发。通过7年努力，石化泵等流体机械的创新能力已处于同行业较为领先的地位。

“科技引领发展，打造华升品牌”，著名机械专家、原机械工业部部长何光远的题词就刻在华升泵阀研发大楼最显著的位置。华升泵阀人不断地激励自己，为我国化工设备的自主创新，为提升和强化科研团队建设，为泵阀行业的技术发展而努力实践着。华升泵阀长期注重技术创新与重大发明结构突破，以科技创新带动企业产业化发展，重载化工流程泵、高速部分泵、隔膜计量泵、高速剪切泵、液力透平能量回收装置等都已服务于中国石化装置，替代进口产品；连年被中石化、中石油多家分公司评为优秀供货商；“华升泵阀”牌石油化工泵2010年荣获合肥市名牌产品称号，2011年12月又荣获安徽省名牌产品称号。2007年，获得全国工业产品（泵类）生产许可证，同年被列为中国石油化工股份有限公司集中组织采购供应商，2012年成为中国石油化工股份有限公司主力供应商。

华升泵阀对科技创新的重视源于创业团队具有良好的创新意识和品牌创建思路。无论是中石化科技攻关项目——替代德国进口设备输送减压塔底油浆的250HDS大型高温高汽蚀化工流程泵研制成功，还是解决不同相介质互溶难题的在线式连续精细物料处理设备，都彰显出华升泵阀在结构创新、在线诊断、解决疑难等方面具有较强的科研开发能力。企业的创新意识、开拓能力、品牌理念不断推动公司从“单一解决产品故障问题”向着“石油化工泵阀优秀供应商”的大目标迈进。短短几年，企业从承接几万元、几十万元单台（套）订单，发展到能为中石化用户研制替代进口的单台（套）近千万元的高压液力透平能量回收装置关键成套设备，充分说明通过科技引领发展，华升泵阀品牌已经在用户心中有了很重的品牌加权值。

二、团队聚力品牌建设

勇于创新是华升泵阀发展的精髓，完善品质是华升泵阀成长的根基。说到华升泵阀的发展就不能不说创业团队，更不能不提到带头人柴立平董事长。创业之初，他和创业团队就提出以建成石油化工产业化高端创新平台为己任，以自主创新之路来开拓品牌。2005年，他们开始聚力打造华升泵阀科研与产业平台，创业股东和核心技术成员多为金属材料、铸造、密封、泵阀等行业技术专家。他们共同为加快石化设备自主创新而奋发的创业理念和长期从事产学研攻关的相同工作阅历很快汇成了打造华升泵阀品牌的强大合力。

华升泵阀董事长柴立平作为军品泵、石化泵的技术专家以及中国机械工程学会理事、中国农机学会排灌学会理事、全国泵标准化技术委员会委员，对流体机械产品开发和市场拓展敏锐而果断，在化工泵设计方法与结构创新等方面具有较高的技术能力和学术水平。曾主持或参加百万吨乙烯成套设备、PTA装置用对苯二甲酸大型高速泵以及炼油加氢装置关键设备减压塔底泵、高温油浆泵等研究工作，已取得20多项科研成果和10多项授权专利。他深知科技创新就是华升泵阀的内生动力，在创业之初就坚定地提出实施“以自主研发解决化工设备难题实现国产化、以科技创新战略发展产品产业化、以知识产权战略保护技术开发实现专有化”的企业发展战略。作为领导核心，他善于发挥自身和团队的技术优势，结合创业团队的技术优势，积极推进公司参与中石油、中石化进口设备及非标设备的研制投标与产业化工作，提升公司高新产品的标准化水平，推动行业技术进步。

华升泵阀每年都有十多项替代进口的泵阀产品推向市场，同时积极参与行业技术创新活动。由华升泵阀主持制定的JB/T 11008—2010《高速部分流泵》、JB/T 11007—2010《高剪切匀浆、乳化泵》行业标准由国家工信部颁布实施。2011年10月，公司主编GB/T 26115—2010《离心式纸浆泵》、GB/T 26116—2010《内燃机共轴泵》等国家标准已获国家质检总局、国家标准化管理委员会批准颁布实施；正在承担制定的标准9项；已获授权发明专利8项、实用新型16项。

三、发展产业服务石油化工

在柴立平董事长和创业管理团队带领下，华升泵阀从50万资本起步，现已形成注册资本1 170万元，实行独立核算、自主经营、产权明晰的高新技术企业。公司拥有1.7万m^2（26亩）生产基地，8 000m^2的钢结构标准厂房、4 000m^2研发大楼以及200台（套）加工设备以及测试仪器装置。公司2009年被合肥市政府列入新三板上市预备企业，2010年、2011年连续获得科技部中小企业创业引导基金、政策导引类计划专项等项目支持，2012年企业总资产已达9 500万元，工业销售产值超过1亿元。公司一贯奉行“品牌是企业生命”的宗旨，制定了“强化质量管理，优化产品性能，确保公司产品在国内领先、国际先进”的质量控制战略，严格按照质量、安全、环境控制三体系要求，注重员工培训、工作考核、安全以及公司内部审核制度等，以保证品牌方针的贯彻执行，确保质量目标的实现。

华升泵阀立足自主创新和产学研技术结合，把企业发展与石化需求、高校研究结合紧密，几年来已形成以液力透平节能装置、GSB(Z)耐腐蚀高速泵、JQB化工高剪切分散乳化泵、大型高温高汽蚀化工流程泵为主导产品的产业化模式。近5年来，公司共主持或承担国家级科技创新类项目2项，中石化、省、市科技创新类项目近20项，获得国家级重点新产品、安徽名牌3项，安徽省（重点）新产品、高新技术产品、自主创新产品18项。经过创新和产业化发展，华升泵阀成为安徽省首家获得科技部中小企业创业引导基金支持的企业，华升泵阀也是安徽省和泵行业中持续创新能力较强的企业之一，已成为安徽省最大的石油化工泵及液力透平能量回收（泵）装置制造企业。

华升泵阀以解决泵阀关键设备技术攻关难题为己任，已推出替代进口的高温高汽蚀化工泵、液力透平装置、高速泵、高自吸隔膜计量泵、高剪切泵、大型化工反应釜底搅拌系统等产品近40余项，服务于我国石油化工行业。

华升泵阀以良好的产品品质为中国石化设备安全运行提供保障，这也使得企业品牌知名度得以提升，产业得以发展。2012年，华升泵阀列入国家、省市科研计划、新产品的主要项目有：安徽省技术创新专项、合肥市自主创新和再创新项目"液力透平能量回收装置产业化关键技术开发"项目分别通过安徽省经信委、合肥科技局的项目成果验收，推动了该产品核心部件产业化进程；中国石油化工股份有限公司"大型流程泵水力模型及消振技术研究""加氢进料泵转子国产化研制"2项科技开发课题落户华升泵阀；中石化课题"高温高压大功率液力透平能量回收系统的研制"项目，即180万t/a原料加氢装置反应进料泵及液力透平整机已交付用户运行考核，填补国内空白，已经取得初步成果；"炼油装置用大型高温化工流程泵"获得安徽省科技计划项目（第一批技术转移类）课题支持；"船艇用串并联泵成果产业化项目"得到安徽省自主创新专项支持，正由华升泵阀和合肥工业大学共同展开针对海水用泵的专项技术研究；安徽省技术创新专项"大型化工反应釜底搅拌系统研制及产业化"已经开发出具有核心专利技术的新产品，填补国内空白；"高温高汽蚀重载化工流程泵产业化"已列入2012年国家火炬计划产业化示范项目。

2012年，华升泵阀获得合肥市228产业创新团队、安徽省第四届自主创新大赛三等奖、合肥双凤经济开发区科技创新奖等荣誉，通过了国家安全生产标准化三级企业认证。

华升泵阀正朝着"建成一流的化工泵阀研发中心和产品供应商"的目标发展，不断进取，做大做强产业，为提高我国泵行业技术和重大设备国产化研究水平而努力奋斗。

与时俱进　创新发展

——北阀科技集团股份有限公司

北阀科技集团股份有限公司（简称北阀集团）（前身为北京北阀高压阀门有限公司）创建于1986年，于2001年进行资产重组，改为股份制企业。2002年，搬迁进驻北京市经济技术开发区，2005年1月经国家工商总局核准为无区域性企业集团。公司于2010年组建的北阀集团北京阀门有限公司以母公司为依托，专业生产各种石油石化专用高中压阀门、特殊阀，集研发、设计、生产、销售于一体，更好地为广大用户服务。

北阀集团经历近30年的发展，积累了丰富的技术生产经验，成为北京地区一家规模较大的专业阀门制造企业。北阀集团下属全资子公司及控股子公司有5家：北阀集团北京阀门有限公司（专业制造石油石化电站专用高温高压阀门）、北阀集团北京搜讯通信息技术有限公司（主营GPS卫星定位器、信息技术设计开发、电子产品，并设计开发电控执行机构等）、南洛阳奕升铸造有限公司（专业制造树脂砂铸造*DN*80~1 000mm大口径各种材质阀门）、北京超大波纹管制造有限公司（专业制造各种口径波纹管补偿器、波纹膨胀非金属膨胀节）、通州区大运河锻造厂（专业制造所有锻件、阀体、上盖及阀杆等）。

北阀集团总占地面积53 700m^2，北京总部基地建筑面积42 000m^2，其他子公司建筑总面积21 700m^2。北阀集团（含子公司）拥有加工中心、数控机床、大型数显立式车床、等离子喷焊和焊接设备以及机械加工专用机床设备217台（套），设有CAD阀门设计中心及现代化的质量检测和检验中心。拥有碳硫联测分析仪、微机高速分析仪、美国进口定量光谱分析仪、液压万能试验机、低温冲击试验机、液压沉水式阀门性能试验装置、蝶阀专用试压设备以及各类探伤仪器等检测设备24台（套）。截至2012年年底，北阀集团（含子公司）总人数487人，其中，高层管理人员7人、各类专业工程技术人员19人（含高级技术人员12人）。

北阀集团的整体股权结构主要是法人股、个人股和员工参股的形式。当前，公司总资产达2.76亿元，其中固定资产1.2亿元，其他半成品、成品、流动资金8 000多万元。公司自2010年至今，投入巨资新增购地4.67万m^2（70亩），新建厂房办公室、职工宿舍28 000m^2。公司投资1 000万元购进数控加工中心、4m大型数显立式车床、理化检测进口光谱仪、涂装流水线及二次抛丸清理设备等50套。

至今，北阀集团产品已发展百余系列、千余种规格，主要产品有闸阀、截止阀、蝶阀、球阀、止回阀、低温阀、各种非标耐磨阀、特殊阀、疏水阀、冶金专用阀等11大类，能按照GB、ANSI、API、DIN、BS、JIS等标准设计制造。主要零部件材料采用WCI、WC6、WC9、ZCr5M、ZG20CrMoV、CF8、CF8M、CF3、CF3M、12Cr2Mo1V、ZG1Cr18Ni9Ti以及ZG1Cr18Ni12Mo2Ti。阀门公称通径10~2 600mm，工作温度-196~1 000℃，工作压力1.0~42.0MPa（150~3 500Lb）。产品广泛应用于石油、石化、电力、化肥、冶金、采矿、造纸、医药等行业。北阀集团营销网络遍布全国，为所有用户提供及时、完善、全面的售前、售中、售后服务，不断提升企业整体服务质量。北阀集团遵循"不求最大，只求最好"的经营原则，依靠品牌产品占领市场。无论是产品还是服务，北阀人都力求尽善尽美地奉献给用户。

近10年，北阀集团产品广泛应用于中石油、中石化、中海油系统的石油、天然气、海上钻井平台工程及石化大型炼化乙烯工程，国家电力建设工程和石油石化、天然气长输管线、城市管网、市政给排水工程，国家奥运场馆、首都机场三号航站工程、冶金行业各大钢铁集团以及化工化肥等企业。自2005年北阀集团成立以来，公司的产值和销售额年均递增30%以上。年销售额从2005年之前的不足4 000万元，增长到2012年的3.69亿元。“北阀”品牌在全国已享有盛誉，并远销东南亚国家和地区。

北阀集团始终坚持“以科技求发展，以技术作保障，以质量求生存”的企业发展方针，于1996年通过ISO9001认证。公司先后获得API 6D证书、国家质检总局安全注册的TSG证书、ISO14001环境管理体系认证、OHSAS18001职业健康体系认证。公司自2008年起加大对企业内部的质量体系管理投入，先后取得了英国劳埃德船级社体系管理证书和欧盟CE证书，并取得中石油一级物资采购证书、电子商务网络证书、中石化物资采购证书及国家多家电力物资采购证书等。

北阀集团聚集了行业中的专业精英，并注重情感投资，激发员工的企业主人翁精神，使之发挥高度工作责任感和积极性、创造性。公司进一步完善人才招聘、使用制度，使每位员工在参与建设北阀集团事业的同时实现自身价值，高素质的员工团队成为北阀集团持续发展的有力保证。质量无国界，品质铸就“北阀”。质量是北阀集团生命的保证，品牌是北阀集团立足市场的基石。品质源于制造手段的先进化，技术创新是企业的生命。为此，公司不惜投入巨资购进数控加工中心等高档机械加工设备与检测仪器，并不断集聚专业技术精英加盟，组成科技公关队伍。北阀人深刻地认识到，市场竞争的舞台已经从国内转向国际。因此，用高新技术改造传统产业不但是新时期国家的重要战略决策，更应成为企业立足市场、实现创新的举措。北阀人在不断进行战略创新、管理创新的同时，更加注重产品科技创新的投入。公司充分利用新技术、新工艺、新材料，持续开发优质新产品，以满足市场需求；瞄准国际阀门行业的最前沿标准，使北阀集团的产品整体质量不断迈上新台阶。

上海开维喜：严苛工况阀门技术服务与制造集成提供商

——上海开维喜阀门集团有限公司

上海开维喜阀门集团有限公司（英文简称SHK）始于1993年，20年来专注于石油、化工、煤化工等工业过程高端阀门的技术研发、生产销售及专业服务，是国内领先的严苛工况阀门技术服务与制造集成提供商。SHK总部位于上海市奉贤区柘林镇新申工业区，下属7家子公司和两家分公司（其中1家海外公司），7个生产制造基地，4个工程技术服务网点，近30个国内外办事处。

一、主营业务介绍

SHK产品包括球阀、蝶阀、旋塞阀、闸阀、截止阀、止回阀六大种类，涵盖低温系列阀门、耐磨系列阀门、特殊系列阀门、高压临氢及氧气系列阀门四大系列产品，阀门规格1/4~80in（6~2 000mm），压力等级可达2 500Lb。

SHK产品广泛应用于石油化工、煤化工、液化天然气、冶金、电力、长输管线、环保等企业相关装置中。其产品所覆盖的严苛工况领域，包括但不限于紧急切断、高频开关、超高压、超低温、高磨损、高腐蚀、易燃、易爆、高真空、防逸散、低噪声等恶劣工况。当前，SHK通过了几乎所有的阀门制造企业质量资质认证，先后获得国家高新技术企业、上海市著名商标、上海市名牌、上海市创新型企业、奉贤区企业技术中心、上海市科学技术发明一等奖等多项荣誉。

二、产品结构调整与管理模式变革

SHK坚持以市场为导向进行产品结构调整，持续满足客户需求，奠定了SHK在石油炼化、煤化工等严苛工况领域与关键阀门国产化领域的领先地位。2012年，围绕产品结构调整，SHK内部开展了一系列生产运营模式的变革。通过对成熟的主导产品导入焦点工厂生产运营管理模式，结合一整套完善的技术、工艺、设计、质保、采购、生产等全流程过程控制，引进高端加工设备与检验手段，整合各类高端专业人才资源，SHK在2012年试点的焦点工厂导入模式，经过各项指标的验证已经初显成效。

在保证主营业务持续健康发展的同时，SHK积极谋划新的战略转型。在进行充分调研的基础上，SHK开始大力增加在“阀门工程技术服务”这一市场领域的投入与推广。2012年，SHK确立了明确的市场方向，即专注于“严苛工况阀门技术服务与制造”领域，并立志成为严苛工况高端阀门市场的领导者。同时，成立了国内首家严苛阀门技术服务机构——凯维严苛阀门技术服务有限公司。基于SHK 20年的市场经验所作出的这一重大调整，将帮助SHK从一家优秀的阀门制造商转变成为全方位的阀门技术服务方案提供商。

三、产品研发与技术创新

近几年来，SHK把握重大装备国产化机遇，开展了多项进口阀门国产化立项工作；新产品研发体系初步建立，核心技术研发与硬件设施正进行全面战略部署。

SHK拥有一支成熟的设计研发团队，人才结构覆盖铸造、机电、涂装、机械加工、自动化、能源化工等多个领域，技术攻关能力强。自主研发的耐磨耐高温、高温高压、环境模拟、弯曲外载荷、超低温等型式试验装置，为SHK开展多种严苛工况领域的产品技术研发提供了有效验证。同时，与国内大多数石油化工、煤化工、冶金等终端用户建立合作关系，从而建立了深入了解产业升级及客户需求、快速应对市场变化的新产品研发平台。拥有各项关键技术专利超过40项，是《金属硬密封球阀》《放料用截止阀》国家标准的起草单位；在高温耐磨涂层、超硬层磨削、高温防爆死等耐磨阀门核心技术方面取得了重大成果。其中，“大型高硬材料特种曲面数字化磨削技术与装备”于2011年获评为上海市科学技术发明一等奖。此外，SHK组织开展了多项重要的技术成果交流活动，通过成果鉴定或技术交流方式巩固技术创新成果，并积极与项目合作相关方进行成果共享。其中包括煤气化氧气切断阀国产化推进技术研讨会，S-Zorb耐磨球阀国产化研制、新型催化剂耐磨球阀国产化研制、大型延迟焦化装置四通阀研制、加氢裂化装置用高压轨道球阀研制以及安科公司电动调节熔体六通阀、大口径真空熔体五通阀研制、超大口径熔体五通阀研制等攻关项目技术鉴定会等。

依托强大的研发实力，SHK产品在市场销售方面取得的成绩也倍受业界瞩目，尤其在石油化工、煤化工等领域取得了多个首台首套销售业绩的突破，开创了SHK在严苛工况领域市场销售新局面。

四、企业定位与未来规划

2012年，SHK明确提出企业使命、愿景、经营哲学与企业定位。SHK企业使命——立足严苛工况阀门技术研究，提供流体控制集成解决方案。在这一使命的指引下，提出了企业愿景——引领高端阀门技术，缔造百年国际品牌。并进一步提出了企业经营哲学——感动客户，传承价值。最终确立了全新的企业核心定位：严苛工况阀门技术服务与制造集成提供商。SHK的企业使命与愿景是SHK人为之奋斗与传承之根本。此外，通过举办职工技能竞赛、设立职工爱心基金、举办文化节等一系列企业文化活动，不断增强团队凝聚力，为企业的发展提供持续动力。

作为一家持续、长期、稳定发展的企业，SHK正在经营的事业，不仅对客户有益，对政府、社会公众以及生存的环境都是有益的。在三至五年内，SHK计划筹建国家级试验中心，以使SHK研发成果服务于大能源产业；计划筹建博士后工作站，进行新材料、新工艺的应用技术研究，为整个社会的发展贡献力量。

五、SHK分公司介绍

1.安科特种阀门有限公司

安科特种阀门有限公司（简称安科特阀，ANKE），成立于1999年，是我国较早致力于特殊物料阀门研制的专业公司。在全球石油化工、化学纤维、煤化工、冶金等工业领域，拥有超过50 000台（套）的特殊及物料阀门长周期稳定运行业绩。在化工化纤装置特殊及物料阀门领域的市场占有率超过70%。

安科特阀的产品包括：多通阀、取样/放料阀、釜底阀、熔体调节阀、波纹管柱塞调节阀、Y形截止阀、大口径波纹管截止阀及特殊材料阀门等，在石油、化工、化纤、石化、煤化工、造纸、医药、冶金等工业领域被广泛使用，特别适用于PTA、PET、PC、PBT、PP、PE、PS、PU、PVC、PLA、NYLON等化工产品的工艺过程。安科特阀自主研发的PTA角阀、熔体多通阀、釜底放料阀、聚合阀、注入阀、柱塞阀、熔体调节阀等产品，在洛阳炼化、仪征化纤、桐昆化纤、恒逸化纤、逸盛石化、荣盛化纤、康泰斯等企业的上百套装置中成功运行，并出口至印度、土耳其、沙特阿拉伯等国的多个海外项目。

2.纽托克流体控制有限公司

纽托克流体控制有限公司（简称纽托克，Newtork），成立于2010年，是一家集研发、制造和销售气动执行机构为一体的企业。公司拥有数控机床、加工中心、镗床、铣床、钻床、锯床等数十台加工设备，产品性能测试设备，以及弹簧压力测试仪、推/拉力测试仪和合金分析仪等检测设备。

纽托克专业研发制造多种系列的直行程、角行程阀门气动装置。产品严格按照GB/T23252、ISO6431、JB/T8864等标准设计生产及检验，确保产品性能稳定、质量可靠。

3.凯维严苛阀门技术服务有限公司

凯维严苛阀门技术服务有限公司（简称凯维服务，Keywins），是我国首家致力于严苛工况阀门技术服务的无区域性公司。凭借母公司上海开维喜阀门集团20年专注于严苛工况阀门工程技术服务的经验积累，整合集团公司多项型式试验平台与严苛阀门维修业务，超过100人的工程技术服务团队，365天全天候为全球石油化工、煤化工、化纤、冶金、电力、环保等工业过程领域提供一站式阀门工程技术服务。

凯维服务致力于进口高端阀门的检维修服务，主要包括进口防结焦四通阀、防结焦球阀、进口锁灰/锁斗阀、S-Zorb耐磨球阀、进口氧气调节阀、进口氧气切断阀、PTA钛材球阀、交变温度球阀及进口高性能蝶阀等。

效益来源于服务社会的回报

——南京大洋冷却塔股份有限公司

南京大洋冷却塔股份有限公司创建于2001年，坐落在南京市高淳区，占地面积25 000m²，建筑面积15 000m²。公司紧邻宁宣高速，地理位置优越，交通便捷。公司现有员工102名，其中各类专业技术人员占员工总数的35%以上。

多年来，公司一直秉承“科技兴企”的经营理念。通过科技创新发展，公司已从当初只能生产传统冷却设备的作坊式工厂，发展成为集特种冷却设备制造、冷却系统集成的供应商，集工业循环水及中央空调冷却系统的方案设计、产品生产、系统工程安装、调试及运行管理为一体的江苏省民营科技企业，实现了由单一产品的生产到满足用户个性化需求、产业链“一条龙”销售、服务的华丽转身。

一、发展历程

2001年8月，公司通过招商引资落户南京高淳漆桥产业园。

2002年2月，公司研发的玻璃钢冷却塔正式投产，产品销往华北、西北等市场。

2003年，新开发出的高效、环保型专利产品“方形超低噪声侧出水组合式冷却塔”销往全国各地，倍受用户青睐。

2004年，专利产品“方形逆流隔热壳体冷却塔”获得国家知识产权认证委员会颁发的“国家科学技术成果进步奖二等奖”和“国家专利技术发明奖一等奖”。

2005年，“方形逆流隔热壳体冷却塔”被评为南京市名牌产品，公司“D”牌商标被评为“南京市著名商标”。

2006年3月，公司重组创建了股份制企业，主打产品为节能型冷却设备。同年，公司成为江苏省民营科技企业，并获得“江苏省质量信得过企业”称号。

2007年，先后开发了喷雾式隔热壳体冷却塔、中央空调专用冷却塔，这两项产品被评为中国优质产品，公司问鼎“中国冷却塔十强企业”。

2008年，公司获批成为国家标准GB/T 7190.1—2008《玻璃纤维增强塑料冷却塔　第1部分：中小型玻璃纤维增强塑料冷却塔》、GB/T 7190.2—2008《玻璃纤维增强塑料冷却塔　第2部分：大型玻璃纤维增强塑料冷却塔》的起草单位。

2009年，公司实施“科技兴企”的发展战略，与中国科学院电工研究所联合成立“中国科学院南京节能环保与冷却技术中心”。公司依托科研院校强大的技术力量，结合自身科学务实的经营理念、高效精干的管理团队、精益求精的生产水平，开发出了以高效节能、环保为设计理念的系列产品。其中最具代表性的“由水轮机驱动叶片散热的节能型冷却塔”和“DYH高效节能节水环保型冷却塔”两项产品均获得“江苏省高新技术产品”称号。同年，公司被评为“中国节能减排领军企业”。

由水轮机驱动叶片散热的节能型冷却塔获得江苏省高新技术产品、国家重点新产品、科技型中小企业国家创新基金立项，获得国家知识产权有效实用新型专利

多边形逆流式冷却塔获得国家知识产权有效发明专利

2010年，公司与中国科学院电工研究所、南京师范大学等科研院校开展产学研合作，先后创建了“江苏省新型水动力冷却塔工程技术研究中心”及“南京市院士工作站”。“D牌冷却塔”被国家高科技产业品牌推进、创新发展委员会授予“中国知名品牌”。公司被评为“江苏省科技型中小企业”和“南京市最具成长性科技创新型中小企业”。

2011年，公司被认定为江苏省企业知识产权管理标准化示范创建单位、江苏省中小企业创新能力建设重点培育企业，同时成为开放式冷却塔节能认证技术规范的起草单位。

2012年，“由水轮机驱动叶片散热的节能型冷却塔”立项为国家技术创新基金项目。公司与河海大学合作，引进了“321”高端人才，创办了南京大洋冷却系统技术有限公司。产学研合作项目“新型水动力冷却塔”获得“国家重点新产品”称号，研究成果当年即实现产业化。该产品为余压利用水动力节能型冷却塔，采用冷却塔循环水驱动系统，省去传统冷却塔强制抽风冷却的电动机、减速机，但不增加给水泵的扬程和电功率，使冷却塔风机零能耗转动抽风冷却，从而达到节能的作用，谱写了冷却设备行业节能环保的新篇章。同年，公司被授予“南京市认定企业技术中心”。

方形侧出风横流式冷却塔获得国家知识产权有效实用新型专利

方形单面进风横流式冷却塔获得国家知识产权有效实用新型专利

2013年，公司成为中国通用机械工业协会冷却设备分会副理事长单位，中国通用机械工业协会能量回收装备分会理事单位。凭借强有力的研发、制造实力和优质的增值服务，公司获得“中国石油天然气集团公司物资供应商准入证”，并成为其一级供应商，市场空间进一步拓展。

十多年来，公司沿着管理创新的轨道不断前行，实施ISO9001质量管理体系、ISO14001环境管理体系、OHSAS18001职业健康安全管理体系认证。同时，还加大了企业知识产权的开发和维护，当前公司已拥有受理、授权专利40余项，其中，发明专利11项、实用新型专利29项。

当前，公司的核心企业为南京大洋冷却塔股份有限公司、南京大洋冷却系统技术有限公司，研发平台包括江苏省新型水动力冷却塔工程技术研究中心、中国科学院南京节能环保与冷却技术中心、南京市工程研究中心和南京市院士工作站。

二、管理与服务理念

先进的管理模式和增值服务的理念成为公司打开冷却设备市场的“金钥匙”。至今，公司对已服务的1 000多家用户进行“再服务”，利用物联网技术开展年度签约在线服务。以完善、创新、增效的企业原则和果敢、坚韧、理性、团队的企业精神服务社会是公司永恒的理念。

1.为用户提供一流的增值服务

作为能制造各种类型冷却塔及配套系统的供应商，公司可满足社会不同用户的个性化需求与服务。

选购服务——经过专业培训的销售工程师可帮助用户推介合适的塔型、规格和系统等，并提供冷却塔在现场安装的最佳位置。同时，帮助用户编制采购计划书。

施工服务——公司可推介现场施工指导或提供强有力的、具有丰富经验的施工队伍来满足现场安装服务。

部件服务——公司运用先进的ERP企业资源管理系统，可为用户提供各种类型可更换的部件和零配件明细，做到实时供货。

维护服务——在实际销售过程中，公司除了向用户提供完整的产品介绍和跟进的指导外，还可根据用户的要求，提供零距离的技术交流和手把手的操作培训，或推荐当地的服务队伍予以技术支持。

运行检查服务——遵循服务承诺，公司根据用户的采购记录档案，对每台冷却系统的运行周期进行统计计算，按照服务计划要求，定期或不定期地上门对设备进行全面检查，以评估设备的工作状况，加以维护、保养，确保系统正常运转。

改造服务——由于冷却系统长期满负荷不间断运行，冷却塔除需要一般维护外，常涉及大修或改造，公司可根据用户需求，使冷却塔回到最佳工作状态。

性能升级服务——公司可根据用户对产品使用过程中的优化需求，通过对系统的局部改造和完善，满足其产品升级，增强热力性能，实现智能控制或实施远程监控等。

2.为维护好用户的切身利益，推行“跟踪卡”服务制度

公司设有“产品制作跟踪卡”，记载参与设计制造的技术人员、配套人员以及制作、验收过程的实况，质检部门验收合格签字存档备案；“产品安装跟踪卡”简要记载设备在现场组装过程中的安全管理、文明施工、质量控制等活动过程，并经用户、经办人签字或盖章后，带回本公司存档备案；“产品调试跟踪卡”记载本公司产品自安装调试正常运转之日起一年内，对主要部件（电动机、风机、减速器等）的使用情况跟踪，切实履行“三包”服务的承诺，并由双方存档备案。

3.对已售设备进行定期检查和跟踪

在设备运行前：检查进、出口是否畅通；检查动力系统是否平衡，指导用户何时加油维护保养；对塔内填料进行检查、冲洗；对布水池进行清理；对塔体进行必要的防腐处理；对动力、电力及浮球控制等部件进行检查、保养；检查进、出口部位的控制阀是否正常关闭；检查各部位的紧固螺丝是否松懈。

在设备试运行中：定期对用户进行电话寻访。遇有疑问，工程部第一时间派员处理，并及时做好记录、存档。

三、文化建设

1.诚信文化建设

公司深谙制度化是诚信道德价值实现的根本保证。通过制定道德规章制度，正确地引导和教育员工“为谁服务”

"拿什么服务"和"怎么服务",同时借助行政及经济手段予以保障。

公司在企业管理创新活动中主抓经营理念创新、组织机构创新、管理方法创新、管理制度创新等几方面的工作。提高企业管理创新能力包括6个方面的内容:企业要有战略管理理念,培养职业化的企业家队伍,调整企业组织结构,以人为本,充分利用知识管理手段,重视技术创新。随着技术创新的不断开展,公司在经营方式及盈利模式上发生了根本性的改变。公司紧抓研发与营销两个关键点,核心部件的设计生产及系统设备总成装配自行完成。生产制造逐步实行委外加工制,力争在最短时间内(一年左右)形成总部与服务后台管理、研发检测检验与小试中试、设备总成与核心部件加工三大生产经营模块。

2.企业和谐文化建设

公司从自身的实际情况出发,为员工搭建了一个实现自我价值的舞台。通过深入了解员工的真实想法,建立既能体现关爱员工又可保证和促进企业发展的制度、措施和政策,让员工在公司范围内自由选择岗位,为员工营造一个和谐、宽松、可充分发挥其聪明才智的环境。通过自由选择岗位,有小车驾驶员转岗为销售员的,有技术部绘图员转岗到电子商务平台的,更有一线员工走上市场管理、工程安装现场指挥岗位的。公司依靠工会和行政两条渠道,建立健全员工意见、建议上报机制,让员工参与到公司的规划和生产经营活动中来。公司每季度定期收集员工意见和建议,对于合理化的建议,公司及时召开专题会议研究、采纳执行。

此外,通过举办丰富多彩的文化活动,既陶冶了员工的情操,又增强了企业的向心力和凝聚力。

3.形象文化建设

公司在形象文化建设方面倾注了大量精力,在网络推广方面,设有专职的网管员负责网站的创建、更新和维护。公司先后与中企动力、百度、阿里巴巴、行业手机门户网等知名推广平台进行合作,增加了社会的认知度和用户的信赖。同时,还利用报纸、杂志、电视等传播媒介宣传公司的新品研发成果、最新的管理理念和企业文化等信息。

公司的中长期规划明确提出,依托产学研合作和科技创新,实现企业转型升级,将冷却系统的"智能控制"和"远程监控"作为重点研究方向,同时加强网络营销和代理营销,进一步拓展市场,计划到2015年实现产值过亿元。

研发节能环保产品　构建创新型企业

——洛阳隆华传热节能股份有限公司

洛阳隆华传热节能股份有限公司(简称隆华节能)位于河南省洛阳市空港产业集聚区,注册资金1.9亿元,2011年在深交所上市。隆华节能是国家高新技术企业、河南省工业传热节能设备工程技术研究中心、河南省企业技术中心、北京市水处理企业技术中心。

隆华节能是传热装备、水处理领域集研发、设计、制造及工程项目规划、设计、建造、运行管理等全方位服务于一身的综合性创新型企业,是中国颇具竞争力的传热装备研发和制造基地,是水处理、凝结水处理、污水处理及自动化控制系统、设备集成、技术服务工程的总承包商。

隆华节能拥有北京中电加美环保科技有限公司、乾纳隆华传热科技(北京)有限公司和重庆公司等3家子公司。隆华节能拥有专业研发人员300余人,其中教授级高工、高级工程师、博士、硕士120余人;拥有河南省院士工作站;研发面积超过3 000m^2,科研设施及装备总值达5 000多万元;拥有环境工程总承包资质、安全生产许可证和环保运营资质、环保专项设计乙级资质、D1/D2压力容器设计许可证、A1/A2压力容器制造许可证等多项资质;获得国家专利60余项;获得科研成果及软件著作权近20项;先后主持和参与制冷、水处理等行业的13个国家标准、行业标准的编制。

隆华节能的换热装备及水处理技术在行业得到了广泛赞誉和充分肯定:2010年被国家工信部列为17个重点行业清洁生产推广技术,2012年入选国家发展和改革委员会《国家重点节能技术推广目录》,2013年被国家科技部列为国家重点新产品。当前已在石油、化工、电力、冶金、制冷及水处理等行业得到广泛推广和应用。

在换热传热领域,隆华节能从传统的水冷换热技术起步,到蒸发式换热技术研发,再到高效复合型蒸发式冷却冷凝换热技术研发,实现了两次质的飞跃。

高效复合型蒸发式冷却冷凝技术是在对蒸发式换热技术持续深入研究的基础上,取得的突破性进展。它是以潜热换热先进机理为基础,将蒸发换热和空冷换热优化组合,实现一项动力两级利用,大幅度提升了蒸发式冷却冷凝设备的适用性和综合效能,在节能、节水、环保等方面效果明显。在研发过程中,有几个方面取得了突破:

在设计理念方面,以综合解决方案为目标,采用复合冷却冷凝设计理念,以各项目区域环境数据库为基础,利用数值计算方法进行严密的仿真测算,得到蒸发式换热和空冷式换热在不同工程应用中的最佳配置结构,从而从源头上解决了普通换热设备在工业应用中不同程度存在的环境适应能力不强、易结垢等问题,奠定了产品在能耗、水耗、环境适应性、设备适用性等方面的基础,实现了复合代单一,潜热代显热,系统设备化。

在产品结构方面，采用模块化和柔性化结构，通过采用模块化结构，使设备在持续运行时间、可靠性、稳定性、可维护性等方面大幅提高，同时降低了运行成本。通过采用柔性化结构，解决了换热部件热应力对设备结构的破坏问题，同时进一步提升了设备的传热效率。

在工艺技术方面，具体包括多流程管束换热分布、高压换热管束防震动固定、大流量特殊喷头、不同异型管和板材复合配比、多角度倾斜管路和单管防堵吹扫等。这些创新工艺和技术的应用，进一步保证了高效复合型冷却(凝)器综合效能优势能够得到充分发挥，实现了防腐、防垢、防震、防白雾、消除应力。

经国家权威检测机构检测：高效复合型蒸发式冷却冷凝装备技术在相同的换热负荷下，与传统水冷系统比较，可节水 30%~70%，节电 30%~60%，年节省运行费用 50%以上。与普通蒸发冷却(凝)器相比，采用这一技术可节水 30%~50%，节电 10%~20%，年节省运行费用 40%以上，总体技术达到国际先进水平。

在水处理领域，隆华节能子公司——北京中电加美环保科技有限公司是注册于北京中关村的高新技术企业，主要从事水处理、废水处理、环境保护、自动控制的新技术、新产品、新工艺的设计、开发、制造、成套、服务、工程总承包，以及相关设备、技术的进出口业务。公司是北京市首批获得高新技术认证的企业。

公司汇集了一批多年从事水处理行业、有着丰富的设计及现场调试经验、全面了解水处理技术和应用的专业技术人员队伍，为用户的整个水处理系统提供质量和技术保证。

公司能够提供涵盖环保、水处理、污水处理、自动控制等领域的全方位解决方案，并已在火电、核电、石化、化工、医药、钢铁、煤炭及市政等行业取得众多优良业绩，赢得了用户的广泛好评。

隆华节能将为实现国家产业结构调整及产品换代升级、为国家节能减排目标的实现肩负起历史的责任，勇于担当、敢于担当，在传热领域、余热回收、污水处理、能源合同管理等方面有所作为，为实现到"十二五"末公司销售业绩翻两番的目标而努力奋斗。

打造高端装备制造企业 为振兴民族工业作贡献

——山东华成集团有限公司

山东华成集团有限公司是集水环真空泵、精密减速机、渣浆泵、脱硫泵、发动机连杆等产品研发、生产、销售于一体的大型企业集团，是国家重点高新技术企、国家守合同重信用企业、中国机械工业管理进步示范企业，下辖淄博水环真空泵厂有限公司、淄博华成泵业有限公司、淄博市博山华成锻压有限公司和山东华成中德传动设备有限公司，设有山东省流体机械工程技术研究中心和省级企业技术中心，"华成"商标为中国驰名商标。现有职工 1 800 余人，总资产 15 亿元，2012 年完成产销额 10.6 亿元。

2012 年，面对国内外复杂严峻的经济形势和日益激烈的市场竞争，山东华成集团加快结构调整，加快增长方式转变，坚持以市场为导向，以项目建设为总抓手，加快引进国际先进技术的步伐，加快提升科技创新的水平，加快实现了集团向高端装备制造企业的转型发展。

一、加大项目投入力度，努力增强发展后劲

近年来，公司瞄准高端装备制造业，紧跟市场需求，科学策划项目，加大资金投入，实施了一批大项目，并被列入国家、省、市重点项目，获得各级财政专项资金扶持。

在水环真空泵产品研发方面，公司针对煤矿行业瓦斯抽放，钢铁、石油、化工行业变压吸附制氢与制氧、膜法制氧工艺对大型水环真空泵的市场需求，公司实施了水环真空泵的技术改造项目。同时，项目产品还将应用于国防飞机风洞试验，高速轨道列车综合性能模拟试验，页岩油、页岩气开采等新兴市场高端领域。公司先后在二厂区新建厂房 1 万 m^2，在三厂区新建厂房 2 万 m^2，购置了一批高端加工设备，重点研发制造超大型真空成套设备，向大型化、可靠性、机电一体化方向发展。

在精密减速机产品研发方面，公司按照国家高端装备制造业振兴规划，瞄准国际最高水平的同类产品，适应冶金、矿山等行业的市场需求，以替代进口为目标，实施冶金矿山用高精度齿轮装置研发及产业化项目。公司引进了世界一流的德国技术和人才，与重庆大学、太原理工大学开展产学研合作，引进了德国霍夫勒数控磨齿机、美国格里森螺旋锥齿轮磨齿机、奥地利爱协林多功能热处理生产线、德国克林贝格齿轮检测中心、日本三菱加工中心及日本森精机镗铣加工中心等当前世界先进设备。项目建成后，预计年新增销售收入 5 亿元，利税 1.5 亿元。

二、坚持以市场为导向，引领行业发展

公司主导产品是水环真空泵及压缩机、精密减速机、渣浆泵、脱硫泵。自 2003 年起，公司生产的水环真空泵及压缩机产销量已连续十年名列行业前茅，在煤炭行业瓦斯抽放中占 65%以上的市场份额，在山西、陕西等煤炭大省瓦斯抽放中达到 90%以上。产品还广泛应用于冶金、钢铁、化工、造纸、轻工、制药、电厂、航天航空等行业，并取得了显著的业绩。其中，2BEC130 超大真空成套设备已成功应用于四川绵阳国防飞机风洞试验项目、西南交通大学高速轨道列车综合性能模拟试验项目和中国石化金陵分公司穿越长江输送富氢气体工程等国家重点项目。

公司自主研制的多种规格的ZJA系列渣浆泵和TL系列脱硫循环泵产品，填补行业空白，已取得6项专利，技术指标处于国内领先水平。产品广泛应用于钢铁、有色金属、煤炭、化工、电力、钾肥等行业，先后为江西铜业、中国黄金、阳谷祥光、中国铝业、山东魏桥等国内知名有色金属选矿、冶炼、深加工企业提供高效、节能、低污染、规模化再生资源回收与综合利用的渣浆泵产品，为鞍钢、本钢、山钢、包钢等大型钢铁企业的选矿厂、炼铁厂提供优质的渣浆泵产品。为华能集团、大唐集团、华电集团、国电集团、中国电力等五大发电集团上百家火电厂提供配套产品，取得良好的经济效益和社会效益。

公司已开发了M、HB、KPL三大系列上千种规格的减速机，产品已通过山东省科技厅组织的专家鉴定，达到国际先进水平。产品已经在国内大型煤矿、港口、机械、钢铁、水泥、造纸等行业批量应用，填补国内空白，可替代德国进口产品，取得了非常好的经济效益和社会效益。

三、坚持科技创新，实施创新驱动战略

通过市场的引领带动作用，公司加大研发投入，积极研究前沿技术，做精做细泵类产品和减速机产品，在满足市场需求的同时，提升了企业科技创新水平。

公司以省级企业技术中心和山东省流体机械工程技术研究中心为依托，与太原理工大学、西南交通大学、合肥工业大学、江苏大学等十几家高校和科研机构建立了产学研用合作关系，公司研发能力和技术水平不断提高。公司获得中国机械工业科学技术奖5项、国家能源科技进步奖1项、山东省科技进步奖4项、国家火炬计划项目4项、国家重点新产品2项、山东省科技重大专项2项，获得国家专利24项、著作权7项，起草国家行业标准7项。

公司依靠技术进步，通过科技创新，自主研制了8种规格特大型水环真空泵，抽气量提高到1 800m^3/min，并且节电20%以上，技术指标处于国际领先水平。当前，公司与四川绵阳军事基地商谈15万m^3/min高超项目试验用超大真空设备，单套真空设备抽气量2 500m^3/min，预计合同总额3亿元。

公司引进了世界一流的德国技术和人才，与国内高校开展产学研合作，消化吸收国际先进技术，形成了精密减速机产品自有专利技术。公司开发制造的精密减速机产品采用先进的模块化设计理念，对结构进行优化设计，合理选材实现了轻量化设计；采用水平分段的箱体设计，对齿轮采用齿顶修缘和齿向修形设计。当前，公司研发的M、HB、KPL三大系列产品技术已达到国际先进水平，获得2项国家专利，申请专利7项，获得山东省机械工业科技进步奖一等奖、淄博市科技进步奖三等奖。

公司发展目标是“建设百亿华成、带动百亿产业”，即到2020年把华成集团建成一个百亿元的高端装备制造企业，并辐射带动周边企业，为振兴我国装备制造业、振兴民族工业作出更大的贡献。

以人为本　质优求实

——泰兴新型工业泵厂

泰兴新型工业泵厂是真空获得设备专业制造厂，是中国通用机械工业协会真空设备分会会员单位、中国真空学会会员单位、江苏省真空学会理事单位和全国真空技术标准化技术委员会委员单位。现生产WLW、2WLW、VKT、2X、SK、2SK、ZJ(B)、ZSL系列真空泵，JZJX、JZJS、JZJW系列真空机组。

一、企业概况

泰兴新型工业泵厂组建于1998年，建厂初期注册资金50万元，固定资产108万元。租用的厂房面积800m^2，年销售额仅100多万元。依企业发展需要，先后于2006年、2010年投入600余万元用于企业生产用地和厂房及配套设施建设，投资300余万元用于生产设备。2012年，工厂投资100余万元用于生产及质量检验设备等固定资产的投入，提高了生产能力及产品质量控制水平。当前，工厂自有土地面积11 000m^2，生产车间4 000m^2，年生产各类真空泵近2 000台(套)。

多年来，泰兴新型工业泵厂培养锻炼了一批过硬的研发队伍。拥有员工70余人，其中，各类工程技术人员21人、高级职称人员2人、中级职称人员8人，专业从事产品开发的人员6人。具有丰富的独立开发设计无油立式真空泵的能力，并能根据客户需求进行开发设计。

二、产品研发情况

1991年以前，往复式真空泵全部为卧式结构，主要有引进的W3、W4、W5、W5-1以及国产的W系列产品，并且全部为有油润滑气缸结构，功率消耗大，占地面积大，且污染工作环境，不适用于有洁净要求的工作场合。无油立式真空泵通过使用填充聚四氟乙烯材质的活塞环、导向环等，使得过流部件的结构区别于有油真空泵系列，从而实现了气缸的无油润滑，可获得洁净真空，市场需求良好，广泛应用于化工、制药、石油石化、食品等领域的真空提炼、蒸馏、干燥、溶剂入尾气回收、易燃易爆有毒气体的输送、真空变压吸附等场合。立式无油真空泵因无油润滑油而降低了产品的运行成本，具有节能、降噪、占地面积小、环境污染小、使用寿命长，且消除了排气中的油气对环境的污染及在尾气回收、溶剂回收、气体输送场合油气对介质的污染等诸多优点。比如：原W5电动机功率为22kW，而WLW200电动机功率仅为15kW；原W4电动机功率为11kW，而WLW100电动机功率仅为7.5kW；WLW系列振动降低，噪声降低了5dB以上。当前，无油立式真空泵已成为该领域的主导产品，而W系列卧式往复泵产品已淡出历史舞台。

泰兴新型工业泵厂是国内率先开发无油立式真空泵的企业。自1992年第一台WLW100无油立式真空泵开发成功以来，经过十几年的自主研发，现已能规模生产WLW系列近20种产品，成为当前国内规格全、品种多的无油立式真空泵生产厂家。

针对化工行业的通用工况，泰兴新型工业泵厂开发了WLW-B系列无油（耐溶剂）立式真空泵，适用于化工行业溶剂回收、尾气回收等工况。WLW-B系列真空泵具有极高的洁净真空，对介质无二次污染，并可通过介质的回收利用增加企业效益，降低运行成本，避免环境污染，使用时通入具有一定压力、一定流量的氮气或者经过处理的原料气体，可以避免因工质气体泄漏到环境中引发的危险，并且避免空气进入气缸污染原料。为防止填料部件失效而引发物料泄漏，污染曲轴箱内的润滑油，加装了隔腔部件，从而彻底隔绝过流部分和运动部件的接触途径，保证真空系统的绝对无油，获得洁净真空，具有显著的经济效益和社会效益。

针对化工行业的腐蚀工况，泰兴新型工业泵厂开发了WLW-F系列无油（耐腐蚀）立式真空泵。以前该工况常规做法是使用水喷射真空泵，能耗大，水资源浪费严重，介质溶于水后造成了企业巨大的治污压力和治污成本。在环保要求越来越严格的今天，该系列真空泵的市场应用日益广泛。

近年来，我国石油资源严重短缺，以煤代油的煤化工行业是我国能源战略的重要发展方向。煤化工行业生产规模日渐扩大，对真空泵要求抽气速率大，对气体的洁净度要求高，大部分介质易燃易爆，对密封要求高。针对该行业的需求，泰兴新型工业泵厂开发了WLW-1200B、WLW-2400B、WLW4800B等大抽速真空泵及ⅢWLW450B三缸无油立式真空泵。该类真空泵抽气速率大，密封可靠，无故障运行时间长，完全隔绝介质和外部环境。

在太阳电池的原材料多晶硅的生产中，对真空泵的要求较为严格。针对该行业需求，泰兴新型工业泵厂开发了VKT系列氯化物专用真空泵，应用于该行业的蒸馏、提纯、真空解析、气体输送、尾气回收等场合，取得了一定的经济效益和社会效益。

三、市场开拓情况

泰兴新型工业泵厂专业生产无油立式真空泵、真空机组，产品已广泛应用于石油、化工、制药、食品等领域的真空提炼、蒸馏、蒸发、结晶、干燥、过滤等，2012年销售达1 500多台，用户覆盖全国各地并出口到韩国、马来西亚等国家和中国香港地区。

近年来，随着煤化工行业在内蒙古、河南、山东等到地兴起，用户对大抽气量真空泵的需求日益增多，泰兴新型工业泵厂生产的WLW2400B型无油立式真空泵已销售80多台，取得了较好的经济效益和社会效益。

针对含氯化物介质工况的气态氯化物的蒸馏、提纯、真空解析、气体输送、尾气回收等场合，泰兴新型工业泵厂开发生产的氯化物专用无油立式真空泵，当前已形成了规模销售，在多晶硅行业的市场占有率已达90%以上。

泰兴新型工业泵厂十分重视市场开拓，加经销售渠道建设。销售人员30多人，分江浙沪、山东、河南、华南、华北、华中、西南、西北、东北等销售小组，并与北大先锋科技、四川天一科技、四川开元科技等十几家设计单位长期合作，抓住信息源头，跟踪客户需求，扩大销售领域。

多年来，泰兴新型工业泵厂一直奉行"以管理求效益，以质量求生存，以服务拓市场，以人才促发展"的营销理念，拥有健全的质量管理保证体系（于2003年通过了GB/T 19001—2008质量管理体系认证）、客户档案管理制度和人才培养培训制度，为产品质量的稳定提高打下了坚实的基础。由于有严格的管理和坚实的技术力量作保证，工厂产品以其优越的性能、美观大方的外表、实惠的价格在国内市场享有较高的声誉。

"以人为本，质优求实"是泰兴新型工业泵厂的企业精神，以为用户提供"先进、质优、价廉"的产品为宗旨。泰兴新型工业泵厂将坚持以"一流的产品，一流的服务"来满足广大用户的需求。

做强能源动力设备产业 建设航天高端装备制造基地

——中国长江动力集团有限公司

一、企业概况

中国长江动力集团有限公司（简称长动集团）是隶属于中国航天科技集团公司的一家大型装备制造企业。公司主导产品包括火力发电机组和水力发电机组等传统发电设备，并涉足太阳能发电、工业余能回收利用等新兴环保、绿色发电产品。长动集团核心企业武汉汽轮发电机厂始建于1958年，是原机械工业部定点生产热电联供汽轮发电机组的专业厂家，多次被评为全国500家最佳经济效益企业。当前，长动集团总资产近24亿元。

2012年4月，长动集团成功实现改制，由全民所有制企业改为国有独资有限责任公司。2012年8月，与中国航天科技集团进行战略重组。武汉市将长动集团80%的国有股权无偿划转到中国航天科技集团公司，即中国航天科技集团公司持有长动集团80%的股权，武汉市国有资产监督管理委员会持有长动集团20%的股权。通过企业改制和重组，长动集团建立了规范的公司法人治理结构，逐步完善股东会、董事会、监事会的议事规则和高级管理人员的工作细则，进一步明确股东会、董事会、监事会、经营管理层的职责和权利。

二、企业文化理念

重组后的长动集团，依靠原长动集团的专业团队、技术优势与制造经验，努力围绕提升航天军民结合装备制造能力，促进航天科技集团的规模化、产业化、市场化和国际化发展，完善航天科技集团工业战略布局，建立门类齐全、配套完整的现代制造业体系和核心装备制造基地，为打造"国内一流的提供区域能源整体解决方案的产业集团和航天高端装备制造基地"提出全新的经营管理理念。

公司使命：优质高效地提供用户满意的能源动力产品，实现"为国家作贡献，为用户创价值，为企业求发展，为职工谋利益"。

公司愿景：做精做强能源动力设备产业，建设航天高端装备制造基地，努力打造中国式的"西门子"。

核心价值观：秉承航天科技集团和航天六院的核心价值观，以"爱国、敬业、守法"为经营宗旨，本着"做实事、讲实效、诚合作、共发展"的行为准则；坚持质量第一、用户至上，树立品牌意识，以质量谋信誉、以质量争市场、以产品质量求发展质量。

经营方针：坚持以市场为导向，实施集中的差异化战略，提供专业化服务；坚持科学规范管理，努力实现成本领先，培育公司核心竞争力；坚持诚信稳健经营，平衡国家、员工、客户、社会利益，实现可持续发展；坚持发挥后发优势，追求价值最大化，做精做强企业。

三、团队建设与人才培养

长动集团尊重知识，坚持人才兴企，汇聚了动力机械、机电、电站工程等领域的科技人才近800名。其中，国家级专家及学科带头人18名，研究生以上学历人员56名。长动集团不断加强企业基础管理，先后取得了中国华信技术检验有限公司、美国FMRC和荷兰RVA的ISO 9001质量管理体系认证证书、国家安全特级企业证书、职业健康安全管理体系和环境管理体系认证证书。近几年，公司获得全国"五一"劳动奖状、湖北省高新技术企业、湖北省和谐劳动关系企业、湖北省深化国有企业改革先进企业及湖北省优秀企业等荣誉称号。

在人事管理方面，长动集团建立了人力资源管理体系和基于企业战略的人力资源规划，完善了招聘流程，拓展招聘渠道以及内部员工的培训开发与转岗方式，实施并完善薪酬和绩效考核体系。通过学习借鉴航天科技集团的人力资源管理方法，加强人力资源部在人力资源规划、招聘与配置、培训与开发、绩效、薪酬福利、劳动关系等方面的管理职能，对公司现有人力资源管理制度进行清理和完善，制定了符合航天科技集团规定，符合法规和市场发展需求的、科学的人力资源管理制度体系。编制《人力资源管理制度手册》，完善《员工手册》，形成较为规范的人事管理制度，从整体上提高公司的人力资源管理与开发水平。

根据公司发展状况，长动集团运用科学有效的方法，进行人力资源资源预测、投资和控制，制定人力资源规划，并在此基础上制定岗位编制、人员配置、薪酬分配、教育培训、职业发展、人力资源投资方面的专项业务计划。在优化企业管理流程、调整内部组织结构、明确部门职能的基础上，结合公司搬迁改造规划，梳理整合现有岗位，做好岗位分析与评估，开展定岗、定员、定编工作，形成岗位职级序列，建立以岗位分析为基础的岗位管理体系。同时，加强人力资源管理部门自身建设，采取多样化培训方式，提高人力资源管理队伍素质，提升了企业人力资源管理水平。参照长动集团和航天六院的薪酬管理规定，构建公司以岗位、能力、职责为要素的薪酬管理体系。根据长动集团的发展战略年度经营目标，形成部门和个人KPI指标库，建立了以KPI为核心的绩效考核管理体系。

根据长动集团转型发展要求，参照航天六院的组织架构和部门职能，结合搬迁新厂区建设和组织结构调整，组织修订部门职能，制定各部门的岗位设置，并进行岗位匹配初选工作。以培养良好行为习惯为重点，制定实施员工季度和月度培训计划，举办管理、技术、操作、质量、安全等专题培训班，并与转岗相结合，不断提升职工岗位胜任能力。

按照年度和月度培训计划，加强培训管理。2012年主办、协办各类培训班27个，培训1 338人次；与市人事部门沟通，做好专业技术人员和高技能型人才继续教育工和培训、申报工作。

四、技术研发与新产品开发情况

长动集团坚持走技术发展创新之路，加强技术中心建设，不断完善公司科技创新管理体系，加大自主创新力度，提高研发能力。在做好常规产品的订单设计和老产品优化工作的同时，开展近期、中长期的新产品和新业务开发工作，同时还加快信息化建设，完成产品生命周期管理（PLM）实施升级，推动制造向数字化和智能化方向迈进。

根据国家能源产业政策及国内外经济形势变化趋势，调整产品结构，快速培育战略性新兴产业项目。完成机械驱动（MD）、清洁能源发电系统（CES）、有机朗肯循环低温余热回收发电（ORC）产品设计，以及机械式蒸汽再压缩装置（MVR）、分布式能源（DES）发电系统、太阳能热发电（CSP）、脱硫脱硝、固废焚烧等领域开展多项系统集成，通过突破多项核心关键技术，实现全面替代进口产品，在市场竞争中取得有利地位。

在科研方面，通过内部自主研发与外部技术引进、消化吸收相结合的方式，2012年共完成应用型新产品开发项目16项，储备型新技术项目6项，前沿跟踪型技术项目1项。公司与航天科技航天六院成立了联合研发中心，拥有一批具有自主知识产权的核心技术，在工程系统、热力气动、结构设计等关键核心领域和重点产品技术方面不断创新与突破。完成了先进的VPI汽轮发电机产品及制造工艺设计、三机无刷励磁系统优化设计，以及绝缘技术的升级；开发出一系列10MW轴流转浆式、15.5MW立式混流水轮机及移动泵车产品。

五、市场开拓情况

长动集团重视科技进步和市场开拓，突出传统的电站设备制造主业，形成了热电联供机组的明显优势，具有设计、生产200MW以下各类火电、水电机组的能力，曾被国家经贸委确定为全国200MW以下热电联供机组制造基地。长动集团累计生产火电机组、水电机组2 000多台(套)，产品遍布全国各地，远销欧美及东南亚地区。长动集团发电设备年生产能力超过7 000MW，自主开发研制的热电联供系列机组国内市场占有率达65%以上。采用具有世界领先水平的全三维、空内冷、数字电液调节系统和微机励磁系统制造的125MW、150MW热电联供机组形成了产品系列，全三维热电联供机组被评为国家级重点新产品。

为提升能力建设，提升产品研发与市场开拓能力，长动集团加快开展武汉东湖新技术开发区搬迁改造工程，完成总投资21亿元。建立拥有国内先进的真空高速动平衡试验站、关键数控机床和发电机定子整体球形真空浸漆装置(VPI)、工业驱动汽轮机通蒸汽空负荷试验平台等一系列先进、高端设备。

在巩固传统市场的同时，长动集团注重引进国外先进技术，并抓住国家产业结构调整、大力推进工业节能减排重点工程的时机，引进并自主研发国家鼓励类的新能源技术，发展工业余能利用新技术，开发符合未来市场需求的新产品。近年来，长动集团与日本东芝公司合作生产200MW水轮机，使企业水电设备生产能力得到提升。在航天六院支持下，长动集团加快了太阳能热发电、工业汽轮机、新型汽轮机等新产业、新产品的开发研制。同时，投资21亿元的新厂区即将竣工。

当前，长动集团正在由传统的机械产品制造商向系统服务商转变。今后，长动集团将凭借航天科技集团的品牌优势和市场渠道资源，进一步增强系统工程能力建设。在巩固提升国内传统电力市场地位的同时，促进太阳能发电、工业余能利用等市场快速成熟，扩大服务市场份额。同时，以现有南亚、北非、中东地区市场为依托，充分利用航天科技集团的海外市场营销渠道、人脉资源、市场网络、工程总承包能力和品牌影响力，拓展国际市场，提高国际市场份额。

中国通用机械工业年鉴2013

统计资料

以数据说话，通过数据了解行业和企业，使您能更好地把握今天，规划明天

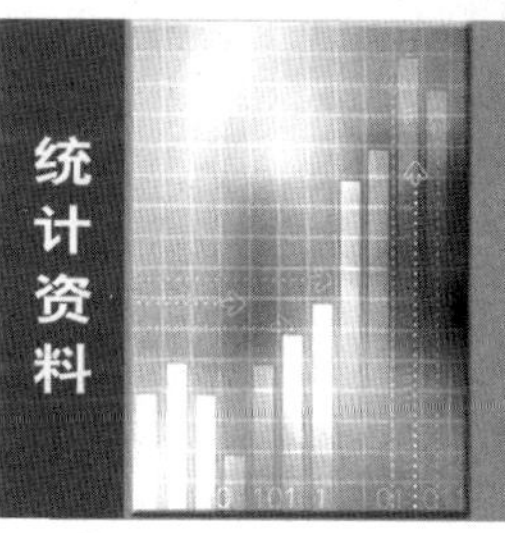

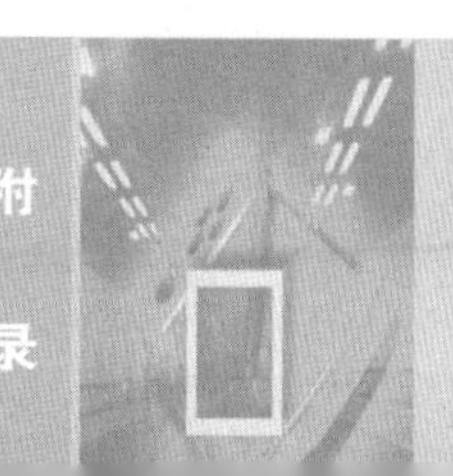

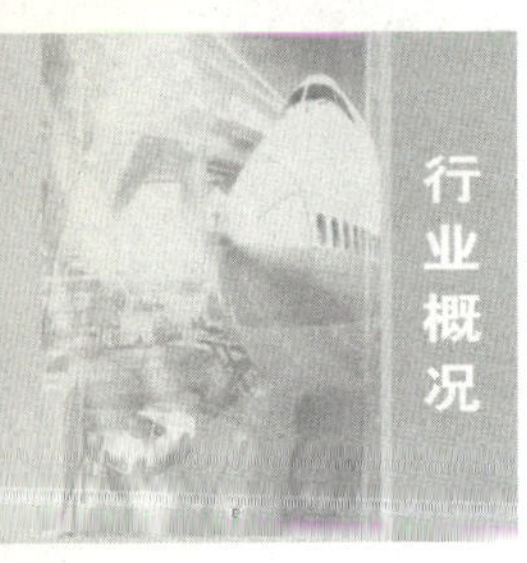

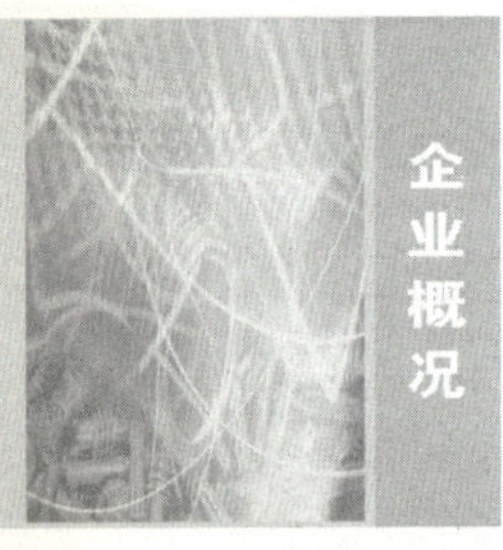

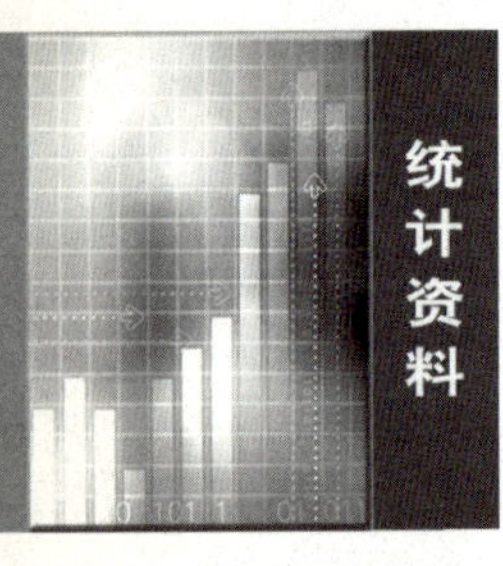

统计资料

2012年中国通用机械工业协会泵业分会会员单位经济指标

序号	企业名称	工业总产值（万元）	工业增加值（万元）	从业人员平均人数（人）	年末资产总额（万元）	主营业务收入（万元）	主营业务成本（万元）
1	沈鼓集团核电泵业有限公司	72 199	17 823	862	162 486	68 207	58 272
2	大耐泵业有限公司	71 882	25 282	1 050	82 298	71 030	46 853
3	大连深蓝泵业有限公司	57 447	14 638	791	50 449	52 439	34 467
4	海城三鱼泵业有限公司	30 540	7 256	1 045	20 550	28 444	20 774
5	辽宁恒星泵业有限公司	11 388	5 024	263	13 169	9 377	7 018
6	本溪水泵有限责任公司	5 889	1 675	607	21 579	5 810	3 652
7	沈阳沈泵泵业制造有限公司	711	41	75	2 509	1 084	464
8	大连佳特联轴器有限公司	3 307	1 226	118	7 149	3 307	2 086
9	丹东克隆集团有限责任公司	41 927	20 194	603	90 324	43 502	22 466
10	沈阳工业泵制造厂有限公司	928	218	52	1 839	793	702
11	沈阳第一水泵有限责任公司	6 368	2 631	116	9 479	5 298	3 708
12	沈阳第三水泵有限公司	960	453	98	1 862	865	659
13	沈阳启源工业泵制造有限公司	28 894	9 900	206	10 794	21 925	19 663
14	中国有色(沈阳)泵业有限公司	51 100	17 823	316	97 314	51 049	39 580
15	赛莱默水处理系统(沈阳)有限公司	29 993	6 140	152	28 738	27 103	23 098
16	盖州水泵厂	777	104	35	3 574	777	591
17	大连四方电泵有限公司	8 600	1 660	129	9 271	4 047	2 592
18	锦州市劲弓泵业有限责任公司	1 200	554	58	729	800	671
19	兴城市水泵制造有限公司	3 602	663	100	6 755	3 602	2 744
20	东港市水泵厂	310	196	39	448	262	227
21	长春水泵制造有限公司	7 359	2 368	108	10 570	6 882	5 581
22	鹤岗市斯达排沙潜水泵有限公司	4 036	1 417	129	6 440	3 450	2 251
23	沈阳工业泵制造有限公司	11 300	4 936	73	19 836	11 656	10 078
24	辽源泵业有限责任公司	13 040	6 111	357	9 343	5 051	2 625
25	大连环友屏蔽泵有限公司	8 563	3 520	239	10 540	8 052	4 332
26	辽宁通达泵业集团有限公司	9 600	3 136	312	12 266	8 541	7 472
27	天津泵业机械集团有限公司	20 571	9 088	579	27 165	24 551	14 377
28	石家庄强大泵业集团有限责任公司	21 760	5 779	1 359	96 326	26 431	16 072
29	唐山市水泵厂	8 344		379	8 507	7 302	5 487
30	河北恒盛泵业股份有限公司	13 823	6 727	457	10 230	14 869	12 493
31	北京第二水泵厂有限公司	728	129	80	1 677	1 057	842
32	北京金龙泉泵业有限公司	914	208	41	2 711	1 098	845
33	天津水利电力机电研究所	1 716	625	42	3 141	1 430	752

（续）

序号	企业名称	工业总产值（万元）	工业增加值（万元）	从业人员平均人数（人）	年末资产总额（万元）	主营业务收入（万元）	主营业务成本（万元）
34	石家庄工业泵厂有限公司	48 946	17 422	1 110	42 368	52 465	41 996
35	武安市宏泰机械泵业有限公司	3 439	1 540	175	5 123	2 882	2 160
36	河北安吉宏业机械股份有限公司	32 597	13 247	1 479	24 592	30 284	23 317
37	河北省邢台水泵厂	853	292	48	792	567	397
38	保定水泵厂	258	77	82	1 334	256	199
39	邯郸祯源工业水泵制造有限公司	890	242	110	770	760	668
40	阳泉水泵厂有限责任公司	5 501	2 070	693	18 652	5 542	4 071
41	河北博龙泵业有限公司	20 584	7 755	600	1 057	19 607	14 411
42	西安泵阀总厂有限公司	26 422	4 941	634	48 550	23 789	16 227
43	宝鸡航天动力泵业有限公司	12 700	1 615	356	19 167	12 608	9 594
44	陕西扶龙机电制造有限公司	10 424	3 754	208	5 158	8 339	5 420
45	兰州水泵总厂	5 756	1 988	332	20 798	7 159	3 830
46	新疆新标紧固件泵业有限责任公司	3 472	817	177	6 718	3 619	2 958
47	新疆潜水泵厂	724	184	120	4 224	590	428
48	上海东方泵业（集团）有限公司	231 982	51 858	2 686	84 614	216 056	144 759
49	上海凯士比泵有限公司	106 196	17 057	959	127 531	110 573	86 553
50	上海水泵制造有限公司	19 307	5 118	298	39 997	16 021	12 864
51	上海凯泉泵业（集团）有限公司	290 350	80 005	5 700	249 702	285 729	203 130
52	上海电力修造总厂有限公司	107 528	24 840	557	110 688	107 464	87 918
53	上海上泵（集团）有限公司	34 284	16 274	472	46 276	32 747	28 715
54	上海华联泵业有限公司	9 890	2 880	186	7 580	8 315	5 890
55	上海熊猫机械（集团）有限公司	180 064	48 117	2 225	187 266	194 728	70 365
56	上海莲盛泵业制造有限公司	16 000	3 520	322	18 450	14 745	10 839
57	上海连成（集团）有限公司	189 761	46 746	3 285	113 331	180 391	143 322
58	上海第一水泵厂有限公司	9 173	2 048	216	8 771	9 049	6 047
59	丰球集团有限公司	141 247	22 009	585	189 507	140 740	117 949
60	南方泵业股份有限公司	104 045	30 501	1 631	130 270	96 985	63 662
61	嘉利特荏原泵业有限公司	45 031	14 163	428	47 151	40 471	26 712
62	浙江山河实业有限公司	10 586	1 460	350	29 708	9 206	7 365
63	杭州大路实业有限公司	15 205	5 132	382	33 767	18 056	12 175
64	杭州大潮石化设备有限公司	5 464	1 927	185	2 373	5 464	4 198
65	杭州振兴工业泵制造有限公司	3 900	669	130	3 302	3 791	2 775
66	杭州斯莱特泵业有限公司	6 580	1 471	175	13 327	6 752	5 365
67	浙江真空设备厂有限公司	10 016	3 239	450	18 635	8 520	5 803
68	浙江水泵总厂有限公司	6 644	1 993	153	21 987	6 042	3 729
69	新界泵业集团股份有限公司	90 261	23 519	2 235	128 845	93 613	70 929
70	浙江东航消防泵业有限公司	2 108	672	92	1 986	2 185	1 723
71	台州新宏基泵业有限责任公司	2 486	577	105	2 467	2 427	2 082
72	浙江太平洋泵业制造有限公司	7 311	1 822	121	8 686	7 306	6 015

（续）

序号	企业名称	工业总产值（万元）	工业增加值（万元）	从业人员平均人数（人）	年末资产总额（万元）	主营业务收入（万元）	主营业务成本（万元）
73	浙江利欧股份有限公司	119 402	25 105	2 520	165 857	109 118	86 022
74	宣达实业集团有限公司	39 308	13 540	437	44 752	38 512	31 352
75	中泉集团有限公司	16 800	4 296	244	33 902	16 800	14 372
76	君禾泵业股份有限公司	29 469	4 468	446	26 253	29 469	23 801
77	温州市天成密封件制造有限公司	6 084	1 470	220	2 953	5 919	4 731
78	上海福思特流体机械有限公司	3 590	645	162	4 372	2 790	2 190
79	浙江大江山泵阀制造有限公司	19 652	7 019	242	13 152	17 257	15 025
80	东台市兴达机械密封件厂	964	355	45	1 049	964	715
81	上海康大泵业制造有限公司	12 158	2 247	135	10 645	10 067	7 946
82	上海阿波罗机械股份有限公司	23 003	9 327	365	52 782	22 605	13 440
83	上海工业泵制造有限公司	2 659	1 041	84	6 287	2 374	1 777
84	上海深井泵厂有限公司	4 201	426	67	3 359	4 398	3 804
85	上海山川泵业制造有限公司	4 137	681	71	5 909	4 118	3 134
86	上海申工泵业制造有限公司	650	279	58	1 082	652	556
87	上海大隆机器厂有限公司	39 704	12 484	499	43 940	51 118	43 561
88	浙江华泵科技有限公司	14 324	2 954	193	10 612	13 993	10 559
89	上海乐合流体机械有限公司	3 795	1 851	72	7 185	3 536	2 698
90	山东硕博泵业有限公司	87 964	32 338	968	79 532	88 003	69 455
91	山东华成集团有限公司	80 933	25 573	1 482	149 591	65 922	55 131
92	山东长志泵业有限公司	62 111	14 674	963	58 767	61 374	49 063
93	山东双轮股份有限公司	49 133	14 739	1 142	70 770	48 541	32 014
94	山东同泰集团股份有限公司	20 660	5 196	617	22 865	19 866	14 899
95	南京蓝深制泵集团股份有限公司	46 725	17 756	568	39 484	37 679	27 195
96	无锡利欧锡泵制造有限公司	5 363	1 139	180	14 667	6 075	4 638
97	江苏亚太泵阀有限公司	28 979	5 798	807	22 320	28 170	15 959
98	江苏海狮泵业制造有限公司	28 710	9 539	786	17 604	22 095	16 476
99	安徽三联泵业股份有限公司	102 375	31 443	924	54 124	99 313	61 598
100	安徽莱恩电泵有限公司	25 295	9 525	560	16 489	13 990	9 351
101	常州东申泵业有限公司	5 468	510	182	6 940	4 844	3 948
102	江苏航天水力设备有限公司	17 646	2 978	390	36 678	15 031	11 605
103	扬州长江水泵有限公司	10 888	1 217	152	9 464	10 766	8 075
104	宜兴市宙斯泵业有限公司	22 000	3 000	360	12 000	18 800	
105	泰州泰东泵业有限公司	1 236	181	89	1 166	1 234	1 007
106	合肥华升泵阀有限责任公司	7 626	2 003	128	6 396	5 926	3 683
107	龙岩市九龙水泵制造有限公司	10 024	4 652	132	5 963	10 024	9 595
108	赣州水泵制造有限公司	2 904	469	123	4 810	2 248	1 563
109	江西新瑞洪泵业有限公司	6 150	1 814	261	3 698	6 306	5 089
110	山东省潍坊生建机械厂	59 053	13 724	1 370	78 219	62 663	52 170
111	淄博真空设备厂有限公司	9 715	3 146	375	10 024	11 500	8 506

（续）

序号	企业名称	工业总产值（万元）	工业增加值（万元）	从业人员平均人数（人）	年末资产总额（万元）	主营业务收入（万元）	主营业务成本（万元）
112	烟台盛泉泵业有限公司	15 200	4 407	450	8 854	15 030	11 058
113	烟台恒邦泵业有限公司	32 060	10 090	450	32 516	27 402	22 536
114	烟台阳光泵业有限公司	6 253	1 086	150	7 034	5 532	4 179
115	江苏振华泵业制造有限公司	27 195	10 095	397	32 340	15 368	5 051
116	无锡锡山安达防爆电器设备有限公司	6 797	1 411	116	7 220	6 778	5 167
117	张家港市宏宇橡塑弹簧有限公司	1 152	263	60	1 212	1 129	839
118	江苏双达泵阀集团有限公司	20 658	7 047	305	33 880	17 079	12 225
119	山东星源矿山设备集团有限公司	25 928	7 672	437	44 548	21 607	18 375
120	靖江市亚太泵业有限公司	2 254	726	155	2 138	2 471	1 787
121	山东华力电机集团股份有限公司	184 043	36 425	2 035	101 771	182 153	168 951
122	日立泵制造（无锡）有限公司	12 100	3 717	357	63 071	12 108	11 656
123	杭州青华实业有限公司	8 000	2 218	120	4 892	6 401	5 102
124	合肥恒大江海泵业股份有限公司	35 000	14 400	428	41 069	20 035	9 289
125	浙江佳力科技股份有限公司	35 869	16 580	810	101 313	31 446	23 849
126	山东大晃机械有限公司	3 700	1 244	100	4 226	3 720	3 093
127	山东同汇机械有限公司	2 980	262	108	1 576	2 451	2 288
128	湖南湘电长沙水泵有限公司	70 328	21 418	1 761	160 578	68 043	52 014
129	广东省佛山水泵厂有限公司	87 840	30 180	946	78 248	89 657	62 778
130	长沙利欧天鹅工业泵有限公司	23 903	8 063	291	37 782	20 331	14 144
131	广州广一泵业有限公司	21 750	3 570	360	12 674	21 616	17 171
132	湖北三峡泵业有限公司	41 800	16 720	542	17 632	41 382	38 129
133	襄樊五二五泵业有限公司	52 830	18 099	764	85 351	52 321	36 860
134	广州市白云泵业集团有限公司	63 771	20 802	941	35 447	56 095	43 669
135	武汉特种工业泵厂有限公司	23 268	8 832	588	26 479	22 142	17 674
136	郑州电力机械厂	19 345	6 442	432	33 256	22 630	17 059
137	河南郑泵科技有限公司	4 620	1 232	285	4 310	4 310	3 750
138	新乡泵厂有限责任公司	3 179	889	135	6 649	3 363	2 760
139	武汉水泵厂有限公司	2 040	683	167	1 614	1 774	1 578
140	湖北省天门泵业有限公司	9 665	4 384	323	12 924	10 197	7 252
141	湖北金源特种泵制造有限公司	2 496	438	161	2 823	2 496	1 973
142	湖北扬子江泵业有限责任公司	8 283	2 469	280	8 190	7 000	4 900
143	长沙市精工特种工业泵有限公司	2 009	472	43	744	2 009	1 719
144	长沙佳能通用泵业有限公司	23 325	6 460	375	12 392	23 325	17 078
145	广州水泵厂	2 165	1 094	146	2 782	1 851	1 260
146	广东凌霄泵业股份有限公司	68 680	10 835	462	41 604	61 438	45 987
147	开平市开泵泵业制造有限公司	1 250	455	49	506	1 214	1 087
148	桂林市广汇泵业有限责任公司	4 923	1 826	161	30 008	3 329	3 358
149	湖北同方高科泵业有限公司	18 878	8 052	356	14 710	17 818	13 178
150	湖南耐普泵业有限公司	11 931	4 091	238	13 015	9 801	646

（续）

序号	企业名称	工业总产值（万元）	工业增加值（万元）	从业人员平均人数（人）	年末资产总额（万元）	主营业务收入（万元）	主营业务成本（万元）
151	广州市番禺区宏拓机械铸造有限公司	4 002	1 600	149	1 807	3 928	3 042
152	广东永力泵业有限公司	7 999	2 238	280	5 528	8 621	7 996
153	郑州中力泵阀制造有限公司	4 736	947	80	5 859	4 736	4 083
154	重庆水泵厂有限责任公司	43 244	12 108	1 050	85 373	42 118	26 272
155	成都西南水泵厂	16 255	5 276	452	16 543	16 112	11 472
156	重庆明珠机电有限公司	9 600	3 796	153	14 830	9 368	5 527
157	重庆第四水泵厂	8 873	2 295	208	10 075	8 518	6 453
158	四川三台剑门泵业有限公司	4 667	1 723	205	9 091	3 835	2 739
159	四川新达泵业有限责任公司	14 067	4 840	676	16 090	20 167	17 692
160	四川省南部嘉陵泵业制造有限公司	13 505	3 376	200	10 275	13 491	10 457
161	四川省自贡工业泵有限责任公司	20 681	7 293	529	76 596	19 681	13 416
162	自贡凉高山水泵厂	555	177	58	1 640	574	483
163	昆明水泵厂	5 092	1 601	291	8 422	4 326	3 594
164	昆明嘉和科技股份有限公司	22 606	8 971	286	21 574	22 313	16 272
165	成都流体机械密封制造有限公司	5 638	826	106	2 851	4 285	3 487

2012年中国通用机械工业协会泵业分会会员单位经济效益指标

序号	企业名称	经济效益综合指数（%）	总资产贡献率（%）	资本保值增值率（%）	资产负债率（%）	流动资产周转率（次）	成本费用利润率（%）	全员劳动生产率（元/人）	产品销售率（%）
1	沈鼓集团核电泵业有限公司	150.55	1.11	76.44	92.80	0.56	−2.23	206 763	101.01
2	大耐泵业有限公司	270.76	16.19	121.03	66.54	1.22	11.39	240 781	98.68
3	大连深蓝泵业有限公司	234.87	14.26	118.30	40.09	1.34	11.30	185 057	91.50
4	海城三鱼泵业有限公司	159.98	13.11	104.47	42.72	3.14	6.33	69 435	93.14
5	辽宁恒星泵业有限公司	232.33	12.73	101.24	43.18	1.65	9.96	191 027	99.05
6	本溪水泵有限责任公司	62.80	0.84	180.95	65.89	0.49	−1.85	27 595	90.75
7	沈阳沈泵泵业制造有限公司	59.54	1.21	100.00	28.58	0.70	0.28	5 467	152.46
8	大连佳特联轴器有限公司	137.49	4.38	104.55	45.01	0.53	5.73	103 898	100.00
9	丹东克隆集团有限责任公司	483.82	21.01	123.52	27.02	0.66	50.44	334 892	120.07
10	沈阳工业泵制造厂有限公司	83.28	4.60	98.98	−63.08	0.43	1.67	41 923	100.00
11	沈阳第一水泵有限责任公司	217.99	5.57	142.67	33.93	1.28	4.03	226 810	83.20
12	沈阳第三水泵有限公司	97.29	3.81	83.03	72.93	0.70	6.31	46 265	90.10
13	沈阳启源工业泵制造有限公司	383.77	6.03	99.31	43.93	4.02	1.60	480 601	75.88
14	中国有色（沈阳）泵业有限公司	431.49	6.35	166.98	80.58	1.23	6.37	564 019	100.00

（续）

序号	企 业 名 称	经济效益综合指数（%）	总资产贡献率（%）	资本保值增值率（%）	资产负债率（%）	流动资产周转率（次）	成本费用利润率（%）	全员劳动生产率（元/人）	产品销售率（%）
15	赛莱默水处理系统（沈阳）有限公司	328.46	6.05	119.79	59.73	1.52	4.20	403 947	100.00
16	盖州水泵厂	44.13	2.15	105.16	80.61	0.25	−3.64	29 714	100.00
17	大连四方电泵有限公司	163.33	9.42	53.80	53.99	0.86	7.30	128 682	92.44
18	锦州市劲弓泵业有限责任公司	142.60	11.56	103.07	17.15	2.00	2.31	95 517	65.83
19	兴城市水泵制造有限公司	100.48	4.59	121.55	25.02	0.85	0.42	66 300	100.00
20	东港市水泵厂	74.30	1.52	153.42	125.00	0.79	−0.20	50 231	100.00
21	长春水泵制造有限公司	274.02	12.50	221.67	41.44	1.81	12.10	219 259	93.52
22	鹤岗市斯达排沙潜水泵有限公司	133.09	6.99	95.18	59.49	0.62	2.42	109 845	100.00
23	沈阳工业泵制造有限公司	479.22	5.69	103.06	59.63	0.83	2.88	676 164	103.15
24	辽源泵业有限责任公司	215.26	10.91	106.17	85.27	0.79	14.34	171 176	78.47
25	大连环友屏蔽泵有限公司	260.54	26.11	107.50	12.53	0.86	19.85	147 280	94.03
26	辽宁通达泵业集团有限公司	126.83	4.78	110.99	51.92	1.36	1.25	100 513	88.97
27	天津泵业机械集团有限公司	242.15	18.91	126.85	41.15	1.24	14.92	156 960	104.86
28	石家庄强大泵业集团有限责任公司	54.59	2.21	96.15	74.61	0.57	−3.55	42 524	88.85
29	唐山市水泵厂	197.10	5.96	99.66	63.74	0.95	0.06		89.57
30	河北恒盛泵业股份有限公司	218.95	22.12	108.62	24.00	2.67	5.89	147 199	98.50
31	北京第二水泵厂有限公司	65.99	4.46	62.78	70.42	0.98	1.08	16 125	124.86
32	北京金龙泉泵业有限公司	160.88	10.66	102.08	56.55	1.04	16.19	50 732	97.92
33	天津水利电力机电研究所	183.27	8.10	97.45	7.83	0.46	9.84	148 810	83.33
34	石家庄工业泵厂有限公司	190.84	14.99	107.13	58.10	1.72	2.88	156 955	100.00
35	武安市宏泰机械泵业有限公司	119.35	6.48	108.21	51.63	1.17	0.71	88 000	97.88
36	河北安吉宏业机械股份有限公司	157.71	13.45	107.66	52.50	2.07	5.01	89 567	92.90
37	河北省邢台水泵厂	43.84	−2.80	100.78	570.03	0.53	−4.92	60 900	89.08
38	保定水泵厂	−66.88	−3.86	72.90	315.59	0.36	−24.40	9 390	99.22
39	邯郸祯源工业水泵制造有限公司	74.18	4.80	101.69	68.83	1.35	1.08	22 000	85.39
40	阳泉水泵厂有限责任公司	52.81	1.77	97.22	68.40	0.74	−3.20	29 869	101.27
41	河北博龙泵业有限公司	231.22	38.97	−20.10	229.17	3.18	10.18	129 252	95.25
42	西安泵阀总厂有限公司	131.24	6.97	108.18	71.44	0.71	7.24	77 934	101.00
43	宝鸡航天动力泵业有限公司	147.34	10.93	118.06	54.51	0.87	13.15	45 365	99.28
44	陕西扶龙机电制造有限公司	206.57	14.17	82.08	67.93	2.26	4.47	180 481	80.86
45	兰州水泵总厂	96.39	3.39	103.09	87.00	0.69	3.30	59 880	124.37
46	新疆新标紧固件泵业有限责任公司	95.37	7.07	100.62	35.25	1.21	0.71	46 158	104.23
47	新疆潜水泵厂	34.64	0.64	99.12	81.18	0.15	−2.32	15 300	92.96
48	上海东方泵业（集团）有限公司	301.78	37.95	130.29	41.14	4.04	8.27	193 068	98.71
49	上海凯士比泵有限公司	176.68	4.94	104.92	64.94	1.09	2.72	177 862	104.12
50	上海水泵制造有限公司	183.90	5.31	102.55	71.81	0.50	7.87	171 745	97.09
51	上海凯泉泵业（集团）有限公司	196.64	13.60	90.56	52.94	1.50	8.99	140 360	98.41
52	上海电力修造总厂有限公司	352.11	6.31	122.12	50.37	1.32	4.02	445 961	99.94

（续）

序号	企业名称	经济效益综合指数（%）	总资产贡献率（%）	资本保值增值率（%）	资产负债率（%）	流动资产周转率（次）	成本费用利润率（%）	全员劳动生产率（元/人）	产品销售率（%）
53	上海上泵（集团）有限公司	309.98	7.99	109.43	48.95	1.26	9.03	344 788	95.84
54	上海华联泵业有限公司	319.11	33.73	100.84	33.64	1.91	28.34	154 839	81.27
55	上海熊猫机械（集团）有限公司	308.62	18.64	208.46	24.10	1.33	20.01	216 256	105.26
56	上海莲盛泵业制造有限公司	151.22	8.25	104.23	20.08	0.95	5.72	109 317	93.75
57	上海连成（集团）有限公司	228.87	21.64	105.90	27.28	2.98	8.95	142 301	95.12
58	上海第一水泵厂有限公司	148.51	10.03	239.06	40.06	1.18	0.91	94 815	98.63
59	丰球集团有限公司	373.36	13.38	274.07	56.11	1.24	12.21	376 222	99.64
60	南方泵业股份有限公司	266.29	16.32	111.74	17.47	1.33	18.46	187 008	94.25
61	嘉利特荏原泵业有限公司	348.04	19.25	116.99	64.83	1.36	15.84	330 904	89.87
62	浙江山河实业有限公司	63.68	3.72	51.13	89.08	0.34	1.65	41 714	86.96
63	杭州大路实业有限公司	143.22	6.44	104.18	75.48	0.68	2.32	134 346	96.57
64	杭州大潮石化设备有限公司	203.42	25.46	96.64	63.59	2.80	7.34	104 162	100.00
65	杭州振兴工业泵制造有限公司	146.63	15.91	113.53	41.04	1.70	7.58	51 462	97.21
66	杭州斯莱特泵业有限公司	101.34	2.32	96.44	46.33	0.74	0.00	84 057	102.43
67	浙江真空设备厂有限公司	106.82	4.86	116.40	44.88	1.22	0.89	71 978	82.56
68	浙江水泵总厂有限公司	150.43	5.97	115.19	82.44	0.35	6.01	130 261	100.00
69	新界泵业集团股份有限公司	184.63	9.59	113.87	25.34	1.31	12.99	105 230	102.04
70	浙江东航消防泵业有限公司	133.45	11.99	108.17	64.65	1.22	4.29	73 043	100.00
71	台州新宏基泵业有限责任公司	123.71	11.78	96.57	76.00	1.61	5.08	54 952	97.63
72	浙江太平洋泵业制造有限公司	181.76	7.46	102.46	35.76	2.42	3.57	150 579	99.93
73	浙江利欧股份有限公司	167.24	9.88	106.48	34.78	1.80	8.19	99 623	100.00
74	宣达实业集团有限公司	312.50	15.92	173.63	57.13	1.66	8.00	309 840	97.97
75	中泉集团有限公司	175.53	6.53	97.35	65.91	0.65	3.56	176 066	100.00
76	君禾泵业股份有限公司	176.13	12.31	107.84	35.26	1.52	9.93	100 179	100.00
77	温州市天成密封件制造有限公司	163.96	17.25	108.35	49.03	3.99	3.22	66 818	97.88
78	上海福思特流体机械有限公司	130.26	10.00	127.59	49.66	0.85	10.00	39 815	90.95
79	浙江大江山泵阀制造有限公司	302.99	23.81	104.45	42.63	2.08	9.42	290 041	5.34
80	东台市兴达机械密封件厂	178.48	17.84	104.23	50.71	1.07	12.54	78 889	100.00
81	上海康大泵业制造有限公司	182.41	6.91	108.75	42.41	1.10	5.32	166 444	82.81
82	上海阿波罗机械股份有限公司	321.14	17.07	123.74	63.39	0.68	22.94	255 534	100.64
83	上海工业泵制造有限公司	128.59	4.21	100.58	47.69	0.51	0.82	123 881	89.28
84	上海深井泵厂有限公司	102.08	4.63	87.32	59.21	1.35	0.99	63 582	104.69
85	上海山川泵业制造有限公司	121.42	6.66	97.08	53.33	0.93	0.88	95 979	98.55
86	上海申工泵业制造有限公司	77.54	1.29	87.19	29.57	0.69	0.54	48 034	100.15
87	上海大隆机器厂有限公司	163.39	−5.67	58.83	81.37	1.37	−5.84	250 178	128.75
88	浙江华泵科技有限公司	219.76	25.18	115.17	43.35	1.80	5.71	153 073	97.79
89	上海乐合流体机械有限公司	226.72	6.09	114.65	21.81	0.97	2.66	257 083	93.18
90	山东硕博泵业有限公司	302.73	12.41	109.99	36.98	1.28	6.35	334 070	101.85

（续）

序号	企业名称	经济效益综合指数（%）	总资产贡献率（%）	资本保值增值率（%）	资产负债率（%）	流动资产周转率（次）	成本费用利润率（%）	全员劳动生产率（元/人）	产品销售率（%）
91	山东华成集团有限公司	170.88	6.62	124.93	82.06	0.61	3.35	172 557	97.50
92	山东长志泵业有限公司	239.40	22.47	105.41	46.91	1.39	13.75	152 378	98.81
93	山东双轮股份有限公司	189.49	10.11	126.47	52.59	1.22	9.28	129 063	121.30
94	山东同泰集团股份有限公司	172.24	13.50	111.62	57.14	2.00	9.62	84 214	96.42
95	南京蓝深制泵集团股份有限公司	287.73	11.48	103.20	49.75	1.38	6.78	312 606	87.51
96	无锡利欧锡泵制造有限公司	−189.40	−22.44	42.27	73.87	0.57	−58.37	63 278	113.28
97	江苏亚太泵阀有限公司	161.03	16.89	90.02	46.18	2.08	7.45	71 846	98.24
98	江苏海狮泵业制造有限公司	223.28	25.29	77.74	57.86	1.74	13.23	121 361	95.81
99	安徽三联泵业股份有限公司	396.75	33.58	117.57	48.10	3.46	13.88	340 292	99.98
100	安徽莱恩电泵有限公司	235.27	18.40	118.25	49.46	2.11	9.45	170 089	100.00
101	常州东甲泵业有限公司	82.03	4.94	110.55	29.32	1.12	1.60	28 022	88.59
102	江苏航天水力设备有限公司	102.64	3.59	106.85	72.23	0.83	1.94	76 359	85.18
103	扬州长江水泵有限公司	152.05	13.90	137.75	44.95	1.52	4.99	80 042	98.88
104	宜兴市宙斯泵业有限公司	180.09	33.33	100.00	25.00	3.13	0.00	83 333	81.82
105	泰州泰东泵业有限公司	71.32	3.56	99.80	57.12	1.35	0.05	20 337	100.00
106	合肥华升泵阀有限责任公司	230.70	18.46	115.88	42.37	1.32	13.35	156 484	77.45
107	龙岩市九龙水泵制造有限公司	328.56	3.68	103.82	33.05	6.91	0.14	352 424	100.00
108	赣州水泵制造有限公司	81.62	6.29	100.11	80.25	0.69	2.66	38 130	78.65
109	江西新瑞洪泵业有限公司	229.69	32.78	93.66	29.69	3.87	13.18	69 502	102.54
110	山东省潍坊生建机械厂	131.26	5.98	123.23	64.38	1.05	2.05	100 175	104.40
111	淄博真空设备厂有限公司	123.55	7.31	103.24	58.69	1.51	1.51	83 893	93.58
112	烟台盛泉泵业有限公司	187.54	16.66	105.23	48.17	3.13	7.09	97 933	98.88
113	烟台恒邦泵业有限公司	233.28	10.07	151.51	50.11	1.56	4.76	224 224	96.15
114	烟台阳光泵业有限公司	154.76	13.39	123.77	66.09	1.34	9.08	72 400	86.29
115	江苏振华泵业制造有限公司	337.03	15.01	109.35	28.98	0.61	29.90	254 282	69.62
116	无锡锡山安达防爆电器设备有限公司	155.17	9.79	103.68	83.60	1.31	4.76	121 638	99.97
117	张家港市宏宇橡塑弹簧有限公司	115.99	11.58	116.92	80.61	1.85	3.94	43 833	98.00
118	江苏双达泵阀集团有限公司	231.83	10.24	106.89	60.75	0.73	7.49	231 049	82.67
119	山东星源矿山设备集团有限公司	185.49	7.04	107.29	65.67	0.87	5.68	175 561	83.33
120	靖江市亚太泵业有限公司	110.88	12.25	114.13	23.67	1.35	1.37	46 839	102.75
121	山东华力电机集团股份有限公司	206.67	10.15	95.89	54.11	3.09	2.75	178 993	100.12
122	日立泵制造(无锡)有限公司	−89.69	−11.86	48.75	85.53	0.35	−41.99	104 118	100.00
123	杭州青华实业有限公司	267.66	24.34	100.00	47.63	2.16	13.96	184 833	80.00
124	合肥恒大江海泵业股份有限公司	478.73	27.77	133.17	52.04	0.78	46.49	336 449	74.29
125	浙江佳力科技股份有限公司	306.31	13.37	124.39	60.70	0.56	29.49	204 691	89.16
126	山东大晃机械有限公司	138.63	2.21	100.74	9.65	1.31	1.91	124 400	100.00
127	山东同汇机械有限公司	84.87	5.33	100.00	48.60	1.63	1.67	24 259	92.01
128	湖南湘电长沙水泵有限公司	108.97	2.70	94.68	81.67	0.62	−2.11	121 623	102.98

（续）

序号	企业名称	经济效益综合指数（%）	总资产贡献率（%）	资本保值增值率（%）	资产负债率（%）	流动资产周转率（次）	成本费用利润率（%）	全员劳动生产率（元/人）	产品销售率（%）
129	广东省佛山水泵厂有限公司	318.70	16.33	121.70	39.58	1.56	9.91	319 027	102.09
130	长沙利欧天鹅工业泵有限公司	278.79	8.94	109.98	47.06	0.68	12.89	277 079	89.54
131	广州广一泵业有限公司	136.69	10.89	46.36	81.52	1.65	3.90	99 167	99.61
132	湖北三峡泵业有限公司	305.51	6.88	176.56	29.09	5.64	0.32	308 487	98.00
133	襄樊五二五泵业有限公司	276.96	12.59	123.67	60.34	1.03	15.34	236 898	99.04
134	广州市白云泵业集团有限公司	275.27	23.30	114.61	40.53	2.61	8.43	221 062	95.00
135	武汉特种工业泵厂有限公司	164.03	8.28	46.92	67.83	1.85	2.78	150 204	95.00
136	郑州电力机械厂	149.91	6.55	126.09	80.66	0.85	1.85	149 120	68.81
137	河南郑泵科牧有限公司	112.41	7.56	102.50	42.92	1.57	4.85	43 228	93.29
138	新乡泵厂有限责任公司	155.19	8.98	201.83	37.01	0.97	9.45	65 852	105.79
139	武汉水泵厂有限公司	100.94	4.86	130.25	12.76	1.56	2.79	40 898	86.96
140	湖北省天门泵业有限公司	207.16	16.68	117.79	46.04	1.80	10.10	135 734	75.02
141	湖北金源特种泵制造有限公司	178.67	17.77	146.30	23.77	3.38	13.40	27 205	100.00
142	湖北扬子江泵业有限责任公司	140.61	8.54	111.29	49.93	1.92	3.70	88 179	84.51
143	长沙市精工特种工业泵有限公司	189.99	18.02	101.74	29.30	4.22	2.51	109 767	96.57
144	长沙佳能通用泵业有限公司	275.19	25.81	132.21	37.49	4.24	9.94	172 267	100.00
145	广州水泵厂	117.60	7.00	100.23	20.63	1.51	1.93	74 932	85.50
146	广东凌霄泵业股份有限公司	301.64	22.53	172.78	30.13	1.90	13.65	234 524	89.46
147	开平市开泵泵业制造有限公司	245.08	32.08	163.64	46.64	2.60	14.89	92 857	97.12
148	湖北同方高科泵业有限公司	303.96	25.14	97.82	30.00	1.90	16.70	226 180	96.50
149	湖南耐普泵业有限公司	219.61	12.69	148.43	49.91	0.96	10.42	171 891	82.15
150	广州市番禺区宏拓机械铸造有限公司	199.61	23.85	140.58	75.65	3.17	5.12	107 383	98.15
151	广东永力泵业有限公司	169.22	8.16	300.57	42.80	2.73	3.18	79 929	107.29
152	郑州中力泵阀制造有限公司	164.25	7.60	104.21	3.75	1.31	6.87	118 375	100.00
153	重庆水泵厂有限责任公司	157.05	7.82	102.62	52.30	0.65	7.22	115 314	97.55
154	成都西南水泵厂	208.80	18.55	99.17	29.47	1.66	12.82	116 726	99.12
155	重庆明珠机电有限公司	322.09	18.43	111.94	22.25	1.06	22.97	248 105	97.58
156	重庆第四水泵厂	203.21	9.88	467.37	43.13	1.75	3.52	110 337	96.22
157	四川三台剑门泵业有限公司	136.33	6.72	105.30	40.15	0.60	7.89	84 049	82.17
158	四川新达泵业有限责任公司	185.09	17.44	144.82	45.52	4.26	6.00	71 598	96.79
159	四川省南部嘉陵泵业制造有限公司	206.12	11.71	110.19	28.77	2.20	5.30	168 800	99.90
160	四川省自贡工业泵有限责任公司	234.28	7.57	229.37	73.71	0.56	20.94	137 864	100.00
161	自贡凉高山水泵厂	51.40	1.95	98.39	92.56	0.40	−0.52	30 517	88.11
162	昆明水泵厂	112.40	3.74	102.03	62.48	3.24	0.96	55 017	85.84
163	昆明嘉和科技股份有限公司	327.93	16.87	122.33	48.43	1.56	13.04	313 671	98.70
164	成都流体机械密封制造有限公司	157.86	13.46	101.99	71.24	3.58	4.21	77 925	88.97

2012 年中国通用机械工业协会泵业分会

序号	产品名称	合计			各地区合计					
					东北			华北		
		生产量	销售量	出口量	生产量	销售量	出口量	生产量	销售量	出口量
	合计	14 660 857	13 752 474	7 464 324	703 777	640 630	12 719	70 847	68 653	7 728
1	单级单吸离心泵	2 504 651	2 200 883	636 565	5 295	5 114	21	4 392	4 371	21
2	单级双吸清水离心泵	108 093	105 354	3 933	2 574	2 506	8	1 670	1 664	
	其中:800mm(32in)以上	8 416	8 316		51	48				
3	多级离心泵	641 506	629 409	39 458	7 719	7 398	53	1 623	1 699	
4	轴流泵	12 508	11 804	146	152	140		63	60	
5	混流泵	11 150	10 683	135	544	471		85	69	
6	斜流泵	342	236	34	16	16				
7	旋涡泵	1 819 114	1 761 254	1 328 208	219 138	214 365		326	327	
8	往复泵	2 150	2 097	6	91	91			4	
	其中:隔膜泵	390	393		91	91				
9	齿轮泵	37 393	33 739	9 609	38	40		27 701	24 452	768
10	螺杆泵	125 400	125 393	15 764	4	4		8 641	8 789	6 585
11	锅炉给水泵	18 813	17 952	233	1 124	1 054	35	914	903	
12	热水泵	73 006	71 974	414	1 011	1 000	2	880	829	
13	冷凝泵	7 347	6 545	45	508	497	23	285	268	
14	除磷泵	72	63		6	6				
15	耐腐蚀泵	106 048	95 199	2 875	9 605	9 144	281	713	663	1
	其中:化工泵	19 496	14 039	14	1 121	1 117		124	124	1
16	潜水电泵	2 957 924	2 931 413	1 897 299	87 351	64 422	5 188	573	564	
17	液下泵	23 789	21 050	270	350	345	54	1 368	1 276	11
18	深井泵	434 403	413 644	127 798	202 480	189 878				
19	船用泵	14 334	14 169	112	21	22		1 561	1 911	112
20	污水泵	1 230 353	1 218 698	365 612	18 573	18 564	6 674	1 198	1 145	64
21	泥浆泵	7 623	5 843		35	35		540	532	
	其中:挖泥泵	138	135		5	5		29	26	
22	渣浆泵	32 435	30 775	1 953	128	136		8 032	7 387	158
23	脱硫泵	4 488	4 368		12	12		1 568	1 547	
24	喷灌泵	18 759	17 645		18 759	17 645				
25	微型泵	1 265 486	1 238 984	840 537	88 105	74 815		21	21	
26	离心油泵	18 714	18 728	379	2 065	1 955	252	5 207	6 886	
27	水环真空泵	13 839	13 141	48	40	38		41	45	
28	机械真空泵	165 431	160 613	150 768				34	34	
29	屏蔽泵	78 960	74 691	28 059	4 931	4 662	50			
30	计量泵	6 764	6 452	342	281	251				
31	管道泵	240 094	225 112	2 677	28 829	22 503	21	1 070	1 068	
32	其他泵	2 679 868	2 284 563	1 991 045	3 992	3 501	57	2 341	2 139	8

会员单位主要产品产、销、出口情况

（单位：台）

各地区合计											
西　北			华　东			中　南			西　南		
生产量	销售量	出口量	生产量	销售量	出口量	生产量	销售量	出口量	生产量	销售量	出口量
14 322	10 948		11 540 438	11 003 145	6 818 346	2 262 621	1 963 018	625 246	68 852	66 080	285
187	141		428 624	420 670	19 783	2 052 311	1 758 206	616 671	13 842	12 381	69
321	272		70 929	69 743	3 585	22 625	22 258	172	9 974	8 911	168
81	65		7 417	7 387		302	258		565	558	
86	67		563 319	553 000	51 377	62 647	61 200	8 011	6 112	6 045	17
			9 243	8 898	146	2 857	2 520		193	186	
			9 257	8 922	27	1 227	1 188	108	37	33	
			34	26		292	194	34			
			1 592 858	1 539 190	1 328 208	6 792	7 372				
681	681		1 117	1 069		10	10	6	251	242	
			273	273					26	29	
			9 642	9 235	8 841				12	12	
			115 592	115 558	9 179				1 163	1 042	
			14 324	13 634	65	2 280	2 199	133	171	162	
35			69 442	68 539	410	1 385	1 365		253	241	2
			3 363	2 838		3 113	2 868	22	78	74	
			15	15					51	42	
1 066	1 060		81 714	71 726	2 588	11 989	11 689		961	917	5
856	959		14 072	9 409	13	3 037	2 162		286	268	
10 473	7 880		2 830 600	2 830 057	1 892 111	28 903	28 436		24	54	
19			17 650	15 218	202	2 311	2 131	1	2 091	2 080	2
			231 219	223 073	127 775	108	110	1	596	583	22
			7 218	6 701		108	125		5 426	5 410	
			1 185 428	1 175 132	358 874	25 070	23 774		84	83	
39	39		4 659	4 641		143	142		2 207	454	
			104	104							
10			20 215	19 149	1 795	2 884	2 943		1 166	1 160	
			2 612	2 307		267	276		29	26	
			1 177 350	1 164 138	840 537	10	10				
			9 634	8 158	127	1 663	1 636		145	93	
			8 759	8 554	48	4 945	4 453		54	51	
30	49		165 367	160 530	150 768						
			74 029	70 029	28 009						
			5 891	5 600	342	2			590	601	
			185 244	175 545	2 634	23 188	24 185	22	1 763	1 811	
1 375	759		2 645 090	2 251 050	1 990 915	5 491	3 728	65	21 579	23 386	

序号	产品名称	东北地区								
		沈鼓集团核电泵业有限公司			大耐泵业有限公司			大连深蓝泵业有限公司		
		生产量	销售量	出口量	生产量	销售量	出口量	生产量	销售量	出口量
	合　计	691	700	41	7 361	7 177	135	4 318	3 705	570
1	单级单吸离心泵							807	678	21
2	单级双吸清水离心泵							55	48	8
	其中:800mm(32in)以上									
3	多级离心泵							159	120	26
4	轴流泵									
5	混流泵									
6	斜流泵									
7	旋涡泵									
8	往复泵									
	其中:隔膜泵									
9	齿轮泵									
10	螺杆泵									
11	锅炉给水泵	73	73					39	31	8
12	热水泵							86	77	2
13	冷凝泵							130	129	15
14	除磷泵									
15	耐腐蚀泵	26	26		7 361	7 177	135	1 176	944	146
	其中:化工泵	26	26					631	629	
16	潜水电泵									
17	液下泵							255	250	54
18	深井泵									
19	船用泵									
20	污水泵							69	72	1
21	泥浆泵									
	其中:挖泥泵									
22	渣浆泵									
23	脱硫泵							12	12	
24	喷灌泵									
25	微型泵									
26	离心油泵							1 485	1 299	252
27	水环真空泵									
28	机械真空泵									
29	屏蔽泵									
30	计量泵									
31	管道泵							32	32	21
32	其他泵	592	601	41				13	13	16

（续）

东北地区											
海城三鱼泵业有限公司			辽宁恒星泵业有限公司			本溪水泵有限责任公司			丹东克隆集团有限责任公司		
生产量	销售量	出口量	生产量	销售量	出口量	生产量	销售量	出口量	生产量	销售量	出口量
641 219	580 470	5 188	2 336	1 921		540	483		1 113	1 113	
544	471										
219 138	214 365										
			38	40							
			4	4							
			19	2							
			15	21							
			407	364							
84 400	61 798	5 188									
			7	7							
202 290	189 700										
						21	22				
200	200										
						44	61				
18 759	17 645										
88 105	74 815										
			280	280							
						281	251				
27 783	21 476		69	61							
			1 497	1 142		194	149		1 113	1 113	

序号	产品名称	东北地区								
		沈阳工业泵制造厂有限公司			沈阳第一水泵有限责任公司			沈阳第三水泵有限公司		
		生产量	销售量	出口量	生产量	销售量	出口量	生产量	销售量	出口量
	合　计	190	190		539	547		1 531	1 306	
1	单级单吸离心泵	9	9		98	87		289	254	
2	单级双吸清水离心泵	9	9		96	79		255	221	
	其中:800mm(32in)以上									
3	多级离心泵	12	12		29	19		230	212	
4	轴流泵									
5	混流泵									
6	斜流泵									
7	旋涡泵									
8	往复泵									
	其中:隔膜泵									
9	齿轮泵									
10	螺杆泵									
11	锅炉给水泵	23	23		116	106				
12	热水泵	8	8		46	38				
13	冷凝泵	10	10		92	82				
14	除磷泵				6	6				
15	耐腐蚀泵	107	107		56	54				
	其中:化工泵	13	13		56	54				
16	潜水电泵							185	171	
17	液下泵									
18	深井泵							53	49	
19	船用泵									
20	污水泵							35	28	
21	泥浆泵									
	其中:挖泥泵									
22	渣浆泵									
23	脱硫泵									
24	喷灌泵									
25	微型泵									
26	离心油泵	12	12			76				
27	水环真空泵									
28	机械真空泵									
29	屏蔽泵									
30	计量泵									
31	管道泵							280	269	
32	其他泵							204	102	

（续）

东北地区											
沈阳启源工业泵制造有限公司			中国有色（沈阳）泵业有限公司			赛莱默水处理系统（沈阳）有限公司			盖州水泵厂		
生产量	销售量	出口量	生产量	销售量	出口量	生产量	销售量	出口量	生产量	销售量	出口量
943	943	62	91	91		18 183	18 183	6 673	150	150	
208	208										
50	50										
136	136	27									
			91	91							
			91	91							
136	136	27									
15	15										
180	180	8									
62	62										
									21	21	
									129	129	
						18 183	18 183	6 673			
156	156										

序号	产 品 名 称	东 北 地 区								
		大连四方电泵有限公司			锦州市劲弓泵业有限责任公司			兴城市水泵制造有限公司		
		生产量	销售量	出口量	生产量	销售量	出口量	生产量	销售量	出口量
	合 计	1 331	1 331	50	1 932	1 920		2 980	2 643	
1	单级单吸离心泵				830	830		420	415	
2	单级双吸清水离心泵				490	490		25	15	
	其中:800mm(32in)以上				16	13				
3	多级离心泵				460	460		2 150	1 870	
4	轴流泵				152	140				
5	混流泵									
6	斜流泵									
7	旋涡泵									
8	往复泵									
	其中:隔膜泵									
9	齿轮泵									
10	螺杆泵									
11	锅炉给水泵							35		
12	热水泵									
13	冷凝泵									
14	除磷泵									
15	耐腐蚀泵									
	其中:化工泵									
16	潜水电泵							160	160	
17	液下泵									
18	深井泵									
19	船用泵									
20	污水泵							20	15	
21	泥浆泵							15	15	
	其中:挖泥泵									
22	渣浆泵							30	30	
23	脱硫泵									
24	喷灌泵									
25	微型泵									
26	离心油泵									
27	水环真空泵							40	38	
28	机械真空泵									
29	屏蔽泵	1 331	1 331	50						
30	计量泵									
31	管道泵							40	40	
32	其他泵							45	45	

（续）

东北地区											
东港市水泵厂			长春水泵制造有限公司			鹤岗市斯达排沙潜水泵有限公司			沈阳工业泵制造有限公司		
生产量	销售量	出口量	生产量	销售量	出口量	生产量	销售量	出口量	生产量	销售量	出口量
100	100		2 925	2 908		2 575	2 262		466	466	
			1 327	1 327					286	286	
			359	359							
			35	35							
			221	221							
			16	16							
			18	18					50	50	
			69	69					12	12	
			38	38					58	58	
			395	395							
			395	395							
						2 575	2 262				
			68	68							
			8								
			66	66							
			9								
			132	132							
			35	35							
100	100		164	164					60	60	

序号	产品名称	东北地区								
		辽源泵业有限责任公司			大连环友屏蔽泵有限公司			辽宁通达泵业集团有限公司		
		生产量	销售量	出口量	生产量	销售量	出口量	生产量	销售量	出口量
	合　计	263	290		3 600	3 331		8 400	8 400	
1	单级单吸离心泵							1 021	1 020	
2	单级双吸清水离心泵							1 235	1 235	
	其中:800mm(32in)以上									
3	多级离心泵	233	260					4 089	4 088	
4	轴流泵									
5	混流泵									
6	斜流泵									
7	旋涡泵									
8	往复泵									
	其中:隔膜泵									
9	齿轮泵									
10	螺杆泵									
11	锅炉给水泵							615	615	
12	热水泵							760	760	
13	冷凝泵									
14	除磷泵									
15	耐腐蚀泵							15	15	
	其中:化工泵									
16	潜水电泵							10	10	
17	液下泵							20	20	
18	深井泵									
19	船用泵									
20	污水泵									
21	泥浆泵							20	20	
	其中:挖泥泵							5	5	
22	渣浆泵	30	30					15	15	
23	脱硫泵									
24	喷灌泵									
25	微型泵									
26	离心油泵									
27	水环真空泵									
28	机械真空泵									
29	屏蔽泵				3 600	3 331				
30	计量泵									
31	管道泵							590	590	
32	其他泵							10	12	

（续）

华北地区											
天津泵业机械集团有限公司			石家庄强大泵业集团有限责任公司			唐山市水泵厂			河北恒盛泵业股份有限公司		
生产量	销售量	出口量	生产量	销售量	出口量	生产量	销售量	出口量	生产量	销售量	出口量
7 188	9 294	204	1 712	1 459	263	2 316	2 316		33 042	28 955	723
			37	29	21	491	491				
						614	614				
						209	209				
						18	18				
699	798	45							26 982	23 654	723
4 928	6 585	47							3 713	3 250	
						176	176				
						69	69				
			4	4	1	122	122				
			4	4	1						
			33	28							
			269	197	11						
1 561	1 911	112									
			239	226	64	78	78				
			30	26		83	83				
			29	26							
			994	840	158	362	362				
			98	101							
						21	21				
									694	606	
						34	34				
			8	8	8	39	39		1 653	1 445	

序号	产品名称	华北地区								
		北京第二水泵厂有限公司			北京金龙泉泵业有限公司			天津水利电力机电研究所		
		生产量	销售量	出口量	生产量	销售量	出口量	生产量	销售量	出口量
	合　计	1 251	1 251		661	666		109	96	
1	单级单吸离心泵	201	201		270	266				
2	单级双吸清水离心泵									
	其中:800mm(32in)以上									
3	多级离心泵	250	250		52	52				
4	轴流泵									
5	混流泵									
6	斜流泵									
7	旋涡泵				38	40				
8	往复泵									
	其中:隔膜泵									
9	齿轮泵									
10	螺杆泵									
11	锅炉给水泵									
12	热水泵							109	96	
13	冷凝泵									
14	除磷泵									
15	耐腐蚀泵									
	其中:化工泵									
16	潜水电泵									
17	液下泵				4	4				
18	深井泵									
19	船用泵									
20	污水泵									
21	泥浆泵									
	其中:挖泥泵									
22	渣浆泵									
23	脱硫泵									
24	喷灌泵									
25	微型泵									
26	离心油泵									
27	水环真空泵									
28	机械真空泵									
29	屏蔽泵									
30	计量泵									
31	管道泵	800	800		90	92				
32	其他泵				207	212				

（续）

华北地区											
石家庄工业泵厂有限公司			武安市宏泰机械泵业有限公司			河北安吉宏业机械股份有限公司			河北省邢台水泵厂		
生产量	销售量	出口量	生产量	销售量	出口量	生产量	销售量	出口量	生产量	销售量	出口量
7 221	6 714		3 928	5 800		1 513	1 513		177	162	
						1 513	1 513				
									45	42	
									85	69	
6 261	5 773										
960	941										
			3 928	5 800							
									41	45	
									6	6	

序号	产品名称	华北地区								
		保定水泵厂			邯郸祯源工业水泵制造有限公司			阳泉水泵厂有限责任公司		
		生产量	销售量	出口量	生产量	销售量	出口量	生产量	销售量	出口量
	合　计	817	829		1 685	1 220		1 030	1 319	
1	单级单吸离心泵	396	398		500	320		144	323	
2	单级双吸清水离心泵	20	22					11	13	
	其中:800mm(32in)以上									
3	多级离心泵	35	44					347	429	
4	轴流泵									
5	混流泵									
6	斜流泵									
7	旋涡泵	288	282						5	
8	往复泵								4	
	其中:隔膜泵									
9	齿轮泵				20					
10	螺杆泵									
11	锅炉给水泵				160	120		28	65	
12	热水泵	37	35		300	220		15	63	
13	冷凝泵									
14	除磷泵									
15	耐腐蚀泵	25	32					332	277	
	其中:化工泵									
16	潜水电泵									
17	液下泵							35	23	
18	深井泵									
19	船用泵									
20	污水泵	9	9		120	80				
21	泥浆泵	7	7							
	其中:挖泥泵									
22	渣浆泵							40	37	
23	脱硫泵									
24	喷灌泵									
25	微型泵									
26	离心油泵				585	480				
27	水环真空泵									
28	机械真空泵									
29	屏蔽泵									
30	计量泵									
31	管道泵									
32	其他泵							78	80	

（续）

华北地区			西北地区								
河北博龙泵业有限公司			西安泵阀总厂有限公司			宝鸡航天动力泵业有限公司			陕西扶龙机电制造有限公司		
生产量	销售量	出口量	生产量	销售量	出口量	生产量	销售量	出口量	生产量	销售量	出口量
8 197	8 105		2 464	1 767		720	720		9 302	7 880	
840	830										
1 025	1 015										
730	715		29	18							
						681	681				
550	542										
350	346								31		
285	268										
230	228		1 054	1 054							
120	120		844	953							
540	536								9 271	7 880	
1 060	1 052		19								
752	752										
420	416					39	39				
375	375		10								
510	505										
			30	49							
180	176										
350	349		1 322	646							

序号	产品名称	西北地区						华东地区		
		兰州水泵总厂			新疆潜水泵厂			上海东方泵业(集团)有限公司		
		生产量	销售量	出口量	生产量	销售量	出口量	生产量	销售量	出口量
	合　计	634	581		1 202			222 055	220 353	5 750
1	单级单吸离心泵	187	141					82 350	81 692	3 416
2	单级双吸清水离心泵	321	272					12 176	12 145	1 508
	其中:800mm(32in)以上	81	65					280	272	
3	多级离心泵	57	49					30 125	30 104	826
4	轴流泵							1 684	1 679	
5	混流泵							1 363	1 355	
6	斜流泵									
7	旋涡泵									
8	往复泵									
	其中:隔膜泵									
9	齿轮泵									
10	螺杆泵									
11	锅炉给水泵							28	28	
12	热水泵	4						2 983	2 972	
13	冷凝泵									
14	除磷泵									
15	耐腐蚀泵	12	6					1 626	1 617	
	其中:化工泵	12	6							
16	潜水电泵				1 202			35 712	35 384	
17	液下泵									
18	深井泵									
19	船用泵									
20	污水泵							44 518	43 937	
21	泥浆泵									
	其中:挖泥泵									
22	渣浆泵									
23	脱硫泵									
24	喷灌泵									
25	微型泵									
26	离心油泵							3 508	3 492	
27	水环真空泵									
28	机械真空泵									
29	屏蔽泵							4 697	4 672	
30	计量泵									
31	管道泵									
32	其他泵	53	113					1 285	1 276	

（续）

华东地区											
上海凯士比泵有限公司			上海水泵制造有限公司			上海凯泉泵业(集团)有限公司			上海电力修造总厂有限公司		
生产量	销售量	出口量	生产量	销售量	出口量	生产量	销售量	出口量	生产量	销售量	出口量
6 734	5 518		4 384	4 373		181 192	167 390	1 421	162	184	
423	517		89	89		64 945	62 805	680			
1 438	1 118		2 015	2 011		6 569	5 976	360			
178	163		912	909		14 096	12 280	108			
						658	438	68			
63	57		27	26							
						32	24				
1 121	995					598	456		162	184	
1 137	752		201	203		120	104				
108	138		37	36		128	87				
730	497		103	102		7 966	7 586				
706	1 103					16	13				
						726	638				
2											
			15	15							
126			157	156		83 600	75 240	183			
						1 009	972				
			503	501		39	46				
						391	433	22			
						299	292				
64											
638	178		325	325							

序号	产品名称	华东地区								
		上海上泵(集团)有限公司			上海华联泵业有限公司			上海熊猫机械(集团)有限公司		
		生产量	销售量	出口量	生产量	销售量	出口量	生产量	销售量	出口量
	合　计	6 987	6 978		1 520			261 320	259 400	
1	单级单吸离心泵	912	912		135			50 967	49 246	
2	单级双吸清水离心泵	655	642		30			6 888	6 875	
	其中:800mm(32in)以上							6 888	6 875	
3	多级离心泵	564	568					48 736	48 696	
4	轴流泵	442	442							
5	混流泵									
6	斜流泵									
7	旋涡泵									
8	往复泵									
	其中:隔膜泵									
9	齿轮泵									
10	螺杆泵									
11	锅炉给水泵				210					
12	热水泵				60			35 499	35 463	
13	冷凝泵	663	663		175					
14	除磷泵									
15	耐腐蚀泵									
	其中:化工泵									
16	潜水电泵									
17	液下泵									
18	深井泵									
19	船用泵	332	332		610					
20	污水泵	2 855	2 855					119 230	119 120	
21	泥浆泵									
	其中:挖泥泵									
22	渣浆泵									
23	脱硫泵									
24	喷灌泵									
25	微型泵									
26	离心油泵	203	203		300					
27	水环真空泵									
28	机械真空泵									
29	屏蔽泵									
30	计量泵									
31	管道泵	361	361							
32	其他泵									

（续）

华 东 地 区											
上海莲盛泵业制造有限公司			上海连成(集团)有限公司			上海第一水泵厂有限公司			丰球集团有限公司		
生产量	销售量	出口量	生产量	销售量	出口量	生产量	销售量	出口量	生产量	销售量	出口量
98 854	97 556		220 239	219 513	3 618	1 337	1 367	30	1 232 175	1 231 821	462 065
12 018	12 025		85 863	85 801	1 689	663	673	22			
1 396	1 393		4 711	4 706	128	30	30	3			
12 856	12 779		6 631	6 618	181	396	410	3	31 033	31 033	
1 103	1 104		1 633	1 602	22						
			788	711							
1 625	1 613								25 476	25 476	
1 288	1 288								55 134	55 134	
2 014	2 018		880	870		131	127	2			
12 986	12 986		11 692	11 668	402	67	77				
2 743	2 715		289	205		12	12				
			286	205		12	12				
1 452	1 450					18	18		597 211	597 159	251 059
1 312	1 310		4 356	4 309		1	1				
1 436	1 437		1 801	1 765	78	3	3				
217	217		395	392							
19 826	19 777		52 621	52 464	408				523 321	523 019	211 006
1 093	1 091										
						6	6				
			6 610	6 591	102						
22 985	21 867		8 110	8 046	208						
2 504	2 486		33 859	33 765	400	10	10				

序号	产品名称	华东地区								
		南方泵业股份有限公司			嘉利特荏原泵业有限公司			浙江山河实业有限公司		
		生产量	销售量	出口量	生产量	销售量	出口量	生产量	销售量	出口量
	合　计	448 492	440 218	53 619	1 518	1 570	2	294 925	294 925	294 925
1	单级单吸离心泵	25 149	24 939	3 578						
2	单级双吸清水离心泵									
	其中:800mm(32in)以上									
3	多级离心泵	355 075	348 413	43 871	1 518	1 570	2			
4	轴流泵									
5	混流泵									
6	斜流泵									
7	旋涡泵							180 120	180 120	180 120
8	往复泵									
	其中:隔膜泵									
9	齿轮泵									
10	螺杆泵									
11	锅炉给水泵									
12	热水泵									
13	冷凝泵									
14	除磷泵									
15	耐腐蚀泵	1 072	1 054	97						
	其中:化工泵									
16	潜水电泵									
17	液下泵									
18	深井泵	23 233	22 916	4 957				800	800	800
19	船用泵									
20	污水泵	14 561	14 361	746						
21	泥浆泵									
	其中:挖泥泵									
22	渣浆泵									
23	脱硫泵									
24	喷灌泵									
25	微型泵									
26	离心油泵									
27	水环真空泵									
28	机械真空泵									
29	屏蔽泵									
30	计量泵	3 051	2 760	28						
31	管道泵	26 351	25 775	342						
32	其他泵							114 005	114 005	114 005

（续）

华东地区											
杭州大路实业有限公司			杭州大潮石化设备有限公司			杭州振兴工业泵制造有限公司			杭州斯莱特泵业有限公司		
生产量	销售量	出口量	生产量	销售量	出口量	生产量	销售量	出口量	生产量	销售量	出口量
2 154	2 269		2 592	2 592	314	464	22		29 357	30 158	
1 014	1 070										
75	83										
4	4										
			230	230							
			75	75							
									646	676	
819	886								153	153	
									153	153	
									27 185	28 067	
									476	482	
						1	1				
						21	21				
			2 362	2 362	314						
3	3								513	414	
239	223					442			384	366	

序号	产品名称	华东地区								
		浙江真空设备厂有限公司			浙江水泵总厂有限公司			新界泵业集团股份有限公司		
		生产量	销售量	出口量	生产量	销售量	出口量	生产量	销售量	出口量
	合计	2 953			2 783	2 710		2 336 557	2 316 873	1 167 481
1	单级单吸离心泵							5 291	5 966	279
2	单级双吸清水离心泵									
	其中:800mm(32in)以上									
3	多级离心泵				682	674		35 453	34 899	6 105
4	轴流泵									
5	混流泵									
6	斜流泵									
7	旋涡泵							326 742	320 771	296 133
8	往复泵	39								
	其中:隔膜泵									
9	齿轮泵									
10	螺杆泵							51 695	51 548	9 157
11	锅炉给水泵				392	389				
12	热水泵				301	284				
13	冷凝泵				542	512				
14	除磷泵									
15	耐腐蚀泵							6 147	5 237	
	其中:化工泵							6 147	5 237	
16	潜水电泵							708 270	723 060	238 180
17	液下泵									
18	深井泵							125 528	117 562	60 527
19	船用泵									
20	污水泵							170 875	171 615	63 584
21	泥浆泵									
	其中:挖泥泵									
22	渣浆泵									
23	脱硫泵									
24	喷灌泵									
25	微型泵							644 920	631 727	314 615
26	离心油泵									
27	水环真空泵	104								
28	机械真空泵							164 140	159 379	150 710
29	屏蔽泵							68 796	64 828	28 009
30	计量泵									
31	管道泵							19 401	21 893	
32	其他泵	2 810			866	851		9 299	8 388	182

（续）

华东地区											
浙江东航消防泵业有限公司			台州新宏基泵业有限责任公司			浙江太平洋泵业制造有限公司			浙江利欧股份有限公司		
生产量	销售量	出口量	生产量	销售量	出口量	生产量	销售量	出口量	生产量	销售量	出口量
3 733	3 733		40 261	40 392		35 054	34 956	632	4 199 345	3 748 143	3 393 921
94	94					6 621	6 603	41			
356	356					2 632	2 630	30			
265	265		4 120	4 060		3 867	3 852	98			
380	380					20	20		1 055 735	1 008 060	851 955
						52	52				
						175	175				
135	135					239	239	6			
			6 432	6 512		256	259	22			
						92	92				
						125	125				
						162	162				
						922	922	80			
						348	348	13			
			5 689	5 632		3 690	3 652	63	678 175	662 468	652 468
			15 210	15 306		1 154	1 154	35	14 213	14 213	14 213
2 416	2 416										
			2 465	2 413		7 293	7 280	132			
						62	62				
87	87		2 345	2 367		7 867	7 852	125			
			4 000	4 102					2 451 222	2 063 402	1 875 285

序号	产品名称	华东地区								
		宣达实业集团有限公司			君禾泵业股份有限公司			上海福思特流体机械有限公司		
		生产量	销售量	出口量	生产量	销售量	出口量	生产量	销售量	出口量
	合　计	1 003	986		1 405 025	1 405 025	1 405 025	253		
1	单级单吸离心泵	143	143							
2	单级双吸清水离心泵	90	90							
	其中:800mm(32in)以上									
3	多级离心泵	191	190					35		
4	轴流泵									
5	混流泵									
6	斜流泵									
7	旋涡泵									
8	往复泵									
	其中:隔膜泵									
9	齿轮泵							150		
10	螺杆泵									
11	锅炉给水泵									
12	热水泵									
13	冷凝泵									
14	除磷泵									
15	耐腐蚀泵	115	115							
	其中:化工泵									
16	潜水电泵				750 338	750 338	750 338			
17	液下泵	33	33							
18	深井泵				45 253	45 253	45 253			
19	船用泵									
20	污水泵	102	100		82 589	82 589	82 589			
21	泥浆泵									
	其中:挖泥泵									
22	渣浆泵							68		
23	脱硫泵									
24	喷灌泵									
25	微型泵				525 820	525 820	525 820			
26	离心油泵	59	59							
27	水环真空泵									
28	机械真空泵									
29	屏蔽泵	17	17							
30	计量泵									
31	管道泵	129	125							
32	其他泵	124	114		1 025	1 025	1 025			

（续）

华东地区											
浙江大江山泵阀制造有限公司			上海康大泵业制造有限公司			上海阿波罗机械股份有限公司			上海工业泵制造有限公司		
生产量	销售量	出口量	生产量	销售量	出口量	生产量	销售量	出口量	生产量	销售量	出口量
92 300	78 030		10 323	9 256		167	167		304	241	
17 250	14 206					71	71				
						18	18		17	10	
						4	4				
						15	15				
						18	18				
									115	107	
7 801	6 245								88	73	
									88	73	
						1	1				
						4	4		23	12	
						21	21				
						3	3				
7 125	6 278								16	6	
60 124	51 301					4	4				
			10 323	9 256		8	8		45	33	

序号	产品名称	华东地区								
		上海深井泵厂有限公司			上海山川泵业制造有限公司			上海申工泵业制造有限公司		
		生产量	销售量	出口量	生产量	销售量	出口量	生产量	销售量	出口量
	合　计	404	482		12 012	11 182		511	507	
1	单级单吸离心泵				1 155	1 038		145	143	
2	单级双吸清水离心泵									
	其中:800mm(32in)以上									
3	多级离心泵				855	813				
4	轴流泵									
5	混流泵									
6	斜流泵									
7	旋涡泵									
8	往复泵									
	其中:隔膜泵									
9	齿轮泵									
10	螺杆泵									
11	锅炉给水泵									
12	热水泵									
13	冷凝泵				1 215	1 155				
14	除磷泵									
15	耐腐蚀泵							208	206	
	其中:化工泵									
16	潜水电泵									
17	液下泵							40	40	
18	深井泵	404	482							
19	船用泵									
20	污水泵				7 268	6 752		18	18	
21	泥浆泵									
	其中:挖泥泵									
22	渣浆泵									
23	脱硫泵									
24	喷灌泵									
25	微型泵									
26	离心油泵									
27	水环真空泵									
28	机械真空泵									
29	屏蔽泵									
30	计量泵									
31	管道泵				1 519	1 424		100	100	
32	其他泵									

（续）

华东地区											
上海大隆机器厂有限公司			浙江华泵科技有限公司			山东硕博泵业有限公司			山东华成集团有限公司		
生产量	销售量	出口量	生产量	销售量	出口量	生产量	销售量	出口量	生产量	销售量	出口量
19	18		5 322	5 487	69	27 570	27 554		2 774	2 673	
						3 921	3 898				
						9 798	9 769		50	50	
						3 782	3 766				
			131	130	1						
19	18										
3	3										
						2 133	2 128				
			5 191	5 357	68	507	506				
						507	506				
						72	72				
						1 179	1 242				
									897	944	
									85	85	
						52	52				
									1 736	1 588	
						3 410	3 407		6	6	
						2 716	2 714				

序号	产品名称	华东地区								
		山东长志泵业有限公司			山东双轮股份有限公司			山东同泰集团股份有限公司		
		生产量	销售量	出口量	生产量	销售量	出口量	生产量	销售量	出口量
	合　计	3 450			35 470	34 810	671	5 897	5 645	407
1	单级单吸离心泵	890			8 236	8 115	167	1 000	869	149
2	单级双吸清水离心泵				6 123	6 025	138	1 292	1 260	120
	其中:800mm(32in)以上									
3	多级离心泵	450			1 364	1 258	78			
4	轴流泵									
5	混流泵									
6	斜流泵									
7	旋涡泵									
8	往复泵									
	其中:隔膜泵									
9	齿轮泵									
10	螺杆泵									
11	锅炉给水泵	356			315	315		2 020	2 005	63
12	热水泵	256						657	640	8
13	冷凝泵	215			61	28				
14	除磷泵									
15	耐腐蚀泵	189			2 158	2 035		198	179	17
	其中:化工泵				2 036	1 954		61	61	
16	潜水电泵									
17	液下泵	245			198	25		88	80	
18	深井泵									
19	船用泵									
20	污水泵	123			15 413	15 413	157	260	257	
21	泥浆泵							56	51	
	其中:挖泥泵									
22	渣浆泵				641	641				
23	脱硫泵									
24	喷灌泵									
25	微型泵									
26	离心油泵	726			274	268	36	130	128	
27	水环真空泵									
28	机械真空泵									
29	屏蔽泵									
30	计量泵									
31	管道泵				687	687	95	196	176	50
32	其他泵									

（续）

华东地区											
南京蓝深制泵集团股份有限公司			无锡利欧锡泵制造有限公司			江苏亚太泵阀有限公司			江苏海狮泵业制造有限公司		
生产量	销售量	出口量	生产量	销售量	出口量	生产量	销售量	出口量	生产量	销售量	出口量
18 289	17 978	156	1 002	1 016	12	7 582	7 568		3 468	3 457	132
									3 126	3 120	132
									342	337	
578	555	55	320	322		1 893	1 891				
122	132	14	508	555	9	1 047	1 042				
			41	41	3	4 642	4 635				
49	49										
13 611	13 495	69									
251	251										
3 678	3 496	18	133	98							

序号	产 品 名 称	华 东 地 区								
		安徽三联泵业股份有限公司			安徽莱恩电泵有限公司			常州东申泵业有限公司		
		生产量	销售量	出口量	生产量	销售量	出口量	生产量	销售量	出口量
	合 计	56 799	56 075	7 057	26 014	26 014	11 366	359	371	
1	单级单吸离心泵	12 000	11 598	4 409	10 997	10 997	4 811	215	219	
2	单级双吸清水离心泵	10 707	10 696	720	1 561	1 561	578	112	124	
	其中:800mm(32in)以上									
3	多级离心泵	6 236	6 236	57	142	142	48			
4	轴流泵				10	10		32	28	
5	混流泵				49	49				
6	斜流泵									
7	旋涡泵									
8	往复泵									
	其中:隔膜泵									
9	齿轮泵									
10	螺杆泵									
11	锅炉给水泵									
12	热水泵	2 986	2 907		162	162				
13	冷凝泵									
14	除磷泵									
15	耐腐蚀泵	746	762	64	4 112	4 112	2 002			
	其中:化工泵									
16	潜水电泵				380	380				
17	液下泵	3 101	3 100	27	228	228	110			
18	深井泵				2 112	2 112	1 912			
19	船用泵				18	18				
20	污水泵	5 260	5 013		980	980				
21	泥浆泵	3 263	3 263							
	其中:挖泥泵	104	104							
22	渣浆泵	7 487	7 487	1 780						
23	脱硫泵	97	97		865	865				
24	喷灌泵									
25	微型泵									
26	离心油泵				312	312	91			
27	水环真空泵	4 916	4 916		15	15				
28	机械真空泵									
29	屏蔽泵									
30	计量泵									
31	管道泵				2 315	2 315	1 814			
32	其他泵				1 756	1 756				

（续）

华 东 地 区											
江苏航天水力设备有限公司			扬州长江水泵有限公司			宜兴市宙斯泵业有限公司			泰州泰东泵业有限公司		
生产量	销售量	出口量	生产量	销售量	出口量	生产量	销售量	出口量	生产量	销售量	出口量
500	470		630	630		46 500	39 400		2 753	2 753	
									2 289	2 289	
									230	230	
			381	381					464	464	
500	470										
						30 000	25 000				
						5 000	4 000				
						10 000	9 000				
						1 500	1 400				
			249	249							

序号	产品名称	华东地区								
		合肥华升泵阀有限责任公司			龙岩市九龙水泵制造有限公司			赣州水泵制造有限公司		
		生产量	销售量	出口量	生产量	销售量	出口量	生产量	销售量	出口量
	合　计	611	611		10 142	10 142		1 294	1 393	
1	单级单吸离心泵				10 142	10 142		581	648	
2	单级双吸清水离心泵							103	119	
	其中:800mm(32in)以上									
3	多级离心泵							514	477	
4	轴流泵							23	19	
5	混流泵									
6	斜流泵									
7	旋涡泵	35	35							
8	往复泵	14	14							
	其中:隔膜泵	10	10							
9	齿轮泵									
10	螺杆泵									
11	锅炉给水泵									
12	热水泵							43	32	
13	冷凝泵									
14	除磷泵									
15	耐腐蚀泵							21	44	
	其中:化工泵									
16	潜水电泵									
17	液下泵	9	9							
18	深井泵									
19	船用泵									
20	污水泵									
21	泥浆泵									
	其中:挖泥泵									
22	渣浆泵									
23	脱硫泵									
24	喷灌泵									
25	微型泵									
26	离心油泵									
27	水环真空泵									
28	机械真空泵									
29	屏蔽泵									
30	计量泵	478	478							
31	管道泵							4	5	
32	其他泵	75	75					5	49	

（续）

华东地区											
江西新瑞洪泵业有限公司			山东省潍坊生建机械厂			淄博真空设备厂有限公司			烟台盛泉泵业有限公司		
生产量	销售量	出口量	生产量	销售量	出口量	生产量	销售量	出口量	生产量	销售量	出口量
53 360	53 765		238	238		1 692	1 608	84	3 069		
13 100	13 500										
									400		
5 150	4 850										
						192	183				
			110	110							
10	15										
									1 612		
									443		
9 500	10 200										
									365		
						691	681	26			
						607	530	58			
25 600	25 200										
			128	128		202	214		249		

序号	产品名称	华东地区								
		烟台恒邦泵业有限公司			烟台阳光泵业有限公司			江苏振华泵业制造有限公司		
		生产量	销售量	出口量	生产量	销售量	出口量	生产量	销售量	出口量
	合计	5 321	5 252		2 508	2 508		9 547	9 921	
1	单级单吸离心泵	161	156					890	910	
2	单级双吸清水离心泵				82	82				
	其中:800mm(32in)以上									
3	多级离心泵	39	39		281	281		58	58	
4	轴流泵									
5	混流泵									
6	斜流泵									
7	旋涡泵							2 615	2 615	
8	往复泵							18		
	其中:隔膜泵									
9	齿轮泵									
10	螺杆泵									
11	锅炉给水泵				60	60		71	71	
12	热水泵									
13	冷凝泵							49	49	
14	除磷泵									
15	耐腐蚀泵	3 878	3 818		1 528	1 528				
	其中:化工泵									
16	潜水电泵							148	148	
17	液下泵	1 105	1 101		56	56				
18	深井泵									
19	船用泵							3 208	3 308	
20	污水泵									
21	泥浆泵									
	其中:挖泥泵									
22	渣浆泵									
23	脱硫泵									
24	喷灌泵									
25	微型泵									
26	离心油泵	46	46		109	109		80	80	
27	水环真空泵									
28	机械真空泵									
29	屏蔽泵				220	220				
30	计量泵									
31	管道泵	67	67		172	172				
32	其他泵	25	25					2 410	2 682	

（续）

华东地区											
江苏双达泵阀集团有限公司			山东星源矿山设备集团有限公司			靖江市亚太泵业有限公司			日立泵制造(无锡)有限公司		
生产量	销售量	出口量	生产量	销售量	出口量	生产量	销售量	出口量	生产量	销售量	出口量
3 200	3 834	340	16 246	15 938		5 070	5 244		87	65	14
1 080	1 780										10
200	185								25	13	
4	4								15	6	
45	45					809	809				
87	80								45	29	
22	22								17	23	4
2	2										
110	100										
10	10					543	562				
10	10										
26	26										
31	31										
5	5					3 718	3 873				
42	42										
8	8										
15	15										
780	760	260									
660	660										
120	120		16 246	15 938							
210	200	65									
4											
60	70										
62	55										
106	98	15									
65	60										
110	120										

序号	产品名称	华东地区								
		合肥恒大江海泵业股份有限公司			浙江佳力科技股份有限公司			浙江凯程泵阀有限公司		
		生产量	销售量	出口量	生产量	销售量	出口量	生产量	销售量	出口量
	合　计	746	630		1 463	1 520		3 900	2 000	400
1	单级单吸离心泵							2 200	2 000	400
2	单级双吸清水离心泵									
	其中:800mm(32in)以上									
3	多级离心泵									
4	轴流泵	100	95							
5	混流泵	86	85							
6	斜流泵									
7	旋涡泵									
8	往复泵									
	其中:隔膜泵									
9	齿轮泵									
10	螺杆泵									
11	锅炉给水泵									
12	热水泵									
13	冷凝泵									
14	除磷泵									
15	耐腐蚀泵									
	其中:化工泵							1 000		
16	潜水电泵	560	450							
17	液下泵							400		
18	深井泵									
19	船用泵									
20	污水泵									
21	泥浆泵									
	其中:挖泥泵									
22	渣浆泵									
23	脱硫泵									
24	喷灌泵									
25	微型泵									
26	离心油泵									
27	水环真空泵									
28	机械真空泵									
29	屏蔽泵									
30	计量泵									
31	管道泵				1 463	1 520		1 000		
32	其他泵							300		

（续）

华东地区						中南地区					
山东大晃机械有限公司			山东同汇机械有限公司			湖南湘电长沙水泵有限公司			广东省佛山水泵厂有限公司		
生产量	销售量	出口量	生产量	销售量	出口量	生产量	销售量	出口量	生产量	销售量	出口量
12 020	11 697	8 835	6 077	5 970		1 719	1 748	148	58 729	63 489	
			2 498	2 396		85	71		29 527	36 198	
			1 780	1 776		1 046	1 066	27	4 977	4 552	
						260	256				
			420	407		59	41		2 819	2 721	
									15	57	
						2	2				
						130	150	34			
										585	
9 092	8 835	8 835									
						139	129				
						69	55		293	294	
						92	130	22			
						28	30		2 135	2 157	
									2 135	2 157	
						61	71				
									3 690	2 779	
			123	119							
2 928	2 862					8	3				
			636	651					3 527	3 482	
			620	621							
									9 667	10 664	
								65	2 079		

序号	产品名称	中南地区								
		长沙利欧天鹅工业泵有限公司			广州广一泵业有限公司			湖北三峡泵业有限公司		
		生产量	销售量	出口量	生产量	销售量	出口量	生产量	销售量	出口量
	合计	3 106	3 637		40 934	39 554	953	2 381	2 430	
1	单级单吸离心泵	454	512		3 230	2 267	953	774	486	
2	单级双吸清水离心泵	522	624		1 221	1 222				
	其中:800mm(32in)以上									
3	多级离心泵	283	293		3 571	3 478		1 607	1 944	
4	轴流泵									
5	混流泵									
6	斜流泵	20	44							
7	旋涡泵				6 674	6 677				
8	往复泵									
	其中:隔膜泵									
9	齿轮泵									
10	螺杆泵									
11	锅炉给水泵				1	1				
12	热水泵				96	96				
13	冷凝泵	37	48							
14	除磷泵									
15	耐腐蚀泵				600	536				
	其中:化工泵									
16	潜水电泵									
17	液下泵				96	94				
18	深井泵				69	75				
19	船用泵					9				
20	污水泵				12 739	12 367				
21	泥浆泵									
	其中:挖泥泵									
22	渣浆泵									
23	脱硫泵									
24	喷灌泵									
25	微型泵									
26	离心油泵									
27	水环真空泵				177	187				
28	机械真空泵									
29	屏蔽泵									
30	计量泵									
31	管道泵	530	381		12 200	12 364				
32	其他泵	1 260	1 735		260	181				

（续）

中南地区											
襄樊五二五泵业有限公司			广州市白云泵业集团有限公司			武汉特种工业泵厂有限公司			郑州电力机械厂		
生产量	销售量	出口量	生产量	销售量	出口量	生产量	销售量	出口量	生产量	销售量	出口量
4 961	4 756		130 799	130 012		1 854			236	195	
			48 510	48 488							
			12 598	12 634							
			25 740	25 475		1 084					
			2 321	2 320		358					
			1 080	1 075							
			950	938					236	195	
			840	790							
4 961	4 756		985	954							
			28 450	28 040							
			580	575							
			8 040	8 034							
			705	689							
						412					

序号	产品名称	中南地区								
		河南郑泵科技有限公司			新乡泵厂有限责任公司			武汉水泵厂有限公司		
		生产量	销售量	出口量	生产量	销售量	出口量	生产量	销售量	出口量
	合　计	573	540		1 630	1 710		284	289	2
1	单级单吸离心泵	82	75		315	335		37	37	1
2	单级双吸清水离心泵				236	246		52	55	
	其中:800mm(32in)以上							2	2	
3	多级离心泵	247	240		890	910				
4	轴流泵							8	9	
5	混流泵							1	1	
6	斜流泵									
7	旋涡泵									
8	往复泵									
	其中:隔膜泵									
9	齿轮泵									
10	螺杆泵									
11	锅炉给水泵				69	69				
12	热水泵				79	99				
13	冷凝泵									
14	除磷泵									
15	耐腐蚀泵	29	27							
	其中:化工泵									
16	潜水电泵									
17	液下泵							4	4	
18	深井泵							14	15	1
19	船用泵									
20	污水泵									
21	泥浆泵									
	其中:挖泥泵									
22	渣浆泵	150	143							
23	脱硫泵									
24	喷灌泵									
25	微型泵									
26	离心油泵									
27	水环真空泵							168	168	
28	机械真空泵									
29	屏蔽泵									
30	计量泵									
31	管道泵	37	30		41	51				
32	其他泵	28	25							

（续）

中南地区											
湖北省天门泵业有限公司			湖北金源特种泵制造有限公司			湖北扬子江泵业有限责任公司			长沙市精工特种工业泵有限公司		
生产量	销售量	出口量	生产量	销售量	出口量	生产量	销售量	出口量	生产量	销售量	出口量
4 102	4 192		1 528	1 298		615	615		2 298	2 277	
									66	64	
									140	135	
						245	245				
18	18										
			631	401					1 142	1 134	
			897	897							
			897								
1 115	1 120										
45	45										
176	176										
127	127										
2 364	2 430					370	370				
257	276										
									950	944	

序号	产品名称	中南地区								
		长沙佳能通用泵业有限公司			广州水泵厂			广东凌霄泵业股份有限公司		
		生产量	销售量	出口量	生产量	销售量	出口量	生产量	销售量	出口量
	合　计	11 665	11 665		2 858	2 809	418	1 879 945	1 581 863	567 405
1	单级单吸离心泵	582	582		224	217	89	1 879 945	1 581 863	567 405
2	单级双吸清水离心泵	400	400		3	3				
	其中:800mm(32in)以上									
3	多级离心泵	5 365	5 365		881	872	179			
4	轴流泵									
5	混流泵									
6	斜流泵									
7	旋涡泵				106	98				
8	往复泵				10	10	6			
	其中:隔膜泵									
9	齿轮泵									
10	螺杆泵									
11	锅炉给水泵	607	607		180	176	133			
12	热水泵	750	750		8	8				
13	冷凝泵	345	345		20	20				
14	除磷泵									
15	耐腐蚀泵	2 140	2 140		46	45				
	其中:化工泵									
16	潜水电泵				403	396				
17	液下泵									
18	深井泵				9	9				
19	船用泵									
20	污水泵	379	379		21	21				
21	泥浆泵				16	15				
	其中:挖泥泵									
22	渣浆泵									
23	脱硫泵									
24	喷灌泵									
25	微型泵				10	10				
26	离心油泵									
27	水环真空泵									
28	机械真空泵									
29	屏蔽泵									
30	计量泵									
31	管道泵				462	458	11			
32	其他泵	1 097	1 097		459	451				

（续）

中南地区											
开平市开泵泵业制造有限公司			桂林市广汇泵业有限责任公司			湖北同方高科泵业有限公司			湖南耐普泵业有限公司		
生产量	销售量	出口量	生产量	销售量	出口量	生产量	销售量	出口量	生产量	销售量	出口量
2 680	2 650	2 010	867	695		961	913		608		
1 940	1 910	1 902	216	150					51		
363	363								110		
									40		
20	20		120	98		230	233		38		
12	12					128	122		15		
110	110	108							34		
									142		
12	12										
24	24		68	60					6		
			62	45					10		
									6		
20	20		133	112							
									50		
			108	80					47		
									5		
									2		
			25	18							
									10		
58	58					603	558				
									2		
20	20		20	20					14		
101	101		115	112					66		

序号	产品名称	中南地区						西南地区		
		广东永力泵业有限公司			郑州中力泵阀制造有限公司			重庆水泵厂有限责任公司		
		生产量	销售量	出口量	生产量	销售量	出口量	生产量	销售量	出口量
	合计	106 657	105 050	54 310	631	631		1 171	1 140	
1	单级单吸离心泵	86 105	84 783	46 321	168	168				
2	单级双吸清水离心泵	912	913	145	45	45				
	其中:800mm(32in)以上									
3	多级离心泵	19 141	18 958	7 832	307	307		110	89	
4	轴流泵									
5	混流泵									
6	斜流泵									
7	旋涡泵									
8	往复泵							177	170	
	其中:隔膜泵							20	19	
9	齿轮泵							10	10	
10	螺杆泵									
11	锅炉给水泵									
12	热水泵									
13	冷凝泵									
14	除磷泵							51	42	
15	耐腐蚀泵				15	15		29	30	
	其中:化工泵				5	5				
16	潜水电泵									
17	液下泵	361	258	1						
18	深井泵	11	11					5		
19	船用泵									
20	污水泵									
21	泥浆泵									
	其中:挖泥泵									
22	渣浆泵									
23	脱硫泵									
24	喷灌泵									
25	微型泵									
26	离心油泵									
27	水环真空泵									
28	机械真空泵									
29	屏蔽泵									
30	计量泵							590	601	
31	管道泵	127	127	11	70	70				
32	其他泵				26	26		199	198	

（续）

西南地区											
成都西南水泵厂			重庆明珠机电有限公司			重庆第四水泵厂			四川三台剑门泵业有限公司		
生产量	销售量	出口量	生产量	销售量	出口量	生产量	销售量	出口量	生产量	销售量	出口量
2 237	2 208	22	1 123	1 005		1 369	1 354		16 758	15 699	
						180	187		4 144	3 091	
395	392						15		541	528	
336	334										
388	385					823	826		48		
74	72										
			1 123	1 005							
44	42					34	34				
66	63					96	91				
78	74										
						4	7				
311	308					7	7				
562	556	22									
									26		
						53	52				
									1 741		
68	66										
45	44					97	49		3		
172	172					66	78		225	225	
34	34					9	8		10 030	11 855	

序号	产品名称	西南地区								
		四川新达泵业有限责任公司			四川省南部嘉陵泵业制造有限公司			自贡凉高山水泵厂		
		生产量	销售量	出口量	生产量	销售量	出口量	生产量	销售量	出口量
	合　计	9 769	8 159	217	26 730	26 778		831	823	
1	单级单吸离心泵	1 989	1 450	34	5 000	5 050		239	241	
2	单级双吸清水离心泵	6 217	5 168	168	1 470	1 460		443	438	
	其中:800mm(32in)以上	108	106							
3	多级离心泵	1 325	1 316	15	1 800	1 790		90	86	
4	轴流泵									
5	混流泵									
6	斜流泵									
7	旋涡泵									
8	往复泵									
	其中:隔膜泵									
9	齿轮泵									
10	螺杆泵									
11	锅炉给水泵	42	40					39	38	
12	热水泵							20	20	
13	冷凝泵									
14	除磷泵									
15	耐腐蚀泵									
	其中:化工泵									
16	潜水电泵									
17	液下泵				700	700				
18	深井泵									
19	船用泵				5 400	5 410				
20	污水泵									
21	泥浆泵	112	108							
	其中:挖泥泵									
22	渣浆泵									
23	脱硫泵									
24	喷灌泵									
25	微型泵									
26	离心油泵									
27	水环真空泵	51	48							
28	机械真空泵									
29	屏蔽泵									
30	计量泵									
31	管道泵	33	29		1 200	1 240				
32	其他泵				11 160	11 128				

（续）

西南地区								
昆明水泵厂			昆明嘉和科技股份有限公司			四川省自贡工业泵有限责任公司		
生产量	销售量	出口量	生产量	销售量	出口量	生产量	销售量	出口量
4 593	4 665	46	2 380	2 350		1 891	1 899	
2 173	2 255	35				117	107	
772	764					136	146	
						121	118	
1 397	1 426	2				131	127	
			20	21		173	165	
			18	19		19	14	
						2	2	
						40	37	
						12	8	
59	55	2				12	12	
121	101	5	465	440		342	339	
119	101					167	167	
						24	54	
20	22	2	822	815		231	228	
						29	27	
						31	31	
5						349	346	
43	39		1 055	1 055				
						29	26	
3	3							
						67	67	
						147	163	

2012年中国通用机械工业协会风机分会

序号	企业名称	风机合计		离心压缩机		轴流压缩机		能量回收透平机组	
		产量（台）	销量（台）	产量（台）	销量（台）	产量（台）	销量（台）	产量（台）	销量（台）
1	沈阳鼓风机集团股份有限公司	647	586	221	237				
2	沈阳风机厂有限公司	205	205						
3	沈阳正双环通用设备制造有限公司	1 357	1 357						
4	沈阳通风机有限公司	571	571						
5	航空工业沈阳发动机研究所风机厂	24	24						
6	沈阳大隆机器制造有限公司	243	232						
7	鞍山风机集团有限责任公司	1 420	1 420						
8	营口市风机耐酸泵厂	200	165						
9	锦州新锦化机械制造有限公司	20	20	20	20				
10	吉林市亚星电站辅机有限公司	285	267						
11	四平鼓风机股份有限公司	1 385	1 474						
12	长春花园机械有限公司	1 220	1 220						
13	哈尔滨哈暖环境工程设备有限公司	1 282	1 282						
14	肇东市风机制造总厂	1 113	1 106						
15	陕西鼓风机(集团)有限公司	1 334	1 291	111	112	185	167	130	120
16	西安凯瑟鼓风机有限公司	1 174	1 166						
17	西安重装韩城煤矿机械有限公司	61	60						
18	北京风机二厂	1 647	1 117						
19	北京风机厂四厂	1 050	1 050						
20	北京吉风顺达现代通风设备有限公司	6 703	6 703						
21	北京华怡净化科技研究所有限公司	820	820						
22	北京新安特风机有限公司	12 490	10 605						
23	北京鼓引风机有限公司	1 168	1 182						
24	天津津鼓风机有限责任公司	9 149	8 867						
25	天津市通风机厂	556	771						
26	天津市荣光特种风机有限公司	1 210	1 162						
27	天津中隧通风机有限公司	3 530	3 170						
28	石家庄市风机厂有限责任公司	6 313	6 872						
29	河北同心风机配件有限公司	0	0						
30	宣化通风设备有限公司	350	350						
31	邯郸市东方风机制造有限公司	3 076	3 076						
32	原平鼓风机有限责任公司	1 100	1 100						

会员单位产品产销情况

离心鼓风机		罗茨鼓风机		离心通风机		轴流通风机		旋涡风机		其他风机	
产量（台）	销量（台）	产量（台）	销量（台）	产量（台）	销量（台）	产量（台）	销量（台）	产量（台）	销量（台）	产量（台）	销量（台）
125	135			185	112	116	102				
						205	205				
				835	835	522	522				
				236	236	335	335				
						24	24				
24	24			129	118	90	90				
		81	81	1 245	1 245	94	94				
				140	120	60	45				
31	30			56	56	71	63			127	118
22	24			1 360	1 447	3	3				
				1 100	1 100	120	120				
				507	507	775	775				
				933	926	180	180				
207	209	2	2	175	157	524	524				
32	39			542	527	600	600				
						61	60				
				1 150	607	483	496			14	14
				600	600	450	450				
						4 380	4 380			2 323	2 323
				820	820						
				4 941	3 856	4 276	3 697			3 273	3 052
				800	793	310	310			58	79
		235	231	5 717	5 637	1 932	1 858			1 265	1 141
				190	167	227	447			139	157
				490	439	670	615			50	108
		210	210	670	310	2 650	2 650				
				6 009	6 529	134	173			170	170
				350	350						
				2 356	2 356	720	720				
		90	90	765	765	245	245				

序号	企业名称	风机合计		离心压缩机		轴流压缩机		能量回收透平机组	
		产量（台）	销量（台）	产量（台）	销量（台）	产量（台）	销量（台）	产量（台）	销量（台）
33	山西省运城安瑞节能风机有限公司	2 029	2 015						
34	内蒙古天福风机有限公司	100	100						
35	包头市新爱科风机制造有限责任公司	1 552	1 526						
36	包头市田力环发机电有限公司	173	189						
37	赤峰华茂风机制造有限责任公司	1 621	1 587						
38	宁夏宁朔集团银川银风风机有限责任公司	204	274						
39	甘肃省白银风机厂有限责任公司	1 754	1 783						
40	新疆风机有限责任公司	2 354	2 830						
41	上海鼓风机厂有限公司	686	691	4	5				
42	上海长征鼓风机有限公司	116	118						
43	上海通用风机股份有限公司	12 250	12 250						
44	上海德惠特种风机有限公司	8 500	8 500						
45	上海应达风机有限公司	108 500	108 500						
46	上海诺地乐通用设备制造有限公司	45 300	44 850						
47	上海哈龙风机电器有限公司	282 801	226 220						
48	上海大速电机有限公司	3 595	3 543						
49	南京鼓风机厂有限公司	900	900						
50	南通大通宝富风机有限公司	1 348	1 331						
51	江苏金通灵流体机械科技股份有限公司	1 500	1 569						
52	南通市恒荣机泵厂有限公司	4 058	4 058						
53	苏州市长光特种风机厂	10 789	10 789						
54	江苏苏风通风机有限公司	3 302	3 302						
55	无锡耀新通用机械有限公司	976	976						
56	江苏一鼓风机有限公司	1 342	1 345						
57	宜兴市侨联风机有限公司	1 610	1 458						
58	百事德机械(江苏)有限公司	5 300	4 187						
59	常熟市鼓风机有限公司	3 409	3 328						
60	张家港市英德利空调风机有限公司	27 370	27 370						
61	徐州风机有限公司	426	397						
62	江阴市精亚风机有限公司	26 325	27 575						
63	江苏泰隆风机制造有限公司	0	0						
64	盐城市赛格机械有限公司	6 005	5 906						
65	宁波风机有限公司	1 358	1 263						
66	杭州科星鼓风机有限公司	677	669						
67	余姚风机总厂	16 540	16 540						

（续）

离心鼓风机		罗茨鼓风机		离心通风机		轴流通风机		旋涡风机		其他风机	
产量（台）	销量（台）	产量（台）	销量（台）	产量（台）	销量（台）	产量（台）	销量（台）	产量（台）	销量（台）	产量（台）	销量（台）
						2 029	2 015				
				52	52	48	48				
				1 352	1 334	178	170			22	22
				173	189						
				1 163	1 133	316	314			142	140
		11	21	180	220	13	33				
112	160			1 231	1 212	411	411				
				1 832	2 308	522	522				
2	2	55	16	291	277	334	391				
		116	118								
				11 644	11 644	606	606				
				7 488	7 488	1 012	1 012				
				46 500	46 500	62 000	62 000				
				29 000	28 800	12 200	12 000			4 100	4 050
				74 277	59 421	201 455	161 144			7 069	5 655
		589	576	2 016	1 992	980	965			10	10
				800	800	100	100				
6	6	75	71	1 219	1 206	48	48				
151	142			1 349	1 427						
		4 058	4 058								
				10 687	10 687	102	102				
				3 096	3 096	206	206				
				160	160	108	108			708	708
262	258			1 080	1 087						
				450	410	960	875			200	173
100	86	5 200	4 101								
				1 073	1 047	949	1 127			1 387	1 154
				27 370	27 370						
				196	185	30	24			200	188
				23 475	24 743	2 850	2 832				
				5 106	5 023	899	883				
				1 358	1 263						
				71	63	580	580			26	26
				16 100	16 100					440	440

序号	企业名称	风机合计		离心压缩机		轴流压缩机		能量回收透平机组	
		产量（台）	销量（台）	产量（台）	销量（台）	产量（台）	销量（台）	产量（台）	销量（台）
68	浙江上风实业股份有限公司	54 132	51 118						
69	浙江明新风机有限公司	84 240	83 951						
70	上虞通风机有限公司	19 800	19 800						
71	上虞专用风机有限公司	5 016	4 786						
72	浙江风神风机制造有限公司	33 975	30 595						
73	浙江双阳风机有限公司	7 217	7 217						
74	浙江金盾风机股份有限公司	18 850	18 654						
75	南京绿源风机有限公司	22 977	22 977						
76	浙江大丰风机电器有限公司	14 100	14 100						
77	浙江兴益风机电器有限公司	196 000	[illegible]						
78	浙江格凌实业有限公司	178 560	174 685						
79	浙江义乌星耀风机有限公司	1 835	1 835						
80	浙江亿利达风机股份有限公司	6 529 446	6 533 980						
81	济南风机厂有限责任公司	718	718						
82	山东铭润电站装备有限公司	74	85						
83	青岛风机厂有限公司	4 813	5 042						
84	山东省章丘鼓风机股份有限公司	7 535	7 943						
85	山东章晃机械工业有限公司	6 500	7 600						
86	山东海福德机械有限公司	1 602	1 570						
87	山东中昊民防设备有限公司	150	150						
88	山东新风股份有限公司	56 958	56 541						
89	山东格瑞德集团有限公司	205 045	204 686						
90	山东淄博科鸿风机有限公司	5 200	4 480						
91	淄博风机厂有限公司	1 760	1 760						
92	山东省临风鼓风机有限公司	2 762	2 762						
93	山东美陵美力达风机有限公司	21 547	21 547						
94	文登市威力风机有限公司	2 012	2 012						
95	威海克莱特菲尔风机股份有限公司	28 273	26 533						
96	福建东亚鼓风机股份有限公司	3 435	3 261						
97	福建成达鼓风机有限公司	3 227	2 377						
98	安徽安风风机有限公司	4 750	4 750						
99	武汉鼓风机有限公司	513	508						
100	武汉和平风机有限责任公司	3 911	3 911						
101	武汉瑞丰暖通设备制造有限公司	14 000	14 000						
102	湖北省风机厂有限公司	3 054	3 084						

（续）

离心鼓风机		罗茨鼓风机		离心通风机		轴流通风机		旋涡风机		其他风机	
产量（台）	销量（台）	产量（台）	销量（台）	产量（台）	销量（台）	产量（台）	销量（台）	产量（台）	销量（台）	产量（台）	销量（台）
				16 520	15 281	30 634	30 135			6 978	5 702
				72	65	84 110	83 831			58	55
				8 500	8 500	11 000	11 000			300	300
				1 420	1 300	3 596	3 486				
				11 475	9 125	22 500	21 470				
				197	197	5 986	5 986			1 034	1 034
				750	700	16 000	15 954			2 100	2 000
		488	488	8 677	8 677	13 300	13 300			512	512
				5 000	5 000	9 100	9 100				
				104 802	97 626	91 236	84 916				
								178 560	174 685		
16	16			1 808	1 808	11	11				
				6 510 354	6 515 292	9 319	9 161			9 773	9 527
				718	718						
				74	85						
				3 187	3 357	1 626	1 685				
192	356	7 343	7 587								
		6 500	7 600								
		1 602	1 570								
						150	150				
				54 719	54 356	2 239	2 185				
				190 026	189 915	12 231	12 160			2 788	2 611
				1 660	1 660	2 820	2 820			720	
				810	810	535	535			415	415
92	92	278	278	1 296	1 296	1 096	1 096				
				21 547	21 547						
805	805			604	604	160	160			443	443
				1 965	1 495	20 727	19 696			5 581	5 342
		780	740	2 350	2 231	305	290				
		884	876	1 619	776	35	36			689	689
				3 597	3 597	661	661			492	492
16	15			132	128	4	4			361	361
				25	25	3 886	3 886				
				6 796	6 796	7 204	7 204				
1 529	1 535			1 478	1 504	47	45				

序号	企业名称	风机合计		离心压缩机		轴流压缩机		能量回收透平机组	
		产量（台）	销量（台）	产量（台）	销量（台）	产量（台）	销量（台）	产量（台）	销量（台）
103	湖北新流鼓风机有限公司	1 435	1 351						
104	湖北双剑鼓风机股份有限公司	1 482	1 429						
105	中意机电（湖北）鼓风机制造有限公司	1 897	1 897						
106	长沙鼓风机厂有限责任公司	3 198	3 361						
107	长沙赛尔机泵有限公司	58	32	41	26				
108	长沙市湘华通风设备有限公司	1 010	840						
109	长沙湘桥风机制造有限公司	4 717	4 513						
110	长沙久旋风机制造有限公司	750	750						
111	平安电气有限公司	[illegible]	[illegible]						
112	重庆通用工业（集团）有限责任公司	1 083	892	35	28				
113	重庆鼓风机厂	1 145	1 145						
114	重庆两江鼓风机有限责任公司	221	186						
115	成都电力机械厂	515	529						
116	四川望江风机制造有限公司	3 328	3 328						
117	四川省鼓风机制造有限责任公司	1 159	1 176						
118	新乡西玛鼓风机有限公司	6 968	4 570						
119	新乡市风机总厂有限公司	3 700	3 700						
120	洛阳北玻台信风机技术有限责任公司	1 749	1 749						
121	周口风机有限公司	2 144	2 144						
122	南阳防爆集团股份有限公司	83	68						
123	贵州省鼓风机厂	1 500	1 500						
124	广州永诚风机制造有限公司	945	945						
125	佛山市三水迪尔迅风冷设备厂	2 242	2 242						
126	佛山市南海九洲普惠风机有限公司	245 236	245 236						
127	佛山市顺德区高泽通风设备制造有限公司	460 000	460 000						
128	南方风机股份有限公司	10 119	11 280						
129	广东肇庆德通有限公司	83 338	80 115						
130	云浮市云丰环保设备有限公司	3 200	3 200						
131	北海鼓风机实业公司	1 785	1 723						
132	大理通用机械厂有限责任公司	45	45						

（续）

离心鼓风机		罗茨鼓风机		离心通风机		轴流通风机		旋涡风机		其他风机	
产量（台）	销量（台）	产量（台）	销量（台）	产量（台）	销量（台）	产量（台）	销量（台）	产量（台）	销量（台）	产量（台）	销量（台）
				925	870	395	376			115	105
922	895			560	534						
1 012	1 012			885	885						
		2 523	2 917	630	399	45	45				
17	6										
				600	540	200	200			210	100
				2 307	2 196	2 085	1 992			325	325
				400	400	350	350				
						1 251	1 251				
140	137			908	727						
		10	10	979	979	156	156				
				215	180	6	6				
				91	91	424	438				
		36	36	3 217	3 217	43	43			32	32
82	87	656	660	421	429						
				4 865	4 405	2 103	165				
				2 690	2 690	1 010	1 010				
				1 749	1 749						
				1 521	1 521	623	623				
						83	68				
				1 350	1 350	100	100			50	50
				850	850	95	95				
				2 092	2 092	150	150				
		1 382	1 382	75 215	75 215	163 927	163 927			4 712	4 712
				210 000	210 000	250 000	250 000				
				8 010	9 411	1 869	1 869	240	255		
				45 836	43 553	37 502	36 562				
				2 500	2 500	700	700				
		50	46	1 540	1 499	195	178				
				39	39	6	6				

2012年中国通用机械工业协会风机分会会员单位经济指标

序号	企业名称	工业总产值（万元）	工业增加值（万元）	从业人员平均人数（人）	年末资产总额（万元）	主营业务收入（万元）	主营业务成本（万元）
1	沈阳鼓风机集团股份有限公司	1 210 865	244 064	7 164	1 353 194	968 369	795 368
2	沈阳风机厂有限公司	3 375	1 102	238	10 459	5 751	4 796
3	沈阳正双环通用设备制造有限公司	1 597	399	90	4 422	1 386	1 086
4	沈阳通风机有限公司	1 064	124	80	2 567	1 064	923
5	航空工业沈阳发动机研究所风机厂	3 810	720	81	6 129	3 623	3 226
6	沈阳大隆机器制造有限公司	3 965	1 283	78	[illegible]	3 107	2 744
7	鞍山风机集团有限责任公司	19 181	2 621	221	34 401	21 629	15 495
8	营口市风机耐酸泵厂	310	85	40	500	310	251
9	锦州新锦化机械制造有限公司	16 500	3 718	299	20 076	12 534	9 993
10	吉林市亚星电站辅机有限公司	756	154	73	921	632	411
11	四平鼓风机股份有限公司	29 031	6 321	658	42 917	28 680	20 274
12	长春花园机械有限公司	2 480	787	55	2 030	2 368	2 117
13	哈尔滨哈暖环境工程设备有限公司	1 105	420	158	15 397	1 016	609
14	肇东市风机制造总厂	1 326	477	91	1 813	1 285	879
15	陕西鼓风机（集团）有限公司	713 637	228 762	5 072	1 611 241	613 238	393 457
16	西安凯瑟鼓风机有限公司	1 633	424	82	2 456	1 797	1 268
17	西安重装韩城煤矿机械有限公司	550	110	18	837	526	523
18	北京风机二厂	690	152	93	4 430	721	632
19	北京风机厂四厂	5 800	1 740	277	4 731	5 164	4 597
20	北京吉风顺达现代通风设备有限公司	2 778	556	40	1 400		50
21	北京华怡净化科技研究所有限公司	49	12	14	318	49	27
22	北京新安特风机有限公司	10 468	3 035	231	12 052	9 335	7 842
23	北京鼓引风机有限公司	1 280	333	68	780	1 080	630
24	天津津鼓风机有限责任公司	8 031	2 796	178	7 887	7 610	7 441
25	天津市通风机厂	1 601	448	111	4 891	4 144	3 588
26	天津市荣光特种风机有限公司	6 500	3 064	222	10 158	4 252	3 745
27	天津中隧通风机有限公司	7 264	2 546	236	8 064	6 588	5 336
28	石家庄市风机厂有限责任公司	2 750	825	157	2 774	3 028	2 364
29	河北同心风机配件有限公司	8 100	1 800	315	7 400	8 060	6 733
30	宣化通风设备有限公司	285	80	30	512	262	164
31	邯郸市东方风机制造有限公司	5 100	1 415	300	6 150	4 200	3 200
32	原平鼓风机有限责任公司	1 966	492	196	1 120	1 350	650
33	山西省运城安瑞节能风机有限公司	29 194	5 838	450	37 523	22 544	13 235
34	内蒙古天福风机有限公司	792	158	30	2 227	806	667

（续）

序号	企业名称	工业总产值（万元）	工业增加值（万元）	从业人员平均人数（人）	年末资产总额（万元）	主营业务收入（万元）	主营业务成本（万元）
35	包头市新爱科风机制造有限责任公司	2 170	510	98	3 116	1 711	1 026
36	包头市田力环发机电有限公司	2 640	699	86	5 073	4 346	3 202
37	赤峰华茂风机制造有限责任公司	4 863	1 230	215	4 250	4 863	4 026
38	宁夏宁朔集团银川银风风机有限责任公司	1 959	567	158	4 321	2 039	1 335
39	甘肃省白银风机厂有限责任公司	5 300	1 643	222	8 888	5 293	4 076
40	新疆风机有限责任公司	2 615	392	95	2 251	2 927	2 170
41	上海鼓风机厂有限公司	76 414	13 147	783	113 955	80 954	63 222
42	上海长征鼓风机有限公司	785	259	66	2 806	963	669
43	上海通用风机股份有限公司	28 745	9 486	400	25 311	25 485	15 442
44	上海德惠特种风机有限公司	7 856	2 200	208	7 629	7 802	5 810
45	上海应达风机有限公司	7 012	1 753	225	6 670	6 987	5 702
46	上海诺地乐通用设备制造有限公司	21 050	4 841	450	14 855	18 893	8 993
47	上海哈龙风机电器有限公司	15 870	4 126	646	6 862	15 870	11 765
48	上海大速电机有限公司	57 623	11 524	973	11 692	62 531	56 925
49	南京鼓风机厂有限公司	2 375	475	134	1 056	2 306	1 951
50	南通大通宝富风机有限公司	20 462	1 118	481	38 226	20 644	17 774
51	江苏金通灵流体机械科技股份有限公司	58 628	10 969	1 226	134 479	58 899	47 674
52	南通市恒荣机泵厂有限公司	11 146	3 345	152	4 883	11 146	9 888
53	苏州市长光特种风机厂	6 600	1 220	155	3 290	5 697	4 989
54	江苏苏风通风机有限公司	3 200	500	95	1 852	2 800	2 300
55	无锡耀新通用机械有限公司	2 245	561	108	1 598	2 245	1 847
56	江苏一鼓风机有限公司	11 250	1 678	160	9 877	9 005	6 617
57	宜兴市侨联风机有限公司	2 321	395	82	2 873	2 182	1 851
58	百事德机械(江苏)有限公司	19 439	7 404	200	28 908	18 514	12 873
59	常熟市鼓风机有限公司	7 219	1 928	263	9 839	7 248	5 539
60	张家港市英德利空调风机有限公司	7 864	1 581	192	3 508	7 850	6 930
61	徐州风机有限公司	1 142	228	120	1 469	924	719
62	江阴市精亚风机有限公司	17 019	5 449	380	10 912	17 019	14 139
63	江苏泰隆风机制造有限公司	9 479	2 654	240	5 152	5 473	4 536
64	盐城市赛格机械有限公司	6 700	1 340	128	4 100	6 430	5 528
65	宁波风机有限公司	10 508	2 102	205	18 162	11 115	8 019
66	杭州科星鼓风机有限公司	3 138	1 082	69	3 109	3 130	2 022
67	余姚风机总厂	6 487	1 186	162	6 127	6 487	5 100
68	浙江上风实业股份有限公司	114 870	23 649	560	137 894	97 201	85 794
69	浙江明新风机有限公司	16 760	5 429	301	20 096	16 604	10 775
70	上虞通风机有限公司	7 696	2 307	280	7 561	5 696	4 654
71	上虞专用风机有限公司	58 914	17 674	465	72 140	57 014	48 176
72	浙江风神风机制造有限公司	5 376	2 391	195	6 828	5 214	3 911
73	浙江双阳风机有限公司	17 920	4 316	217	19 070	17 568	14 019

（续）

序号	企业名称	工业总产值（万元）	工业增加值（万元）	从业人员平均人数（人）	年末资产总额（万元）	主营业务收入（万元）	主营业务成本（万元）
74	浙江金盾风机股份有限公司	30 105	5 217	309	44 248	27 368	17 483
75	南京绿源风机有限公司	2 380	595	65	3 949	2 380	1 912
76	浙江大丰风机电器有限公司	913	228	70	1 231	913	683
77	中国兴益控股集团(浙江兴益风机电器有限公司)	20 647	4 542	368	13 768	19 686	16 439
78	浙江格凌实业有限公司	18 254	7 059	189	12 746	17 635	12 756
79	浙江义乌星耀风机有限公司	31 312	4 640	419	20 028	31 312	25 661
80	浙江亿利达风机股份有限公司	60 349	17 075	698	80 956	59 798	44 158
81	济南风机厂有限责任公司	6 039	2 472	394	10 746	6 051	4 315
82	山东铭润电站装备有限公司	11 853	3 200	343	9 895	14 038	12 680
83	青岛风机厂有限公司	3 784	756	190	3 889	3 890	2 527
84	山东省章丘鼓风机股份有限公司	63 126	18 303	1 068	89 875	62 979	42 712
85	山东章晃机械工业有限公司	6 500	3 475	97	8 578	7 683	4 398
86	山东海福德机械有限公司	3 466	741	158	3 156	3 430	2 120
87	山东中昊民防设备有限公司	10 822	2 705	347	5 099	9 019	7 890
88	山东新风股份有限公司	7 366	2 015	356	11 150	7 026	5 324
89	山东格瑞德集团有限公司	190 073	53 188	1 702	101 206	184 002	161 091
90	山东淄博科鸿风机有限公司	2 866	840		1 316	2 632	2 532
91	淄博风机厂有限公司	6 200	1 984	108	3 710	6 200	5 300
92	山东省临风鼓风机有限公司	7 260	1 307	260	14 378	6 900	4 097
93	山东美陵美力达风机有限公司	9 516	2 568	521	7 437	9 516	8 770
94	文登市威力风机有限公司	9 151	2 013	257	12 228	9 591	8 295
95	威海克莱特菲尔风机股份有限公司	13 810	2 486	410	20 626	14 000	10 000
96	福建东亚鼓风机股份有限公司	2 700	675	165	12 539	2 572	1 929
97	福建成达鼓风机有限公司	2 009	502	110	3 075	1 994	1 322
98	安徽安风风机有限公司	20 469	6 868	386	19 965	16 662	12 168
99	武汉鼓风机有限公司	14 700	3 177	392	83 400	7 377	5 563
100	武汉和平风机有限责任公司	722	116	45	2 562	693	416
101	武汉瑞丰暖通设备制造有限公司	3 543	886	188	1 522	3 543	2 684
102	湖北省风机厂有限公司	40 858	19 992	420	23 673	40 472	28 908
103	湖北新流鼓风机有限公司	1 821	295	65	657	1 425	1 064
104	湖北双剑鼓风机股份有限公司	30 391	9 965	543	33 645	28 671	20 520
105	中意机电（湖北）鼓风机制造有限公司	27 046	6 088	281	15 704	21 348	17 932
106	长沙鼓风机厂有限责任公司	22 343	5 493	947	28 430	24 695	16 987
107	长沙赛尔机泵有限公司	35 146	11 540	211	31 230	19 191	16 058
108	长沙市湘华通风设备有限公司	365	73	40	351	476	427
109	长沙湘桥风机制造有限公司	5 232	889	82	4 016	4 984	4 243
110	长沙久旋风机制造有限公司	161	30	38	220	162	132
111	平安电气有限公司	46 753	16 363	565	44 217	37 685	23 097
112	重庆通用工业（集团）有限责任公司	124 522	22 837	1 815	185 554	146 864	124 831

（续）

序号	企业名称	工业总产值（万元）	工业增加值（万元）	从业人员平均人数（人）	年末资产总额（万元）	主营业务收入（万元）	主营业务成本（万元）
113	重庆鼓风机厂	4 228	1 057	207	4 079	3 639	2 976
114	重庆两江鼓风机有限责任公司	825	206	48	1 462	732	711
115	成都电力机械厂	36 605	9 598	386	98 845	76 787	66 876
116	四川望江风机制造有限公司	1 797	400	71	1 762	1 797	1 334
117	四川省鼓风机制造有限责任公司	12 461	3 380	370	14 924	13 211	8 709
118	新乡西玛鼓风机有限公司	12 656	4 443	2 200	5 601	11 103	7 112
119	新乡市风机总厂有限公司	3 520	1 056	180	4 500	3 480	2 575
120	洛阳北玻台信风机技术有限责任公司	4 138	1 183	160	3 012	4 138	2 925
121	周口风机有限公司	1 557	208	68	1 034	1 483	1 322
122	南阳防爆集团股份有限公司	257 342	59 189	3 614	250 887	245 682	170 071
123	贵州省鼓风机厂	1 800	396	60	1 402	1 391	1 185
124	广州永诚风机制造有限公司	1 032	190	40	366	882	713
125	佛山市三水迪尔迅风冷设备厂	3 580	716	199	2 551	3 343	2 770
126	佛山市南海九洲普惠风机有限公司	36 124	13 675	1 055	14 145	29 053	22 943
127	佛山市顺德区高泽通风设备制造有限公司	660	118	120	494	767	659
128	南方风机股份有限公司	25 914	9 140	494	108 598	34 732	21 736
129	广东肇庆德通有限公司	27 471	9 631	831	21 466	23 812	17 059
130	云浮市云丰环保设备有限公司	595	89	63	1 340	824	753
131	北海鼓风机实业公司	2 150	649	85	5 049	1 200	874
132	大理通用机械厂有限责任公司	455	83	40	2 317	341	274

2012 年中国通用机械工业协会风机分会会员单位经济效益指标

序号	企业名称	经济效益综合指数（%）	总资产贡献率（%）	资本保值增值率（%）	资产负债率（%）	流动资产周转率（次）	成本费用利润率（%）	全员劳动生产率（元/人）	产品销售率（%）
1	沈阳鼓风机集团股份有限公司	284.1	7.9	110.3	74.1	1.0	4.8	340 681	88.0
2	沈阳风机厂有限公司	84.0	5.3	17.5	99.3	0.6	3.8	46 303	170.4
3	沈阳正双环通用设备制造有限公司	45.6	4.4	74.0	89.2	0.4	−5.3	44 333	100.0
4	沈阳通风机有限公司	56.0	1.4	101.1	73.8	0.6	0.8	15 500	100.0
5	航空工业沈阳发动机研究所风机厂	98.0	3.7	100.8	85.0	0.7	0.3	85 714	94.9
6	沈阳大隆机器制造有限公司	168.1	2.9	97.3	63.5	2.4	0.9	164 487	92.7
7	鞍山风机集团有限责任公司	202.8	11.9	93.0	55.3	0.8	16.2	118 597	104.2
8	营口市风机耐酸泵厂	188.6	6.8	769.2	40.0	2.0	2.4	21 125	100.0
9	锦州新锦化机械制造有限公司	145.1	4.9	171.1	86.8	1.3	2.8	124 348	76.0

（续）

序号	企 业 名 称	经济效益综合指数（%）	总资产贡献率（%）	资本保值增值率（%）	资产负债率（%）	流动资产周转率（次）	成本费用利润率（%）	全员劳动生产率（元/人）	产品销售率（%）
10	吉林市亚星电站辅机有限公司	177.5	33.7	110.9	56.8	1.6	12.5	21 096	83.6
11	四平鼓风机股份有限公司	114.0	5.4	99.5	62.9	0.8		96 064	97.7
12	长春花园机械有限公司	163.0	6.2	113.7	78.7	2.0	2.8	143 091	95.6
13	哈尔滨哈暖环境工程设备有限公司	69.1	0.5	61.1	96.1	0.1	5.8	26 582	69.5
14	肇东市风机制造总厂	132.8	12.3	115.3	45.1	1.1	7.2	52 418	97.7
15	陕西鼓风机(集团)有限公司	402.4	7.9	112.3	58.3	0.5	18.1	451 029	103.6
16	西安凯瑟鼓风机有限公司	95.5	6.3	104.6	68.7	0.8	1.7	51 707	110.0
17	西安重装韩城煤矿机械有限公司	112.4	10.2	95.9	32.7	0.9	0.5	61 111	95.6
18	北京风机二厂	72.2	1.3	100.5	38.8	0.6	2.1	16 344	104.5
19	北京风机厂四厂	157.9	11.2	100.0	31.8	2.3	8.1	62 816	89.0
20	北京吉风顺达现代通风设备有限公司								93.5
21	北京华怡净化科技研究所有限公司	-166.5	-14.4	139.7	74.5	0.0	-40.5	8 571	100.0
22	北京新安特风机有限公司	191.0	8.9	100.2	16.1	1.2	8.5	131 385	89.2
23	北京鼓引风机有限公司	201.3	22.2	100.0	50.0	3.3	15.4	48 971	84.4
24	津鼓风机集团有限责任公司	245.5	7.4	612.8	28.7	1.9	0.5	157 079	94.9
25	天津市通风机厂	30.1	-5.5	105.6	71.6	0.8	-8.8	40 360	138.6
26	天津市荣光特种风机有限公司	173.6	5.9	239.4	71.3	0.9	5.0	138 018	76.9
27	天津中隧通风机有限公司	182.4	8.3	187.4	31.9	2.2	5.8	107 881	93.0
28	石家庄市风机厂有限责任公司	110.4	8.5	97.0	42.2	1.8	0.1	52 548	105.2
29	河北同心风机配件有限公司	153.8	14.8	112.2	34.6	1.7	7.2	57 143	100.0
30	宣化通风设备有限公司	60.8	3.2	103.4	88.1	0.6	0.8	26 667	91.9
31	邯郸市东方风机制造有限公司	191.3	13.5	100.7	11.5	1.6	18.5	47 167	84.3
32	原平鼓风机有限责任公司	133.5	18.5	89.3	36.6	1.2	7.8	25 102	87.1
33	山西省运城安瑞节能风机有限公司	208.1	11.7	128.2	44.3	1.0	14.3	129 733	77.2
34	内蒙古天福风机有限公司	82.8	1.4	102.0	79.1	1.0	1.2	52 667	101.8
35	包头市新爱科风机制造有限责任公司	128.2	11.5	143.9	62.0	1.8	3.7	52 041	95.2
36	包头市田力环发机电有限公司	226.7	21.8	166.8	43.3	1.9	17.0	81 279	107.7
37	赤峰华茂风机制造有限责任公司	203.9	16.5	130.8	31.3	3.8	13.4	57 209	93.5
38	宁夏宁朔集团银川银风风机有限责任公司	121.2	11.6	119.5	55.1	0.9	8.3	35 886	59.1
39	甘肃省白银风机厂有限责任公司	105.3	4.5	107.0	72.1	1.1	1.5	74 009	99.9
40	新疆风机有限责任公司	137.1	15.4	109.1	48.6	1.3	6.4	41 263	119.4
41	上海鼓风机厂有限公司	167.8	4.3	143.2	72.9	0.9	2.0	167 905	105.7
42	上海长征鼓风机有限公司	79.4	4.5	102.8	71.6	0.8	0.8	39 242	105.7
43	上海通用风机股份有限公司	381.9	34.7	133.1	35.3	1.7	27.9	237 150	102.4
44	上海德惠特种风机有限公司	202.0	17.1	114.5	31.6	1.5	11.2	105 769	100.0
45	上海应达风机有限公司	162.6	11.0	119.7	33.7	1.7	7.5	77 911	99.6
46	上海诺地乐通用设备制造有限公司	222.8	20.3	176.1	54.3	1.7	14.6	107 578	80.3
47	上海哈龙风机电器有限公司	179.7	18.8	107.6	6.5	3.5	5.3	63 870	65.1
48	上海大速电机有限公司	279.7	30.0	128.2	30.7	8.9	3.4	118 438	98.8
49	南京鼓风机厂有限公司	88.6	6.8	-2.6	100.2	4.1	0.5	35 448	96.8
50	南通大通宝富风机有限公司	-15.4	-4.0	23.0	98.0	1.0	-13.0	23 243	120.0

（续）

序号	企业名称	经济效益综合指数（%）	总资产贡献率（%）	资本保值增值率（%）	资产负债率（%）	流动资产周转率（次）	成本费用利润率（%）	全员劳动生产率（元/人）	产品销售率（%）
51	江苏金通灵流体机械科技股份有限公司	94.0	0.7	94.0	40.2	0.7	-3.4	89 470	103.4
52	南通市恒荣机泵厂有限公司	265.4	21.3	83.8	29.1	3.2	4.0	220 066	100.0
53	苏州市长光特种风机厂	132.0	14.6	103.2	70.2	2.5	2.4	78 710	
54	江苏苏风通风机有限公司	136.9	17.6	102.2	54.8	1.8	4.2	52 632	87.5
55	无锡耀新通用机械有限公司	163.2	18.3	104.6	45.4	1.8	9.6	51 944	100.0
56	江苏一鼓风机有限公司	154.2	11.6	112.0	66.5	1.3	5.0	104 875	93.7
57	宜兴市侨联风机有限公司	95.9	5.3	100.0	65.2	1.3	2.1	48 171	94.0
58	百事德机械（江苏）有限公司	346.9	10.6	107.2	32.1	0.7	12.8	370 200	95.2
59	常熟市鼓风机有限公司	124.8	9.4	100.6	59.6	1.0	3.8	73 308	97.6
60	张家港市英德利空调风机有限公司	188.6	16.3	111.7	29.3	3.5	6.5	82 344	99.8
61	徐州风机有限公司	59.8	1.2	54.8	29.1	0.9	-1.0	19 000	87.0
62	江阴市精亚风机有限公司	243.0	27.0	116.0	67.0	2.0	12.0	143 395	100.0
63	江苏泰隆风机制造有限公司	212.5	19.3	100.0	17.3	1.3	13.1	110 583	71.5
64	盐城市赛格机械有限公司	193.8	18.2	48.3	26.8	3.7	5.1	104 688	92.5
65	宁波风机有限公司	536.0	10.0	3 084.0	56.0	0.7	2.7	102 537	105.2
66	杭州科星鼓风机有限公司	184.9	14.6	106.5	70.1	1.0	3.2	156 812	102.8
67	余姚风机总厂	190.0	18.1	106.7	42.1	2.6	10.7	73 210	100.0
68	浙江上风实业股份有限公司	368.2	5.8	103.0	25.2	4.2	2.9	422 304	92.7
69	浙江明新风机有限公司	226.9	13.2	117.1	54.2	1.4	9.6	180 365	99.2
70	上虞通风机有限公司	170.3	11.5	106.6	24.1	1.4	9.2	82 393	100.0
71	上虞专用风机有限公司	333.9	10.5	97.5	53.7	1.5	7.7	380 086	98.2
72	浙江风神风机制造有限公司	252.9	18.6	142.7	22.4	1.3	19.9	122 615	97.0
73	浙江双阳风机有限公司	221.9	8.7	183.3	21.3	1.9	1.4	198 894	98.0
74	浙江金盾风机风冷设备有限公司	269.0	18.9	125.1	53.7	1.0	20.9	168 835	90.9
75	南京绿源风机有限公司	152.5	7.9	100.0	50.3	0.9	8.3	91 538	100.0
76	浙江大丰风机电器有限公司	53.6	0.6	90.9	50.5	1.0	-4.6	32 571	100.0
77	浙江兴益风机电器有限公司	176.3	14.2	87.8	68.5	2.1	5.4	123 424	95.7
78	浙江格凌实业有限公司	482.6	35.6	157.3	32.4	4.7	23.6	373 492	96.7
79	浙江义乌星耀风机有限公司	187.9	19.6	31.7	66.9	1.9	10.1	110 740	100.0
80	浙江亿利达风机股份有限公司	317.5	16.5	251.5	23.6	2.0	12.8	244 628	101.1
81	济南风机厂有限责任公司	115.0	7.8	103.6	72.9	0.8	5.0	62 741	100.0
82	山东铭润电站装备有限公司	158.1	14.8	104.9	56.2	1.8	4.5	93 294	86.6
83	青岛风机厂有限公司	120.1	6.6	281.8	26.7	0.5	1.3	39 789	104.8
84	山东省章丘鼓风机股份有限公司	263.8	14.5	105.7	20.1	1.0	18.6	173 249	99.8
85	山东章晃机械工业有限公司	532.6	34.7	100.4	7.5	1.2	48.2	358 247	116.9
86	山东海福德机械有限公司	133.2	14.6	112.1	42.0	1.4	4.7	46 899	99.0
87	山东中昊控股集团有限公司	182.5	13.6	84.8	34.7	5.7	3.0	77 954	83.0
88	山东新风股份有限公司	99.2	5.6	97.6	50.0	1.1	0.6	56 601	95.4
89	山东格瑞德集团有限公司	317.1	15.7	111.8	47.0	4.1	3.6	312 503	96.8
90	山东淄博科鸿风机有限公司		18.4	44.0	75.1	6.8	2.4		91.8
91	淄博风机厂有限公司	217.8	13.4	103.5	39.8	2.6	2.7	183 704	100.0

（续）

序号	企业名称	经济效益综合指数（%）	总资产贡献率（%）	资本保值增值率（%）	资产负债率（%）	流动资产周转率（次）	成本费用利润率（%）	全员劳动生产率（元/人）	产品销售率（%）
92	山东省临风鼓风机有限公司	147.9	10.6	133.0	47.1	1.2	10.2	50 269	99.8
93	山东美陵美力达风机有限公司	111.6	8.6	103.7	60.4	1.9	2.1	49 290	100.0
94	文登市威力风机有限公司	185.6	13.6	447.1	60.6	1.2	3.9	78 327	109.4
95	威海克莱特菲尔风机股份有限公司	74.8	1.1	94.4	33.9	1.0	−4.8	60 634	90.8
96	福建东亚鼓风机股份有限公司	90.4	6.3	102.6	76.1	0.4	4.3	40 909	95.3
97	福建成达鼓风机有限公司	176.2	13.5	105.8	32.7	3.2	11.8	45 636	99.3
98	安徽安风风机有限公司	257.6	17.4	113.5	34.1	1.6	14.2	177 927	95.2
99	武汉鼓风机有限公司	−73.3	−3.4	49.2	94.7	0.2	−36.4	81 046	83.4
100	武汉和平风机有限责任公司		4.1		45.9	0.5	8.7	25 778	96.0
101	武汉瑞丰暖通设备制造有限公司	206.5	38.5	101.4	9.9	2.5	7.3	47 128	100.0
102	湖北省风机厂有限公司	432.3	23.8	111.0	45.5	2.5	7.9	476 000	99.4
103	湖北新流鼓风机有限公司	154.8	10.0	100.7	31.7	2.3	1.1	45 385	90.2
104	湖北双剑鼓风机股份有限公司	285.5	22.0	181.0	32.1	1.5	15.9	183 517	100.3
105	中意机电（湖北）鼓风机制造有限公司	265.4	18.3	105.0	28.3	2.7	6.2	216 655	105.6
106	长沙鼓风机厂有限责任公司	113.2	8.5	97.9	51.2	1.6	1.3	58 004	105.9
107	长沙赛尔机泵有限公司	393.2	4.8	104.7	62.7	0.8	3.2	546 919	54.6
108	长沙市湘华通风设备有限公司	62.8	5.4	98.5	63.0	1.8	−0.2	18 250	
109	长沙湘桥风机制造有限公司	215.2	19.3	179.7	41.2	2.1	10.3	108 415	95.3
110	长沙久旋风机制造有限公司	2.1	−2.3	138.7	119.6	0.8	−8.6	7 895	100.0
111	平安电气股份有限公司	348.9	23.2	124.2	43.6	1.2	19.1	289 611	94.9
112	重庆通用工业（集团）有限责任公司	141.0	4.4	62.8	62.6	1.1	2.9	125 824	114.2
113	重庆鼓风机厂	42.4	−0.5	74.9	81.5	0.9	−6.7	51 063	97.2
114	重庆两江鼓风机有限责任公司	74.2	2.7	85.1	72.6	1.0	0.4	42 917	88.7
115	成都电力机械厂	216.1	2.4	111.7	67.8	1.1	3.0	248 653	108.1
116	四川望江风机制造有限公司	98.0	5.6	103.1	77.5	1.6	0.9	56 338	100.0
117	四川省鼓风机制造有限责任公司	149.5	10.7	105.3	47.1	1.4	4.1	91 351	112.2
118	新乡西玛鼓风机有限公司	116.1	12.7	110.4	64.5	2.7	4.1	20 195	94.0
119	新乡市风机总厂有限公司	203.1	17.1	154.8	15.1	1.5	16.4	58 667	96.7
120	洛阳北玻台信风机技术有限责任公司	199.1	22.6	104.3	15.2	1.8	11.1	73 938	99.1
121	周口风机有限公司	126.6	13.2	28.1	33.6	2.3	6.4	30 588	95.3
122	南阳防爆集团股份有限公司	254.8	20.0	118.5	46.3	1.4	15.9	163 777	94.5
123	贵州省鼓风机厂	43.4	−5.4	100.0	94.8	1.1	−7.7	66 000	127.8
124	广州永诚风机制造有限公司	124.2	13.6	47.1	71.6	4.0	0.5	47 500	100.0
125	佛山市三水迪尔迅风冷设备厂	134.1	12.1	71.3	31.2	1.7	8.3	35 980	89.4
126	佛山市南海九洲普惠风机有限公司	224.8	25.6	109.3	62.9	3.2	8.1	129 621	80.4
127	佛山市顺德区高泽通风设备制造有限公司	124.2	15.7	105.0	21.5	1.7	6.1	9 833	83.0
128	南方风机股份有限公司	249.8	8.2	80.4	22.0	0.4	17.5	185 020	134.0
129	广东肇庆德通有限公司	201.4	19.0	116.0	35.0	1.9	8.0	115 897	98.0
130	云浮市云丰环保设备有限公司	13.7	−4.0	100.0	64.0	0.9	−10.0	14 127	138.0
131	北海鼓风机实业公司	106.6	2.1	97.7	65.7	0.4	4.4	76 353	94.9
132	大理通用机械厂有限责任公司	−340.6	−14.7	99.6	69.4	0.3	−96.8	20 750	106.6

2012年中国通用机械工业协会阀门分会会员单位经济指标

序号	企业名称	工业总产值（万元）	工业增加值（万元）	从业人员平均人数（人）	年末资产总额（万元）	主营业务收入（万元）	主营业务成本（万元）
1	安徽方兴实业（集团）有限公司	19 963	3 666	183	9 681	19 621	16 798
2	安徽省白湖阀门厂有限责任公司	12 710	3 501	831	14 809	12 782	9 989
3	安徽省屯溪高压阀门有限公司	20 047	6 528	328	16 617	20 004	11 789
4	鞍山亨通阀门有限公司	6 932	1 717	295	37 243	6 107	3 635
5	百强阀门集团有限公司	11 758	10 631	166	149 502	11 387	9 337
6	保一集团有限公司	21 185	4 633	451	24 302	21 070	17 225
7	北京航天石化技术装备工程公司	50 316	16 552	310	59 430	50 815	33 456
8	北京市阀门总厂（集团）有限公司	81 865	11 589	538	59 458	76 589	61 258
9	伯特利阀门集团有限公司	61 437	18 789	617	39 839	45 379	36 576
10	长春高中压阀门有限责任公司	2 216	782	66	2 405	2 195	1 726
11	常州贝斯特控制设备有限公司	5 031	1 449	287	4 793	5 025	4 849
12	常州兰陵阀门控制有限公司	7 500	2 193	97	6 672	7 434	5 473
13	成都乘风阀门控股集团有限公司	49 075	20 774	595	77 290	46 335	31 000
14	成都航利阀门成套设备有限公司	14 200	5 553	165	12 295	9 174	7 367
15	承德高中压阀门管件集团有限公司	35 510	9 120	383	16 164	33 986	27 951
16	大连大高阀门股份有限公司	58 882	25 658	648	108 168	59 332	40 611
17	大连弹簧有限公司	7 489	3 501	160	14 513	8 044	5 186
18	大众阀门集团有限公司	73 617	22 119	1 105	97 633	72 454	59 570
19	方圆阀门集团有限公司	21 885	4 377	350	31 816	21 523	16 588
20	甘肃省监狱企业集团兰州阀门有限责任公司	4 456	1 697	842	5 899	3 790	2 272
21	桂林世通阀门有限责任公司	747	−41	74	2 007	676	516
22	哈电集团哈尔滨电站阀门有限公司	24 075	9 706		58 438	29 911	22 547
23	杭州华惠阀门有限公司	16 199	3 535	235	14 708	16 771	12 350
24	河北宏业永泰流体机械股份有限公司	8 406	3 117	350	4 963	7 994	6 303
25	河南航天液压气动技术有限公司	12 078	3 828	402	12 619	19 945	11 610
26	河南黑马实业有限公司	20 147	4 569	360	10 463	17 928	12 715
27	河南开封高压阀门有限公司	149 036	76 874	2 500	246 331	145 852	84 011
28	河南省高山阀门有限公司	65 125	21 241	1 028	16 453	62 586	47 899
29	湖北高中压阀门有限责任公司	19 500	7 854	403	15 787	11 789	8 397
30	湖南鸿远高压阀门有限公司	8 000	1 509	125	4 501	4 870	3 165
31	华夏阀门有限公司	21 110	6 333	369	33 461	19 729	19 729
32	环球阀门集团有限公司	48 261	9 587	592	23 521	48 325	38 608
33	济南玫德铸造有限公司	10 579	6 073		9 395	10 010	6 410
34	江南阀门有限公司	73 963	12 732	456	77 052	73 511	60 900

（续）

序号	企业名称	工业总产值（万元）	工业增加值（万元）	从业人员平均人数（人）	年末资产总额（万元）	主营业务收入（万元）	主营业务成本（万元）
35	江苏江恒阀业有限公司	5 048	1 361	133	6 328	4 881	3 342
36	江苏理想阀门有限公司	4 356	2 680	235	7 591	3 724	2 193
37	江苏神通阀门股份有限公司	52 271	13 067	572	115 441	45 033	27 009
38	江苏应流机械制造有限责任公司	10 153	1 137	198	7 159	9 032	7 768
39	江苏竹箦阀业有限公司	38 205	8 323	1 989	13 258	32 994	23 400
40	开维喜阀门集团有限公司	32 797	9 069	472	31 361	31 127	22 143
41	凯泰阀门(集团)有限公司	26 472	7 237	240	24 077	26 382	20 673
42	昆山维萨阀门有限公司	10 396	897	145	6 344	10 396	9 043
43	兰州高压阀门有限公司	50 168	12 825	653	55 045	52 500	47 806
44	乐山长仪阀门制造有限公司	7 744	3 267	155	11 207	6 437	3 865
45	雷蒙德(北京)阀门制造有限公司	29 393	12 757	314	51 438	28 132	16 920
46	南方阀门制造有限公司	15 093	6 058	125	22 282	15 037	11 760
47	南京华宁阀门有限公司	6 752	2 683	183	6 245	6 256	5 513
48	南通高中压阀门有限公司	5 351	1 605	166	4 759	4 715	3 737
49	南通捷瑞阀门有限公司	4 800	1 834	236	4 410	4 750	4 235
50	南通市电站阀门有限公司	12 203	4 470	161	15 973	10 425	6 879
51	能发伟业铁岭阀门股份有限公司	9 005	1 710	339	45 054	9 468	7 563
52	宁波一机阀门制造有限公司	13 002	3 251	436	4 802	12 742	8 028
53	蓬莱金创精铸阀业有限公司	7 690	3 395	454	19 157	7 523	5 852
54	青岛高压阀门有限公司	13 641	3 897	291	11 239	13 425	10 673
55	球豹阀门有限公司	44 112	7 634	536	30 316	43 874	36 586
56	山东泉城阀门有限公司	5 200	700	141	6 157	4 690	4 006
57	山东天成阀门制造有限公司	16 617	2 228	283	19 717	13 848	9 632
58	山东益都阀门集团股份有限公司	73 200	16 100	630	47 814	73 010	59 507
59	陕西航天泵阀科技集团有限公司	39 652	9 211	220	19 806	39 752	33 079
60	上海电力修造总厂有限公司	21 505	4 859	111	22 148	21 492	17 583
61	上海电站阀门厂	1 220	247	32	2 367	1 183	929
62	上海阀门二厂有限公司	6 867	1 236	319	6 402	8 473	7 339
63	上海高中压阀门股份有限公司	35 100	5 298	215	19 743	31 981	27 707
64	上海冠龙阀门机械有限公司	43 930	12 906	739	37 224	40 998	29 705
65	上海凯科阀门制造有限公司	64 863	16 313	734	50 445	61 664	49 297
66	上海康泉阀门有限公司	3 008	601	76	3 460	2 803	2 256
67	上海科科阀门集团有限公司	49 641	9 928	912	67 120	49 348	42 126
68	上海良工阀门厂有限公司	45 321	6 815	436	33 251	46 015	39 046
69	上海耐腐阀门集团有限公司	11 469	1 721	240	10 533	11 469	9 749
70	上海双高阀门(集团)有限公司	45 220	14 350	715	29 496	45 812	37 507
71	上海希希埃动力控制设备有限公司	7 999	1 080	111	12 173	6 775	5 442
72	上海远高阀业(集团)有限公司	39 700	8 678	280	16 489	34 210	28 420
73	上海增欣机电设备制造有限公司	4 925	1 150		4 410	4 925	3 419

（续）

序号	企业名称	工业总产值（万元）	工业增加值（万元）	从业人员平均人数（人）	年末资产总额（万元）	主营业务收入（万元）	主营业务成本（万元）
74	上海正丰阀门制造有限公司	18 000	3 800	355	11 720	11 000	8 510
75	上海自动化仪表股份有限公司自动化仪表七厂	8 395	1 679	270	25 173	8 964	6 145
76	上正阀门集团有限公司	18 000	3 800	355	11 720	11 000	8 510
77	沈阳盛世高中压阀门有限公司	9 912	5 413	511	233 640	10 014	5 897
78	慎江阀门有限公司	42 650	13 676		50 356	40 370	33 587
79	石家庄阀门一厂股份有限公司	21 359	7 953	500	42 563	20 125	16 854
80	石家庄三环阀门股份有限公司	19 665	10 625	902	38 826	15 429	10 579
81	石家庄市长宏阀门有限公司	4 900	980	203	3 438	4 881	3 938
82	四川广汉阀门厂	2 671	712	120	2 349	2 187	1 748
83	四川精控阀门制造有限公司	12 650	1 860	185	13 055	12 125	9 335
84	四川凯茨阀门制造有限公司	18 211	5 643	252	16 435	17 427	13 742
85	苏州奥村阀门有限公司	5 349	580	76	4 244	5 219	4 500
86	苏州道森阀门有限公司	23 013	4 836	275	12 238	17 737	15 829
87	苏州德兰能源科技有限公司	6 158	1 231	90	14 964	4 737	3 687
88	苏州高中压阀门厂有限公司	24 078	2 827	206	25 987	23 335	21 506
89	苏州工业园区思达德阀门有限公司	16 590	1 657	176	14 737	16 323	13 123
90	苏州纽威阀门股份有限公司	262 652	57 648	1 830	274 227	219 825	137 268
91	苏州市燃气设备阀门制造有限公司	7 158	1 834	108	5 835	6 978	5 279
92	泰科流体控制(上海)有限公司	6 949	3 341		14 577	6 645	6 042
93	泰州市光宇阀业有限公司	7 250	2 808	102	2 747	7 150	6 335
94	特福隆集团有限公司	55 162	13 051	311	42 716	53 868	40 272
95	天津百利二通机械有限公司	10 069	4 232	226	11 065	12 316	9 919
96	天津百利展发集团有限公司	28 904	5 322	390	40 137	22 291	13 694
97	天津大站集团有限公司	14 720	2 944	591	27 860	15 370	16 824
98	天津精通控制仪表技术有限公司	8 370	2 723	207	9 474	8 124	5 580
99	天津市北方阀门控制设备有限公司	3 426	1 505	97	5 148	5 012	3 681
100	天津市开源第三阀门有限公司	10 100	1 544	236	3 420	9 894	8 720
101	天胜阀门集团有限公司	12 870	2 170	242	14 320	12 139	9 138
102	铁岭阀门(集团)特种阀门有限责任公司	29 788	10 831	354	20 709	28 611	22 660
103	铜陵市兴达阀门总厂	6 291	1 661	139	11 091	10 818	8 518
104	温州先锋阀门有限公司	751	140	28	500	699	611
105	吴江市东吴机械有限责任公司	5 825	2 396	203	18 445	6 674	3 174
106	吴江市永胜密封制品有限公司	1 068	213	80	1 569	880	736
107	五洲阀门有限公司	52 458	9 054	386	52 165	52 135	35 748
108	武汉阀门水处理机械股份有限公司	6 578	1 316		96 304	6 789	5 789
109	武汉锅炉集团阀门有限责任公司	9 250	4 948	265	28 912	9 078	7 020
110	西安泵阀总厂有限公司	26 422	4 941	608	48 550	23 789	16 227
111	扬中市阀门厂有限公司	18 210	5 113	326	13 321	18 239	14 204
112	扬州电力设备修造厂	37 865	10 142	460	30 045	36 678	26 655

（续）

序号	企业名称	工业总产值（万元）	工业增加值（万元）	从业人员平均人数（人）	年末资产总额（万元）	主营业务收入（万元）	主营业务成本（万元）
113	扬州双良阀门有限公司	8 823	1 826	252	15 607	8 932	7 900
114	阳泉阀门股份有限公司	7 893	2 083	402	14 622	16 088	13 551
115	永康市良工阀门有限公司	2 545	432	140	2 854	2 535	2 221
116	永隆阀门有限公司	10 610	1 821	289	8 224	10 560	9 151
117	永一阀门集团有限公司	21 923	4 387	406	32 690	21 935	17 706
118	远大阀门集团有限公司	85 908	34 363	3 200	44 353	109 695	91 962
119	浙江宝龙阀门制造有限公司	7 145	6 237	155	7 766	7 381	6 300
120	浙江超达阀门股份有限公司	44 187	11 867	480	38 134	43 144	34 790
121	浙江盾安阀门有限公司	68 990	11 564	1 627	74 137	68 570	54 231
122	浙江高中压阀门有限公司	10 347	3 187	183	11 830	10 332	8 129
123	浙江石化阀门有限公司	63 826	18 675	269	45 306	57 156	45 612
124	镇江市铸造阀门厂有限公司	30 622	9 217	440	20 782	29 553	24 921
125	郑州华泰特阀有限公司	10 510	3 500	175	7 056	9 908	8 251
126	郑州市郑蝶阀门有限公司	40 489	8 098	463	64 330	38 973	23 613
127	中核苏阀科技实业股份有限公司	82 905	21 390	961	173 392	80 638	58 015
128	中南焦作氨阀股份有限公司	4 565	718	250	5 951	5 059	4 109
129	四川飞球(集团)有限责任公司	14 534	4 750	513	37 978	23 133	18 329
130	自贡新地佩尔阀门有限公司	6 225	2 111	107	5 336	6 224	4 593
131	上海耐莱斯·詹姆斯伯雷阀门有限公司	29 313	5 862	293	36 700	28 029	22 394
132	上海明珠阀门制造有限公司	13 526	2 720			12 789	11 225
133	宣达实业集团有限公司	39 308	7 039	441	32 318	38 512	31 382
134	江苏苏盐阀门机械有限公司	66 235	15 483	1 210	50 771	65 939	53 649
135	黄山良业阀门有限公司	3 800	560	91	2 780	3 500	2 690
136	上海阀门五厂有限公司	9 520		142	11 182	9 667	7 322
137	挺宇集团有限公司	24 805	4 861	208	30 646	24 805	19 944
138	上海开维喜阀门集团有限公司	64 026			92 298	60 455	36 229
139	上海一核阀门制造有限公司	10 774	3 700	155	17 860	10 482	6 999

2012年中国通用机械工业协会阀门分会会员单位经济效益指标

序号	企业名称	经济效益综合指数（%）	总资产贡献率（%）	资本保值增值率（%）	资产负债率（%）	流动资产周转率（次）	成本费用利润率（%）	全员劳动生产率（元/人）	产品销售率（%）
1	安徽方兴实业(集团)有限公司	282.5	16.5	179.7	39.6	6.4	4.8	200 328	98.3
2	安徽省白湖阀门厂有限责任公司	123.5	10.7	156.8	55.8	1.1	5.5	42 130	99.2

（续）

序号	企 业 名 称	经济效益综合指数（%）	总资产贡献率（%）	资本保值增值率（%）	资产负债率（%）	流动资产周转率（次）	成本费用利润率（%）	全员劳动生产率（元/人）	产品销售率（%）
3	安徽省屯溪高压阀门有限公司	247.8	15.6	126.1	52.3	1.8	10.1	199 024	100.0
4	鞍山亨通阀门有限公司	87.6	3.6	101.4	64.1	0.3	1.6	58 190	88.1
5	百强阀门集团有限公司	509.2	9.3	13.3	91.8	0.1	22.5	640 422	98.8
6	保一集团有限公司	162.5	11.4	114.5	42.1	1.9	5.1	102 727	99.5
7	北京航天石化技术装备工程公司	481.4	25.6	124.3	53.2	1.0	15.7	533 935	89.9
8	北京市阀门总厂（集团）有限公司	256.6	20.3	114.2	52.6	1.8	8.7	215 413	78.9
9	伯特利阀门集团有限公司	305.6	14.1	109.0	47.7	1.9	9.8	304 522	95.0
10	长春高中压阀门有限责任公司	141.6	4.7	71.3	55.7	1.4	3.1	118 485	100.1
11	常州贝斯特控制设备有限公司	115.5	12.1	99.3	60.3	1.3	3.3	50 488	92.0
12	常州兰陵阀门控制有限公司	232.9		119.6	20.3	1.5	10.4	226 082	99.1
13	成都乘风阀门控股集团有限公司	327.5	13.1	116.9	56.6	0.8	11.5	349 143	96.8
14	成都航利阀门成套设备有限公司	193.4	-4.3	80.3	60.8	0.8	-11.3	336 545	75.2
15	承德高中压阀门管件集团有限公司	307.7	25.4	100.8	16.4	5.0	7.6	238 120	95.8
16	大连大高阀门股份有限公司	353.9	8.8	114.3	59.6	0.9	12.2	395 957	112.4
17	大连弹簧有限公司	294.7	15.3	95.3	41.3	0.7	23.2	218 794	107.4
18	大众阀门集团有限公司	245.7	12.1	114.1	37.2	1.4	12.5	200 172	98.4
19	方圆阀门集团有限公司	193.8	12.4	105.8	27.6	1.2	11.4	125 057	98.4
20	甘肃省监狱企业集团兰州阀门有限责任公司	96.7	9.0	111.8	49.0	1.1	4.4	20 150	101.1
21	桂林世通阀门有限责任公司	-65.7	-2.5	-313.3	102.3	0.4	-8.5		91.0
22	哈电集团哈尔滨电站阀门有限公司		7.3	105.5	54.7	0.7	6.8		124.2
23	杭州华惠阀门有限公司	201.8	14.7	116.4	55.5	1.3	7.6	150 426	103.6
24	河北宏业永泰流体机械股份有限公司	161.8	15.2	97.9	26.9	3.0	3.0	89 057	100.0
25	河南航天液压气动技术有限公司	197.3	24.2	109.8	96.3	1.6	10.8	95 224	165.1
26	河南黑马实业有限公司	158.1		109.8	29.7	2.8	3.9	126 917	89.0
27	河南开封高压阀门有限公司	437.6	31.9	133.3	22.7	1.3	36.0	307 496	97.9
28	河南省高山阀门有限公司	313.8	36.2	102.7	31.5	4.8	9.1	206 625	96.1
29	湖北高中压阀门有限责任公司	241.5	14.1	110.4	34.4	1.1	13.5	194 888	60.5
30	湖南鸿远高压阀门有限公司	202.8	22.0	114.7	24.4	1.3	11.4	120 720	39.6
31	华夏阀门有限公司	208.2	12.1	92.3	63.2	0.8	11.0	171 626	65.6
32	环球阀门集团有限公司	256.8	24.1	106.6	42.5	3.9	9.5	161 943	100.1
33	济南玫德铸造有限公司			127.6	17.0	1.5	38.1		99.0
34	江南阀门有限公司	264.1	9.5	95.5	57.2	1.1	7.6	279 211	98.3
35	江苏江恒阀业有限公司	158.6	13.0	101.4	37.1	0.9	6.6	102 331	96.7
36	江苏理想阀门有限公司	240.6	15.3	232.0	18.5	2.7	16.3	114 026	85.5
37	江苏神通阀门股份有限公司		9.0	107.0	27.3	0.5		228 444	95.4
38	江苏应流机械制造有限责任公司	165.3	17.2	125.4	36.3	2.4	9.0	57 424	92.1
39	江苏竹箦阀业有限公司	194.0	36.7	100.0	62.3	2.9	9.2	41 845	87.5
40	开维喜阀门集团有限公司	240.3	15.4	105.2	31.4	1.7	10.4	192 140	94.9
41	凯泰阀门（集团）有限公司	266.3	9.5	99.6	49.0	1.7	2.8	301 542	99.7

（续）

序号	企业名称	经济效益综合指数（%）	总资产贡献率（%）	资本保值增值率（%）	资产负债率（%）	流动资产周转率（次）	成本费用利润率（%）	全员劳动生产率（元/人）	产品销售率（%）
42	昆山维萨阀门有限公司	132.8	14.6	100.1	64.9	2.5	1.5	61 862	100.0
43	兰州高压阀门有限公司	205.0	5.6	125.7	65.0	1.7	4.8	196 401	95.8
44	乐山长仪阀门制造有限公司	271.4	14.3	115.7	33.6	0.8	18.8	210 781	83.1
45	雷蒙德（北京）阀门制造有限公司	398.1	13.2	134.0	37.7	1.0	19.7	406 274	100.0
46	南方阀门制造有限公司	394.3	11.9	110.3	54.8	0.8	8.0	484 640	99.6
47	南京华宁阀门有限公司	154.1	3.8	91.1	35.0	1.5	1.7	146 612	92.5
48	南通高中压阀门有限公司	123.1	4.2	92.9	51.3	1.2	1.5	96 687	107.5
49	南通捷瑞阀门有限公司	110.0		90.6	34.2	1.6	2.6	77 712	100.0
50	南通市电站阀门有限公司	247.7	6.2	126.2	66.0	2.1	1.7	277 640	100.0
51	能发伟业铁岭阀门股份有限公司	83.3	1.6	102.4	58.2	0.4	1.8	50 431	101.6
52	宁波一机阀门制造有限公司				30.0		8.8	74 564	98.0
53	蓬莱金创精铸阀业有限公司	121.1		108.7	70.5	0.6	8.8	74 780	97.8
54	青岛高压阀门有限公司	205.5	14.4	105.2	18.0	3.1	7.2	133 918	98.4
55	球豹阀门有限公司	200.8	15.1	119.3	62.3	2.4	5.9	142 425	99.5
56	山东泉城阀门有限公司	87.3		104.4	69.4	1.3	2.3	49 645	94.2
57	山东天成阀门制造有限公司	149.9	8.7	104.1	32.5	1.5	9.1	78 728	83.3
58	山东益都阀门集团股份有限公司	294.2	22.8	109.6	41.5	2.7	7.8	255 556	99.7
59	陕西航天泵阀科技集团有限公司	493.0	63.9	164.3	39.9	3.6	9.9	418 682	98.6
60	上海电力修造总厂有限公司	352.2	10.4	105.8	50.4	1.3	4.1	437 748	99.9
61	上海电站阀门厂	116.6	4.7	102.5	43.9	0.9	3.7	77 188	97.0
62	上海阀门二厂有限公司			98.0	78.1		1.0	38 746	66.7
63	上海高中压阀门股份有限公司	281.2	18.2	168.2	29.6	3.5	4.4	246 419	91.1
64	上海冠龙阀门机械有限公司	176.7	6.9	105.0	64.4	1.2	2.3	174 641	93.4
65	上海凯科阀门制造有限公司	282.7	21.4	115.1	34.1	1.6	13.9	222 248	95.1
66	上海康泉阀门有限公司	160.4	13.8	109.6	28.4	1.6	8.5	79 079	93.2
67	上海科科阀门集团有限公司	172.1	8.1	153.0	31.2	2.0	6.7	108 860	104.9
68	上海良工阀门厂有限公司	166.8	5.7	81.8	61.0	1.9	1.6	156 307	103.1
69	上海耐腐阀门集团有限公司	115.1	7.1	104.2	42.3	1.4	1.3	71 708	100.0
70	上海双高阀门（集团）有限公司	263.8	22.8	108.4	6.0	2.7	8.9	200 699	96.6
71	上海希希埃动力控制设备有限公司	131.9		96.9	37.6	0.6	8.2	97 297	84.7
72	上海远高阀业（集团）有限公司	333.7	28.8	86.6	37.2	3.0	10.3	309 929	0.0
73	上海增欣机电设备制造有限公司		23.4	150.0	66.3	2.2	17.6		100.0
74	上海正丰阀门制造有限公司	139.3		76.8	46.9	1.4	7.2	107 042	83.3
75	上海自动化仪表股份有限公司自动化仪表七厂	88.8	2.2	100.6	64.4	0.6	0.6	62 185	107.4
76	上正阀门集团有限公司	139.3		76.8	46.9	1.4	7.2	107 042	83.3
77	沈阳盛世高中压阀门有限公司	336.2	0.4		6.2	1.2	3.1	105 930	97.7
78	慎江阀门有限公司			128.2	63.3	1.4	3.9		94.7
79	石家庄阀门一厂股份有限公司	202.5	21.0	105.4	7.7	0.8	8.2	159 060	91.4
80	石家庄三环阀门股份有限公司	139.4	5.9	101.0	63.7	0.9	3.3	117 794	85.3

（续）

序号	企 业 名 称	经济效益综合指数（%）	总资产贡献率（%）	资本保值增值率（%）	资产负债率（%）	流动资产周转率（次）	成本费用利润率（%）	全员劳动生产率（元/人）	产品销售率（%）
81	石家庄市长宏阀门有限公司	102.1	8.6	97.0	68.0	1.4	1.8	48 276	99.6
82	四川广汉阀门厂	149.9	13.5	94.5	33.4	2.3	7.7	59 333	93.8
83	四川精控阀门制造有限公司	135.4		101.3	42.2	1.6	5.5	100 541	94.6
84	四川凯茨阀门制造有限公司	257.9	17.8	99.7	56.8	1.8	8.7	223 929	95.7
85	苏州奥村阀门有限公司	120.4	2.8	103.2	35.4	2.0	2.8	76 316	98.1
86	苏州道森阀门有限公司	181.8	3.8	110.1	63.4	2.2	2.7	175 860	77.1
87	苏州德兰能源科技有限公司	203.5	6.1	181.0	53.5	0.4	15.1	136 778	89.3
88	苏州高中压阀门厂有限公司	150.2	2.7	177.7	50.9	1.1	0.5	137 233	99.2
89	苏州工业园区思达德阀门有限公司	149.2	6.7	112.4	58.2	1.7	5.9	94 148	98.4
90	苏州纽威阀门股份有限公司	348.6	16.4	112.9	60.0	1.1	20.6	315 016	83.7
91	苏州市燃气设备阀门制造有限公司	197.2	14.1	113.2	68.2	1.9	3.0	169 815	96.3
92	泰科流体控制（上海）有限公司		-0.1	-26.5	99.0	0.8	-1.8		95.6
93	泰州市光宇阀业有限公司	378.4	27.5	121.0	31.3	9.5	6.6	275 294	98.6
94	特福隆集团有限公司	427.5	28.1	121.7	51.8	2.2	15.3	419 646	97.7
95	天津百利二通机械有限公司			155.0	69.0	1.2		187 257	122.4
96	天津百利展发集团有限公司	134.7	14.1	-490.4	65.9	0.8	15.6	136 462	101.4
97	天津大站集团有限公司	84.5		94.0	76.8	1.0	2.9	49 814	106.1
98	天津精通控制仪表技术有限公司	166.6		88.4	48.7	1.0	11.4	131 546	75.7
99	天津市北方阀门控制设备有限公司	243.2	21.5	135.6	32.8	1.3	12.3	155 155	146.3
100	天津市开源第三阀门有限公司	213.0	32.2	109.4	19.2	4.9	6.8	65 424	98.0
101	天胜阀门集团有限公司	148.3	11.4	105.1	41.0	2.0	3.7	89 669	98.6
102	铁岭阀门（集团）特种阀门有限责任公司	317.2	19.8	116.9	32.3	2.5	7.7	305 960	100.0
103	铜陵市兴达阀门总厂	198.0	13.3	143.6	19.2	1.7	10.5	119 496	99.0
104	温州先锋阀门有限公司			94.4	32.4	1.8		50 000	87.8
105	吴江市东吴机械有限责任公司	190.1	9.4	111.1	44.7	0.8	13.6	118 030	114.6
106	吴江市永胜密封制品有限公司			103.1	37.6	1.2		26 625	82.4
107	五洲阀门有限公司	343.5	29.1	140.5	35.5	3.2	19.0	234 560	98.3
108	武汉阀门水处理机械股份有限公司				0.9	2.3	5.6		116.3
109	武汉锅炉集团阀门有限责任公司	162.1		109.2	92.7	0.4	4.0	186 717	98.5
110	西安泵阀总厂有限公司				71.4		7.2	81 266	101.0
111	扬中市阀门厂有限公司	213.1	18.2	99.0	45.0	2.6	5.1	156 840	100.2
112	扬州电力设备修造厂	216.3	13.0	101.3	46.2	1.5	1.2	220 478	98.3
113	扬州双良阀门有限公司	100.0	1.5	100.7	42.9	1.3	0.3	72 460	101.2
114	阳泉阀门股份有限公司	99.8	6.1	121.5	87.6	1.4	2.9	51 821	90.4
115	永康市良工阀门有限公司	115.5	11.9	108.2	51.5	1.9	4.3	30 857	99.6
116	永隆阀门有限公司	136.5	9.9	101.8	33.0	2.7	3.6	63 010	99.5
117	永一阀门集团有限公司	145.7	5.8	94.2	42.2	1.6	4.2	108 054	100.1
118	远大阀门集团有限公司	256.9	36.3	112.1	53.6	3.7	12.6	107 384	99.4
119	浙江宝龙阀门制造有限公司	341.4	13.4	101.0	57.3	1.7	4.3	402 387	103.3

（续）

序号	企业名称	经济效益综合指数（%）	总资产贡献率（%）	资本保值增值率（%）	资产负债率（%）	流动资产周转率（次）	成本费用利润率（%）	全员劳动生产率（元/人）	产品销售率（%）
120	浙江超达阀门股份有限公司	259.6	13.0	108.4	32.5	1.6	7.9	247 229	97.7
121	浙江盾安阀门有限公司	107.5		105.4	75.5	1.4	4.2	71 076	99.3
122	浙江高中压阀门有限公司	197.7	10.5	114.5	65.5	1.1	5.9	174 153	99.9
123	浙江石化阀门有限公司	546.8	19.1	107.3	59.6	1.6	9.6	694 238	89.6
124	镇江市铸造阀门厂有限公司	274.3	25.4	137.1	45.0	3.0	7.1	209 477	98.0
125	郑州华泰特阀有限公司	279.9	23.2	146.2	10.1	2.5	12.3	200 000	94.3
126	郑州市郑蝶阀门有限公司				20.9		11.8	174 903	100.3
127	中核苏阀科技实业股份有限公司	222.7	5.6	106.6	40.9	0.8	8.0	222 581	97.1
128	中南焦作氨阀股份有限公司	137.8		397.5	46.4	2.0	5.6	28 724	107.4
129	四川飞球（集团）有限责任公司	146.1	7.8	95.3	88.7	0.6	7.1	92 593	194.2
130	自贡新地佩尔阀门有限公司	260.4	19.3	115.8	35.2	2.0	11.8	197 290	100.2
131	上海耐莱斯·詹姆斯伯雷阀门有限公司		4.6		35.2	1.3	1.2	200 068	95.6
132	上海明珠阀门制造有限公司			105.8	35.2	2.5	2.9		94.6
133	宣达实业集团有限公司	218.2	18.5	118.0	59.7	1.6	8.0	159 615	98.0
134	江苏苏盐阀门机械有限公司	250.2	26.2	118.9	22.8	3.6	12.5	127 959	99.6
135	黄山良业阀门有限公司	146.7	18.1	111.8	23.2	2.2	5.5	61 538	92.1
136	上海阀门五厂有限公司	115.2	1.3	110.0	43.8	1.4	8.7		101.5
137	挺宇集团有限公司	129.3	8.8	75.6	40.1	1.0	6.5	233 702	100.0
138	上海开维喜阀门集团有限公司	146.3		39.5	94.4		10.5		99.5
139	上海一核阀门制造有限公司	127.2	8.2	117.9	59.9	0.7	14.1	238 710	97.8

2012年中国通用机械工业协会压缩机分会会员单位经济指标

序号	企业名称	工业总产值（万元）	工业增加值（万元）	从业人员平均人数（人）	年末资产总额（万元）	主营业务收入（万元）	主营业务成本（万元）
1	南京压缩机股份有限公司	12 806	5 420	548	39 483	12 364	7 545
2	红五环集团股份有限公司	96 544	25 038	1 320	58 972	112 541	103 254
3	江阴开益特种压缩机有限公司	6 578	1 248	201	3 614	6 573	5 244
4	沈阳透平机械股份有限公司往复机事业部	66 936	12 460	372	88 325	61 127	46 904
5	四川金星压缩机制造有限公司	43 167	9 497	481	47 910	42 120	32 484
6	自贡东方通用压缩机有限公司	11 528	896	267	9 006	11 201	8 806
7	北京金凯威通用机械有限公司	11 420	4 142	55	8 437	9 760	7 823
8	宁波德曼压缩机有限公司	5 826	1 291	150	3 869	5 835	4 413
9	江苏超力机械有限公司	28 500	8 311	192	19 597	28 167	26 097
10	上海优耐特斯压缩机有限公司	17 223	4 391	116	17 007	17 635	12 275

（续）

序号	企业名称	工业总产值（万元）	工业增加值（万元）	从业人员平均人数（人）	年末资产总额（万元）	主营业务收入（万元）	主营业务成本（万元）
11	上海东方压缩机制造有限公司	7 903	1 194	92	12 588	7 117	6 100
12	马鞍山正棱压缩机有限责任公司	280	65	61	2 226	173	127
13	江西气体压缩机有限公司	13 789	2 228	598	19 444	13 131	11 012
14	无锡压缩机股份有限公司	39 500	4 537	830	83 551	63 987	54 672
15	杭州杭氧压缩机有限公司	7 481	2 391	156	13 110	7 495	5 683
16	柳州柳二空机械股份有限公司	2 349	611	272	40 166	2 478	1 789
17	山东省潍坊生建集团	59 053	13 724	1 370	78 219	62 663	52 170
18	四川大川压缩机有限责任公司	50 634	13 854	731	31 874	39 234	32 262
19	上海飞和实业集团有限公司	87 095	26 023	520	58 003	74 440	52 394
20	四川南方气体压缩机公司	2 019	834	53	810		
21	中国人民解放军第四八一二工厂	16 493	8 814	724	25 172		
22	台州环天机械有限公司	16 758	11 040	350	20 936	13 275	10 651
23	北京京城压缩机有限公司	45 418	5 645	453	66 121	72 156	53 695
24	上海东方威尔压缩机有限公司	2 211	723	53	4 247	2 192	1 737
25	柳州压缩机总厂	6 679	1 988	503	20 792	4 857	4 283
26	河北省吴桥空压机有限责任公司	2 592	624	121	3 150	2 155	1 780
27	济南压缩机厂有限公司	3 623	1 158	312	7 269	3 319	2 380
28	上海大隆机器厂有限公司	39 704	12 484	499	43 940	51 118	43 561
29	大连金山压缩机制造有限公司	2 320	676	80	3 921	2 250	1 883
30	重庆气体压缩机厂有限责任公司	20 482	5 942	646	34 423	19 098	14 193
31	余姚捷华压缩机有限公司	1 532	305	92	4 122	1 173	850
32	长春天航特种材料有限责任公司	977	330	55	963	755	680
33	北京天高隔膜压缩机有限公司	1 447	341	53	1 826	1 377	1 155
34	江西惟思特科技发展有限公司	1 660	498	118	24 521	360	47
35	姜堰市华宇轴瓦有限公司	1 453	395	68	1 413	1 291	803
36	沈阳申元气体压缩机有限责任公司	13 590	2 105	300	13 634	13 590	11 073
37	九江恒升曲轴有限公司	1 630	366	86	6 482		
38	宁波超超安全阀制造有限公司	7 024	1 484	190	7 030	6 702	4 800
39	宁波鲍斯能源装备股份有限公司	24 040	9 280	383	32 299	21 903	13 523
40	山西正华压缩机制造有限公司	1 493	993	370	7 841	1 102	1 010
41	温岭市鑫磊空压机有限公司	40 708	12 212	762	38 316	31 190	26 612
42	自贡通达机器制造有限公司	50 681	20 539	432	53 445	51 610	36 640
43	上海佳力士机械有限公司	20 331	7 798	278	22 603	18 153	14 423
44	温州固耐化机制造有限公司	30 000	28 381	430	18 447	24 000	6 704
45	济南格蓝压缩机有限公司	3 000	1 316	300	4 919	2 200	1 474
46	阜新金昊空压机有限公司	26 843	9 065	261	16 063	17 583	11 913
47	北京汇知机电设备有限责任公司	1 800	644	52	712	1 835	1 556
48	无锡锡山安达防暴电器设备有限公司	6 797	1 411	116	7 220	6 778	5 167
49	托格(上海)压缩机有限公司	3 800	1 084	60	3 140	2 569	1 809
50	扬州市云环压缩机部件有限公司	1 074	328	56	690	978	802
51	浙江鸿友压缩机制造有限公司	19 054	3 784	410	14 597	18 505	16 632
52	烟台蓝星压缩机有限公司	420	126	62	2 883	425	301
53	宁波欣达螺杆压缩机有限公司	8 500	6 671	182	7 714	8 370	6 016
54	无锡杰尔压缩机有限公司	2 500	1 593	35	7 042	2 143	663
55	杭州浙南压缩机有限公司	3 215	965	27	2 724		

（续）

序号	企业名称	工业总产值（万元）	工业增加值（万元）	从业人员平均人数（人）	年末资产总额（万元）	主营业务收入（万元）	主营业务成本（万元）
56	天津市空气压缩机有限公司	5 500	1 650	120	3 935	4 478	4 221
57	南京华冠压缩机有限公司	7 808	1 562	126	21 884	7 745	5 966
58	广东正力精密机械有限公司	22 000	6 610	300	13 921	19 800	10 074
59	苏州鸿本机械制造有限公司	31 621	29 063	582	26 040	32 166	28 989
60	上海盛怡压缩机有限公司	4 218	1 284	44	2 406	2 433	2 045
61	余姚市大隆空压机配件有限公司	1 224	553	90	1 794	1 031	673
62	中国石油集团济柴动力总厂	48 149	12 622	785	78 987	49 924	42 927
63	苏州通润驱动设备股份有限公司	110 780	12 745	446	88 554	110 780	96 178
64	上海浪潮机器有限公司	12 261	3 188	317	16 014	10 790	7 603
65	江苏锡安达防爆股份有限公司	39 122	11 345	427	45 073	38 144	0
66	自贡山川气体压缩机有限公司	3 578	1 167	241	5 012	3 690	3 078
67	博莱特（上海）压缩机有限公司	35 968	11 603	273	20 634	35 006	27 196
68	江苏恒久机械有限公司	1 200	494	130	24 586	1 098	811
69	自贡机一装备制造有限公司	21 566	7 793	346	30 554	25 147	19 671
70	江苏劲风压缩机制造有限公司	1 500	533	95	1 681	1 005	736
71	耐力压缩机（北京）有限公司	9 590	8 550	200	7 843	9 590	7 355
72	上海江州化工机械有限公司	1 200	416	30	1 052	823	456
73	浙江威雷特电气有限公司	1 147	715	60	4 847	1 015	850
74	柳州市金象机械制造有限公司	23	4	14	275	22	20
75	上海斯可络压缩机有限公司	21 027	6 308		1 484	16 506	11 494
76	沈阳远大压缩机股份有限公司	76 093	20 153	507	79 983	62 889	45 274
77	扬州宝华气阀有限公司	1 215	372	80	1 187	1 215	1 008
78	德斯兰压缩机（上海）有限公司	11 236	2 806	83	9 066	10 689	8 773

2012年中国通用机械工业协会压缩机分会会员单位经济效益指标

序号	企业名称	经济效益综合指数（%）	总资产贡献率（%）	资本保值增值率（%）	资产负债率（%）	流动资产周转率（次）	成本费用利润率（%）	全员劳动生产率（元/人）	产品销售率（%）
1	南京压缩机股份有限公司	106.0	3.9	101.4	78.6	1.0	−0.8	98 905	90.8
2	红五环集团股份有限公司	202.8	9.4	79.1	72.5	3.0	1.5	189 682	116.6
3	江阴开益特种压缩机有限公司	132.2	13.7	89.4	72.1	3.2	0.9	62 090	100.0
4	沈阳透平机械股份有限公司往复机事业部	301.1	6.5	288.5	94.4	0.8	6.9	334 946	85.2
5	四川金星压缩机制造有限公司	217.5	9.4	99.8	61.6	1.0	8.6	197 449	97.0
6	自贡东方通用压缩机有限公司	96.0	9.2	87.1	76.5	1.7	2.8	33 558	93.0
7	北京金凯威通用机械有限公司	539.9	8.6	129.7	53.4	1.7	2.7	753 091	85.5
8	宁波德曼压缩机有限公司	173.6	18.0	111.2	34.1	2.8	5.4	86 073	99.7
9	江苏超力机械有限公司	355.3	9.9	90.0	67.4	1.8	5.6	432 865	98.8

（续）

序号	企业名称	经济效益综合指数（%）	总资产贡献率（%）	资本保值增值率（%）	资产负债率（%）	流动资产周转率（次）	成本费用利润率（%）	全员劳动生产率（元/人）	产品销售率（%）
10	上海优耐特斯压缩机有限公司	396.1	22.6	110.9	34.8	1.2	19.1	378 534	102.4
11	上海东方压缩机制造有限公司	150.7	4.2	108.6	72.3	0.6	5.5	129 783	105.4
12	马鞍山正棱压缩机有限责任公司	57.3	2.8	103.6	48.0	0.4	1.0	10 656	88.6
13	江西气体压缩机有限公司	82.1	4.5	102.0	69.7	1.0	1.4	37 258	94.0
14	无锡压缩机股份有限公司	75.1	1.6	86.9	69.8	0.9	-3.4	54 663	162.0
15	杭州杭氧压缩机有限公司	152.6	5.0	104.3	70.1	0.9	1.4	153 269	100.0
16	柳州柳二空机械股份有限公司	−17.6	−0.9	95.2	80.2	0.1	−16.5	22 463	96.5
17	山东省潍坊生建集团	131.3	6.0	123.2	64.4	1.1	2.1	100 175	104.4
18	四川大川压缩机有限责任公司	194.9	10.8	93.9	81.8	1.8	3.1	189 521	95.3
19	上海飞和实业集团有限公司	482.9	25.6	108.2	19.2	3.6	15.4	500 442	85.5
20	四川南方气体压缩机公司	205.7	17.1	153.7	25.4	1.9	4.9	157 358	62.3
21	中国人民解放军第四八一二工厂	131.4	3.6	93.3	66.5	0.9	1.8	121 740	95.9
22	台州环天机械有限公司	262.6	6.4	181.2	78.0	1.4	1.1	315 429	79.2
23	北京京城压缩机有限公司	188.4	14.0	108.2	39.6	1.5	8.8	124 614	91.0
24	上海东方威尔压缩机有限公司	441.3	5.9		22.7	0.9	5.2	136 415	99.1
25	柳州压缩机总厂	−76.8	−4.7	94.8	61.5	0.2	−33.8	39 523	70.9
26	河北省吴桥空压机有限责任公司	116.0	5.7	162.2	64.1	2.5	1.0	51 570	100.5
27	济南压缩机厂有限公司	55.1	1.0	97.0	45.4	0.7	−3.5	37 115	91.9
28	上海大隆机器厂有限公司	163.4	−5.7	58.8	81.4	1.4	−5.8	250 178	128.8
29	大连金山压缩机制造有限公司	116.1	7.5	99.5	83.5	1.7	0.8	84 500	97.0
30	重庆气体压缩机厂有限责任公司	110.0	3.0	100.6	49.5	0.8	0.8	91 981	93.4
31	余姚捷华压缩机有限公司	−3.2	0.4	85.0	66.9	0.6	−16.2	33 152	75.0
32	长春天航特种材料有限责任公司	325.6	36.1	216.7	81.1	1.3	22.2	59 927	97.3
33	北京天高隔膜压缩机有限公司	107.4	7.1	109.1	79.1	0.9	3.3	64 340	95.2
34	江西惟思特科技发展有限公司	126.8	0.1	95.0	66.7	0.1	3.3	42 203	39.8
35	姜堰市华宇轴瓦有限公司	224.0	28.8	87.9	66.8	1.7	22.4	58 147	88.8
36	沈阳申元气体压缩机有限责任公司	119.5	5.9	62.3	58.1	1.5	4.5	70 178	100.0
37	九江恒升曲轴有限公司	158.2	7.6	139.6	19.6	0.5	18.0	42 558	104.9
38	宁波超超安全阀制造有限公司	147.7	11.9	108.0	35.3	1.1	7.3	78 106	98.1
39	宁波鲍斯能源装备股份有限公司	376.4	25.9	141.5	47.4	2.4	30.4	242 298	91.1
40	山西正华压缩机制造有限公司	15.7	0.1	103.6	77.5	0.5	−8.6	26 838	47.4
41	温岭市鑫磊空压机有限公司	385.3	5.4	19.7	91.5	1.3	4.5	160 268	78.6
42	自贡通达机器制造有限公司	416.5	27.7	102.7	79.4	1.8	6.9	475 440	98.8
43	上海佳力士机械有限公司	267.5	9.9	107.1	38.8	1.4	7.2	280 504	89.3
44	温州固耐化机制造有限公司	520.4	12.2		100.0	1.1	20.2	660 023	80.0
45	济南格蓝压缩机有限公司	86.7	3.3	122.7	54.4	1.1	1.3	43 867	73.3
46	阜新金昊空压机有限公司	335.9	18.9	25.5	70.9	1.4	13.5	347 318	100.0
47	北京汇知机电设备有限责任公司	171.6	7.7	119.4	12.8	4.1	0.1	123 846	100.0
48	无锡锡山安达防暴电器设备有限公司	155.2	9.8	103.7	83.6	1.3	4.8	121 638	100.0
49	托格(上海)压缩机有限公司	173.0	5.8	89.1	65.8	1.1	2.1	180 667	87.0
50	扬州市云环压缩机部件有限公司	130.6	16.0	108.1	76.8	2.2	2.6	58 571	92.9
51	浙江鸿友压缩机制造有限公司	125.3	5.5	104.5	70.2	1.6	2.0	92 293	97.1
52	烟台蓝星压缩机有限公司	−13.6	−8.2	124.8	144.0	1.0	−22.6	20 323	119.1
53	宁波欣达螺杆压缩机有限公司	380.0	22.7	114.3	8.7	1.2	16.6	366 538	98.5
54	无锡杰尔压缩机有限公司	360.8	5.2	193.3	46.5	0.5	5.6	455 143	85.7

（续）

序号	企业名称	经济效益综合指数（%）	总资产贡献率（%）	资本保值增值率（%）	资产负债率（%）	流动资产周转率（次）	成本费用利润率（%）	全员劳动生产率（元/人）	产品销售率（%）
55	杭州浙南压缩机有限公司		7.6		29.9	3.5		357 222	88.9
56	天津市空气压缩机有限公司	383.2	11.7	111.4	25.7	1.2	7.4	137 500	81.4
57	南京华冠压缩机有限公司	160.8	4.2	92.2	55.7	0.6	9.2	123 968	99.2
58	广东正力精密机械有限公司	501.0	6.4	31.0	91.0	1.5	0.6	220 333	90.0
59	苏州鸿本机械制造有限公司	394.1	8.7	109.7	49.6	2.1	3.7	499 364	101.7
60	上海盛怡压缩机有限公司	612.3	1.7	−47.0	74.6	1.3	0.4	291 886	91.1
61	余姚市大隆空压机配件有限公司	116.4	10.4	106.2	76.1	0.8	4.8	61 444	89.1
62	中国石油集团济柴动力总厂	170.5	6.1	120.3	51.2	1.0	2.6	160 790	104.5
63	苏州通润驱动设备股份有限公司	264.3	9.4	68.6	57.1	2.5	3.7	285 755	100.0
64	上海浪潮机器有限公司	291.8	2.0	48.2	44.6	0.7	4.4	100 561	88.0
65	江苏锡安达防爆股份有限公司	278.4	15.0	105.1	27.2	1.5	9.3	265 691	97.5
66	自贡山川气体压缩机有限公司	107.6	5.2	106.0	46.2	1.5	3.7	48 423	103.4
67	博莱特（上海）压缩机有限公司	[illegible]	[illegible]	105.1	54.0	2.3	5.9	125 018	98.8
68	江苏恒久机械有限公司	129.9	1.3	106.0	22.3	0.1	16.4	37 996	116.5
69	自贡机一装备制造有限公司	318.1	25.3	134.3	58.1	1.4	20.5	225 219	97.1
70	江苏劲风压缩机制造有限公司	117.9	9.2	101.4	38.7	0.7	6.4	56 105	73.3
71	耐力压缩机（北京）有限公司	443.3	22.9	148.0	38.9	2.4	19.3	427 510	100.0
72	上海江州化工机械有限公司	429.8	29.2	111.3		1.0	16.7	138 667	68.6
73	浙江威雷特电气有限公司	140.2	5.7	101.0	65.2	0.3	4.5	119 167	100.0
74	柳州市金象机械制造有限公司	12.3	−0.4	100.0	107.3	0.2	−4.8	2 857	100.0
75	上海斯可络压缩机有限公司		15.8	−81.5	480.9	1.8	5.4		78.5
76	沈阳远大压缩机股份有限公司	387.8	16.9	136.1	63.8	1.3	16.5	397 495	82.7
77	扬州宝华气阀有限公司	93.0	6.9	103.8	77.4	1.5	0.9	46 463	100.0
78	德斯兰压缩机（上海）有限公司	325.9	14.8	115.9	34.7	2.1	8.7	338 072	95.1

2012年中国通用机械工业协会真空设备分会会员单位经济指标

序号	企业名称	工业总产值（万元）	工业增加值（万元）	从业人员平均人数（人）	年末资产总额（万元）	主营业务收入（万元）	主营业务成本（万元）
1	中山凯旋真空技术工程有限公司	15 029	10 536	215	17 317	13 294	10 394
2	成都南光机器有限公司	7 755	1 284	412	32 638	7 819	6 410
3	中国科学院沈阳科学仪器股份有限公司	22 816	6 845	308	35 588	16 209	10 827
4	兰州真空设备有限责任公司	18 778	7 095	574	16 290	18 740	13 195
5	北京北仪创新真空技术有限责任公司	5 227	709	377	21 227	4 838	3 033
6	杭州华达喷射真空设备有限公司	5 972	1 625	80	6 866	4 313	2 823
7	承德真空设备制造有限公司	5 586	2 849	207	28 671	5 732	5 097
8	宁波市仪表阀门厂	3 278	1 755	103	1 030	3 201	2 286
9	泰兴新型工业泵厂	2 300	468	70	2 074	1 425	1 051

（续）

序号	企 业 名 称	工业总产值（万元）	工业增加值（万元）	从业人员平均人数（人）	年末资产总额（万元）	主营业务收入（万元）	主营业务成本（万元）
10	浙江求是真空设备制造有限公司	2 160	839	45	1 571	2 009	1 497
11	北京中科科仪股份有限公司	18 696	8 687	390	35 869	17 651	12 808
12	沈阳恒星实业有限公司	3 580	1 017	177	7 913	957	731
13	博山精工泵业有限公司	6 788	2 366	130	8 610	6 319	4 738
14	川北真空科技（北京）有限公司	9 800	8 925	180	8 705	9 337	3 741
15	长沙鼓风机厂有限责任公司	22 343	5 493	947	28 430	24 695	16 987
16	湘潭宏大真空技术股份有限公司	69 874	24 456		11 678	16 825	11 221
17	广东省佛山水泵厂有限公司	87 840	30 180	946	78 248	89 657	62 778
18	锦州航星真空设备有限公司	2 818	2 449	135	4 777	2 140	1 875
19	台州市椒江真空设备制造有限公司	7 705	2 031	149	6 821	7 003	5 587
20	沈阳蓝菱真空设备制造有限公司	7 260	2 615	210	2 360	6 950	5 600
21	淄博水环真空泵厂有限公司	80 933	25 573	1 482	149 591	65 922	55 131
22	浙江真空设备集团有限公司	10 016	3 239	450	18 635	8 520	5 803
23	淄博真空设备厂有限公司	9 715	3 146	375	10 024	11 500	8 506

2012 年中国通用机械工业协会真空设备分会会员单位经济效益指标

序号	企 业 名 称	经济效益综合指数（%）	总资产贡献率（%）	资本保值增值率（%）	资产负债率（%）	流动资产周转率（次）	成本费用利润率（%）	全员劳动生产率（元/人）	产品销售率（%）
1	中山凯旋真空技术工程有限公司	416.4	10.4	141.3	65.5	0.9	12.8	490 047	100.0
2	成都南光机器有限公司	79.9	3.1	103.6	65.4	0.5	3.9	31 165	85.6
3	中国科学院沈阳科学仪器股份有限公司	277.5	8.2	118.7	47.2	0.6	22.3	222 240	71.0
4	兰州真空设备有限责任公司	181.0	13.5	107.9	49.3	2.2	5.2	123 606	98.8
5	北京北仪创新真空技术有限责任公司	−6.7	−2.9	46.2	59.4	0.4	−12.7	18 806	96.7
6	杭州华达喷射真空设备有限公司	258.0	12.9	110.5	15.1	0.9	17.4	203 125	72.2
7	承德真空设备制造有限公司	92.2	0.1	93.9	73.1	0.3	−7.3	137 628	94.4
8	宁波市仪表阀门厂	284.9	50.9	109.9	34.5	2.0	7.1	170 388	98.1
9	泰兴新型工业泵厂	121.9	8.4	159.6	34.3	1.4	2.2	66 857	73.7
10	浙江求是真空设备制造有限公司	432.1	19.3	131.1	21.4	1.9	8.8	186 444	93.0
11	北京中科科仪股份有限公司	260.2	11.7	108.2	35.5	1.0	14.7	222 744	87.2
12	沈阳恒星实业有限公司	−118.3	−8.2	27.3	96.6	0.2	−41.7	57 469	100.0
13	博山精工泵业有限公司	236.7	14.2	109.6	54.3	1.7	11.7	182 000	92.9
14	川北真空科技（北京）有限公司	555.2	35.1	104.5	24.0	1.9	34.8	495 833	97.3
15	长沙鼓风机厂有限责任公司	110.6	8.5	97.9	51.2	1.6	1.3	58 004	105.9
16	湘潭宏大真空技术股份有限公司		59.3	30.5	69.8	1.3	32.1		19.2
17	广东省佛山水泵厂有限公司	318.7	16.3	121.7	39.6	1.6	9.9	319 027	102.1
18	锦州航星真空设备有限公司	60.0	−5.8	74.2	66.3	0.6	−20.0	181 407	79.5
19	台州市椒江真空设备制造有限公司	162.4	8.0	98.8	9.3	1.6	3.0	136 309	90.9

（续）

序号	企业名称	经济效益综合指数（%）	总资产贡献率（%）	资本保值增值率（%）	资产负债率（%）	流动资产周转率（次）	成本费用利润率（%）	全员劳动生产率（元/人）	产品销售率（%）
20	沈阳蓝菱真空设备制造有限公司	671.5	37.2	102.0	67.0		129.8	124 524	97.8
21	淄博水环真空泵厂有限公司	170.9	6.6	124.9	82.1	0.6	3.4	172 557	97.5
22	浙江真空设备集团有限公司	106.8	4.9	116.4	44.9	1.2	0.9	71 978	82.6
23	淄博真空设备厂有限公司	81.8	0.2	0.4	58.7		1.5	83 893	93.6

2012年中国通用机械工业协会干燥设备分会会员单位经济指标

序号	企业名称	工业总产值（万元）	工业增加值（万元）	从业人员平均人数（人）	年末资产总额（万元）	主营业务收入（万元）	主营业务成本（万元）
1	哈尔滨东宇农业工程机械有限公司	6 583	4 624	151	5 301	6 585	5 520
2	石家庄工大化工设备有限公司	53 614	24 893	740	78 974	45 826	34 900
3	常州一步干燥设备有限公司	13 276	11 356	200	4 525	12 805	9 627
4	常州市统一干燥设备有限公司	498	174	15	654	498	436
5	江苏省范群干燥设备厂有限公司	12 115	3 635	200	14 887	9 818	5 869
6	常州市范群干燥设备有限公司	19 017	5 705	236	14 675	18 649	13 387
7	东台市食品机械厂有限公司	14 473	5 140	150	5 734	14 473	12 453
8	青海三四一九干燥设备有限公司	1 015	394	64		1 117	1 037
9	山东天力干燥股份有限公司	33 000	10 326	280	28 000	21 717	17 839
10	上海千山远东制药机械有限公司	3 718	129	168	9 696	3 589	2 425
11	成都倍力干燥设备有限公司	371	130	30	297	371	288

2012年中国通用机械工业协会干燥设备分会会员单位经济效益指标

序号	企业名称	经济效益综合指数（%）	总资产贡献率（%）	资本保值增值率（%）	资产负债率（%）	流动资产周转率（次）	成本费用利润率（%）	全员劳动生产率（元/人）	产品销售率（%）
1	哈尔滨东宇农业工程机械有限公司	253.6	3.7	106.9	68.6	1.5	2.4	306 225	100.0
2	石家庄工大化工设备有限公司	320.0	9.9	116.1	61.6	1.1	12.7	336 392	85.8
3	常州一步干燥设备有限公司	545.5	42.6	152.6	51.9	4.0	9.8	567 800	98.3
4	常州市统一干燥设备有限公司		24.4		65.0	1.8	4.0	116 127	100.0
5	江苏省范群干燥设备厂有限公司		9.6		100.0	1.4	10.5	181 733	101.1
6	常州市范群干燥设备有限公司	604.3	11.3	110.6	34.9	1.8	9.8	241 742	98.1
7	东台市食品机械厂有限公司	400.4	35.2	109.1	59.6	5.9	7.5	342 667	100.0

（续）

序号	企业名称	经济效益综合指数（%）	总资产贡献率（%）	资本保值增值率（%）	资产负债率（%）	流动资产周转率（次）	成本费用利润率（%）	全员劳动生产率（元/人）	产品销售率（%）
8	青海三四一九干燥设备有限公司				59.6		−5.1	61 563	100.0
9	山东天力干燥股份有限公司	873.3	16.6	126.2	37.3	1.0	18.4	368 786	76.7
10	上海千山远东制药机械有限公司		0.4		38.1	1.6	0.1	7 658	96.5
11	成都倍力干燥设备有限公司	127.8	1.0	100.0	80.1	1.8	0.0	43 283	100.0

2012年中国通用机械工业协会减变速机分会会员单位经济指标

序号	企业名称	工业总产值（万元）	工业增加值（万元）	从业人员平均人数（人）	年末资产总额（万元）	主营业务收入（万元）	主营业务成本（万元）
1	德州奥力机械有限公司	7 200		270	5 182	6 200	5 980
2	佛山市星光传动机械有限公司	10 648	2 449	410	5 424	11 284	9 142
3	广东华金合金材料实业有限公司	2 907	895	165	6 709	2 097	1 987
4	广东江门电机股份有限公司	6 172	1 029	454	7 278	5 917	5 130
5	国茂减速机集团有限公司	301 123	28 569	2 353	258 477	301 123	275 753
6	哈尔滨智达测控技术有限公司	1 695	378	29	844	1 695	1 132
7	河北北方减速机有限公司	2 017	146	68	4 301	2 329	1 546
8	江苏迪邦三星轴承有限公司	8 015	1 286	508	18 326	8 512	7 029
9	荆州市巨鲸传动机械有限公司	19 365	5 264	621	35 112	18 296	13 487
10	兰州西腾润工装备制造有限公司	228	120	130	5 878	910	648
11	宁波人和机械轴承有限公司	21 521	4 888	690	12 941	16 898	14 849
12	宁波市莱斯特传动设备制造有限公司	1 782	515	66	1 798	1 707	1 261
13	宁波市浙东变速器有限公司	501	115	20	611	497	427
14	宁波市镇海减变速机制造有限公司	1 040	239	35	910	1 038	748
15	平遥减速器有限责任公司	8 897	1 431	124	20 765	8 152	6 892
16	瑞安市华星减速机实业有限公司	1 254	285	41	968	1 219	1 031
17	山东长征机械设备制造有限公司	7 129	2 102	316	4 750	7 007	5 713
18	山东柳杭减速机有限公司	12 647	1 864	238	8 574	12 015	10 184
19	山西省平遥减速器厂	8 587	1 027	569	11 345	9 422	7 214
20	上海浩耐斯传动机械有限公司	2 293	556	100	2 283	2 256	1 897
21	上海减速机械厂有限公司	2 410	554	110	24 121	2 410	2 001
22	上海永宏减速机械制造有限公司	1 392	220	41	691	1 357	1 165
23	石家庄科一重工有限公司	8 600	3 174	441	12 884	8 417	6 830
24	苏州市优耐特机械制造有限公司	3 222	967	98	3 909	2 756	2 138
25	台州市通宇变速机械有限公司	7 496	1 756	170	4 779	7 481	6 128
26	江苏泰隆减速机股份有限公司	157 124	38 495	3 028	117 077	140 672	96 209
27	泰星减速机股份有限公司	97 869	31 663	2 038	79 821	98 406	73 756
28	天津百利天星传动有限公司	7 998		426	22 791	5 732	5 510
29	温州三联集团有限公司	20 158	5 750	448	31 187	20 029	17 138
30	无锡金辉减速机制造有限公司	1 252	559	85	1 273	2 049	1 869
31	吴桥县志远减速机械有限责任公司	3 000	876	100	2 292	2 221	1 931

（续）

序号	企业名称	工业总产值（万元）	工业增加值（万元）	从业人员平均人数（人）	年末资产总额（万元）	主营业务收入（万元）	主营业务成本（万元）
32	西安环力传动机械股份有限公司	254	30	56	2 593	270	201
33	浙江东霸传动有限公司	3 720	856	85	3 725	3 720	3 310
34	浙江东方传动机械有限公司	3 659	2 635	125	4 168	3 617	3 023
35	浙江飞龙传动有限公司	6 381	1 468	80	2 829	6 569	4 943
36	浙江江南减速机有限公司	3 781	945	72	11 328	3 725	2 702
37	浙江科瑞达传动有限公司	256	59	14	987	256	203
38	浙江奇力电机有限公司	4 850	1 116	108	9 520	4 730	4 010
39	浙江双联机械有限公司	4 247	977	108	2 758	4 229	3 298
40	浙江顺天减速机制造有限公司	1 611	371	81	2 773	1 605	1 253
41	浙江通达传动有限公司	3 101	993	89	1 208	2 980	2 450
42	浙江通力重型齿轮股份有限公司	38 309	11 508	523	45 555	35 604	27 674
43	浙江午马减速机械有限公司	5 019	936	150	4 095	5 019	4 015
44	淄博市博山奥博机械有限公司	1 385	319	73	2 136	1 236	1 110
45	淄博银丰机械有限公司	690	138	30	594	590	501

2012年中国通用机械工业协会减变速机分会会员单位经济效益指标

序号	企业名称	经济效益综合指数（%）	总资产贡献率（%）	资本保值增值率（%）	资产负债率（%）	流动资产周转率（次）	成本费用利润率（%）	全员劳动生产率（元/人）	产品销售率（%）
1	德州奥力机械有限公司	261.7	13.5	89.4	7.6	2.4	6.2		94.4
2	佛山市星光传动机械有限公司	139.4	13.5	117.2	69.2	2.7	3.1	59 732	106.0
3	广东华金合金材料实业有限公司	−28.4	−9.2	77.3	65.9	0.8	−21.9	54 242	72.1
4	广东江门电机股份有限公司	215.2	34.0	138.6	48.3	0.9	22.7	22 665	92.4
5	国茂减速机集团有限公司	165.1	5.2	226.7	38.2	2.0	1.7	121 415	100.0
6	哈尔滨智达测控技术有限公司	228.8	23.8	220.6	50.6	3.4	4.6	130 345	100.0
7	河北北方减速机有限公司	64.0	6.0	134.0	92.2	0.8	0.2	21 471	83.8
8	江苏迪邦三星轴承有限公司	70.1	4.5	100.5	71.5	0.8	0.5	25 311	110.3
9	荆州市巨鲸传动机械有限公司	152.6	9.3	110.4	59.9	1.0	9.0	84 767	99.4
10	兰州西腾润工装备制造有限公司	84.1	−0.1	164.3	75.7	0.4	−2.4	9 231	399.6
11	宁波人和机械轴承有限公司	137.3	10.9	108.8	56.3	1.8	4.7	70 841	91.7
12	宁波市莱斯特传动设备制造有限公司	150.7	12.9	112.4	60.7	1.2	7.4	78 030	95.8
13	宁波市浙东变速器有限公司	108.6	8.0	98.8	35.0	0.9	2.9	57 500	100.0
14	宁波市镇海减变速机制造有限公司	213.2	46.0	125.5	61.5	1.3	8.1	68 343	102.9
15	平遥减速器有限责任公司	124.7	2.8	100.8	53.3	0.7	1.3	115 403	89.2
16	瑞安市华星减速机实业有限公司	159.2	13.7	170.6	34.8	2.6	4.9	69 610	97.2
17	山东长征机械设备制造有限公司	154.5	15.7	110.6	51.6	3.0	4.0	66 519	98.3
18	山东柳杭减速机有限公司	146.7	13.5	98.3	78.3	1.9	6.3	78 319	90.0
19	山西省平遥减速器厂	15.8	0.4	44.3	93.8	0.8	−7.0	18 049	108.2
20	上海浩耐斯传动机械有限公司	176.9	15.4	120.3	49.6	2.9	11.9	55 600	98.4

（续）

序号	企业名称	经济效益综合指数（%）	总资产贡献率（%）	资本保值增值率（%）	资产负债率（%）	流动资产周转率（次）	成本费用利润率（%）	全员劳动生产率（元/人）	产品销售率（%）
21	上海减速机械厂有限公司	7.2	-0.1	120.6	87.2	0.9	-17.4	50 364	100.0
22	上海永宏减速机械制造有限公司	109.6	8.8	103.6	79.2	2.4	0.9	53 659	99.4
23	石家庄科一重工有限公司	172.9	15.0	123.6	49.3	0.9	13.4	71 973	96.9
24	苏州市优耐特机械制造有限公司	115.3	5.1	102.3	85.1	1.1	1.0	98 673	100.1
25	台州市通宇变速机械有限公司	201.6	17.8	114.2	13.8	3.8	7.4	103 294	99.8
26	江苏泰隆减速机股份有限公司	194.4	18.2	110.5	37.7	2.1	6.0	127 130	94.7
27	泰星减速机股份有限公司	234.2	18.1	104.9	19.9	2.5	11.1	155 363	99.7
28	天津百利天星传动有限公司	45.4	-10.8	73.1	70.0	0.9	-22.7		72.6
29	温州三联集团有限公司	146.7	7.0	98.8	80.7	0.9	3.8	128 348	99.4
30	无锡金辉减速机制造有限公司	134.8	17.1	98.5	68.6	1.8		65 822	163.7
31	吴桥县志远减速机械有限责任公司	153.9	5.4	96.2	35.5	5.2	1.1	87 600	74.5
32	西安环力传动机械股份有限公司	-82.2	-3.1	39.4	97.4	0.3	-27.6	5 357	112.2
33	浙江东霸传动有限公司	149.8	8.8	133.8	62.2	2.4	1.6	100 706	100.0
34	浙江东方传动机械有限公司	217.4	12.3	81.2	59.6	1.5	4.3	210 800	100.0
35	浙江飞龙传动有限公司	326.5	28.7	48.3	10.8	5.4	20.2	183 500	103.0
36	浙江江南减速机有限公司	138.3	7.8	108.1	90.3	0.7	1.7	131 250	98.5
37	浙江科瑞达传动有限公司	89.2	4.1	100.6	29.6	0.5	3.2	42 143	100.0
38	浙江奇力电机有限公司	117.0	3.3	90.1	56.8	0.7	1.0	103 333	97.5
39	浙江双联机械有限公司	152.4	12.1	106.2	54.3	2.3	3.3	90 463	99.6
40	浙江顺天减速机制造有限公司	87.0	5.5	62.4	72.9	1.4	1.3	45 802	99.6
41	浙江通达传动有限公司	289.1	51.2	106.7	20.9	3.7	13.1	111 573	96.1
42	浙江通力重型齿轮股份有限公司	263.7	15.4	123.6	48.7	1.7	11.5	220 038	92.9
43	浙江午马减速机械有限公司	150.0	14.0	117.0	57.7	1.8	7.2	62 400	100.0
44	淄博市博山奥博机械有限公司	90.3	3.7	95.9	33.6	1.2	2.1	43 699	89.2
45	淄博银丰机械有限公司	109.7	7.8	105.2	59.4	1.5	3.4	46 000	97.1

2012 年中国通用机械工业协会气体分离设备分会会员单位经济指标

序号	企业名称	工业总产值（万元）	工业增加值（万元）	从业人员平均人数（人）	年末资产总额（万元）	主营业务收入（万元）	主营业务成本（万元）
1	杭州制氧机集团有限公司	812 627	168 030	5 031	1 519 022	817 969	673 351
	其中：江西制氧机有限公司	21 868	4 068	459	42 247	22 989	19 623
2	四川空分设备（集团）有限责任公司	285 518	103 389	3 659	476 939	271 681	232 467
3	开封空分集团有限公司	150 812	30 162	2 544	300 131	147 933	128 075
4	液化空气（杭州）有限公司	176 993	67 704	815			
5	河南开元空分集团有限公司	78 589	16 267	356	76 292	77 376	67 438
6	林德工程（杭州）有限公司	183 600		328	127 296		
7	开封黄河空分集团有限公司	55 812	10 520	450	31 082	52 816	47 612
8	开封东京空分集团有限公司	57 780	16 126	502	51 819	57 003	50 621

（续）

序号	企业名称	工业总产值（万元）	工业增加值（万元）	从业人员平均人数（人）	年末资产总额（万元）	主营业务收入（万元）	主营业务成本（万元）
9	杭州福斯达实业有限公司	66 347	11 963	312	79 224	49 868	41 094
10	苏州制氧机有限责任公司	38 135	3 388	358	56 355	38 135	26 071
11	邯单制氧机厂	6 028	3 711	544	18 042	6 047	6 015
12	上海启元空分技术发展股份有限公司	4 310	2 251	116	17 038	7 645	5 168
13	哈尔滨哈氧制氧机有限公司	4 126	695	162	4 805	1 338	1 163
14	中国空分设备有限公司	60 916	4 909	144	96 791	51 915	46 706
15	北京北大先锋科技有限公司	31 800	11 898	268	63 500	28 700	17 500

2012年中国通用机械工业协会气体分离设备分会会员单位经济效益指标

序号	企业名称	经济效益综合指数（%）	总资产贡献率（%）	资本保值增值（%）	资产负债率（%）	流动资产周转率（次）	成本费用利润率（%）	全员劳动生产率（元/人）	产品销售率（%）
1	杭州制氧机集团有限公司	305.52	8.13	123.60	50.71	1.22	9.20	333 989	100.69
	其中：江西制氧机有限公司	116.54	4.02	109.39	86.79	1.26	2.24	88 630	109.93
2	四川空分设备（集团）有限责任公司	259.28	7.87	105.08	65.91	0.87	7.07	282 560	95.66
3	开封空分集团有限公司	127.29	3.42	94.88	81.07	1.03	1.60	118 561	100.38
4	液化空气（杭州）有限公司							830 729	100.00
5	河南开元空分集团有限公司	351.61	6.34	148.34	78.66	1.26	2.64	456 938	98.46
6	林德工程（杭州）有限公司		11.19						100.00
7	开封黄河空分集团有限公司	232.82	9.59	109.34	60.72	2.27	2.86	233 778	94.93
8	开封东京空分集团有限公司	285.63	11.20	114.51	77.04	1.59	4.71	321 235	99.97
9	杭州福斯达实业有限公司	322.09	7.19	168.62	68.62	0.84	6.21	383 429	87.78
10	苏州制氧机有限责任公司	161.95	7.85	112.27	46.24	1.29	10.20	94 637	100.00
11	邯单制氧机厂	−26.78	−4.00	111.88	181.35	0.54	−18.79	68 217	100.00
12	上海启元空分技术发展股份有限公司	256.14	11.49	111.44	51.68	0.67	15.79	194 026	177.37
13	哈尔滨哈氧制氧机有限公司	44.29	−0.60	85.63	97.15	0.31	−1.61	42 895	70.12
14	中国空分设备有限公司	261.96	1.73	163.60	93.21	0.67	2.48	340 903	85.47
15	北京北大先锋科技有限公司	389.75	8.93	112.50	71.34	0.56	16.48	443 955	88.05

产品与项目

公布行业获奖项目及名牌产品，推荐行业企业新产品、节能产品，介绍企业产品应用项目

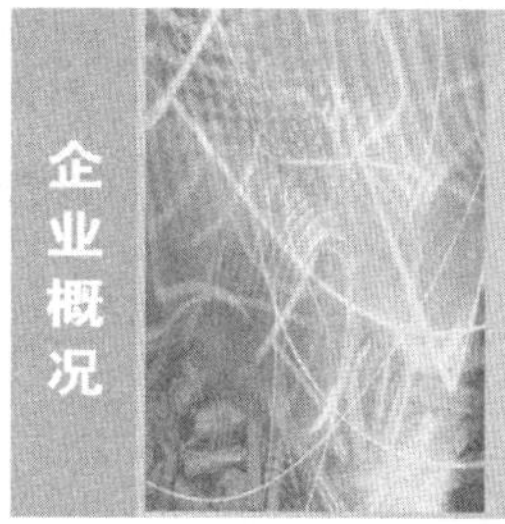

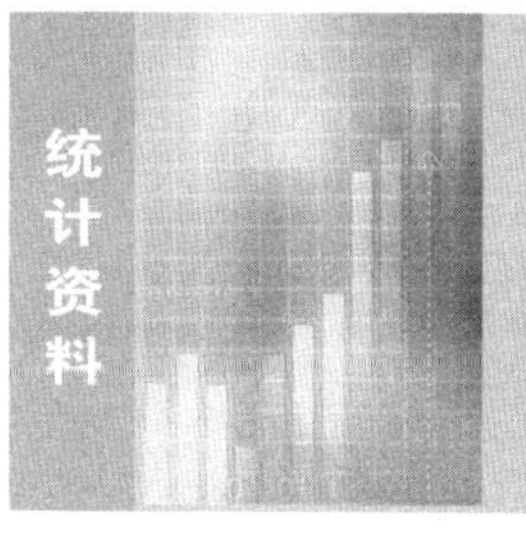

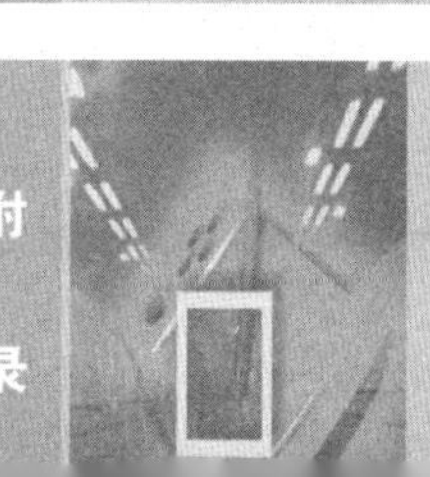

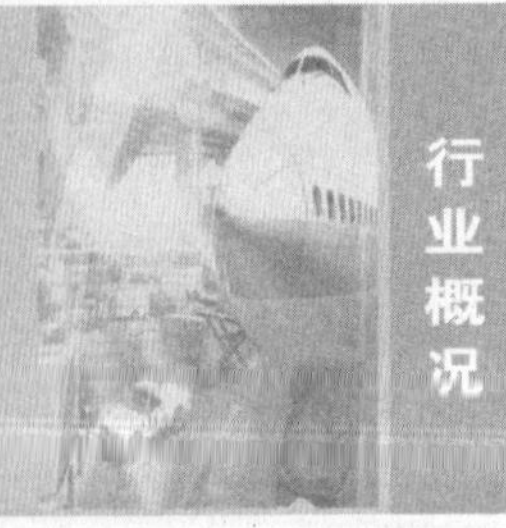

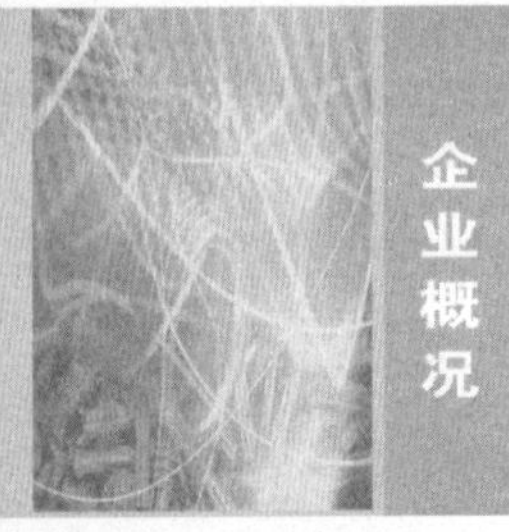

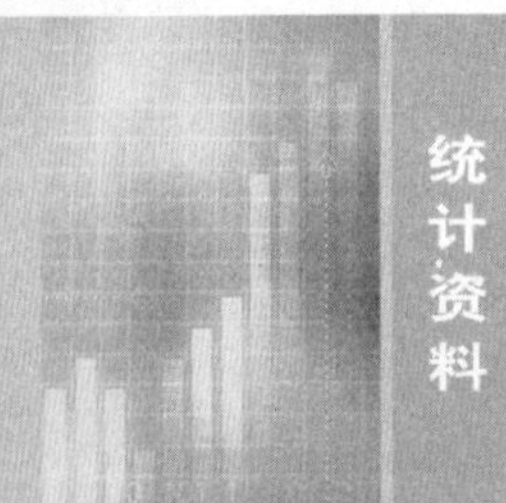

产品与项目

2012 年通用机械行业获奖项目

单位名称	项目名称	获奖名称
北京天高隔膜压缩机有限公司	45~75MPa 氢气隔膜压缩机的研发	中国机械工业科学技术奖三等奖
大连深蓝泵业有限公司	EPR 第三代压水堆核电站用设备冷却水泵	中国机械工业科学技术奖三等奖
海申机电总厂（象山）	LW720AⅢ卧式螺旋卸料沉降离心机	中国机械工业科学技术奖三等奖
杭州杭氧低温液化设备有限公司	5 000m^3/h 空分设备整体交货的分馏塔系统	中国机械工业科学技术奖三等奖
杭州杭氧股份有限公司	“六万”等级内压缩空分装置	中国机械工业科学技术奖一等奖
	大型铝合金复合板超声波自动清洗生产线	中国机械工业科学技术奖三等奖
江苏大学	离心泵先进节能设计关键技术研究及推广应用	中国机械工业科学技术奖二等奖
南京蓝深制泵集团股份有限公司	P 型破碎机的研究与应用	中国机械工业科学技术奖二等奖
南通市电站阀门有限公司	超(超)临界火电机组关键阀门国产化研究	中国机械工业科学技术奖三等奖
山东长志泵业有限公司	长输管线泵	中国机械工业科学技术奖三等奖
沈阳鼓风机集团股份有限公司	2D125 大型往复式新氢压缩机研制	中国机械工业科学技术奖二等奖
	天然气长输管道压缩机组研制	中国机械工业科学技术奖一等奖
	天然气增压站 PCL804 电驱压缩机组	辽宁省优秀新产品奖一等奖
	DMCL1204+3MCL1203+3BCL527 空分装置用离心压缩机组	辽宁省优秀新产品奖一等奖
	SV12 单级悬臂循环气压缩机	辽宁省优秀新产品奖二等奖
	BCL1104+BCL1104 离心压缩机组	辽宁省优秀新产品奖三等奖
	3MCL907 丙烯制冷压缩机	辽宁省优秀新产品奖三等奖
	BUF-3150/1800-1 轴流增压风机	辽宁省优秀新产品奖三等奖
	3MCL528+3MCL524 乙烯气压缩机组	辽宁省优秀新产品奖三等奖
	丁基橡胶装置用 3MCL528 离心压缩机	辽宁省优秀新产品奖三等奖
	TAR 系列地铁风机	辽宁省优秀新产品奖三等奖
	天然气长输管道压缩机组	沈阳市科技振兴奖
	百万吨级乙烯装置用裂解气、丙烯和乙烯压缩机组	沈阳市科技进步奖一等奖
	PTA/PIA 能量回收工艺空气压缩机组	沈阳市科技进步奖一等奖
	氧气压缩机组	沈阳市科技进步奖三等奖
	大化肥装置用氨气压缩机集成化设计制造	沈阳市科技进步奖三等奖
西安陕鼓动力股份有限公司	大型透平机组故障智能快速诊断及维护技术研究	中国机械工业科学技术奖二等奖
	高炉煤气余压回收装置智能安全型发电系统	中国机械工业科学技术奖二等奖
	PTA 工艺空气压缩机组	中国机械工业科学技术奖二等奖
	EIZ80 大型薄壁球墨铸铁件的国产化铸造	中国机械工业科学技术奖三等奖
	0.6m 连续式跨声速风洞用压缩机组研制	中国产学研合作创新成果奖

（续）

单 位 名 称	项 目 名 称	获 奖 名 称
重庆通用工业（集团）有限责任公司	CGI93P3 风电机叶片	重庆市 2012 年优秀重点新产品
	2.0MW 风电叶片	重庆市 2011—2012 年优秀新产品
江苏金通灵流体机械科技股份有限公司	高效节能型多级离心鼓风机	江苏省高新技术产品
	高效耐磨循环风机	江苏省高新技术产品
	高效整体式离心压缩机	江苏省高新技术产品
	脱硫氧化高效鼓风机	江苏省高新技术产品
	高效节能型除尘风机	江苏省高新技术产品
百事德机械（江苏）有限公司	单级高速离心风机	江苏省高新技术产品
浙江金盾风机股份有限公司	主控室核级离心风机（HRZ-900）	国家重点新产品
山东省章丘鼓风机股份有限公司	高效氧压鼓风机	济南市科技进步奖三等奖
安徽安风风机有限公司	D 系列煤气加压风机	安徽省重点新产品
	SJ 大型冶金烧结离心风机	安徽省重点新产品
	VML 中（高）压轴流风机	安徽省重点新产品
	FVML 型防腐立式中（高）压轴流风机	安徽省高新技术产品
湖北省风机厂有限公司	AJ 系列转炉煤气干法除尘轴流风机	湖北省重大科技成果
	AS 系列静叶可调脱硫增压轴流风机	湖北省重大科技成果
	烧结烟气余热回收循环风机研究及应用	随州市科技进步奖二等奖
沈阳申元气体压缩机有限责任公司	8M80 系列氮氢气压缩机（500/260 型）	中国机械工业科学技术奖三等奖
四川空分设备（集团）有限责任公司	LNG 站用成套设备的研究开发	中国机械工业科学技术奖三等奖
托格（上海）压缩机有限公司	车载移动式膜制氮注气设备	中国机械工业科学技术奖三等奖
襄樊五二五泵业有限公司	大型磷酸料浆低位闪冷蒸发循环轴流泵	中国机械工业科学技术奖三等奖
浙江新界泵业股份有限公司	二代 QY 油浸潜水电泵	中国机械工业科学技术奖三等奖
中核苏阀科技实业股份有限公司	乙烯装置高温高压阀门	中国机械工业科学技术奖三等奖
重庆通用工业（集团）有限责任公司	BCD 系列离心式鼓风机（BCD300/160/100）	中国机械工业科学技术奖三等奖
淄博水环真空泵厂有限公司	煤矿瓦斯抽放及综合利用水环真空泵研究开发	中国机械工业科学技术奖三等奖
淄博真空设备厂有限公司	大型低真空试验系统设备	中国机械工业科学技术奖三等奖
上海凯泉泵业（集团）有限公司、南京蓝深制泵集团股份有限公司、合肥华升泵阀有限责任公司	工业泵关键部件动力学特性研究及工程应用	中国机械工业科学技术奖二等奖

2012 年风机行业名牌产品

企 业 名 称	商标	产 品 名 称	获奖等级
沈阳鼓风机集团股份有限公司	沈鼓	离心式工业风机	中国名牌产品
西安陕鼓动力股份有限公司	陕鼓	工业流程能量回收发电设备	中国名牌产品
西安陕鼓动力股份有限公司	陕鼓	轴流压缩机	中国名牌产品、陕西省名牌产品、西安市名牌产品

（续）

企 业 名 称	商标	产 品 名 称	获奖等级
西安陕鼓动力股份有限公司	陕鼓	E 型系列离心压缩机	陕西省名牌产品、西安市名牌产品
西安陕鼓动力股份有限公司	陕鼓	硝酸四合一机组	陕西省名牌产品
西安陕鼓动力股份有限公司	陕鼓	空分装置压缩机组	陕西省名牌产品
西安陕鼓动力股份有限公司	陕鼓	工业流程能量回收发电设备	陕西省名牌产品
西安陕鼓动力股份有限公司	陕鼓	离心鼓风机（C 系列、D 系列、MC 系列）	西安市名牌产品
西安陕鼓动力股份有限公司	陕鼓	离心通风机	西安市名牌产品
西安陕鼓动力股份有限公司	陕鼓	烧结离心鼓风机	西安市名牌产品
西安陕鼓动力股份有限公司	陕鼓	B 系列离心压缩机	西安市名牌产品
西安陕鼓动力股份有限公司	陕鼓	透平机械控制系统	西安市名牌产品
重庆通用工业（集团）有限责任公司	重通	LC、LCS、LB、LBS、LDC、CTXK 离心式制冷机组	重庆市名牌产品
重庆通用工业（集团）有限责任公司	重通	W6-2×29-F、W6-2×39-F、Y4-2×73-F、Y5-2×48-F 工业风机	重庆市名牌产品
四平鼓风机股份有限公司	四风	水泥用高温离心通风机	吉林省名牌产品
江苏金通灵流体机械科技股份有限公司	金通灵	离心鼓风机、离心通风机	江苏省名牌产品
南通市恒荣机泵厂有限公司	恒荣	三叶型罗茨鼓风机	江苏省名牌产品
百事德机械（江苏）有限公司	BK+图形	BK 系列三叶罗茨风机	江苏省名牌产品
浙江金盾风机股份有限公司	金盾牌	地铁隧道轴流风机	浙江省名牌产品
浙江明新风机有限公司	MINXIN、明新	轴流通风机	浙江省名牌产品
浙江格凌实业有限公司	格凌	旋涡式气泵	浙江省名牌产品
山东省章丘鼓风机股份有限公司	章鼓、齐鲁	罗茨鼓风机	山东省名牌产品
山东海福德机械有限公司	海福德	三叶罗茨鼓风机	济南市名牌产品
安徽安风风机有限公司	安風	“安風”牌风机	安徽省名牌产品
湖北省风机厂有限公司	三峰	三峰牌离心鼓风机	湖北省名牌产品
中意机电（湖北）鼓风机制造有限公司	中意	离心鼓风机	湖北省名牌产品

2012 年风机行业节能新产品

企 业 名 称	产 品 名 称	产品主要特点	主要应用领域
沈阳鼓风机通风设备有限责任公司	BUF-3150/1800-1 动调轴流增压风机	动叶可调轴流风机是当前世界上先进的风机型式，风机的可调范围广，高效区宽。风机的基本级采用气流轴向进入动叶+后导叶模式，采用西安交通大学的流场分析结果指导气动设计，提高了风机的全压效率	火电机组锅炉引风机、增压风机

（续）

企业名称	产品名称	产品主要特点	主要应用领域
	BUF-3550/2000-2G 或 ASS-3550/2000-2G 动调轴流增压风机	动叶可调轴流风机是当前世界上先进的风机型式，风机的可调范围广，高效区宽。风机的基本级采用气流轴向进入动叶+后导叶模式，采用西安交通大学的流场分析结果指导气动设计，提高了风机的全压效率。该风机运行效率 88%，与以往的离心式风机相比，实际运行效率高出 20 多个百分点，节能效果显著	可满足 60 万 kW 火电机组脱硝、脱硫、引风一体化引风机的配置要求
重庆通用工业（集团）有限责任公司	5-38№10D 干熄焦循环风机	清洁、节能，产品效率高	冶金
	6-39-B№10D 等减速曲叶型离心通风机	产品整体效率高	水泥、钢铁、电力、化工等
	6-20№10D 机械蒸汽再压缩离心通风机	节能效果显著，稳定性好	生化、化工、制药等
	BCD300-1.90/1.00 曝气离心鼓风机	增速箱结构与以往的中分结构相比，刚性更好，且装配难度减小，减少装配的误差影响	环境保护
四平鼓风机股份有限公司	AI1600-1.110/1.060 煤气加压离心鼓风机	采用沈鼓研究所与清华大学研发的高效模型，风机最高效率达 87%，具有曲线平坦、高效区宽等特点	冶金
西安交大流体压缩国家工程中心咸阳风机厂	隧道专用对旋风机	具有高效、节能、气动性好等特点	隧道施工
	地铁轴流风机	具有高效、节能、低噪等特点	地铁施工
	矿用防爆对旋局扇风机	该系列风机静压效率高，小流量区域运行平稳，在井下送风距离远	煤矿
北京鼓引风机有限公司	BGG-500 离心通风机	风机叶轮采用翼形叶片，比同类产品噪声低，效率高，经检测能效为 2 级	环保除尘通风，工矿企业及体育场馆通风换气
南通市恒荣机泵厂有限公司	3L82-84WD 三叶型罗茨鼓风机	高效、节能、低噪声、微振动	环保、造纸、化工、气力输送等
百事德机械（江苏）有限公司	多级离心鼓风机	三元流叶轮设计，效率高，噪声低，性能稳定，使用范围广	污水处理、冶炼高炉、洗煤厂、矿山浮选、化工造气领域
	单级高速离心风机	效率高，噪声低，性能稳定，使用范围广	污水厂鼓风曝气，电厂脱硫氧化供气，输送空气氮气、二氧化碳等无腐蚀性气体
浙江明新风机有限公司	烟叶烘烤风机系列	叶片可以自由调节，安装和调节方便；风筒采用单边喇叭口和直角法兰设计，避免了缩口现象，减少了风机进出口的阻力，达到了节约能源的效果，而且还从改变轮毂结构及叶型角度出发对风机重新进行了设计	烟草烘烤加工、中药材烘干加工、木材烘干加工及香菇等其他农作物烘干加工等
	冷却用轴流风机系列	导风筒采用一次旋压或液压成型，并与其他部件均先可以进行喷塑、热浸锌涂装等表面处理，具有很好的防腐作用；从改变轮毂结构及叶型角度出发对风机重新进行了设计，叶轮采用铝合金高压铸造成型，具有良好的导流作用。该叶片还具有耐高温、耐蚀等特点	冷库工程、空调工程及化工设备、冶金设备、医药设备、电力设备、通风制冷设备、空冷器、冷却塔、热泵机组冷却装置设备等
	变压器用风机系列	导风筒采用一次旋压或液压成型，并与其他部件均先进行镀锌处理，具有很好的防腐作用；从改变轮毂结构及叶型角度出发对风机重新进行了设计，具有良好的导流作用	电器设备、电力局、核电站、变压器厂、大中型变压器的冷却系统等

（续）

企业名称	产品名称	产品主要特点	主要应用领域
浙江亿利达风机股份有限公司	SYD355、SYD400、SYD450、SYD630、SYD710空调离心风机	产品具有节能、低噪等特点，以SYD355（机号：№3.5）为例：压力系数1.4，比转速48，效率66%，一级能效。其他规格能效为2级	柜式中央空调机组、管道式机组等中央空调及暖通、净化、通风等领域
	SYQ710、SYQ1120、SYQ1250、SYQ1400空调离心风机	产品具有节能、低噪等特点，以SYQ1120（机号：№11.2）为例：压力系数0.5，比转速63，全压效率81%，2级能效。其他规格能效均为2级	柜式中央空调机组、管道式机组等中央空调及暖通、净化、通风等领域
	SYT18-18、SYT15-15、SYT15-11、SYT12-12、SYT12-9、SYT10-10、SYT10-8、SYT9-9、SYT9-7空调离心风机	产品具有节能、低噪等特点，以SYT15-11（机号：№3.8）为例：压力系数1.3，比转速38，效率69%，一级能效。其他规格能效均在2级以上	柜式中央空调机组、管道式机组等中央空调及暖通、净化、通风等领域
山东省章丘鼓风机股份有限公司	污水处理用脂润滑罗茨鼓风机	采用高效叶轮型线设计，风机驱动端墙板采用特殊储脂槽脂润滑结构。当轴承内油脂消耗后，轴承温度上升，使储脂槽内的油脂挤出至轴承内，使轴承得到新油脂，润滑恢复正常，温度下降，保证轴承安全可靠连续运行。该结构设计已获得国家实用新型专利。油箱采用铝合金材质，空冷结构，散热效果好，重量轻，风机不用冷却水	污水处理
安徽安风风机有限公司	4-72系列风机	高效节能（2级能效）	粮食通风
武汉鼓风机有限公司	LH-NR273DW离心通风机	压头高近30 000Pa，效率约84%，流量约480 000m^3/h	干法脱硫330MW火电机组一次风机
湖北省风机厂有限公司	AB-S1系列钢铁行业烧结烟气静叶可调轴流风机	该风机具有运行效率高、调节性能好、运行平稳、防爆性能好等优点，并通过湖北省重大科学技术成果鉴定，鉴定会委员会认为该系列产品整体技术达到国际先进水平	冶金烧结烟气增压脱硫系统、海水脱硫装置中的烟气输送增压系统及大型火电厂燃煤锅炉的送、引风系统
	C（N）145-4.1765/3.3765高压氮气循环风机	该风机属于多级低速离心鼓风机，最高多变效率实测值为75.2%，符合GB 28381—2012《离心鼓风机能效限定值及节能评价值》规定的节能评价值不低于74.0%的要求	甲醇、二甲醚、合成氨等化工领域以及新能源转化领域，是高压氮气循环工艺流程中的关键设备
	Y5-2×55№32.7F、5-55/5-2×55系列大型离心通风机	叶轮采用16片单板翼型叶片，提高了叶轮的刚性和耐磨性，整机效率可达到83.20%，并可代替4-73系列风机应用煤粉除尘系统中。该系列风机符合GB 19761—2009《通风机能效限定值及能效等级》规定的1级能效等级不低于80%（带进气箱）的要求	新型干法水泥生产线、蒸汽锅炉用鼓引风机、冶炼排烟引风机及35~410t/h循环流化床锅炉用鼓引风机、一次风机、二次风机和钢厂冶炼除尘风机等
	Y6-2×35№25F、6-35/6-2×35系列大型离心通风机	该风机叶轮采用16片单板后向叶片，其效率实测值为81.03%，符合GB 19761—2009《通风机能效限定值及能效等级》规定的1级能效等级不低于79%（带进气箱）的要求	新型干法水泥生产线、35~410t/h循环流化床锅炉的一次风机、二次风机和高压头引风机及除尘风机、煤气鼓风机、煤粉通风机、烧结主抽风机等
	BI90-1.8、BI110-1.95单级高速离心鼓风机	采用当前国内先进的三元流设计方法进行设计，具有结构紧凑、运行平稳、工况范围宽、整机效率高（达85%）、操作简单等优点	污水处理、冶金、化工行业、尾气脱硫、气体增压等

（续）

企业名称	产品名称	产品主要特点	主要应用领域
	AII(M)2200－1.033/0.753耐磨防腐转炉煤气鼓风机	该鼓风机属于单级双支撑低速离心鼓风机，按耐磨防腐的结构设计，最高多变效率实测值为78.2%，符合GB 28381—2012《离心鼓风机能效限定值及节能评价值》规定的节能评价值不低于77.5%的要求	150t以下转炉煤气湿法除尘系统或煤气输送系统
湖北双剑鼓风机股份有限公司	BG650－1.725三元流单级悬臂高速风机	叶轮采用三元流理论设计制造，叶轮与增速机直联，转速为8 328r/min，壳体结构为单级悬臂，风机使用效率比普通风机提高8~12个百分点，具有结构紧凑、体积小、安装维护方便等特点	化工
中意机电（湖北）鼓风机制造有限公司	D920－2.141/0.948煤化工用二级高速离心鼓风机组	采用三元流技术设计，总效率比二元流鼓风机提高10%。鼓风机、汽轮机、供油站在公共底座上，机组布局紧凑，安装占地面积小	煤化工

湖南耐普泵业高效节能立式斜流泵介绍

湖南耐普泵业有限公司（简称耐普泵业）依靠丰富的立式斜流泵设计、制造经验，运用先进的水泵节能技术（先进的设计理念、优秀水力模型及设计软件），依据客户需求对传统立式斜流泵进行全方位改进创新，开发出高效节能立式斜流泵系列产品。该产品主要应用于石化、电力、钢铁、市政等行业，其推广运用既符合我国节能减排的国家政策，又能给企业带来可观的经济效益，深受市场欢迎。

泵的最高效率值决定于泵的型式（离心式、混流式、轴流式）和泵的大小，国家已制定效率标准。另外，如果确定了泵的运行工况，就可以从性能曲线上找出对应的运行效率值，可以判断运行效率是否在高效区。耐普泵业的高效节能立式斜流泵节能原理主要是将运行在非高效区的水泵进行各种改造，使其运行工况进入高效区，从而达到节能、高效的目的。2012年，耐普泵业研制的700LB1.36－11.6/1600LB5.58－24.9系列高效节能立式斜流泵被评为全国机械工业用户满意产品。这两个系列的产品分别用于洞庭湖区红鹤湖泵站节能改造项目和华能汕头电厂二期2×600MW机组海水循环泵改造项目。

一、洞庭湖区红鹤湖泵站节能改造项目

1.项目起因

洞庭湖区红鹤湖泵站大多采用老式轴流泵，效率低下，结构落后，在实际运行中存在能耗高、维护检修不便、性能不能满足工况要求等问题。

2006年6月，耐普泵业应国家节能减排产业政策的号召及用户的需求，开始市场调研，制定研发计划。参考由耐普泵业主持编制的、国家发展和改革委员会归口的机械行业标准《立式斜流泵》确定产品技术参数。为降低成本，减少泵的种类，扩大使用范围，除了按市场需求选择合适的设计参数外，还在水力设计中考虑了叶轮能够适用较大范围的切割而不导致效率显著下降的问题。在自主研发水力元件时，耐普泵业与科研院校开展合作，运用流体动力学分析软件，分析泵流道设计的合理性，对各方案的效果进行模拟分析，比较各方案的水力性能，并从中选取出最佳设计方案，成功研发出替代老式轴流泵的700LB1.36－11.6型高效节能立式斜流泵。

2.改造过程

700LB1.36－11.6型泵为立式斜流式叶轮带导叶体结构。与原泵相比，减少了占地面积，实现了泵的免抽真空起动，中间连接管改进设计成节段联接环套方式，能够逐节加长，可适应不同安装深度。

耐普泵业与江苏大学流体机械工程技术研究中心合作进行产品开发。采用斜流叶轮设计，将三元流动理论引入斜流叶轮的优化设计中。以三元流动的速度势方程为理论基础，对斜流叶轮内部流场进行计算机三维仿真分析，并以分析数据为依据，对斜流叶轮进行进一步优化改进。结合有限元分析和模态及谐响应动力学原理对斜流叶轮进行流固耦合分析，对斜流叶轮中的流道结构进行了改进设计，降低了水力损失，效率比轴流叶轮高出3%~5%。

叶轮采用创新的平衡孔结构，平衡掉大部分轴向力。设置在泵吐出弯管上平衡泵残余轴向力的推力轴承部件

为耐普泵业的专利成果，着重在透气、防水、测温、加油、油位显示及冷却等方面进行了重大改进，具有油位自动循环的淋浴润滑功能。可达到在环境温度为40℃时，轴承的指示温度不超过70℃，润滑效果好，轴承发热少，使用寿命长。

采用新型等速全向旋切式哈夫联轴器，内部结构采用内外套沟道中心等距离偏置原理，实现完全等速传动，能抑制由于转速和转矩变化对相联设备所产生的各种振动和冲击等不良影响。转动惯量小，可靠性高，结构简单到只有个圆筒分为两半，对接简单，拆装异常方便，且定位准确可靠。

为提高产品制造精度，防止干涉，采用特殊工艺和专用工装，智能型焊接工装焊接精度高且定位准确可靠，对于提高水泵效率和避免补偿加工造成的边际成本损失有重大意义。制作工效同比提高10%～20%，边际成本损失同比降低2%～3%。

为保证产品的设计品质，模具生产中采用新式复合树脂模具，造型采用复合树脂砂造型，对砂型严格按检验样板进行检验，制定严格的铸造工艺，控制每一个铸造环节。

3.改造效果

经过自主创新研发设计的700LB1.36-11.6型高效节能型立式斜流泵系列产品，符合国家节能减排政策的要求。原来使用最多的700mm口径轴流泵工作在低效区时，平均耗能每小时220kW·h左右，而高效节能型立式斜流泵系列产品由于能够稳定工作在高效工作区，同比功耗下降15个百分点，一台泵每小时省电约33kW·h，一天节约792 kW·h。按一年运行180天计算，一年可节约142 560 kW·h。该产品高效节能，对推广国家节能减排的产业政策和用户节约创收均有巨大贡献。

二、华能汕头电厂二期2×600MW机组海水循环泵改造项目

1.项目起因

原泵为某水泵公司的1600BLA-25型水泵，流量为20 088m³/h，扬程为24.9m，配套电动机功率为1 800kW。投入使用三年，效果一直不好，振动大，效率低，过流部件腐蚀严重，经常更换零件也未能解决问题。由于循环泵是电厂连续运行的重要支持设备，其运行不稳定将严重影响到发电安全性。

2.改造方案

应华能汕头电厂要求，耐普泵业组成专业技术团队，到泵房现场进行了实地考察，发现原泵存在制造、选型和结构等方面的问题。在进一步确认用户现场工况和反复论证后，开发出1600LB5.58-24.9型高效节能立式斜流泵。其改造方案包括以下内容：

(1)结构改进。彻底消除不稳定因素：原泵结构存在几处缺陷，一是叶轮进水口处有明显阻碍，导致水流不畅；二是导叶体出口处内筒急剧缩小造成流速变化太快；三是实际轴承跨距超过了传动轴允许的最大轴承跨距，造成泵组运行振动大、效率低、可靠性差。

(2)材质改进。采用合适的耐海水材质制造零部件，解决了原泵零部件材质选取不当，过流部件电极电位相差过大而产生的电化学腐蚀问题。1600LB5.58-24.9型高效节能立式斜流泵主要过流零部件材质见表1。

表1　1600LB5.58-24.9型高效节能立式斜流泵主要过流零部件材质

序号	零件名称	材质
1	喇叭口	HT200Ni2Cr
2	叶轮室	0Cr17Ni12Mo2
3	导叶体	0Cr17Ni12Mo2
4	叶轮	0Cr17Ni12Mo2
5	吐出弯管	HT200Ni2Cr
6	内接管	0Cr13Ni4Mo
7	主轴	0Cr17Ni12Mo2
8	填料函	0Cr17Ni12Mo2
9	泵支撑座	HT200Ni2Cr
10	出口伸缩节	HT200Ni2Cr

(3)水力模型改进。设计选用与现场工况相匹配的优秀水力模型，采用现代设计软件和CFD三维流场分析软件进行泵的水力元件设计和优化分析，从根本上提高泵的运行效率。

(4)维持原基础不变。新改进泵安装尺寸，保持与原泵基础的互换性，以最大限度节约成本。

3.改造效果

(1)改善了运行工况。据2009年1月19日与2011年2月17日中控室记录数据对比，通过调整凝汽器循环水出口门开度，使凝汽器出口压力保持一致后，改造后的凝汽器循环水进口压力比改造前有所提高，由改造前的79.33kPa提高到98.44kPa。

(2)稳定性大大提高。振动值明显降低：改造后泵体垂直方向振动值仅为0.008mm，水平方向振动值仅为0.007mm，远远低于国家振动标准允许值0.05mm(GB/T 6075.3—2001)。

(3)材质使用寿命延长。从安装运行至今，材质损耗未对使用造成任何影响。

(4)节能效果显著。水泵改造前每台每小时轴功率1 694.8kW，改造后每台每小时功率1 580.4kW，节约用电114.4kW·h。按每年运行8 000h，夏季运行4台、冬季运行2台计算(总运行时间为24 000h)，每年可节约用电274.56万kW·h。

耐普泵业生产的高效节能立式斜流泵，既解决了用户的安全运行隐患，又降低了运行成本。该产品符合国家节能减排政策，在为用户带来经济效益的同时，具有明显的社会效益，是一种值得提倡和推广的节能产品。

苏州纽威阀门新产品研发情况概述

苏州纽威阀门股份有限公司(简称苏州纽威)自成立以来一直致力于工业阀门的研发与制造,以给各行业最终用户提供全套工业阀门解决方案为目标,通过持续不断地努力,公司得到了迅速发展,其在经营管理、质量控制和持续创新能力方面得到全球行业内各主要最终用户和工程公司的认可。公司先后取得ISO9001、ISO14001、API Q1、API 6D、API 6A、CE/PED、ABS、TA-Luft、API 607和API 6FA等质量体系认证和产品认证。自2003年起,公司成为世界知名的工业阀门制造商及出口商,形成了以闸阀、截止阀、止回阀、球阀、蝶阀、核电阀、调节阀、安全阀及井口阀门为主的九大产品系列,产品广泛应用于石油、天然气、长输管线、炼化、煤化工、化工、电厂、造船及海工等工业领域。

一、新产品研发情况

苏州纽威的阀门产品广泛应用于石油、天然气、采油(气)设备及集输设备、炼化、化工、气体分离、长输管线、核电、煤化工、液化天然气等领域,并能够为各行业用户提供全套工业阀门解决方案。

苏州纽威针对上述领域的需求,不断探索和发展,加大新产品的研发和产品的改进投入,具体的产品研发情况如下:

气体分离领域:气体分离在钢铁、石化、煤化工行业起着重要作用,涉及的低温阀、氧气阀因高危险性而要求极高。苏州纽威的低温阀、氧气阀及氢气阀已在国内外空分装置上大量使用,应用在国际空分巨头林德(Linde)、空气化工(APC)、普莱克斯(Praxair)、液化空气(Air Liquid)和国内杭州制氧机集团有限公司的空分项目上,在国内处于领先水平。

液化天然气(LNG)领域:苏州纽威研制的超低温闸阀、超低温截止阀、超低温止回阀、超低温球阀用于江苏LNG、泰安LNG、广东大鹏LNG等项目上,其中LNG低温球阀、低温截止阀和低温止回阀通过了国家能源局的鉴定,产品填补了国内空白,达到国际先进水平。

集输设备领域:近年来,苏州纽威先后参与了普光气田和雪佛龙川东北项目,其中抗高H_2S天然气的球阀全部使用了苏州纽威研发的球阀。针对高H_2S天然气的剧毒性和强腐蚀性,苏州纽威凭借雄厚的实力攻克了设计、材料、工艺、加工等多个难点,提供了上装式固定球阀、三片式侧装固定球阀、两片式锻钢浮动球阀和两片式铸钢浮动球阀。

长输管线领域:苏州纽威研制的大口径高压全焊接球阀,2012年经江苏省经济和信息化委员会组织的专家组鉴定,产品设计先进、性能可靠,完全能替代进口产品,可批量生产。同年被认定为江苏省高新技术产品,当前正全面推广应用。

采油(气)设备领域:苏州纽威研发的整体井口装置,适用于海洋平台及浅海的紧凑式采油井口装置,打破了国内在该领域的被动进口局面。研发的3″-20000PSIGBSR平板闸阀,适用于超高压工况,满足未来页岩气开采所需的极端条件,实现超高压高端产品的国产化。

超(超)临界火电机组:在国家能源局组织的关键阀门国产化项目中,苏州纽威承担了再热器进出口安全阀的国产化研制工作。经过近两年的研制,先后通过了能源局与中国机械工业联合会组织的方案设计评审、图样设计、温度场及流场有限元分析及高温热应力分析、产品工艺评定及各类鉴定试验,产品性能达到设计院及业主的要求。

核电领域:苏州纽威承担研发的百万千瓦级核电站主蒸汽安全阀,2010年纳入江苏省工业科技支撑计划。较30万千瓦级核电站用主蒸汽安全阀相比,设计压力、整定压力、启闭压差、密封压力、最大流量、最小流量、抗震等级、密封等级等各个方面的性能指标要求更加严格。此项目的开发,填补了国内空白。

环保领域:用于环保领域的阀门国际标准有ISO15848、API 622、TA-Luft三大逸散泄漏控制标准。苏州纽威是国内唯一一家取得以上认证的企业,其中,ISO15848证书在法国试验室取得,API 622证书在美国试验室取得。苏州纽威生产的逸散泄漏控制阀门在国内率先通过壳牌石油认证、道达尔石油认证。生产的逸散泄漏控制阀门出口美国、欧洲等环境要求苛刻的国家,并应用在国内多个大型石化项目上。

二、研发实力

苏州纽威设有一个省级研发中心,办公场地面积1 000m²。配套的阀门试验检测中心面积近2 600m²,具有国内一流的阀门试验检测能力。该中心可以完成阀门的许多型式试验项目,如高温试验(可达600℃)、低温试验(-196℃)、防火试验、真空检漏试验、微泄漏试验(氦气检漏)、阀门寿命试验、应力应变分析、高压气体试验(试验气体为空气、氮气、氦气、甲烷,试验压力42MPa)、填料寿命试验装置、O型圈抗爆试验装置、弹簧性能试验及阀门流阻试验等。

苏州纽威充分运用先进的模拟软件,如三维建模软件Pro/E、SolidWorks,有限元分析软件I-DEAS、ANSYS以及疲劳寿命分析软件FE-Safe对新产品研发进行验证。通过与国内大学紧密合作,开发了一系列阀门产品专用研发软件,使得苏州纽威在阀门产品的三维造型、有限元分析、阀门挥发性泄漏控制以及软密封球阀防火设计等方面的技术已达到世界先进水平。

苏州纽威不局限于利用自有技术、生产工艺及通过企业自身的生产能力、试验检测手段为全球客户配套生产各种高性能的阀门，还与国内高校及研究机构合作，共同开发一些关键、特殊阀门。当前已经与上海核工程研究院（728院）、北京核工业第二研究设计院、苏州热工研究院、武汉719研究所等单位建立了密切的合作关系，共同研发特殊领域、关键部位的阀门。

苏州纽威注重产品的研发和自主知识产权的保护，并着力于将研发成果及时进行转化。2005年研发中心成立，至今共开展研发项目60多个，其中30多个项目已在科技部门备案。当前，研发成功样机40多种，共申请专利28项，获得授权专利22项，获江苏省高新技术产品称号的产品5项。公司积极开展科技成果转化，近几年开发的新产品中有20多个产品已达到量产，新产品销售收入4亿多元。

三、企业信息化管理

1.信息化

苏州纽威搭建了完整的信息化平台，各类主流业务都是在统一的平台上完成。通过SAP软件作为主线，从订单接收、订单下达、产品设计、物料采购、零件制造、入库、领料到发运各个环节已经实现全过程信息化处理；通过OA系统实现了自动化办公，解决以往繁琐的审批、处理过程，大大提高了工作效率；通过CRM系统，进一步加强了对客户关系及市场信息的管理，使产品及销售进程得到了更好地管控，可以快速、高效地获取非常直观的客户信息，继而进行更深层次的分析利用。

2.数字化

苏州纽威一直以来非常重视信息化工作，并走在同行业前列。公司研发设计过程中的所有重要环节均已实现数字化：从利用三维软件进行概念构思、协同设计，到对各零件的设计强度进行有限元验证；从对样机的模拟装配、干涉检查，到加工工艺的动画仿真；从加工中心直接读取设计数据进行模拟加工，到对样机装配件的数字模拟试验；从数字化模拟浇铸，到产品仿真疲劳寿命分析；各环节过程自动生成诊断报告。公司在研发、设计、制造过程中涉及的CAD、CAE、CAM、CAPP等整个流程环节实现了全程数字化。

3.数据库创建

通过建立标准的零件数据库，利用三维软件的强大功能，大大改善了设计的速度；通过各类软件的仿真分析，在产品设计阶段就可以及时发现设计中的缺陷和不足，并加以修正改善，减少了后续的返工损失甚至是批量报废的风险。研发、设计过程信息化的实现不仅大大提高了研发设计速度，而且为公司节省了大量的研发成本。

苏州纽威将继续保持现有的人才、核心技术、市场组织和企业文化四大核心竞争优势，继续加大对市场组织、技术研发及人力资源的战略投入，继续扩充产品范围，扩大制造能力，向顾客提供高质量且具有价格竞争力的产品和服务。苏州纽威将以产品技术创新为推动力，打造世界一流的阀门制造商，成为世界阀门工业的领导者。

江苏海鸥冷却塔产品应用项目介绍

200余名科技精英、1 000余名忠诚员工、40余年日经磨砺的冷却塔专业制造经验、逾6亿元的工业年产值，造就了中国颇具竞争力的冷却塔制造企业——江苏海鸥冷却塔股份有限公司（简称江苏海鸥）。江苏海鸥的冷却塔产品广泛应用于石化、电力、冶金、化工、机械及造纸等行业的工业循环水系统。

1.中石油独山子石化分公司120万t/a乙烯项目（新疆·独山子）

本项目为加工进口哈萨克斯坦含硫原油炼油及乙烯工程（1 000万t/a炼油及120万t/a乙烯），2010年正式投产。该项目是当前我国规模最大的石油化工项目，也是我国与哈萨克斯坦能源合作战略的重要工程。

处理水量：单台处理水量5 000m^3/h，共25台。

动力配置：进口9 750风机，进口减速箱、碳纤维传动轴。

2.巴西热力发电公司（CGTEE）坎迪奥塔二期C项目1×350MW工程（巴西·坎迪奥塔市）

在国家主席胡锦涛的见证下，中信集团公司与巴西电力集团及巴西热力发电公司签署了巴西坎迪奥塔二期 35 万 kW 机组 C 项目合作框架协议。2005 年 12 月 15 日，中信集团公司与 CGTEE 正式签署 EPC 合同，该项目是巴西重点电力工程，由江苏海鸥承建冷却塔。

处理水量：单台处理水量 4 508m^3/h，共 10 台。

动力配置：国产 9140 风机及国产减速箱、碳纤维传动轴。

3.阿克苏华锦化肥有限责任公司项目（新疆·阿克苏）

阿克苏华锦化肥有限责任公司是辽宁华锦化工（集团）有限责任公司的全资子公司，项目年产 30 万 t 合成氨、52 万 t 尿素，于 2005 年正式投产。

处理水量：单台处理水量 4 000m^3/h，共 8 台。

动力配置：国产 8530 风机及减速箱、碳纤维传动轴。

4.神华宁夏煤业集团有限责任公司二甲醚项目（宁夏·银川）

神华集团公司是当前我国最大的煤炭企业，该项目为 83 万 t/a 煤基二甲醚项目一期工程，当前已正式投入运行。

处理水量：单台处理水量 4 500m^3/h，共 14 台。

动力配置：国产 9140 风机及减速箱、碳纤维传动轴。

5.扬子巴斯夫一体化项目（江苏·南京）

该项目是扬子石化公司与德国巴斯夫公司合资建造的大型乙烯一体化工程。冷却塔由江苏海鸥 EPC 总包，2005 年正式投产，2008 年 8 月通过美国 CTI 认证。

处理水量：单台处理水量 4 500m^3/h，共 20 台。

动力配置：进口 9140 风机，进口减速箱、电动机、碳纤维传动轴。

6.中海油壳牌南海石化项目（广东·惠州）

中海油壳牌南海石化项目是当前我国最大的中外合资石化项目。该项目为 EPC 工程，背靠背布置，2005 年投入运行，使用情况良好。

处理水量：单台处理水量 4 500m^3/h，共 40 台。

动力配置：进口 9750 风机，国产减速箱、不锈钢传动轴。

7.桂林电厂 2×135MW 机组（广西·桂林）

该项目是我国第一次在 135MW 机组上采用机力通风冷却塔。国家电力公司电力规划设计总院为此颁发“科技成果技术评审证书”，在电厂推广使用大型机力冷却塔。

处理水量：单台处理水量 3 000m^3/h，共 12 台。

动力配置：国产 8530 风机。

8.上海柘中(集团)有限公司奉贤燃机热电工程 4×9E 机组

该项目中的 14 台冷却塔于 2005 年一次投产成功,确保了电厂顺利发电,解决了上海用电紧张的问题。

处理水量:单台处理水量 4 000m^3/h,共 14 台。

动力配置:国产 9140 风机,进口碳纤维传动轴。

9.越南高岸火电厂项目(越南·太原省)

高岸火电厂是 2002 年由中越两国总理商定,并由中国政府提供优惠贷款的越南太原省高岸火力发电厂项目,是当时中越两国最大的经济合作项目。

处理水量:单台处理水量 3 600m^3/h,共 6 台。

动力配置:动力系统全套国产。

10.苏丹吉利电站项目(苏丹)

江苏海鸥从长远的全球战略角度考虑,以自信的产品和充满竞争力的价格大力进军国际市场,2005 年通过技术更新,产品达到出口发达国家的标准。

处理水量:单塔处理水量 3 500 m^3/h,共 6 台。

动力配置:动力系统全套国产。

11.中石油兰州石化分公司乙烯项目

该项目为 EPC 总包项目,2006 年竣工投产。该塔在塔顶平台上设置了一台起重机,极大地方便了动设备的维护检修。

处理水量:单台处理水量 5 000m^3/h,共 13 台。

动力配置:进口风机、减速箱及碳纤维传动轴。

12.兖矿国泰化工有限公司项目(山东·滕州)

该项目首次大规模采用了国产 9750 风机,于 2004 年年底投产,运行效果受到业主一致好评。2006 年夏季对该塔进行了测试,热工性能达到 108%。

处理水量:单台处理水量 4 500m^3/h,共 10 台。

动力配置:国产 9750 风机,进口碳纤维传动轴。

13.中国石油化工股份有限公司巴陵公司项目(湖南·岳阳)

该项目是中石化公司下达的科研任务,为当前国内单塔处理水量最大的冷却塔,设计达到国内领先水平,冷却塔的大型化为业主节约了投资成本和维护管理费用,该塔于 2006 年投产。

处理水量:单台处理水量 6 000m^3/h,共 5 台。

动力配置:国产 10060 风机,进口碳纤维传动轴。

14.江苏苏源贾汪电厂项目(江苏·徐州)

该塔于2002年建成运行,情况良好。2005年受电厂委托对塔群实施降噪处理,厂界噪声达到《城市区域环境噪声标准》的二类标准(白天≤60dB,夜间≤50dB)。

处理水量:单台处理水量4 500m^3/h,共16台。

动力配置:国产9140风机,碳纤维传动轴。

广州览讯空能冷却双效塔介绍

广州览讯科技开发有限公司(简称广州览讯)自20世纪90年代末创立以来,专业从事冷却塔的设计、生产,一直秉持"创新长盛,独特永存"的理念,引领行业向"新技术、新材料、新工艺、新的商业模式"的方向提升。公司生产的第一台空能冷却双效塔已在项目中稳定运行8年。至今,公司生产的空能冷却双效塔在广东、广西的多个项目中平稳运行,节能效果显著。

一、空能冷却双效塔概述

水蒸气是石油(Steam is oil)——石油、天然气能源从地下开采,广州览讯的空能冷却双效塔却向天空要石油,从天空中的水蒸气中提取无穷无尽的潜热能源。广州览讯的空能冷却双效塔向天空中水蒸气要能源,是一种国际领先的"节能化""绿色化"产品,有着高效、节能、环保、节省占地面积、舒适等诸多优势。

广州览讯的空能冷却双效塔热泵系统是针对类似广东、广西的我国南方亚热带季风气候条件而研发的,该热泵系统结合当前水冷冷水机组夏季运行效率高而冬季闲置的特点,充分利用了热泵供热COP值效率高的优势,采用水作为载冷剂,在冷却塔中吸收空气中的冷凝器潜热热量,通过冷水机组的冷凝器向室内提供热量,达到冬季供暖、供热水的目的。该空能冷却双效塔热泵系统实现能源的综合利用,替代当前普遍应用的单冷机+锅炉或者单冷机+风冷热泵机的旧式空调系统,实现低碳节能环保化。

空能冷却双效塔的水质条件:冷却塔循环水质pH值允许在6.5~8.0范围内,超过此允许值,须选用特殊材质制造冷却塔;水浑浊度≤50mg/L,超过此允许值,须加配水处理过滤设备或选用高浊度冷却塔;水中不得含油污及能溶蚀玻璃钢的物质。

二、空能冷却双效塔特点

1.空能冷却双效塔热泵系统具有低成本优势

总投资小:冬夏合用一套热泵系统,制热不需要燃油或燃气锅炉;不需燃气开启费或者储油罐配置、工程费;不需要电辅助加热,不用电力增容,初期投资节能。

物管成本低:取消锅炉,机房占地面积小,可放置于屋顶和室外,大大节省了机房的面积。

安装成本低:广州览讯的空能冷却双效塔热泵系统安装工程量较普通工程量大大减少。

运行成本低:系统运行COP值低,能效比高,较传统的中央空调系统节能20%~40%。

2.节能环保

广州览讯的空能冷却双效塔结合高辐射太阳能在空气

中以水蒸气形式储存的冷凝热的蓄热作为温带大陆性季风气候区域的冬季热泵热源，替代了常规风冷热泵或者锅炉、电加热系统的高能耗热源来源，大大减少了电能的消耗。在冬季运行时，节能环保尤为明显。

3.高能效比运行，系统稳定性好

传统风冷热泵在亚热带季风气候下，环境空气温度8℃，相对湿度100%的雨天就开始结霜，需要逆运行化霜，运行效率下降。而广州览讯的空能冷却双效塔及与之配套的热泵系统是在环境空气温度0℃以上热泵无霜运行，0℃以下热泵防霜运行，热泵供热能效比提高。

夏季在高湿球温度的运行工况下，常规冷却塔在湿球温度28℃时出水温度处于32℃，冷却出水温度偏高，冷凝压力高，系统制冷能效比低。而广州览讯的空能冷却双效塔在夏季运行时，因散热填料体积大、进塔空气量大，不受恶劣条件的影响。

三、空能冷却双效塔技术性能

1.系统设计工况

夏季制冷工况：蒸发器侧进水温度12℃、出水温度7℃，冷凝器侧进水温度32℃、出水温度37℃，湿球温度28℃（可以带热回收）。

冬季制热工况：蒸发器侧进水温度3.5℃、出水温度1℃，冷凝器侧进水温度40℃、出水温度45℃，湿球温度6℃。

2.主要技术参数

LKM系列横流开式空能冷却双效塔：制冷循环水量130～1 260m^3/h，制热循环水量62～600m^3/h，吸热能力155 000～1 500 000kcal/h（1kcal/h＝1.163×10^{-3}kW）。

LKMB系列闭式空能冷却双效塔：制冷循环水量45～440m^3/h，制热循环水量27.3～266.6m^3/h，吸热能力68 300～666 600kcal/h。

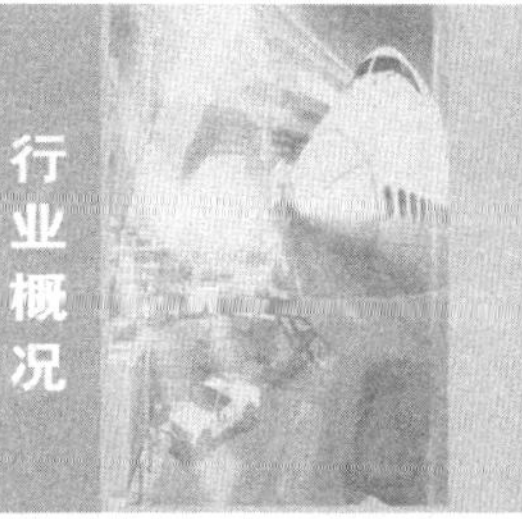

中国通用机械工业年鉴2013

大事记

记载2012年通用机械行业重大事件

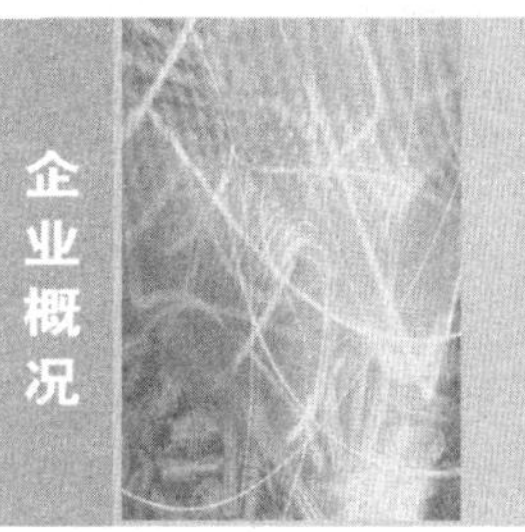

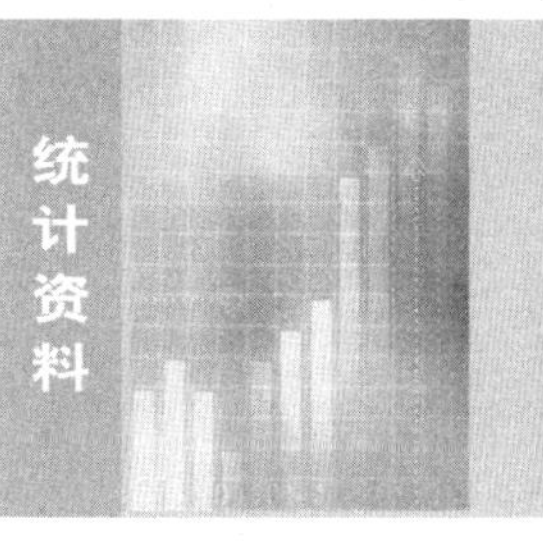

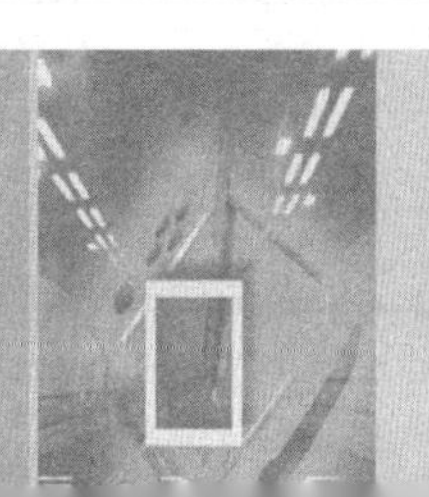

2012年中国通用机械工业大事记

2012年中国通用机械工业大事记

1月

11日 中国机械工业联合会执行副会长杨学桐及湖北省机械行业联合会领导一行到广水检查指导中国风机名城创建工作。湖北省风机厂有限公司董事长、总经理汇报了公司发展经营、人才战略及企业文化建设等情况。

12日 中国通用机械工业协会会长隋永滨、国家能源局能源节约和科技装备司副司长黄鹏在中国通用机械工业协会副会长苏永强的陪同下到中国通用机械工业协会泵业分会检查指导工作。隋永滨会长、黄鹏副司长及苏永强副会长对泵业分会的工作给予了高度的评价，并对协会如何发挥企业与政府的桥梁和纽带作用进行了更深层次的讲述，希望泵业分会加强队伍建设，更好地为行业服务，要求泵业分会在以后的工作中立足本行业，为会员企业进行深度服务，推动协会工作向深层次发展。

14日 济南大学党委书记范跃进到山东省章丘鼓风机股份有限公司调研，并与该公司签署了就业基地协议，搭建校企合作的新平台。章丘市委副书记、市长刘天东，市委常委、市政府党组副书记窦虎参加揭牌仪式，范跃进与刘天东为济南大学就业基地揭牌。

2月

14—16日 由中国通用机械工业协会风机分会和西安交通大学组织研发的新系列离心通风机样机拆检工作在沈阳鼓风机研究所进行，来自沈鼓集团通风设备有限责任公司、重庆通用工业(集团)有限责任公司、四平鼓风机股份有限公司、上海通用风机股份有限公司、江苏金通灵流体机械科技股份有限公司、湖北省风机厂有限公司、西安交通大学流体机械研究所、沈阳鼓风机研究所等单位的13名人员参加产品拆检工作，对新系列离心通风机17台样机进行了产品拆检，重点检查了产品叶轮、机壳、进风口等风机通流部分相关尺寸是否符合图样设计要求。并选取2台样机进行了性能检测，与西安交通大学测试结果进行对比分析。在沈阳鼓风机研究所技术人员和工人师傅的配合下，经过3天的紧张工作，顺利完成了17台样机的拆检工作。根据检查结果，将相关问题反馈给各制造厂家，风机分会、沈阳鼓风机研究所和西安交通大学将进一步研究，同时与制造企业协商，有的样机需要整改，有的则需要重新制作，具体方案待定。

24日 中共中央政治局委员、国务院副总理张德江莅临沈阳鼓风机集团股份有限公司视察。辽宁省委书记王珉、省长陈政高和沈阳市委书记曾维、市长陈海波等陪同视察。

月内 由上海电力修造总厂有限公司承制的我国首台国产AP1000核电站常规岛给水泵组3台前置泵、1台备用转子及泵组润滑油站、滤网、阀门和控制仪表等关键配套设备，顺利通过了由山东核电有限公司、中国电能成套设备有限公司等单位专家组的最后出厂验收。

3月

1—5日 《风机技术》杂志第七届编辑委员会会议在福建省厦门市召开，共55名代表参加了会议。会议总结了《风机技术》杂志2000—2011年的编辑出版工作，以及从科技期刊向行业期刊转型、创建网络数字化媒体、整合媒体创建优秀服务平台和期刊的经营工作，提出了《风机技术》杂志和风机技术网站今后的工作计划。在上届编委会的基础上，新聘请了一批国内风机行业科研院所和企业的技术专家组成了新一届编委会，编委会由53名编委组成。会议结合当前国内外风机发展趋势和行业发展的需要，讨论修订了《风机技术》编委会章程。会议邀请了清华大学、大连理工大学、华中科技大学、东北大学、西安热工研究院的5名专家教授分别作了学术和技术交流。

10—13日 根据风机行业标准化管理工作与组织机构的现状，为满足风机行业标准化管理工作的需要，风机标委会在昆明召开了第五届换届大会暨五届一次会议，调整了委员、委员单位、主任委员、副主任委员和秘书长；修改了标委会章程，并审查了部分标准。调整后的标委会委员由原来的40名增加到51名，充实了标委会的力量，加大了开展风机标准化工作的力度。

19—21日 在江西省景德镇市召开了中国通用机械工业协会风机分会2012年统计信息网协调组会议，有16家单位的21名统计人员参加了会议。会议总结了2011年风机行业统计工作，并完成了2011年度风机分会会员单位各项经济技术指标和产品产量明细汇总审核工作。

21日 在章丘市工业经济及信息化工作会议上，山东省章丘鼓风机股份有限公司被章丘市委、市政府授予“发展工业和信息化创新型企业”“发展工业和信息化明星企业”称号，公司董事长、总经理方润刚被授予“发展工业和信息化明星企业家”称号。

23日 山东省委组织部领导到山东省章丘鼓风机股份有限公司考察人

才建设工作，济南市委组织部有关领导、章丘市市长刘天东、市委组织部部长杨高峰等陪同进行了考察，方润刚总经理对公司人才建设有关情况进行了汇报。

23—26日　中国通用机械工业协会泵业分会在武汉市召开2012年秘书处办公会议。会议传达了泵业分会第七届会员大会和中国通用机械工业协会关于做好2012年行业协会工作的精神，进一步完善和落实各项工作内容；研究和筹备泵业分会召开2012年技术创新大会的有关事宜；落实2012第六届中国（上海）国际流体机械展览会招展工作有关事宜。

24日　河北省新乐市党政考察团在章丘市委书记杜振琪的带领下到山东省章丘鼓风机股份有限公司参观考察，市委常委、办公室主任孟学峰陪同。考察团参观了公司渣浆泵车间、710车间，听取了董事长方润刚对企业生产建设情况的汇报，对公司工业经济、园区建设等工作给予了高度评价。

4月

21—23日　中国通用机械工业协会压缩机分会第六届三次理事工作会议在江苏无锡召开，压缩机分会理事单位代表及部分会员单位代表共计60人参加了会议。

24—26日　为打击通过各种不正当手段剽窃中国通用机械工业协会风机分会会员单位的专有技术，保护风机分会会员单位的合法权益，促进风机行业知识产权保护工作，风机分会在沈阳召开了成立“风机行业知识产权鉴定委员会”筹备工作会议。来自沈阳鼓风机集团股份有限公司、陕西鼓风机（集团）有限公司、上海鼓风机厂有限公司、武汉鼓风机有限公司、重庆通用工业（集团）有限责任公司、长沙鼓风机厂有限责任公司、江苏金通灵流体机械科技股份有限公司、四平鼓风机股份有限公司、山东省章丘鼓风机股份有限公司、湖北省风机厂有限公司等10家单位的11名代表参加了会议。会议主要讨论了知识产权鉴定委员会成立大会筹备工作的有关内容，起草了知识产权鉴定委员会组织工作条例（草案）；讨论了委员会的任务、具体鉴定范围、鉴定内容、工作流程；讨论了机构设置、主任委员、副主任委员及委员单位的构成，聘请风机行业鉴定专家及常年法律顾问等；研究了活动经费的收支和日常管理工作。经过到会代表认真细致的讨论，达成了一致意见。

27日　大耐泵业有限公司“三六牌”商标被国家工商行政管理总局认定为中国驰名商标。驰名商标的获得刷新了大耐商标品牌的历史，为公司的发展注入了新的活力。

月内　大连市政府、大连市名牌战略推进委员会组织开展了2011年大连名牌产品的评选和认定工作，认定85种产品为大连名牌产品。大耐泵业有限公司“三六”牌石油化工离心泵再次被评为“大连名牌产品”。

5月

8—10日　沈阳鼓风机集团股份有限公司1 500kN大型往复式压缩机设计方案评审会召开。与会专家对该机组设计方案给予充分肯定，一致认为该机组结构合理、工艺性可行，各零部件有足够的安全裕度，尤其是十字头销孔采用自主创新的锡青铜堆焊技术，更是给予高度评价。

9日　澳大利亚DRA（德瑞安）矿业技术有限公司董事哈特先生一行到山东省章丘鼓风机股份有限公司参观考察，公司总经理高玉新、工业泵厂厂长张迎启陪同进行了参观。DRA公司是选矿与采矿专业设计公司，涉及五大洲的选矿业务，山东省章丘鼓风机股份有限公司已经与DRA北京公司国内项目开展了良好的合作，本次主要就DRA南非项目进一步合作进行考察洽谈。哈特先生对与山东省章丘鼓风机股份有限公司进一步开展国际项目合作表示很大兴趣，山东省章丘鼓风机股份有限公司也期待能开辟国际市场，加快渣浆泵项目的发展。

10—12日　在安徽省和县召开中国通用机械泵行业技术创新大会。中国通用机械工业协会会长隋永滨和国家能源局能源节约和科技装备司副司长黄鹂作了专题报告。大会听取了中石化洛阳石油化工工程公司副总经理杨成炯、武汉大学教授陈坚、中国东盟商务理事会中方秘书处许秘书长的专题报告，听取了中国通用机械泵行业技术工作报告、建设中国水泵制造产业技术联盟规划报告。会议进一步落实了2012年第六届中国（上海）国际流体机械展览会（IFME）参展产品的技术水平。参观考察了安徽三联泵业股份有限公司和经济开发区。

16日　中国科学院研究员徐岩一行在山东省科技厅、济南市科技局、章丘市科技局领导的陪同下，到山东省章丘鼓风机股份有限公司进行考察调研。公司董事长方润刚介绍了公司的发展和科研情况，总经理高玉新、副总经理方树鹏陪同参观了工业园区。研究员孙晓峰介绍了中科院金属所主要科研成果，总经理高玉新及各研究所技术负责人针对当前公司产品研发和生产过程中的技术和材料问题，与各位专家进行了交流。通过此次交流，双方有了进一步的了解，并对下一步实质性的交流合作充满了期待。

17日　由山东省章丘鼓风机股份有限公司自主开发的“网络营销信息系统”通过了济南市经信委组织的项目验收。此次项目验收会议由济南市经信委信息化推进处处长郭德贞主持，鉴定委员会由山东财经大学、山东广播电视大学等国内知名院校的教授及山东省计算中心的专家组成。专家组在听取了山东省章丘鼓风机股份有限公司对该产品的研制工作报告、技术报告、经济效益分析，实地察看系统演示，现场质询、答疑之后，一致认为：系统资料齐全、完整、规范，符合项目验收要，提升了企业在互联网中的知名度，及时为客户提供了所需要的信息。经第三方验收测试，该系统完成了工业和信息化发展专项资金任务书的建设内容，资金使用合理，项目通过验收。该项目的顺利验收，标志着公司的信息化建设又前进一步，为下一步的信息化建设提供了经验。公司董事长方润刚、总经理高玉新与专家进行了密切交流，与会专家为以后的信息化建设提出了宝贵的建议，在以后的发展道路上坚持信息化建设，使公司发展得更快、更好。

20 日 济南市经信委主任李宝会一行到山东省章丘鼓风机股份有限公司参观考察，章丘市经信局局长李兴贵陪同，参观了渣浆泵车间、710 车间，听取了山东省章丘鼓风机股份有限公司董事长方润刚对企业生产建设情况的汇报，对山东省章丘鼓风机股份有限公司的工业经济、园区建设等工作给予了高度评价。

22 日 中国石油工程设计公司总经理迟尚忠与沈阳鼓风机集团股份有限公司董事长、党委书记苏永强举行了湖北 500 万 m^3/d LNG 项目以及后续的科研项目签约仪式。湖北项目采用多循环阶式制冷工艺，属于国内自主开发技术，项目成功投产后，将标志着我国 LNG 装置走向大型化。

★ JB/T 8693《大中型空气分离设备》标准工作组在浙江宁波成立，工作组由杭州杭氧股份有限公司、开封空分集团有限公司、四川空分设备(集团)有限责任公司的 13 位专家组成，工作组设组长、副组长、顾问、组员若干名，杭州杭氧股份有限公司技术中心副主任周智勇任本标准工作组组长。

25 日 由中国机械工业联合会、中国汽车工业协会主办，中国机械工业集团有限公司、江苏省沿海地区发展办公室、江苏省机械行业协会协办，大丰市人民政府、江苏省大丰海洋经济综合开发区管理委员会、中国机经网共同承办的“中国机械工业百强企业、汽车工业三十强企业信息发布会暨机械工业发展战略研讨会”在江苏大丰市隆重召开。杭州制氧机集团有限公司、四川空分设备(集团)有限责任公司入选机械工业百强企业名单。

★ “中国机械工业百强企业、汽车工业三十强企业信息发布会暨机械工业发展战略研讨会”召开，压缩机行业的沈阳鼓风机集团有限公司、开山集团和江苏通润机电集团有限公司 3 家企业分别列 2011 年机械工业百强企业的第 39 位、第 74 位和第 79 位。

6 月

11—14 日 为了帮助风机生产企业提高转子动平衡的理论知识与实际操作技能及故障分析能力，中国通用机械工业协会风机分会在沈阳举办了“动平衡及故障分析”培训班。有 13 家单位的 27 名学员参加了学习，聘请了上海交通大学机械与动力工程学院制造与装备自动化研究所教授级高工樊启泰老师授课。在培训中，樊教授为大家系统地讲解了造成转子不平衡的原因及风机故障分析，并在沈阳鼓风机研究所进行了现场实际操作演示。在学习过程中，学员结合实际将工作中遇到的动平衡操作问题向樊教授请教，樊教授认真耐心地为学员进行了解答，把自己多年积累的实践经验向大家传授。培训结束后，经测验，学员成绩全部合格，并由风机分会向全体学员颁发了结业证书。

18—22 日 中国通用机械工业协会气体分离设备分会联合中国通用机械工业协会，率团赴德国法兰克福参加德国西玛化工与生物技术协会主办的三年一届的流体工业展览会。气体分离设备行业的 4 家企业代表随团赴德观展。

7 月

8—10 日 中国通用机械工业协会风机分会第七届二次会员大会在杭州召开，108 家会员单位和部分配套及相关企业共 160 名代表到会。大会由陕西鼓风机(集团)有限公司常务副总经理孙继瑞主持，上海鼓风机厂有限公司总经理蔡精毅致开幕词，沈阳鼓风机集团股份有限公司董事长苏永强作了风机分会两年来的工作报告，制定了风机分会 2012—2013 年工作计划，修订了风机分会《章程》《组织工作条例》和《经费管理办法》，增补了鞍山风机集团有限责任公司和清华大学流体力学研究所为风机分会第七届理事会理事。

中国通用机械工业协会会长隋永滨、国家能源局能源节约和科技装备司副司长黄鹂、中国通用机械工业协会副会长兼秘书长张雨豹参加了大会，并分别作了重要讲话，从国家机械工业的发展趋势，到风机行业如何进一步发展，给会议代表提出了希望和要求。

会议邀请了西安交通大学流体机械研究所、清华大学流体力学研究所、西安热工研究院有限公司电站风机研究所、大连理工大学工程力学系、江苏金通灵流体机械科技股份有限公司、势加透博(北京)科技有限公司进行了技术交流和经验介绍。

苏永强理事长作了大会总结，还针对风机行业存在的问题提出了建议：一是协会各企业要有忧患意识，当前的经济环境对行业发展有一定的影响，但是应从自身找差距，找问题，要咬紧牙关，坚定目标。二是要加快研发能力，满足未来市场的需求，特别是要进行高端风机装备的研发。在“十二五”期间，国家振兴装备制造业，无论是石化、电力、冶金、能源、核电等领域，都需要一大批适应大型装备发展的高端装备，需要根据国家发展规划制定企业目标。结合国家“十二五”规划，风机行业制定规划，并不断调整规划。三是风机行业要在节能减排上投入大量的人力物力，不断增强企业的创新能力。在复杂多变的市场竞争中不断发展和壮大，希望各企业与协会积极配合，把风机分会建设成为风机之家，为风机行业的崛起而共同努力。

10 日 在西气东输甘肃省永昌站，沈阳鼓风机集团股份有限公司为中石油研制的首台国产化西气东输机组(H1156)试车成功。首台国产化西气东输机组经受住用户现场试车考验，标志着国内天然气工业领域的“两弹一星”冉冉升起，沈阳鼓风机集团股份有限公司再一次为“中国创造”增添了厚重的砝码。

月内 北京北大先锋科技有限公司与中石化湖北化肥分公司签署了 20

万 t/a 煤制乙二醇工业示范装置配套的 PSA-CO/H_2 项目合同。该项目是公司为国内煤制乙二醇领域设计承建的第 10 套 PSA 分离装置，是中石化集团规划的 300 万 t/a 乙二醇项目配套的首套提纯装置，对中石化集团后续煤制乙二醇项目的工艺优化将起到示范作用。

8 月

8 日　湖北省科技厅组织的湖北省风机厂有限公司两项省级成果鉴定会在武汉顺利召开。该公司参加鉴定的两项成果是 AS 系列静叶可调脱硫增压轴流风机和 AJ 系列转炉煤气干法除尘轴流风机。鉴定委员会专家审阅了项目产品工作报告、技术研究报告等相关材料，一致认为：AS 系列静叶可调脱硫增压轴流风机达到国际先进水平，AJ 系列转炉煤气干法除尘轴流风机达到国内领先水平。

18—21 日　在辽宁省丹东市召开2012 第六届中国国际流体机械展览会风机参展产品评审会议，评审组由中国通用机械工业协会风机分会技术发展工作委员会部分委员单位的 22 名专家组成。会议由中国通用机械工业协会风机分会秘书长陈凤义对申报评奖的参展产品提出了评审原则和评审条件。

评审内容：主要考核产品设计水平、工艺制造水平、产品性能指标、产品结构特点、国产化程度、主要应用领域、产品加工质量、现场运行可靠性、用户使用意见等。经过到会的各位专家对 32 家单位申报的 69 台产品逐一认真细致地审核，评出了金奖 39 个、银奖 19 个，对没有评出奖项的产品还需要申报单位进一步补报有关资料，特别是要求提供产品性能检测报告，然后再作评定。

24 日　随州市新任市长傅振邦在广水市委书记吴超明的陪同下到湖北省风机厂有限公司考察指导工作。公司董事长熊俊杰汇报了公司的生产经营情况，傅振邦市长对该公司的发展给予了充分的肯定。

9 月

2 日　中国企业联合会、中国企业家协会按照国际惯例，连续第八次推出了中国制造业企业 500 强，沈阳鼓风机集团股份有限公司凭借经营业绩再度上榜。

15 日　贵州中电振华精密机械有限公司自主研制出成熟的船用中压单螺杆压缩机技术，不仅填补了国内空白，推动我国船舶业技术实质性进步，还将在未来 5 年超过 60 亿元的船用压缩机升级及延伸市场上占领绝对竞争优势。

16—20 日　中国通用机械工业协会气体分离设备分会与机械工业气体分离设备科技信息网、杭州深冷文化传媒有限公司联合在成都举办了 2012 年空分设备技术交流会，来自国内外空分设备设计制造厂商、大中型空分设备用户、空分设备配套单位、设计研究院所、制氧厂、国外公司驻中国办事处的 120 多名代表参加了会议。会议共收到论文 30 多篇，主要就空分设备新技术、新产品及发展趋势，空分设备技术改造，空分设备安全稳定运行与事故处理，工业气体应用，以及配套换热器、阀门设备等产品技术进行了广泛交流。

24—26 日　中国通用机械工业协会气体分离设备分会在山西太原组织召开了气体分离设备行业 2012 年统计信息工作会议，会议通报了通用机械行业 2012 年 1—7 月经济运行情况，解读了气体分离设备行业 2012 年上半年经济运行情况简报，分析了存在的主要问题，并对下半年的统计工作进行了安排。

10 月

17 日　沈阳鼓风机集团股份有限公司在营口经济技术开发区举行新厂区奠基典礼，200 余名特邀嘉宾和集团公司 500 名员工代表共同见证了这一具有重大意义的历史时刻。沈鼓集团新厂区总投资 25 亿元，占地面积 87.3 万 m^2，新增各类工艺设备 570 台（套），具备 3 万 kW 电驱、3 万 kW 燃驱及 10 万 kW 汽轮机驱动压缩机试验能力，建成后将成为大型透平压缩机组制造（实验）中心和大型压力容器生产基地。

★　山东省章丘鼓风机股份有限公司完成 3 项新产品鉴定工作。成功组织了济南市科技局主持的项目技术鉴定会，来自山东大学、山东科技大学、中国石油大学、山东省机床及通用机械质量监督检验站、山东省机械设计院等单位的专家教授对 3 项新产品进行了技术鉴定，并一致认为：污水处理用脂润滑罗茨鼓风机采用先进新技术，其主要技术性能指标达到同类产品国际先进水平；B 型单级高速离心鼓风机主要性能指标达到同类产品国际先进水平；连续干法自磨机的成功研制填补了国内空白，其整机技术达到国内领先水平。

25 日　沈阳鼓风机集团股份有限公司为天津石化公司提供的裂解气压缩机（H858）机组接受全面“体检”。作为首台百万吨乙烯装置的“中国心”，通过全面体检后顺利投产。

28 日　沈阳鼓风机集团股份有限公司为中石油抚顺石化公司提供的百万吨乙烯“三机”（其中裂解气机组、丙烯机组早已投入流程，创造巨大效益）经过精心调试，乙烯压缩机（H1000）在用户现场单机开车成功，实现百万吨乙烯“三机”国产化满堂红。

29—31 日　为了加强风机制造企业之间及风机制造企业与用户之间的交流与沟通，在 2012 第六届中国（上海）国际流体机械展览会举办期间，中国通用机械工业协会风机分会在上海组织召开了 2012 国内外风机技术发展论坛。本届论坛邀请到国内外著名的风机制造企业、国外行业组织、风机用户、国内知名的设计院和工程公司以及著名院校的行业专家，在论坛作主题发言，探讨风机工业的前沿技术与产业发展前景，有 155 名代表参加此次论坛。

本次论坛演讲内容为：沈阳鼓风机集团股份有限公司研究院总工程师

刘常胜的“立足创新，开拓未来”，陕西鼓风机（集团）有限公司技术总监蔺满相的“陕鼓大型煤化工装置压缩机组规划与发展技术简介”，上海鼓风厂有限公司副总经理顾恒庆的“高效、节能、环保电站风机的研究与开发”，重庆通用工业（集团）有限责任公司总工程师黄睿的“高压比、小流量离心式压缩机技术交流”，曼透平（中国）有限公司销售总监周俊文的“源于百年经验，引领技术潮流”，西安交通大学系主任秦国良的“离心通风机设计及设计方法的发展”，清华大学教授李嵩的“流场数值模拟在通风机气动设计和性能改进中的地位与应用”，上海交通大学教授王彤的“尿素装置用大型 CO_2 离心压缩机设计关键技术研究”，大连理工大学研究员冀春俊的“计算流体力学在风机节能中的应用”，中国煤炭科工集团中煤国际工程设计研究总院总工程师李玉瑾的“煤矿用大型通风设备运行中的有关问题分析”，中冶赛迪工程技术股份有限公司高级工程师崔红的“冶金工业风机产品的应用现状与市场发展”。

30日　由中国通用机械工业协会气体分离设备分会主办的2012国际特大型空分装备技术发展论坛在上海开幕，论坛邀请杭州制氧机集团有限公司、开封空分集团有限公司、四川空分设备（集团）有限责任公司、液化空气（杭州）有限公司、美国空气化工产品有限公司、上海启元空分技术发展股份有限公司等成套空分企业，以及曼透平、西门子、沈鼓集团、陕鼓集团等压缩机配套企业到会作主题演讲，共有来自煤化工、石化、钢铁、工程设计院、高校等单位的近140名代表参会。

论坛针对“十二五”期间煤化工的发展带来的空分设备大型化、特大型化这一特点，以促进我国特大型空分装备技术水平和国产化水平不断提高为宗旨，以8万 m^3/h 及以上特大型空分装备成套、配套技术发展现状及趋势作为主要论题，探讨了空分设备特大型化对空分设备制造业带来的新的挑战，如流程多样化的考虑、机组的集成化、关键部机的研发、成套可靠性要求增加、总投资与运行的技术经济分析等一系列问题，同时分析并展示了我国8万 m^3/h 及以上特大型空分装备研制水平与能力。论坛主题明确，受到煤化工、石化、钢铁、工程设计院等用户的好评。

31日　2012第六届中国（上海）国际流体机械展览会（IFME）在上海世博展览馆隆重开幕。国内压缩机行业各大知名企业均以大面积盛装亮相，展出面积超过1 740m^2，展出新产品300余件，堪称历届展会之最。

本届展会以“创新节能　绿色制造”为主题，节能产品惠民工程容积式空压机推广政策即将启动，开山集团、广东正力精密机械有限公司、上海佳力士机械有限公司、宁波德曼压缩机有限公司、苏州普度压缩机有限公司、宁波欣达螺杆压缩机有限公司、上海飞和实业集团有限公司等企业高调推出最新的节能空压机产品与技术亮相流体展。

11月

1日　第五届中国泵制造业高端产品论坛在上海世博展览馆召开。中国通用机械工业协会会长隋永滨、秘书长张雨豹以及泵业专家、泵企事业单位领导等300余人参加了盛会。本次论坛的宗旨是“高端、创新、节能、发展”。

★　以压缩机及系统节能为主题的“2012压缩机技术论坛暨新产品发布会”在上海召开。压缩机、配套设备制造行业及用户行业的80多位专家学者、技术研发人员参加了论坛。

2日　以打造“创新节能绿色制造”为宗旨的2012第六届中国（上海）国际流体机械展览会（IFME）在上海世博展览馆圆满落下帷幕。本届展会在中国通用机械工业协会的领导下，在泵业分会秘书处人员和参展单位的共同努力下，出色地完成了参展任务，使2012第六届中国（上海）国际流体机械展览会（IFME）成为流体机械在中国规模最大、专业化最强、水平最高、效果最佳的国际专业展览会。泵展区此次参展规模最大，参展面积超过3 200m^2。在358个展位中，特装展位321个、标准展位37个，远远超过了历届水平。产品展出后，对参展单位及其产品进行了评奖活动。根据评选结果，特评出了2012第六届中国国际流体机械展览会参展产品金奖32个、银奖21个，优秀组织奖20个。

3日　由四川空分设备（集团）有限责任公司研发、生产、成套的鄂尔多斯市杭锦旗新圣天然气有限公司第二期 $60\times10^4m^3/d$ 天然气液化成套工艺装置实现一次性开车成功。该装置是当前国内第一套处理规模最大、设备全国产化的项目。

20日　全国气体分离与液化设备标准化委员会一届二次会议在开封召开。来自全国各地的空分设备科研、设计、制造、施工和管理等领域的标委会委员及标准起草人等共29人出席了会议。会议审查了《往复活塞氧气压缩机网状阀　技术条件》《透平膨胀机　技术条件》《空气分离设备用离心式氧气压缩机》和《空气分离设备用氧气管道　技术条件》4项标准。经过讨论，3项标准通过了表决，《空气分离设备用氧气管道　技术条件》还需进一步完善结构。

月内　为配合国家大力推进创新方法专项工作计划的实施，推进公司科技创新能力建设，开封空分集团有限公司参与并成功通过省科技厅组织的省内专家评审，被初步确定为全省首批共10家创新方法示范企业之一。专家评审之后，与之相对应的“河南省创新方法示范企业签约仪式”在郑州举行，以郑州大学为代表的10所高校作为创新方法培训项目的施培单位和以开封空分集团有限公司为代表的全省范围内10家参培单位参加了签字仪式。

12月

4日　为认真贯彻国家节能减排的指导方针，全面提高风机行业整体科技水平，充分发挥协会组织的优势，建立产、学、研相结合的技术创新体系，实现科技兴企和可持续发展战略目标，中国通用机械工业协会风机分会在沈阳组织召开了风机行业新系列轴流通风机研发工作会议。参加会议的有沈阳风机厂有限公司、沈阳正双环通用设备制造有限公司、四平鼓风机股份有限公司、北京新安特风机有限公司、天津津鼓风机集团有限责任公司、石家庄市风机厂有限责任公司、浙江明新风机有限公司、浙江双阳风机有限公司、浙江亿利达风机股份有限公司、威海克莱特菲尔风机股份有限公司、新乡西玛鼓风机有限公司、南阳防爆集团股份有限公司、广东肇庆德通有限公司、天津市通风机厂、清华大学流体力学研究所、沈阳鼓风机研究所等16家单位的20名代表。

风机分会秘书长陈凤义参加了此次会议，并在讲话中指出风机行业在过去的科技发展和新产品研发中取得了突出业绩，在市场经济中发挥了重要作用。但当前一般用途轴流通风机的研发还一直停留在20世纪80年代的水平，满足不了国家节能降耗和贯彻落实通风机能效标识认证的要求，因此，进行轴流通风机的新产品研发势在必行，这项工作已经得到风机分会理事会和上级协会领导的高度重视和大力支持。

经过沈阳鼓风机研究所和清华大学流体力学研究所一年来的调研，并作了大量的样机测试和气动模拟计算工作，掌握了一些现有一般用途轴流通风机的基本情况。沈阳鼓风机研究所和清华大学对此分别在会议上向各位代表作了介绍。清华大学李嵩教授重点介绍了通风机气动设计现代方法及其发展、一般用途轴流通风机的现状、采用现代设计方法进行新型轴流风机优化设计的设想；沈阳鼓风机研究所教授级高工朱艳丽介绍了由沈阳正双环通用设备制造有限公司提供的T35№6.3A和T40№6A样机的性能测试情况和存在的问题。

会议对新系列轴流通风机研发工作的立项、主要任务、工作程序、达到的性能指标、研发工作的分工、时间进度安排等进行了认真讨论，取得了一致意见，并作出会议有关决议。

7—9日 在江苏省盐城市滨海县召开了中国通用机械工业协会泵业分会第七届第二次理事会议。中国通用机械工业协会执行副会长兼秘书长张雨豹，滨海县人民政府领导，泵业分会理事长、副理事长、理事、重点联系企业负责人、秘书处工作人员及会议代表共150余人参加了本次会议。会议听取了中国通用机械工业协会执行副会长兼秘书长张雨豹所作的“通用机械行业形势”报告，听取了泵业分会理事长孔跃龙先生作的“中国通用机械工业协会泵业分会第七届第二次理事会议工作报告”，听取了泵业分会秘书长李玉坤作的“泵业分会2012年财务决算报告”、泵业分会总工程师李树斌作的“我国水泵产品发展现状和市场发展预测”。会议一致同意增补上海东方泵业（集团）有限公司、广州白云泵业集团有限公司、江苏大学3家理事单位为泵业分会第七届理事会副理事长单位。一致同意增补合肥华升泵阀有限责任公司、湖北同方高科泵业有限公司、上海山川泵业有限公司3家会员企业为泵业分会第七届理事会理事单位。会议期间，与会代表分别参观考察了中核集团江苏核电有限公司田湾核电站和滨海县经济开发区。

月内 中国通用机械工业协会气体分离设备分会与中国工业气体工业协会联合举办了一期高级制氧工培训班，首期毕业学员20余人，均取得了国家人力资源与社会保障部劳动技能鉴定中心颁发的高级技能证书。

年内 沈阳鼓风机集团股份有限公司入选2012“中国化工装备百强企业”，位列第一名。获此殊荣，标志着沈阳鼓风机集团股份有限公司为化工行业提供的自主创新国产化装备得到高度认可。

★ 为落实工业和信息化部等七部委品牌建设工作精神，中国机械工业联合会协同中国通用机械工业协会等机械行业协会成立了中国机械工业品牌推进委员会，经研究决定2012年在通用机械行业泵行业开展品牌培育及表彰活动试点工作。继2006年入选中国机械500强和大连市百强企业之后，大耐泵业有限公司再一次荣获“中国机械500强”和“大连市100强”企业称号。与此同时，公司首次入选“中国品牌100强企业”之列。

★ 陕西鼓风机（集团）有限公司获“中国工业行业排头兵”“陕西省先进集体”和“陕西省创新型企业”称号，西安陕鼓动力股份有限公司被评为国家一级安全生产标准化企业；西安陕鼓动力股份有限公司及董事长印建安分别入选陕西区域最具影响力企业和个人；陕西鼓风机（集团）有限公司总经理李宏安被评为陕西省优秀科技企业家；西安陕鼓动力股份有限公司总经理陈党民获得全国机械工业优秀质量经营者金杯奖；王仪田获得“全国五一劳动奖章”，唐正刚、李新春被评为陕西省劳动模范，陈红梅获得“全国三八红旗手”称号。

★ 在全国企业文化建设系列表彰活动中，沈阳鼓风机集团股份有限公司被评为全国企业文化建设优秀单位，再次蝉联此项荣誉。集团党委常务副书记邓长辉荣获2012年度全国企业文化建设先进工作者称号。

附录

公布工业和信息化部节能机电设备（产品）推荐目录，介绍2012第六届中国国际流体机械展览会情况及参展企业展品获奖情况，对2012年成立的中国通用机械工业协会能量回收装备分会和冷却设备分会予以介绍

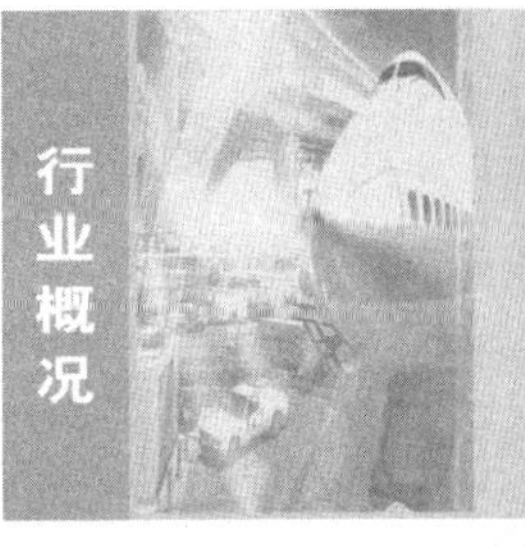

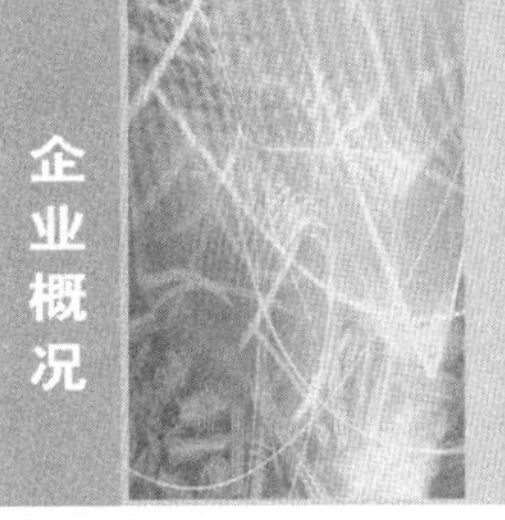

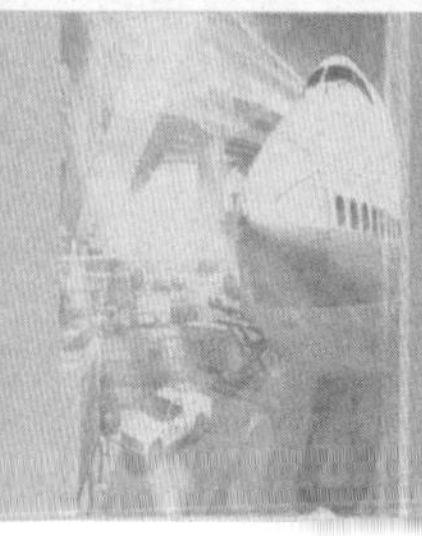
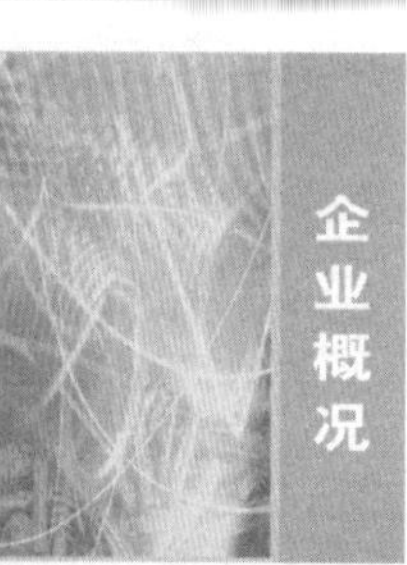
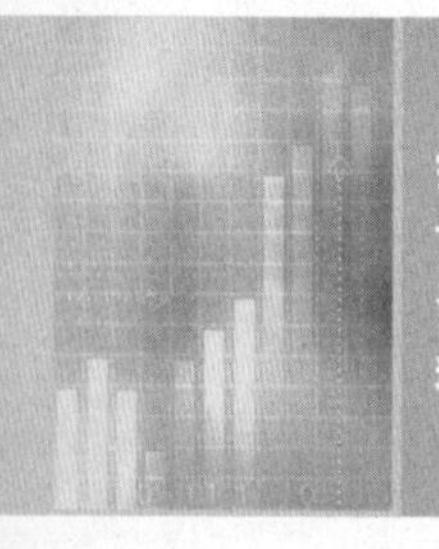

附录

工业和信息化部节能机电设备(产品)推荐目录(第四批)(摘选)

设备名称	型号	主要技术参数	适用范围	执行标准
压缩机				
一般用喷油螺杆空气压缩机	LGFD-6.3/8-A	公称容积流量6.3m³/min,额定排气压力0.8MPa,驱动电动机功率37kW,机组输入比功率7.18kW/(m³/min)	石油化工、冶金、矿山、水利、电力、纺织、医药、机械制造等领域	GB19153—2009《容积式空气压缩机能效限定值及能效等级》
	LGFD-6.3/8-W	公称容积流量6.3m³/min,额定排气压力0.8MPa,驱动电动机功率37kW,机组输入比功率7.43kW/(m³/min)	石油化工、冶金、矿山、水利、电力、纺织、医药、机械制造等领域	GB19153—2009《容积式空气压缩机能效限定值及能效等级》
	LGFD-9.5/8-W	公称容积流量9.5m³/min,额定排气压力0.8MPa,驱动电动机功率55kW,机组输入比功率6.85kW/(m³/min)	石油化工、冶金、矿山、水利、电力、纺织、医药、机械制造等领域	GB19153—2009《容积式空气压缩机能效限定值及能效等级》
	LGFD-23.2/8	公称容积流量23.1m³/min,额定排气压力0.8MPa,驱动电动机额定输入功率132kW,机组输入比功率6.97kW/(m³/min)	石油化工、冶金、矿山、水利、电力、纺织、医药、机械制造等领域	GB19153—2009《容积式空气压缩机能效限定值及能效等级》
	LGF-19.5/8	容积流量19.5m³/min,额定排气压力0.8MPa,驱动电动机功率90kW,机组输入比功率6.32kW/(m³/min)	石油化工、冶金、矿山、水利、电力、纺织、医药、机械制造等领域	GB19153—2009《容积式空气压缩机能效限定值及能效等级》
	LGF-24/8	容积流量24m³/min,额定排气压力0.8MPa,驱动电动机功率110kW,机组输入比功率5.98kW/(m³/min)	石油化工、冶金、矿山、水利、电力、纺织、医药、机械制造等领域	GB19153 2009《容积式空气压缩机能效限定值及能效等级》
	LGF-41/8	容积流量41m³/min,额定排气压力0.8MPa,驱动电动机功率200kW,机组输入比功率5.84kW/(m³/min)	石油化工、冶金、矿山、水利、电力、纺织、医药、机械制造等领域	GB19153—2009《容积式空气压缩机能效限定值及能效等级》
	LGF-20/8	容积流量20m³/min,额定排气压力0.8MPa,驱动电动机功率90kW,机组输入比功率6.45kW/(m³/min)	石油化工、冶金、矿山、水利、电力、纺织、医药、机械制造等领域	GB19153—2009《容积式空气压缩机能效限定值及能效等级》
	LGF-28/8	容积流量28m³/min,额定排气压力0.8MPa,驱动电动机功率132kW,机组输入比功率6.28kW/(m³/min)	石油化工、冶金、矿山、水利、电力、纺织、医药、机械制造等领域	GB19153—2009《容积式空气压缩机能效限定值及能效等级》
	LGF-33/8	容积流量32.2m³/min,额定排气压力0.8MPa,驱动电动机功率160kW,机组输入比功率5.92kW/(m³/min)	石油化工、冶金、矿山、水利、电力、纺织、医药、机械制造等领域	GB19153—2009《容积式空气压缩机能效限定值及能效等级》
	LGF-41/8	容积流量41m³/min,额定排气压力0.8MPa,驱动电动机功率200kW,机组输入比功率5.86kW/(m³/min)	石油化工、冶金、矿山、水利、电力、纺织、医药、机械制造等领域	GB19153—2009《容积式空气压缩机能效限定值及能效等级》

（续）

设备名称	型号	主要技术参数	适用范围	执行标准
	LGF-45/10	容积流量 45m³/min，额定排气压力 1.0MPa，驱动电动机功率 250kW，机组输入比功率6.67kW/(m³/min)	石油化工、冶金、矿山、水利、电力、纺织、医药、机械制造等领域	GB19153—2009《容积式空气压缩机能效限定值及能效等级》
	LGF-6/8	容积流量 6.34m³/min，额定排气压力 0.8MPa，驱动电动机额定输入功率 37kW，机组输入比功率 7.72kW/(m³/min)	石油化工、冶金、矿山、水利、电力、纺织、医药、机械制造等领域	GB19153—2009《容积式空气压缩机能效限定值及能效等级》
	LGF-9.5/8	容积流量 9.31m³/min，额定排气压力 0.8MPa，驱动电动机额定输入功率 55kW，机组输入比功率 7.20kW/(m³/min)	石油化工、冶金、矿山、水利、电力、纺织、医药、机械制造等领域	GB19153—2009《容积式空气压缩机能效限定值及能效等级》
	LGF-23/8	容积流量 22.4m³/min，额定排气压力 0.8MPa，驱动电动机额定输入功率 132kW，机组输入比功率 6.71kW/(m³/min)	石油化工、冶金、矿山、水利、电力、纺织、医药、机械制造等领域	GB19153—2009《容积式空气压缩机能效限定值及能效等级》
	LGF-26.5/8	容积流量 27.3m³/min，额定排气压力 0.8MPa，驱动电动机额定输入功率 160kW，机组输入比功率 6.70kW/(m³/min)	石油化工、冶金、矿山、水利、电力、纺织、医药、机械制造等领域	GB19153—2009《容积式空气压缩机能效限定值及能效等级》
一般用喷油单螺杆空气压缩机	OGFD-6.3/8	容积流量 6.38m³/min，额定排气压力 0.8MPa，机组输入比功率 7.72kW/(m³/min)	石油化工、冶金、矿山、水利、电力、纺织、医药、机械制造等领域	GB19153—2009《容积式空气压缩机能效限定值及能效等级》
	OGFD-16/8	容积流量 16.6m³/min，额定排气压力 0.8MPa，驱动电动机额定功率 90kW，机组输入比功率 6.87kW/(m³/min)	石油化工、冶金、矿山、水利、电力、纺织、医药、机械制造等领域	GB19153—2009《容积式空气压缩机能效限定值及能效等级》
	OGFD-20/8	容积流量 21.1m³/min，额定排气压力 0.9MPa，驱动电动机额定功率 110kW，机组输入比功率 6.55kW/(m³/min)	石油化工、冶金、矿山、水利、电力、纺织、医药、机械制造等领域	GB19153—2009《容积式空气压缩机能效限定值及能效等级》
泵				
单级单吸离心泵	BIW125-100-400	额定流量 100m³/h，额定扬程 50m，效率 70.51%	城市供水增压、消防喷淋、锅炉、空调、采暖、工业冷却水循环等领域	GB19762—2007《清水离心泵能效限定值及节能评价值》
	KCP150×125-150	额定流量 250m³/h，额定扬程 21m，效率 84.31%	城市供水增压、消防喷淋、锅炉、空调、采暖、工业冷却水循环等领域	GB19762—2007《清水离心泵能效限定值及节能评价值》
	150RK180-32	额定流量 180m³/h，额定扬程 32m，效率 80.16%	城市供水增压、消防喷淋、锅炉、空调、采暖、工业冷却水循环等领域	GB19762—2007《清水离心泵能效限定值及节能评价值》
	200RK1000-32	额定流量 1 000m³/h，额定扬程 32m，效率 91.06%	城市供水增压、消防喷淋、锅炉、空调、采暖、工业冷却水循环等领域	GB19762—2007《清水离心泵能效限定值及节能评价值》
	KQW150/370-37/4	额定流量 187m³/h，额定扬程 44m，效率 77%	城市供水增压、消防喷淋、锅炉、空调、采暖、工业冷却水循环等领域	GB19762—2007《清水离心泵能效限定值及节能评价值》

（续）

设备名称	型号	主要技术参数	适用范围	执行标准
单级双吸离心泵	KQW200/315-55/4	额定流量 400m³/h，额定扬程 32m，效率 84.57%	城市供水增压、消防喷淋、锅炉、空调、采暖、工业冷却水循环等领域	GB19762—2007《清水离心泵能效限定值及节能评价值》
	KQW250/250-45/4	额定流量 550m³/h，额定扬程 20m，效率 85.4%	城市供水增压、消防喷淋、锅炉、空调、采暖、工业冷却水循环等领域	GB19762—2007《清水离心泵能效限定值及节能评价值》
	KPS20-700	额定流量 3 950m³/h，额定扬程 21m，效率 90.87%	工厂、矿山、城市、电站、农田、水利工程	GB19762—2007《清水离心泵能效限定值及节能评价值》
	KPS45-200	额定流量 600m³/h，额定扬程 38m，效率 85.31%	工厂、矿山、城市、电站、农田、水利工程	GB19762—2007《清水离心泵能效限定值及节能评价值》
	150S-50	额定流量 170m³/h，额定扬程 47m，效率 83.7%	工厂、矿山、城市、电站、农田、水利工程	GB19762—2007《清水离心泵能效限定值及节能评价值》
	300S-58	额定流量 792m³/h，额定扬程 58m，效率 87.6%	工厂、矿山、城市、电站、农田、水利工程	GB19762—2007《清水离心泵能效限定值及节能评价值》
	200SS-43	额定流量 277m³/h，额定扬程 43m，效率 82.3%	锅炉、供暖、空调等冷热水循环，冶金、热力站、纺织、余热利用等领域	GB19762—2007《清水离心泵能效限定值及节能评价值》
	300SS-66	额定流量 1 135m³/h，额定扬程 66m，效率 88.3%	锅炉、供暖、空调等冷热水循环，冶金、热力站、纺织、余热利用等领域	GB19762—2007《清水离心泵能效限定值及节能评价值》
单级双吸中开离心泵	32SAP-12	额定流量 5 000m³/h，额定扬程 62m，效率 90.9%	工厂、矿山、城市、电站、农田、水利工程	GB19762—2007《清水离心泵能效限定值及节能评价值》
	350S44	额定流量 278m³/h，额定扬程 40m，效率 86.79%	工厂、矿山、城市、电站、农田、水利工程	GB19762—2007《清水离心泵能效限定值及节能评价值》
	SGA800×600ⅡJ	额定流量 1 600m³/h，额定扬程 60m，效率 91.22%	工厂、矿山、城市、电站、农田、水利工程	GB19762—2007《清水离心泵能效限定值及节能评价值》
	24SA-10	额定流量 880m³/h，额定扬程 60m，效率 89.6%	工厂、矿山、城市、电站、农田、水利工程	GB19762—2007《清水离心泵能效限定值及节能评价值》
	600SN55	额定流量 3 900m³/h，额定扬程 55m，效率 92.095%	工厂、矿山、城市、电站、农田、水利工程	GB19762—2007《清水离心泵能效限定值及节能评价值》
	1200SN19	额定流量 18 000m³/h，额定扬程 18m，效率 90.407%	工厂、矿山、城市、电站、农田、水利工程	GB19762—2007《清水离心泵能效限定值及节能评价值》
多级离心泵	80BGL54-30×5	额定流量 54m³/h，额定扬程 150m，效率 70.51%	建筑、锅炉、空调、消防液体输送的增压与冷热循环	GB19762—2007《清水离心泵能效限定值及节能评价值》
	BYL30/15×9-65	额定流量 30m³/h，额定扬程 135m，效率 61.58%	建筑、锅炉、空调、消防液体输送的增压与冷热循环	GB19762—2007《清水离心泵能效限定值及节能评价值》

（续）

设备名称	型号	主要技术参数	适用范围	执行标准
	KQDP50-16S×10	额定流量 $16m^3/h$，额定扬程131m，效率69.16%	建筑、锅炉、空调、消防液体输送的增压与冷热循环	GB19762—2007《清水离心泵能效限定值及节能评价值》
不锈钢多级离心泵	DBL2-6F～DBL64-3F系列	额定流量： DBL2-6F：$2m^3/h$， DBL32-8F：$32m^3/h$， DBL64-3F：$64m^3/h$ 额定扬程： DBL2-6F：45m， DBL32-8F：115m， DBL64-3F：68m 效率： DBL2-6F：47.4%， DBL32-8F：73.9%， DBL64-3F：80.11%	城市高层建筑、中央空调、锅炉、消防液体输送的增压与冷热循环	GB19762—2007《清水离心泵能效限定值及节能评价值》
矿用耐磨多级离心泵	MD500-85A×8	额定流量 $500m^3/h$，额定扬程570m，效率82.5%	矿井排水、油田注水、盐矿卤液采输等行业	GB19762—2007《清水离心泵能效限定值及节能评价值》
立式管道离心泵	BYG65-200	额定流量 $25m^3/h$，额定扬程50m，效率62.43%	工业和城市给排水，空调、采暖系统冷热水循环，消防、喷淋系统供水，生产工艺循环增压	GB19762—2007《清水离心泵能效限定值及节能评价值》
空调泵	BKZ65-160	额定流量 $25m^3/h$，额定扬程32m，效率65.61%	空调冷却水、冷冻水的循环，中央热水器、工艺流程热交换介质循环，城市供暖、供热系统	GB19762—2007《清水离心泵能效限定值及节能评价值》
水环真空泵	SKA202 ～ SKA1000系列	极限真空度3.3～16kPa(abs)，排出压力0～0.32MPa(G)，抽气量643～70 000m^3/h，效率25～59$m^3/(h·kW)$	石化、电力、煤炭、冶金、航空航天、造纸、制药等行业	《水环真空泵及压缩机的能效限定值及节能评价值》(试行行业标准)
	CBF360-2～CBF810-2系列	极限真空度1.3～18kPa(abs)，排出压力0～0.101MPa(G)，抽气量100～600m^3/h，效率18～54$m^3/(h·kW)$	石化、电力、煤炭、冶金、航空航天、造纸、制药等行业	《水环真空泵及压缩机的能效限定值及节能评价值》(试行行业标准)
渣浆泵	100ZJ-I-A50	额定流量 $199m^3/h$，额定扬程41m，效率69.42%	化工、电力、煤炭、冶金、建材等行业输送含有固体颗粒的磨蚀性或腐蚀性浆体	《离心渣浆泵的能效限定值及节能评价值》(试行行业标准)
	150ZJ-I-C42	额定流量 $250m^3/h$，额定扬程25m，效率70.42%	化工、电力、煤炭、冶金、建材等行业输送含有固体颗粒的磨蚀性或腐蚀性浆体	《离心渣浆泵的能效限定值及节能评价值》(试行行业标准)
脱硫循环泵	LC800/1000	额定流量9 000m^3/h，额定扬程24m，效率87.5%	石油、化工、电力、煤炭、冶金、矿山、造纸、制药、污水处理等行业	《离心渣浆泵的能效限定值及节能评价值》(试行行业标准)
	LC900/1150 Ⅰ	额定流量12 500m^3/h，额定扬程24m，效率87.8%	石油、化工、电力、煤炭、冶金、矿山、造纸、制药、污水处理等行业	《离心渣浆泵的能效限定值及节能评价值》(试行行业标准)

（续）

设备名称	型号	主要技术参数	适用范围	执行标准
风机				
矿用防爆轴流式节能通风机	FBCDZ№40/2×1850	流量1 968 000～1 440 000m³/h，静压1 487～6 922Pa，压力1 606～6 985Pa，最高静压效率80.5%，最高全压效率81.5%	煤矿、金属、非金属矿业、地铁、隧道等领域	GB19761—2009《通风机能效限定值及能效等级》
低噪声轴流风机	SDF-7	流量13 192m³/h，压力526Pa，效率86.5%	建筑领域	GB19761—2009《通风机能效限定值及能效等级》
地铁隧道轴流风机	DTF-8#	流量23 483m³/h，压力602Pa，效率84.6%	地铁隧道领域	GB19761—2009《通风机能效限定值及能效等级》
	DTF-18#	流量205 377m³/h，压力819Pa，效率88.6%		GB19761—2009《通风机能效限定值及能效等级》
消防高温排烟轴流风机	HTF-I-5～HTF-I-9	流量33 985m³/h，压力652Pa，效率86.5%	建筑领域	GB19761—2009《通风机能效限定值及能效等级》
冷却用轴流风机	DLZF№9	流量23 624.48～33 169.63m³/h，压力230Pa，效率77.24%	冷库工程、空调工程及化工设备、冶金设备、医药设备、电力设备、通风制冷设备、空冷器、冷却塔、热泵机组冷却装置设备等	GB19761—2009《通风机能效限定值及能效等级》
	DLZF№12	流量59 702～78 306m³/h，压力218Pa，效率85.17%	冷库工程、空调工程及化工设备、冶金设备、医药设备、电力设备、通风制冷设备、空冷器、冷却塔、热泵机组冷却装置设备等	GB19761—2009《通风机能效限定值及能效等级》
	DLZF№13	流量44 605～78 985m³/h，压力200Pa，效率80.48%	冷库工程、空调工程及化工设备、冶金设备、医药设备、电力设备、通风制冷设备、空冷器、冷却塔、热泵机组冷却装置设备等	GB19761—2009《通风机能效限定值及能效等级》
	DLZF№24	流量227 971～118 493m³/h，压力240Pa，效率78.83%	冷库工程、空调工程及化工设备、冶金设备、医药设备、电力设备、通风制冷设备、空冷器、冷却塔、热泵机组冷却装置设备等	GB19761—2009《通风机能效限定值及能效等级》
	DLZF№14	流量59 107～89 489m³/h，压力180Pa，效率83.34%	冷库工程、空调工程及化工设备、冶金设备、医药设备、电力设备、通风制冷设备、空冷器、冷却塔、热泵机组冷却装置设备等	GB19761—2009《通风机能效限定值及能效等级》
	DLZF№8	流量22 489～30 027m³/h，压力280Pa，效率76.66%	冷库工程、空调工程及化工设备、冶金设备、医药设备、电力设备、通风制冷设备、空冷器、冷却塔、热泵机组冷却装置设备等	GB19761—2009《通风机能效限定值及能效等级》

（续）

设备名称	型号	主要技术参数	适用范围	执行标准
静叶可调轴流风机	AB-S1-R18.2/28.0	流量1 100 160m^3/h,压力2 500Pa,效率85.07%	冶金烧结烟气增压脱硫系统、海水脱硫装置中的烟气输送增压系统及大型火电厂燃煤锅炉的送、引风系统	GB19761—2009《通风机能效限定值及能效等级》
轴流通风机	JZL-ZF-12.5	流量59 400m^3/h,压力240Pa,效率72.8%	化工、冶金、纺织、石油、厂房、仓库、办公室、住宅的通风换气	GB19761—2009《通风机能效限定值及能效等级》
	JZL-DZ-4.5	流量5 800m^3/h,压力110Pa,效率70%	化工、冶金、纺织、石油、厂房、仓库、办公室、住宅的通风换气	GB19761—2009《通风机能效限定值及能效等级》
变压器用风机	DBF-8Q8	流量15 000~21 000m^3/h,压力125Pa,效率85.46%	电器设备、大中型变压器的冷却系统等	GB19761—2009《通风机能效限定值及能效等级》
烟叶烘烤风机	YHF-7	流量14 058~20 881m^3/h,压力100Pa,效率74.9%	烟草、中药材、木材等农作物烘干加工	GB19761—2009《通风机能效限定值及能效等级》
空调离心风机	SYD630	流量30 945~34 202m^3/h,压力1 093~1 208Pa,效率69.8%	柜式中央空调机组、管道式机组等中央空调及暖通、净化、通风等领域	GB19761—2009《通风机能效限定值及能效等级》
	SYQ710	流量26 359~29 133m^3/h,压力1 309~1 469Pa,效率79.1%	柜式中央空调机组、管道式机组等中央空调及暖通、净化、通风等领域	GB19761—2009《通风机能效限定值及能效等级》
	SYQ1120/1250/1400	流量61 324~677 801m^3/h,压力1 288~1 424Pa,效率81.5%,压力系数0.5,比转速63	柜式中央空调机组、管道式机组等中央空调及暖通、净化、通风等领域	GB19761—2009《通风机能效限定值及能效等级》
	SYT15-Ⅱ	流量4 823~5 331m^3/h,压力499~551Pa,效率69%,压力系数1.3,比转速3.8	柜式中央空调机组、管道式机组等中央空调及暖通、净化、通风等领域	GB19761—2009《通风机能效限定值及能效等级》
	SYD355/400/450	流量8 399~9 283m^3/h,压力781~863Pa,效率66.6%	柜式中央空调机组、管道式机组等中央空调及暖通、净化、通风等领域	GB19761—2009《通风机能效限定值及能效等级》

2012第六届中国（上海）国际流体机械展览会（IFME）简介

2012年10月31日—11月2日，由中国通用机械工业协会主办的2012第六届中国（上海）国际流体机械展览会（IFME）在上海世博展览馆隆重举办。本届展会展出规模、专业化层次、展出水平、现场参观和商贸效果、专题技术交流等活动，以及各项组织工作，均创通用机械之流体机械在我国的专业展会之最。

2012第六届中国（上海）国际流体机械展览会（IFME）概况

一、展会规模

中国国际流体机械展览会由中国通用机械工业协会于2001年在上海首次举办，2004年在上海举办第二届。之后确定为两年一届的例展，分别于2006年、2008年和2010年在北京连续举办了3届。应广大展商的期望，2012年，展会时隔8年重回上海，选择在亚洲最大的无柱展馆——上海世博展览馆 1 号馆举办。展出面积超过 25 000m²，国内外 250 多家著名展商参展，净展出面积折合 1 200 多个标准展位。这次流体机械展是通用机械行业在我国最大的国际性专业展会。

此次展会，参观者络绎不绝。据不完全统计，约有 5 万多人次参观了展会，创历届本展会和同类展会之最，展会的经贸效果显著。

二、展会专业化层次和展出水平

（1）本届展会以泵、阀门、风机、压缩机四大展区隆重展出，被广大参展商和参观者誉为是真正的流体机械专业展会。

（2）本届展会参展商均为国内外知名企业，展出了当今国内外最先进的流体机械产品和技术，可谓“精英汇集，精品荟萃”。

30 余家国际著名、知名企业直接或以其在中国的合资、独资企业参加本届展会，如：美国通用、APCI、福斯、克瑞、卡勒克和耐莱斯等公司，德国西门子、凯士比、曼透平、林德、里瓦和海密梯克等公司，日本荏原、日立、久保田和新明和等公司，加拿大/法国威兰公司、法国液空等公司以及丹麦丹弗斯阀门等公司。

国内流体机械制造业大中型骨干企业基本都参加了本届展会，囊括了泵、阀门、风机、压缩机和气体分离设备专业全部领军企业。多数企业以实物设备展出，甚至是大型、超大型实物设备，充分直观地展示了国内流体机械制造业的先进技术产品及其品质。

（3）本届展会以特装展出的展商有 130 多家，其中最大的参展面积 500m² 以上，参展面积 200m² 以上的展商有 5 家，有 2 家参展商搭起了二层展台。特装展台在优势展出企业先进产品和技术、企业经营理念、企业文化、企业管理和企业竞争实力等方面的同时，也提升了展会参观的视觉效果、展出水平及展会品牌。一些参加过诸如“汉诺威工业博览会”等国际著名展会的参展商和参观者，赞誉本届展会的展出水平具有国际知名展会水平。

（4）借助本届展会之影响力，一些流体机械地方产业园，如辽宁葫芦岛打渔山泵业产业园、广东德庆县风机产业园、辽宁鞍山阀门产业园和江苏滨海流体装备产业园等，展示已建成的产业集群成果，同时为继续做大做强招商引资。

三、参展产品情况

本届展会汇集了国内外流体机械最新的先进产品和技术成果，节能减排、绿色环保技术的应用初见成效。大量展品通过技术创新、工艺创新、结构创新等方式达到了节能减排和绿色环保的效果。

国外知名企业（如美国通用电气公司，日本荏原、新明和及久保田等公司，加拿大威兰公司等）都展出大量的流体机械先进产品和技术成果。

沈阳鼓风机集团股份有限公司展出天然气输气管道动力供给装置的核心设备——天然气长输管线压缩机等模型。与国外同类产品相比，沈鼓集团自主研发的高效管线压缩机模型机，形成了性能型谱，压缩机整机效率达到 87.5%。在机组整体结构设计上，沈鼓集团采用先进的转子动力学和结构分析设计软件，对管线压缩机进行整体结构分析和优化设计，显著提高了机组的稳定性；采用自主开发的闭式整体铣制叶轮加工等新技术，通过建立管线压缩机专用的成熟、严密的制造工艺体系和试验手段，保证机组具有良好的综合性能。陕西鼓风机（集团）有限公司参展的产品是煤气透平与电动机同轴驱动的高炉鼓风机组模型，主要用于冶金行业高炉煤气能量回收，是高炉煤气发电装置技术的升级发展和延伸，是一种把高炉煤气的余压余热转化为机械能的节能环保型装置，属于新兴产业重大产品生产过程中余热、余压、余能回收利用的关键技术及产品。该机组创新性地提出了煤气透平和高炉鼓风机同轴的技术解决方案。上海鼓风机厂有限公司的 2×900MW 火电机组脱硝工程用动叶可调引风机是在积极贯彻国家发展绿色环保能源、着力提升火电机组节能减排水平的时代背景下研制出来的，该产品适合于电站 ID+SCR+FGD 系统的配套使用，可替代进口产品，达到国内领先和国际先进技术平。

随着我国国民经济快速发展，泵行业也取得长足进步，我国水泵企业以市场需求为导向，以重大技术装备成套为目标，通过自主创新和引进消化吸收再创新等举措，取得了一系列重点产品的研究成果，无论是火电、核电以及石油化工用泵都在许多重大项目中填补了国内空白，基本满足国民经济各部门对泵类产品的需求。本届展会上，沈鼓集团核电泵业有限公司展出了核二级安全壳喷淋泵、余热排出泵、电动辅助给水泵、低压安注泵、上充泵和核三级重要厂用水泵产品及模型，上海电力修造厂有限公司的国内首台 50%容量 1 000MW 超超临界机组锅炉给水泵、上海阿波罗机械股份有限公司的百万千瓦核电常规岛混凝土蜗壳海水循环泵及上海凯泉泵业（集团）有限公司的百万千瓦级核电机组重要厂用水泵、消防水泵、凝结水泵和水环真空泵等实物产品和模型都在展会上亮相。

为配合百万吨乙烯、千万吨炼油、煤化工等大型工程建设对大型压缩机的需求，沈阳透平机械股份有限公司往复机事业部研制开发并展出了 1 250kN、1 500kN 活塞力新氢压缩机模型；上海大隆机器厂有限公司展出了世界上最大螺杆直径为 816mm 的螺杆压缩机和 1 000kN 活塞力往复式压缩机模型，该产品为国家“863”科技支撑计划“百万吨乙烯装备及相关技术开发”项目和中石化公司大型乙烯成套设备国产化攻关项目；无锡压缩机股份有限公司展出了 MW-63/(16.5-178.4)-X 型新氢压缩机；沈阳远大压缩机股份有限公司以图片的形式，展出了该公司最新开发的国内首台六列迷宫式压缩机和迷宫低温液化天然气压缩机。为适应我国煤化工大型化发展的需求，沈阳申元气体压缩机有限公司展出了 8M80 超大型往复活塞式压缩机，温州固耐化机制造有限公司展出了 8M100-480/220 氢氮气压缩机，上海东方压缩机制造有限公司展出了 14-6DF-G4-NL 焦炉煤气发电用六列四级压缩机。此外，北京京城环保产业发展有限责任公司展出了世界最大的 GD8 超大型隔膜压缩机，适用于输送压力高、纯洁度高、易燃易爆、强腐蚀性及要求无泄漏的气体。

为突出本届展会的主题，上海佳力士机械有限公司、广东正力精密机械有限公司、宣化冶金工业有限责任公司、上海优耐特斯压缩机有限公司、宁波德曼压缩机有限公司、开山集团、苏州普度压缩机有限公司等 10 家企业集中展示压缩机行业节能减排、绿色环保技术的应用成效。

我国阀门制造业近些年依托国家重点工程，加大技术创新力度，同时积极进行技术改造，使我国阀门行业的研发能力、设计制造水平和产品质量都有了较大的提高。特别是核电阀门、天然气长输管道阀门和火电超超临界阀门新产品开发方面都取得重大进展，研制出一大批拥有自主知识产权的新产品，具有较强的市场竞争能力。其中，大连大高阀门股份有限公司、中核苏阀科技实业股份有限公司、江苏神通阀门股份有限公司和上海阀门厂有限公司等企业展出了核电阀门产品，主要包括：核一级/核二级高 Cv 值止回阀、核二级 W 型闸阀、比例喷雾阀、核一级电动波纹管截止阀、核一级稳压器电动卸压阀、核一级电动中间引漏截止阀、核一级大口径旋启式止回阀以及核一级上装式电动球阀、爆破阀等，核级球阀、止回阀和蝶阀全部实现国产化。天然气长输管道阀门过去也长期依赖进口，上海耐莱斯·詹姆斯伯雷阀门有限公司、成都乘风阀门控股集团有限公司和五洲阀门有限公司等阀门企业展出了 40in 和 48in Class600 及 Class900 全焊接球阀产品及模型，四川飞球(集团)有限责任公司、苏州纽威阀门股份有限公司、慎江阀门有限公司和四川精控阀门有限公司等一批阀门企业也展出了天然气长输管道阀门，中阀科技·开封高压阀门有限公司、哈电集团哈尔滨电站阀门有限公司、大连大高阀门股份有限公司、中核苏阀科技实业股份有限公司、南通市电站阀门有限公司和华夏阀门有限公司等 15 家阀门企业展出了超临界、超超临界火电阀门。

气体分离设备行业的杭州制氧机集团有限公司、开封空分集团有限公司、四川空分设备(集团)有限责任公司等企业利用展会的平台展出了不同等级空分设备的模型，以及 8 万 m^3/h、10 万 m^3/h 及 10 万 m^3/h 以上等级空分设备投入及研发的图片。四川空分设备(集团)有限责任公司和杭州制氧机集团有限公司等在天然气产业上迅速崛起，也在本届展会上得到了充分展示。

四、专题活动

本届展会期间，共组织了 10 场内容丰富且水平较高的专题技术论坛、发布会等活动，如“中国泵制造业高端产品供需论坛”“国际压缩机/风机技术高峰论坛”“国际阀门技术论坛”“国际(超)大型空分设备发展论坛”“葫芦岛打渔山泵业产业园区投资环境推介会”和“压缩机、风机新技术发布会”等，有来自国内外制造企业、科研设计院所、工程公司、大专院校及用户(主要包括石油化工、化工、煤化工、电力、冶金等领域)的业界代表 200 余人参加交流、研讨。专题技术论坛活动与展会相结合，交流效果显著。

2012 第六届中国(上海)国际流体机械展览会(IFME)从筹备起就注重宣传，除通过中国通用机械工业协会及各分会的会刊、网站、各项行业活动进行广泛宣传外，还指定了多家社会专业媒体作为指定和支持媒体，利用协会与众多社会专业媒体的密切互动关系，不定期对展会筹备工作情况、专题采访以及参展企业和展出的先进产品和技术进行宣传报道。展会期间，通过指定媒体《通用机械》杂志和中国工业报在展会上发行了展会特刊、快报。本届展会给流体机械业界留下了深刻的印象，其成果将在通用机械行业发展中发挥重要的作用。

〔撰稿人：中国通用机械工业协会李勇〕

泵业分会参展情况

2012 第六届中国(上海)国际流体机械展览会(IFME)集中展示了国内外最新的泵类产品和技术，开拓了国内外市场，展望了泵市场未来的发展趋势，有效推动了泵行业国内外、供需间、产学研的交流与合作。

本届展会得到了相关企业的积极响应，上海凯泉泵业(集团)有限公司、上海电力修造总厂有限公司、上海东方泵业(集团)有限公司、上海连成(集团)有限公司、襄樊五二五泵业有限公司、上海阿波罗机械股份有限公司、浙江利欧股份有限公司、沈鼓集团核电泵业有限公司、石家庄强大泵业集团有限责任公司、上海凯士比泵有限公司、久保田三联泵业(安徽)有限公司等一批泵行业龙头企业纷纷与会，给本届展会注入了无限商机。泵行业重点用户的参与增加了展会亮点，如：中国石化集团洛阳石油化工工程公司、中石油天然气与管道分公司、中广核中科华核电技术研究院、中国石油大学(机械与储运工程学院)、中国农业大学(水利与土木工程学院)、中国中原对外工程有限公司、东北电力科学研究院有限公司、中电国际新能源控股有限公司、广东深圳大亚湾核电运营管理有限公司以及九龙电力、南方电网、宝钢、金山石化等近 20 余家单位的专家代表莅临展会。展会现场签约收获颇丰，达成意向采购 5 000 万元左右。

泵展区此次参展规模最大，参展面积超过 3 200m^2，参展展位近 360 个，远远超过了历届水平。近百家泵业分会会员企业和独资、合资合作企业参展，其中：上海电力修造总厂有限公司、上海凯泉泵业(集团)公司、沈鼓集团核电泵业有限公司、襄樊五二五泵业有限公司、浙江利欧股份有限公司、上海连成(集团)有限公司、上海东方泵业(集团)有限公司、葫芦岛打渔山泵阀产业园等企业参展面积均达到 100m^2 以上，其中葫芦岛打渔山泵阀产业园虽然首次参展，但参展面积达到500m^2。已进驻产业园参展的有山东长志泵业有限公司、沈阳华能电站泵制造有限公司等近20余家企业。

参加本届展会的独资、合资泵厂商达到13家之多，成为历届展会之最。

为了增强直观感，95%的参展商带样机参展，充分展示出当今国际国内最新最高水平泵产品和技术。主要展出产品有大型石油长输管线用输油泵、大型火电和核电用泵、大型石油化工和煤化工用泵、大型水利工程用泵以及矿用泵、环保用泵、减速机、密封、联轴器、轴承等相关配套设备。中国通用机械工业协会及泵业分会对参展单位及其产品进行了评奖活动，共评出2012第六届中国国际流体机械展览会参展产品金奖32个、银奖21个，优秀组织奖20个。参展的泵类产品获奖情况见表1。

表1　参展的泵类产品获奖情况

序号	企业名称	产品名称	获奖名称
1	上海电力修造总厂有限公司	TMQ2-P58 28V 吹灰减压站气动减压阀	金奖
2	上海电力修造总厂有限公司	GJ767-50DN450 高加三通阀	金奖
3	上海电力修造总厂有限公司	FK6A40型1 000MW超超临界火电机组锅炉给水泵	金奖
4	上海电力修造总厂有限公司	JMQ2-P_{61} 30V 主蒸汽疏水阀	银奖
5	湖南湘电长沙水泵有限公司	百万千瓦级核电站常规岛立式斜流循环水泵	金奖
6	湖南湘电长沙水泵有限公司	水泥蜗壳泵	金奖
7	湖南湘电长沙水泵有限公司	SG型单级双吸高效中开式离心泵	银奖
8	湖南湘电长沙水泵有限公司	核电站常规岛凝结水泵	银奖
9	山东双轮股份有限公司	SLW200-450 物料循环泵	金奖
10	山东双轮股份有限公司	80SWS10-25-2-II 密闭式污水提升装置	银奖
11	襄樊五二五泵业有限公司	LC900/1150 高效烟气脱硫循环泵	金奖
12	襄樊五二五泵业有限公司	CLB250-250-500 新型大功率大扭矩磁力驱动泵	银奖
13	淄博水环真空泵厂有限公司	2BEC120 超大抽气量高效水环真空泵	金奖
14	日立泵制造(无锡)有限公司	立式单吸涡壳式混流泵	金奖
15	湖北省天门泵业有限公司	混流泵双相不锈钢导叶体	金奖
16	湖北省天门泵业有限公司	350ZBD-850 渣浆泵	银奖
17	湖南利欧泵业有限公司	150SS-710H 型渣浆泵	金奖
18	大连利欧华能耐酸泵厂有限公司	500GXBD2850-230 输油管线泵	金奖
19	大连利欧华能耐酸泵厂有限公司	HU100-250 重工位流程泵	银奖
20	浙江利欧股份有限公司	APm37 旋涡泵	金奖
21	浙江利欧股份有限公司	AJm110H 喷射泵	银奖
22	浙江利欧股份有限公司	ACm75 离心泵	银奖
23	长沙利欧天鹅工业泵有限公司	LDTN880-6 型立式多级筒袋式凝结水泵	金奖
24	无锡利欧锡泵制造有限公司	2850ZGQ25-2.4 型全调节灯泡贯流泵	金奖
25	无锡利欧锡泵制造有限公司	3500HDQ34-7.6 型立式全调节导叶式混流泵	银奖
26	辽宁恒星泵业有限公司	HPT2800　260 管道输油主泵	金奖
27	辽宁恒星泵业有限公司	JY-40/0.1 剪切式胶体磨	银奖
28	河北恒盛泵业股份有限公司	2W.H5.0 油气混输型双螺杆泵	金奖
29	河北恒盛泵业股份有限公司	TVC-150E5 * 2 船用深井式主机滑油泵	银奖
30	郑州电力机械厂	TSB 型内置诱导轮高压、超高压锅炉给水泵	金奖
31	大连深蓝泵业有限公司	RCB60-130 * 6 液氧泵、液氮泵	金奖
32	大连深蓝泵业有限公司	LDB100B * 7 低温乙烯产品泵	银奖
33	大耐泵业有限公司	HB40-180/6 API610 卧式多级筒形泵	金奖
34	大耐泵业有限公司	PC50-2250H API610 石油化工流程泵	金奖

（续）

序号	企 业 名 称	产 品 名 称	获奖名称
35	上海阿波罗机械股份有限公司	AZ65-200 单级单吸卧式离心泵	金奖
36	上海水泵制造有限公司	OTK100-290A 型双级水平中开式离心泵	金奖
37	久保田三联泵业（安徽）有限公司	KS-EC308-AK-55 可拆装式潜水泵	金奖
38	久保田三联泵业（安徽）有限公司	DV-LJC40C-4K 中开蜗壳式离心泵	银奖
39	上海凯泉泵业（集团）有限公司	KQSN300-M9/445 空调双吸泵	金奖
40	上海凯泉泵业（集团）有限公司	BQ725-291/11-800/S 矿用隔爆型潜水电泵	金奖
41	上海凯泉泵业（集团）有限公司	HKVA80D 水环真空泵机组	金奖
42	上海凯士比泵有限公司	HPK-L 热水循环泵	金奖
43	石家庄强大泵业集团有限责任公司	1200VXL-D23 型海水脱硫立式斜流泵	金奖
44	石家庄强大泵业集团有限责任公司	200KZG-H743 型渣浆泵	银奖
45	安徽三联泵业股份有限公司	HS200-150-300 中开泵	金奖
46	安徽三联泵业股份有限公司	ASP5030 100-250 化工流程泵	银奖
47	安徽三联泵业股份有限公司	80ZS40 渣浆泵	银奖
48	张家港市第二石油化工配件厂	高速泵用机封项	金奖
49	上海第一水泵厂有限公司	新型 MD600-70 矿用耐磨多级离心泵	金奖
50	上海第一水泵厂有限公司	MY100-100 立式离心式水煤浆泵	银奖
51	淄博华成泵业有限公司	200ZJA-I-A50 型离心式渣浆泵	银奖
52	浙江利欧友林供水系统有限公司	Sα-SWW2LVS20-8-100/600 无负压变频供水系统	银奖
53	上海水泵制造有限公司	CG4/7 型次高压多级离心泵	银奖

展会期间成功举办了第五届中国泵制造业高端产品论坛。中国通用机械工业协会会长隋永滨、秘书长张雨豹以及泵行业的专家、泵企事业单位的负责人等 300 余人参加了盛会。本次论坛的主题是“高端、创新、节能、发展”。围绕这一主题，中国通用机械工业协会泵业分会理事长孔跃龙作了题为“加快转型、铸就中国水泵创造”的主旨发言；同时听取了中石化洛阳石油化工工程公司副总工程师杨成炯作的“泵在石化工业的应用与展望”、东北电力科学研究院有限公司首席专家赵伟光作的“大容量水泵在火电厂应用及节能潜力评述”、中国农业大学水利与土木工程学院院长王福军作的“南水北调中线工程水泵动力学特性研究”等专题报告。各位专家针对国内石化及水利工程中泵产品的市场发展方向等进行了研讨和经验交流。此次论坛吸引了广大国内外的泵厂商及用户，与会代表对此次论坛给予了高度肯定，对泵类产品及市场的发展方向也有了更深层次的了解。此次论坛的成功举办更是推进了我国泵行业的高速发展。

〔供稿单位：中国通用机械工业协会泵业分会〕

风机分会参展情况

在 2012 第六届中国（上海）国际流体机械展览会上，风机展区全面围绕“节能、创新、质量”主题，突出规模，注重参展数量和质量。根据展区的主题划分 4 个区域进行布展，分别展出国家重点产品、节能产品、自主创新产品和配套产品。

本届展会为风机行业开启了新的历史篇章，展会规模之大，展品数量之多、水平之高都达到了历届展会的最高水平。58 家企业共计 241 个展位，创风机行业历史之最，其中：沈阳鼓风机集团股份有限公司参展面积 320m^2、上海鼓风机厂有限公司参展面积 162m^2、江苏金通灵流体机械科技股份有限公司参展面积 144m^2、陕西鼓风机（集团）有限公司参展面积 126m^2、重庆通用工业（集团）有限责任公司参展面积 81m^2，四平鼓风机股份有限公司、宁波风机有限公司、山东章丘鼓风机股份有限公司参展面积均为 64m^2。参展的重点企业均以特装形式展示了新产品实物或模型。展会中用户代表、外商代表深入现场交流和互动，科研院校组团参观，都为展会增添了无限商机。

为展示风机行业各企业的发展与成就，特制作了视频在展会上播放。沈阳鼓风机研究所在本届展会上首次展示了与清华大学联合设计的 5 个新型风机模型，并展示了为行业开展的各项技术职能工作。

此次展会评出了风机参展产品金奖 47 个、银奖 21 个。参展的风机产品获奖情况见表 1。

表 1　参展的风机产品获奖情况

序号	单　位	产品型号及名称	获奖名称
1	沈阳鼓风机集团股份有限公司	PCL803、PCL804 天然气长输管线压缩机	金奖
2	沈阳鼓风机通风设备有限责任公司	TAR-1400/500-1 双向可逆轴流地铁风机	金奖
3	沈阳鼓风机通风设备有限责任公司	G140/100-2 转炉一次干式除尘风机	金奖
4	陕西鼓风机(集团)有限公司	EIZ140-4 等温型空气压缩机+EG56-5 组装式多轴空气增压机	金奖
5	陕西鼓风机(集团)有限公司	NAP27-ST8+E71+AV56+WP63 硝酸流程能量回收四合一机组	金奖
6	陕西鼓风机(集团)有限公司	AV100-22 大型轴流压缩机	金奖
7	陕西鼓风机(集团)有限公司	BPRT1060-M19+AV63+MPG76 煤气透平与电动机同轴驱动的高炉鼓风能量回收机组(BPRT)	金奖
8	上海鼓风机厂有限公司	D165-1.8 单级高速离心鼓风机	金奖
9	上海鼓风机厂有限公司	SAF37.5-20-2 2×900MW 火电机组脱硝工程用动叶可调引风机	金奖
10	重庆通用工业(集团)有限责任公司	W6-2×39№36F 高温耐磨回热风机	金奖
11	重庆通用工业(集团)有限责任公司	CHP3100(75)-P 离心式高温水源热泵机组	金奖
12	重庆通用工业(集团)有限责任公司	LDCS120(-35)-P 离心式低温制冷机组	金奖
13	四平鼓风机股份有限公司	3050 DI BB50 生料磨循环风机	金奖
14	四平鼓风机股份有限公司	AⅡ2000-1.073/0.793 转炉一次除尘风机	金奖
15	鞍山风机集团有限责任公司	MA2-212IQ-DHA 动叶可调轴流风机	金奖
16	石家庄市风机厂有限责任公司	G4-73№10D(单板叶片)离心通风机	金奖
17	石家庄市风机厂有限责任公司	G5-55№10D 离心通风机	金奖
18	石家庄市风机厂有限责任公司	G7-28№8D 离心通风机	金奖
19	石家庄市风机厂有限责任公司	№8SMP25N(O)离心通风机	银奖
20	石家庄市风机厂有限责任公司	№6SRP30N(O)离心通风机	银奖
21	北京新安特风机有限公司	XCYD-2.25 诱导风机	金奖
22	北京新安特风机有限公司	XDSF-11.2 隧道双向射流风机	金奖
23	北京新安特风机有限公司	XDGF-4E 低噪声离心风机箱	银奖
24	北京新安特风机有限公司	XDGFH-6.3W 消防排烟柜式离心风机箱	银奖
25	北京新安特风机有限公司	XDSF-7.1 隧道射流风机	银奖
26	津鼓风机集团有限责任公司	MJM109WB 罗茨鼓风机	金奖
27	津鼓风机集团有限责任公司	MG200/0.8 单级高速离心鼓风机	银奖
28	江苏金通灵流体机械科技股份有限公司	SN1.5-2.35/0.8/370/250-1 型 1.5MW 太阳能双缸凝汽式汽轮机	金奖
29	上海通用风机股份有限公司	FZ30-11№26A 大型轴流风机	金奖
30	上海通用风机股份有限公司	GCF№ 1000C 高温插入式离心通风机	金奖
31	上海通用风机股份有限公司	GH5-48 №12.5D 建材工业用离心通风机	银奖
32	上海应达风机股份有限公司	SAB-QB-200 静音型送风机	金奖
33	上海应达风机股份有限公司	SAB-RCE-500 铝制屋顶离心排风机	银奖
34	上海应达风机股份有限公司	SAB-WAE-500 铝叶轮边墙轴流排风机	银奖
35	宁波风机有限公司	RBFJ №.6C 碎边风机	金奖
36	宁波风机有限公司	NFKL №.8D 离心通风机	银奖
37	百事德机械(江苏)有限公司	D 型多级离心鼓风机	金奖
38	百事德机械(江苏)有限公司	GS 型单级高速离心鼓风机	银奖
39	上虞专用风机有限公司	AI (M)40-11 高温煤气循环风机	金奖
40	浙江金盾风机股份有限公司	DTF(R)№.20 地铁轴流通风机	金奖

（续）

序号	单 位	产品型号及名称	获奖名称
41	浙江金盾风机股份有限公司	SDS(R)№.11.2 隧道用射流风机	金奖
42	浙江亿利达风机股份有限公司	CB15-11T 箱式风机	金奖
43	余姚风机总厂	SL5-48№26F 粉磨站循环风机	银奖
44	余姚风机总厂	SL6-2×29 模型机	银奖
45	山东省章丘鼓风机股份有限公司	MB 型叶轮与轴一体式罗茨鼓风机	金奖
46	山东海福德机械有限公司	MD125 型三叶罗茨鼓风机	金奖
47	山东海福德机械有限公司	MJ150 型三叶罗茨鼓风机	金奖
48	长沙鼓风机厂有限责任公司	ASE-200VT 干式气冷高负压罗茨真空泵	金奖
49	长沙赛尔透平机械有限公司	4DI70+4BGH30 青海云天化 20 万 t/a 合成氨离心式空气压缩机组	金奖
50	湖北省风机厂有限公司	BI90-1.8 单级高速离心鼓风机	金奖
51	湖北省风机厂有限公司	AB-S1-R18.2/28.0+KSE 静叶可调脱硫增压轴流风机	金奖
52	湖北省风机厂有限公司	AJ-R10.1/12.6 转炉煤气干法除尘轴流风机	银奖
53	四川省鼓风机制造有限责任公司	JR1000 高效节能低噪罗茨鼓风机	金奖
54	佛山市南海九洲普惠风机有限公司	JYF 系列静音送风机	银奖
55	佛山市南海九洲普惠风机有限公司	GF 型管道离心式换气风机	银奖
56	佛山市南海九洲普惠风机有限公司	雾化降温器	金奖
57	河北同德鼓风机有限公司	TDSR250a 罗茨鼓风机	银奖
58	上海福太环保科技有限公司（宜兴台玉环境工程设备有限公司）	FTF TYC035～130 玻璃钢节能风机	金奖
59	上海恒驰环保设备有限公司	FT-050№7.5 耐酸碱风机	金奖
60	山东三牛机械有限公司	NSR40-300 罗茨鼓风机	银奖
61	苏州顶裕节能设备有限公司	HF 系列-FRP 高压风机	金奖
62	苏州顶裕节能设备有限公司	PP(PF)系列-实验室风机	银奖
63	苏州顶裕节能设备有限公司	TDC 系列-除尘风机	银奖
64	苏州顶裕节能设备有限公司	TF 系列-FRP 高效风机	金奖
65	浙江同源鼓风机制造有限公司	GS62 高速罗茨鼓风机	银奖
66	湖北双剑鼓风机制造有限公司	D2210-2.8179/0.8179 高效大流量制氧离心鼓风机	金奖
67	南通市恒荣机泵厂有限公司	3L83WD 三叶罗茨鼓风机	金奖
68	南通市恒荣机泵厂有限公司	3L42WD(C)三叶罗茨鼓风机	金奖

〔供稿单位：中国通用机械工业协会风机分会〕

中国通用机械工业协会能量回收装备分会简介

中国通用机械工业协会能量回收装备分会（简称能量分会）是由从事工业余能回收利用系统技术与装备的研发、设计、制造业务的公司及其配套企业、下游用户、金融服务企业及有关大专院校、科研院所等单位自发组成的全国性的不以盈利为目的的行业组织。

中国通用机械工业协会能量回收装备分会经国务院国资委、民政部批准成立，民政部于2012年12月3日正式为能量分会颁发了“社会团体分支机构登记证书”。2013年1月16日，能量分会在西安召开了成立大会暨第一次会员代表大会。截至2013年11月底，能量分会拥有73家会员单位，涉及能量回收利用装备主机制造企业及下游用户、重要配套企业、大学及研究院所、金融服务企业等多个领域，会员遍布全国各地。

一、分会成立的社会背景

能量分会是在国家大力发展循环经济，推进十大节能重点工程的背景下成立的。当前我国工业能耗占全社会能耗总量的70%以上，但能源利用水平较低。“十一五”期间我国通过推进十大节能重点工程，调整产业结构，淘汰落后产能，单位国内生产总值能耗比“十五”末期降低19.1%，基本扭转了“十五”后期单位国内生产总值能耗和主要污染物排放总量大幅上升的趋势。但由于我国重工业门类齐全，高耗能产业规模大，钢铁、水泥、焦炭等行业产能及产量连续多年排名世界第一，落后产能占行业总产能的比例仍然较高，2010年我国单位国内生产总值能耗指标仍是世界平均水平的2.2倍。与国外工业发达国家相比，我国工业能源利用效率仍然处于相对较低的水平。比如国外先进钢铁企业的余热资源(包括余压及煤气)回收率一般在90%以上，而我国这一指标在70%左右。“十二五”甚至“十三五”期间，我国工业余能利用市场仍将面临较大的发展空间，尤其是煤层气与低品位余热回收市场将迎来良好的发展机遇。

二、分会成立的意义

能量回收装备是回收利用工业生产过程中产生的各种气体、液体余能的系统与设备，可回收利用工业余热、余压、高炉与焦炉煤气，排放的废水、废弃物及油页岩等矿石中蕴含的能量，地热及生物质能等，是提升能源综合利用效率的重要设备。高温、中温、低温工业余能回收利用转换装置、系统与技术正在不断创新发展。能量回收装备主要包括透平膨胀机(如TRT、尾气透平)、液力回收透平、工业汽轮机、轻型燃气轮机、燃气发电机(内燃机)、螺杆膨胀机、发电机、工业热泵、热回收蒸汽发生器、热交换器及智能控制软件与设备、有机工质余热回收利用设备等。我国能量回收利用装备制造行业产品门类齐全，生产企业较多，各类产品基本上实现了国产化，并已成为世界最大的能量回收利用装备制造国家。当前我国的余能回收透平膨胀机、工业汽轮机、工业余热锅炉、高炉燃气透平发电装置、煤层气发电机等产品年产量连续多年居世界首位。回收式工业热泵、有机工质膨胀透平等低品位余热回收利用设备已建有示范项目。

能量分会的成立将对促进、规范我国能量回收利用装备行业的健康发展，加快我国经济产业结构调整，促进循环经济的发展产生积极作用。

三、分会创新服务方式，提升服务能力

能量分会是由行业龙头企业、科研院所、大学自发成立的行业组织，是市场经济条件下社会力量办协会的结果。因此，能量分会成立伊始就将“为政府服务、为会员服务、为行业服务”作为分会的工作目标，通过创新服务方式，提升服务能力，达到服务于“三方”、让“三方”满意的目的。

能量分会自成立以来便积极主动开展各种工作、活动，为政府、行业与会员服务。分会秘书处工作人员积极拜访与工业投资、产业结构调整、制定产业政策等相关的国家部委、联合会，了解政府需求及产业发展方向；深入厂矿企业调研，了解工业余能利用情况及市场对能量回收利用系统技术的需求；研究市场需求与技术发展方向，编写调研报告向政府相关部门及会员单位提供市场信息；参与政策制定，征询会员意见，反映行业心声；搭建合作平台，为会员单位创造合作商机；创办分会电子期刊，为会员单位及时提供信息服务；申办、开通分会网站，提升分会形象，成为会员间交流、宣传企业的平台。

能量分会作为一个新成立的协会，今后将继续加强自身建设，提升服务能力与水平，并探索申办成立全国性的产业技术创新战略联盟、标准化技术委员会的方式与途径，按市场化办协会的方式，为政府、会员、行业办实事，促进我国能量回收装备产业健康发展。欢迎致力于工业余能回收利用事业的社会各相关组织加入分会，为把我国建成资源节约型、环境友好型社会作出贡献！

中国通用机械工业协会能量回收装备分会理事会名单

理 事 长：

印建安　陕西鼓风机(集团)有限公司董事长

副理事长：

贾晓枫　合肥通用机械研究院常务副院长

丰镇平　西安交通大学能源与动力工程学院院长

刘永刚　重庆通用工业(集团)有限责任公司总经理

王继生　中信重工机械股份有限公司副总经理

理　　事：

王　华　昆明理工大学副校长

李　宁　厦门大学能源研究院院长

杨季初　陕西秦风气体股份有限公司常务副总经理

于新哉　兰州石油化工机械厂厂长

王秋生　烟台万华工业园副总指挥

王　枫　中国长江动力集团有限公司副总经理

赵问银　开封空分集团有限公司研究院院长

胡建中　延长集团炼化公司处长

陈　明　中船重工七〇三研究所部长

黄元明　广西柳州钢铁(集团)公司副总工程师

王景会　山东长志泵业有限公司总工程师

史金华　南京大洋冷却塔股份有限公司总经理

张　宏　张家港市艾克沃环境能源技术有限公司副总经理

张庆明　湖北双剑鼓风机股份有限公司副总经理

王景华　北京康吉森油气工程技术有限公司总经理

许旺发　福建立信换热设备制造股份公司副总经理

秘 书 长：

姜国栋　陕西鼓风机(集团)有限公司技术总监

中国通用机械工业协会冷却设备分会简介

中国通用机械工业协会冷却设备分会(简称冷却设备分会,英文缩写 CCTI)是中国通用机械工业协会的分支机构,于 2012 年 12 月经中华人民共和国民政部批准并注册登记成立。冷却设备分会是由从事冷却塔、空冷器、冷凝器等冷却设备及配套产品制造企业为主体的,包括有关科研设计单位、大专院校等企事业单位在内的,按自愿、平等、互利的原则组成的跨地区、跨部门的全国性、非营利性专业行业组织。

冷却设备分会以服务社会、服务行业为宗旨,以推动冷却设备行业发展为己任,反映行业及会员单位的合理要求和愿望,为行业及会员单位的改革与发展提供各项服务;协助政府做好行业工作;规范行业行为,维护行业及会员单位的利益和合法权益。

冷却设备分会坚持公平、公正、民主、创新的工作原则,行使代表、沟通、协调、监督、统计、研究以及服务等职能。业务范围涵盖理论研讨、展览展示、书刊编辑、标准制定、技术推广。

中国通用机械工业协会冷却设备分会第一届理事会名单

理事长:

吴祝平　江苏海鸥冷却塔股份有限公司总经理

常务副理事长:

李麟添　上海金日冷却设备有限公司董事长

副理事长:

金深洋　浙江联丰股份有限公司总经理

林立邦　斯必克(广州)冷却技术有限公司总裁

史金华　南京大洋冷却塔股份有限公司总经理

理事:

尹　证　中国硅酸盐学会玻璃钢分会秘书长

何仁兔　浙江金菱制冷工程有限公司董事长

许鼎盛　巴尔的摩冷却系统(苏州)有限公司亚太区总监

张恒钦　上海良机冷却设备有限公司董事长

宋清福　大连斯频德冷却塔有限公司总经理

赵　鹏　北京基伊埃能源技术有限公司副总经理

赵顺安　中国水利水电科学研究院水力学研究所副所长

贺颂钧　广州览讯科技开发有限公司董事长

章立新　上海理工大学研发中心主任

彭　昕　中化工程沧州冷却技术有限公司总经理

管印贵　山东格瑞德集团有限公司董事长

谭小卫　新菱空调(佛冈)有限公司董事长

刘　岩　洛阳隆华传热节能股份有限公司副总经理

秘书长:

尹　证

30感恩

热烈祝贺中国机械工业年鉴系列

出版三十周年（1984—2013）

上海大隆机器厂有限公司

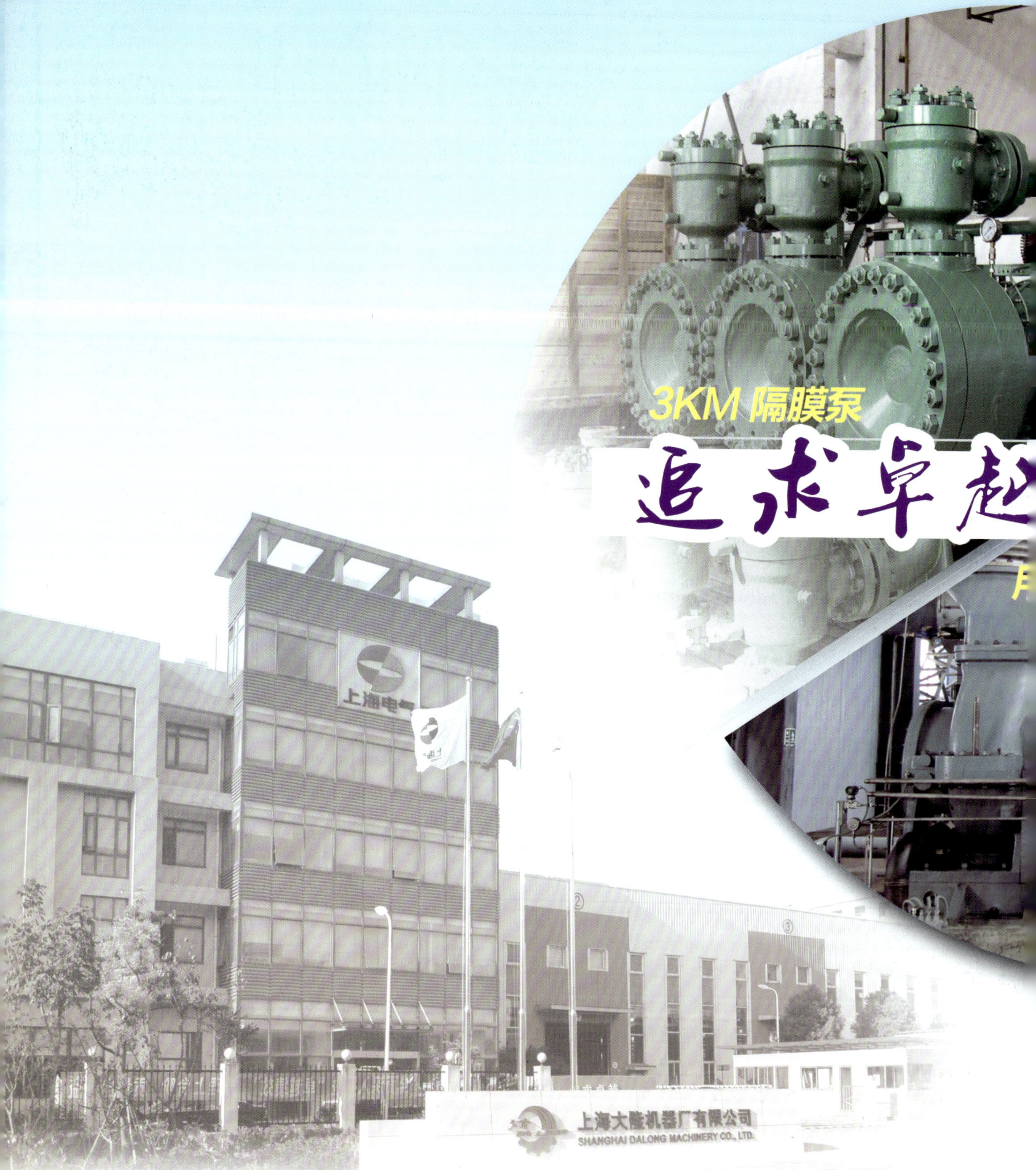

地　　址：上海市长江西路815号　　制造基地：上海市长江西路850号　　邮　　编：200431　　公司总机：0086-21-568222